普通高等教育经管类专业"十三五"规划教材·用友ERP实训互动系列

场景式
企业财务业务综合实践教程

(用友 ERP-U8 V10.1)

李吉梅　杜美杰　主　编

盘梁娟　刘俊江
　　　　　　　　　副主编
余海宁　陈安琪

清华大学出版社
北　京

内 容 简 介

本书是一本以全面采用营改增政策工业企业的日常经营活动为原型设计的、适用于移动学习的互动图书。它突出"利用碎片时间学习、在场景中理解业务、利用虚拟机掌握操作"的理念，基于用友 ERP-U8 V10.1 软件，以"强化实践、培养技能"为目标，将企业的购销存和财务等内容的一体化业务活动案例贯穿始终，力争使读者在虚拟场景中可视化地学会使用信息化手段处理企业业务的技能，更好地理解企业财务与业务的关系(业务驱动财务、财务反映业务)，并能更深入地理解企业的业务流、资金流和信息流的集成性、实时性和共享性的内涵。

本书可作为高等院校(含高职)会计、管理、物流、电子商务、信息管理与信息系统等相关专业的企业财务业务综合管理类课程的教学用书，也可作为用友 ERP 认证系列和相关技能竞赛的实验用书，还可作为企业财务人员、业务人员、管理人员了解企业信息系统实务的参考读本和参与微学习的在线资料。

本书封面贴有清华大学出版社防伪标签，无标签者不得销售。

版权所有，侵权必究。举报：010-62782989，beiqinquan@tup.tsinghua.edu.cn。

图书在版编目(CIP)数据

场景式企业财务业务综合实践教程：用友 ERP-U8 V10.1 / 李吉梅，杜美杰 主编. —北京：清华大学出版社，2016（2023.2重印）
(普通高等教育经管类专业"十三五"规划教材·用友 ERP 实训互动系列)
ISBN 978-7-302-44011-6

Ⅰ. ①场… Ⅱ. ①李… ②杜… Ⅲ. ①财务软件—高等学校—教材 Ⅳ. ①F232

中国版本图书馆 CIP 数据核字(2016)第 123393 号

责任编辑：刘金喜
封面设计：周晓亮
版式设计：思创景点
责任校对：成凤进
责任印制：丛怀宇

出版发行：清华大学出版社
网　　址：http://www.tup.com.cn，http://www.wqbook.com
地　　址：北京清华大学学研大厦 A 座　　邮　编：100084
社 总 机：010-83470000　　邮　购：010-62786544
投稿与读者服务：010-62776969，c-service@tup.tsinghua.edu.cn
质 量 反 馈：010-62772015，zhiliang@tup.tsinghua.edu.cn
课 件 下 载：http://www.tup.com.cn，010-62781730
印 装 者：三河市龙大印装有限公司
经　　销：全国新华书店
开　　本：185mm×260mm　　印　张：26　　字　数：601 千字
版　　次：2016 年 7 月第 1 版　　印　次：2023 年 2 月第 7 次印刷
定　　价：69.80 元

产品编号：069977-03

本教材出版得到以下项目资助和支持：

- 教育部 2014 年与百度公司校企合作专业综合改革重点项目
  ERP 软件应用的教学实验设计，项目号【2014-B306】
- 北京语言大学院级科研项目(中央高校基本科研业务专项资金资助)
  不确定性问题的智能决策理论与方法研究，项目号【16YJ030001】
- 北京语言大学"教学名师支持计划"项目，项目编号【OTP201607】

编写委员会

(以姓氏拼音为序)

主任委员：

李吉梅　刘大斌

副主任委员：

杜美杰　李　康　于海宝　曾棕根　张昭君　赵慧周

委员：

白雪玉	柏梦涵	常霄宁	陈安琪	陈麒麟	董　熙
郝佳羽	黄金丽	靳晰淅	李　昕	林倩如	刘俊江
刘天玉	刘　微	刘兆平	吕鹏飞	马骋宇	孟先进
苗乐乐	盘梁娟	宋　彤	孙晓勇	陶艺雯	王芬洁
王　涵	王若慧	吴金昊	席砚秋	余海宁	张忠伟
钟　易	左　婧				

序　言

ERP(Enterprise Resources Planning，企业资源规划)是一种企业信息系统(Enterprise Information Systems，EIS)，它将企业的物流、资金流和信息流统一起来进行管理，对企业所拥有的人力、资金、材料、设备、方法(生产技术)、信息和时间等各项资源进行综合平衡和充分考虑，最大限度地利用企业现有的资源以取得更大的经济效益，科学有效地管理企业人、财、物、产、供、销等各项具体工作。目前绝大多数跨国企业、国内大中型企业都在使用或实施 ERP。

本系列图书是根据教育部高等教育司组织的由高等学校文科计算机基础教学指导委员会编写的《高等学校文科类专业大学计算机基本要求(第 6 版)》(2011 年版)有关企业信息系统(EIS)的基本要求，以及教育部高等学校管理科学与工程类学科专业教学指导委员会和国际信息系统协会中国分会课题组编制的《中国信息系统学科课程体系 2011》(2011 年版)有关 EIS 原理及应用的教学要求编写而成的。

在高等教育中，实践教学是巩固理论知识和加深对理论认识的有效途径，是培养具有创新意识的高素质工程技术人员的重要环节；是理论联系实际、培养学生掌握科学方法和提高动手能力的重要平台。我国在《国家中长期人才发展规划纲要(2010-2020 年)》、《国家中长期教育改革和发展规划纲要(2010—2020 年)》，以及《关于实施高等学校本科教学质量与教学改革工程的意见(教高[2011]6 号)》中，明确指出要"大力加强实验、实践教学改革"、"以强化实践教学为重点，整合各类实验实践教学资源"，所以本系列图书强调实践性，基于用友 ERP 产品进行企业业务的信息化处理。

同时，为帮助学生理解企业业务，以及业务与软件操作之间的关系，本系列图书模拟现代商业社会环境中企业的经营与管理，对典型业务进行了虚拟场景设计。

另外，随着移动互联网的发展和泛在学习的普及，碎片化、可视化学习越来越受到大家的关注，所以本系列图书实现了互动性，将企业业务在用友 ERP 产品中的应用操作，按知识点和业务场景录制了微视频。

总之，本系列图书突出"利用碎片时间学习、在场景中理解业务、利用虚拟机掌握操作"的理念，以"强化实践实训、突出技能培养"为目标，将企业经营活动的业务，先以情景剧的形式体现，然后在业务分析和知识点讲解的基础上，以用友 ERP-U8 V10.1 软件为工具，进行处理方法和操作流程的讲解，并给出了相应的操作录屏(10 分钟以内的微视频),使读者可以在虚拟场景中可视化地学会使用信息化手段处理企业业务的技能,更深入地理解企业的业务流、资金流和信息流的集成性、实时性和共享性的内涵。

编委会

2016年4月于北京

前　言

　　本书是以工业企业的日常经营活动(全面采用营改增政策)为原型设计的,以企业的购销存和财务一体化业务活动案例贯穿始终,重点讲解在信息化管理环境下,工业企业供应链和财务会计的典型业务,以及在用友 ERP-U8 V10.1 中的处理方法和处理流程,涉及总账、应收、应付、采购、销售、库存、存货核算、固定资产、薪资管理和 UFO 报表等 10 个功能模块。

　　由于用友 ERP 软件体现了业务流程的思想,在进行各项任务的信息化处理时,会涉及多个模块和多项功能命令的使用,而且融入了权限管理和岗位分工,所以本书模拟现代商业社会环境中企业的经营与管理,对典型业务进行了虚拟场景设计,并将企业业务在用友 ERP 产品中的应用操作,按知识点和业务场景录制了微视频,以分解业务处理流程和降低学习难度。

　　为了更好地支持教与学活动和移动学习,本书还提供了配套的可在笔记本电脑上运行的实验环境和按章存放的账套备份文件,以提高读者的实验环境搭建效率和业务操作的效率与效果。

　　本书由 15 章组成,划分为四个部分。第一部分是实验准备与月初业务,包括第 1～5 章,前 4 章主要讲解实验环境的搭建、案例企业的管理体系与制度、案例企业的基础档案和案例企业对用友 ERP 软件中各个业务模块的初始设置;第 5 章是总账月初业务,讲解各种税费的计算与制单。第二部分是供应链业务,包括第 6～8 章,讲解企业日常业务中的采购、库存和销售业务,以及相关的存货核算处理。第三部分是财务会计业务,包括第 9～13 章,讲解企业的应收应付业务、薪资业务、固定资产业务和总账的月末业务。第四部分是月末处理与报表,由第 14 章和第 15 章组成,讲解案例企业的各个模块的月末处理方法,以及企业的会计报表编制。

　　本书中的业务操作任务,按岗位分工进行,共设计了 12 个岗位 13 个操作员,包括账套主管、财务主管、会计和出纳,采购主管和采购业务员,销售主管、销售批发员和销售零售员、仓库主管、仓库管理员(2 个操作员)和人力资源主管,以仿真企业实际。

　　本书的主体写作模式为:业务描述与分析、虚拟业务场景、预备知识,以及操作指导。以第 5.1 节(计算并缴纳上一季度和上月代扣代缴的税费)为例,其业务描述为:

　　4 月 1 日,计算并缴纳第一季度企业所得税(137500 元),向税务部门缴纳上月代扣代缴个人所得税(2130.96 元),缴纳增值税(9000 元)、城市维护建设税(630 元)和教育费附加(270 元)。

其业务分析为:

　　本笔业务是缴纳上季度的企通业应交所得税,上月的个人所得税,上月的应交增值税、城市维护建设税和教育费附加费，需要通过"自定义转账"计算税费，然后网上缴纳并通过"转账生成"生成凭证，最后进行凭证的出纳签字、主管签字与审核。

虚拟业务场景中包括人物设计，如：

曾志伟——财务部主管，张兰——财务部会计，罗迪——财务部出纳

场景事件，如：

场景一 财务主管曾志伟分配职员张兰计算与缴纳税费

以及对话设计，如：

曾志伟：今天4月1号了。小张，你把第一季度的企业所得税和上月的税费，计算并缴纳一下吧。

张兰：嗯，好的，我现在统计(通过自定义转账计算税费)。

预备知识部分讲解本笔业务中涉及的专业术语，如代扣代缴与代收代缴、应交所得税、个人所得税等相关概念。

操作指导中，首先给出本笔业务的操作流程图，然后按场景给出操作任务说明，以及按岗位切分的操作任务和操作步骤。以第5.1节的场景三为例，其相关内容如下图。

4. 场景三的操作步骤

任务说明：代缴税费凭证的出纳罗迪签字、主管曾志伟签字与审核。

【**财务部出纳罗迪对凭证进行出纳签字**】

(请以罗迪的身份，登录进入"企业应用平台"，下同，从略)

(1) 打开"出纳签字列表"窗口。在"总账"子系统中，依次单击"凭证/出纳签字"菜单项，系统弹出"出纳签字"对话框，单击"确定"按钮，系统打开"出纳签字列表"窗口。

(2) 出纳签字。双击相应凭证所在的行，进入该凭证的"出纳签字"窗口，查阅信息无误后单击工具栏中的"签字"按钮，即在凭证下方"出纳"处显示"罗迪"的名字，表示出纳签字完成。

(3) 退出。单击"出纳签字"和"出纳签字列表"窗口右上角的"关闭"按钮，关闭并退出窗口。

【**财务部主管曾志伟对凭证进行主管签字**】

(请以曾志伟的身份，登录进入"企业应用平台"，下同，从略)

(1) 打开"主管签字列表"窗口。在"总账"子系统中，依次单击"凭证/主管签字"菜单项，打开"主管签字"对话框，直接单击"确定"按钮，系统打开"主管签字列表"窗口。

(2) 会计主管签字。双击相应凭证所在的行，进入该凭证的"主管签字"窗口，查阅信息无误后单击工具栏中的"签字"按钮，即在凭证右上方显示"曾志伟"的红字印章，表示主管签字完成。

(3) 退出。单击"主管签字"和"主管签字列表"右上角的"关闭"按钮，关闭并退出窗口。

【**财务部主管曾志伟对凭证进行主管审核**】

(1) 打开"凭证审核列表"窗口。在"总账"子系统中，依次单击"凭证/审核凭证"

由上图可知，针对每个操作步骤，本书不仅给出了详细的描述，还都提炼了主要功能或目标(如打开某窗口、保存、审核、退出)，以利于读者快速了解本步骤的目标。

总之，本书突出"利用碎片时间学习、在场景中理解业务、利用虚拟机掌握操作"的

理念，以"强化实践实训、突出技能培养"为目标，注重提高读者的使用效率与效果。

本书与其他同类的图书相比，具有以下显著特点：

1. 实用

本书在深入调查了解我国中小企业业务财务一体化现状的基础上，根据教育部的教学标准，与企业、院校的专家学者共同协作完成，所以本书的内容能与实际接轨。本书以某工业企业一个月的典型业务为主要素材，在虚拟场景设计的基础上，进行按岗位和任务的操作讲解，以便读者的岗前实训。

2. 教学资源丰富

本书配套有虚拟实验环境、按章存放的账套备份、按场景录制的微视频、教学用PPT课件，极大地方便了教学和自学。

3. 教学与竞赛相结合

本书参考了历年新道科技股份有限公司作为技术支持的本科、高职的会计技能竞赛题面，在业务设计时考虑了竞赛的需求，体现了以赛促教、教学与竞赛融合的特点。

本书的授课时间建议48～72课时，业余时间与课堂的学时比例至少为2:1，建议进行混合模式教学，即学生业余时间通过微视频学习操作，课堂进行理论讲解、实操经验交流和完成作业与测验。

本书由北京语言大学信息科学学院的李吉梅教授、商学院的杜美杰副教授策划并任主编，盘梁娟、刘俊江、余海宁和陈安琪任副主编，参与本书编写的人员还有：李康、张忠伟、于海宝、马骋宇、王若慧、林倩如、刘天玉、白雪玉、王涵、柏梦涵、董熙、靳晰浙、李昕、席砚秋、刘微和姜晓晴(排名不分前后)。全书最后由李吉梅教授统稿和审定。

本书在编写过程中，得到了新道科技股份有限公司李林坤客户经理的技术支持与帮助，北京神州明灯教育科技有限公司的微视频制作技术支持，并获北京语言大学院级科研项目(中央高校基本科研业务专项资金资助，项目编号16YJ030001)和教学名师支持计划(项目编号OTP201607)的资助，在此一并表示感谢！

书中难免会有不妥和错误之处，敬请同行与读者不吝指正。联系方式：

E-mail：ljm@blcu.edu.cn 或 290105757@qq.com

QQ群：190665520(用友ERP微学习之U8)

服务邮箱：476371891@qq.com

李吉梅

2016年4月于北京

教辅资料与网站说明

欢迎使用《场景式企业财务业务综合实践教程(用友 ERP-U8 V10.1)》！
为便于教学和自学，本教程提供了丰富的教学资源：
- 用友 ERP-U8 V10.1 教学版软件
- 用友 ERP-U8 V10.1 虚拟机软件和数据文件
- 实验账套备份数据
- 各业务场景的微课视频
- PPT 教学课件

上述资源存放在百度网盘上，读者可通过扫描下方二维码，将资源下载地址推送到自己的邮箱。

1. 用友 ERP-U8 V10.1 虚拟机文件使用

本教程是在用友 ERP-U8 V10.1 软件中操作的，用户必须要有实验环境才能进行实验操作。该实验环境可以通过以下 2 种方式搭建：
- 安装用友 ERP-U8 V10.1 教学版软件；
- 安装虚拟机软件，然后在虚拟机中导入用友 ERP-U8 V10.1 教学版的数据文件。

学校的用友 ERP 实验室中教学用机上都安装有用友 ERP-U8 软件，其安装步骤不再赘述。若需要在个人计算机上使用，因用友 ERP-U8 V10.1 的安装步骤和所需要的组件较多，而且对计算机上的其他软件限制较多，所以本教程给出了利用虚拟机软件搭建实验环境的方法(详见第 1 章)，百度网盘空间中的"U8V101 虚拟机"文件夹中包括以下 3 个文件：
- VirtualBox.exe：虚拟机软件，V5.16_X64 绿色版；
- VirtualBoxHelp.pdf：虚拟机软件的安装说明和帮助手册；
- seentao101.ova：用友 ERP-U8 V10.1 教学版的虚拟机数据文件。

2. 数据账套使用方法

百度网盘空间中的"实验账套数据"文件夹中，账套备份文件均为"压缩"文件。
使用前，需要首先将相应的压缩文件从网盘中下载到本地硬盘上，再用解压缩工具进行解压(建议用 WinRAR 3.42 或以上版本)，得到相应可以引用的账套数据文件。

用户可以在做实验前引入相应的账套，然后在引入的账套上进行业务操作；或者将实验的结果与备份账套核对，以验证实验的正确性。

3. 微课视频观看方法

本教程提供的各业务场景的微课视频，读者可通过常用视频播放器播放。

4. PPT 教学课件

本书提供各章节 PPT 教学课件，供教师授课使用。教师可根据教学需要，对课件进行修改，以满足课堂教学。

目 录

第一部分 实验准备与月初业务

第1章 实验环境搭建 …………… 3
- 1.1 VirtualBox 虚拟机软件 ………… 3
- 1.2 导入虚拟电脑 …………………… 4
- 1.3 设置虚拟电脑 …………………… 6

第2章 企业账套创建与管理 …… 9
- 2.1 案例企业情况简介 ……………… 10
  - 2.1.1 基本情况 ………………… 10
  - 2.1.2 企业会计制度 …………… 10
  - 2.1.3 操作员及权限 …………… 12
- 2.2 建账流程 ………………………… 13
  - 2.2.1 添加操作员 ……………… 14
  - 2.2.2 建立案例企业账套 ……… 15
  - 2.2.3 设置操作员权限 ………… 17
  - 2.2.4 修改账套信息 …………… 19
  - 2.2.5 账套备份 ………………… 19

第3章 企业基础档案设置 ……… 23
- 3.1 部门与人员档案设置 …………… 24
- 3.2 地区分类及供应商、客户档案设置 …………………………… 27
- 3.3 开户银行及付款方式设置 …… 30
- 3.4 存货与仓库档案设置 ………… 31
- 3.5 结算方式及凭证类别设置 …… 35
- 3.6 收发类别设置 ………………… 36
- 3.7 采购和销售类型设置 ………… 37
- 3.8 费用项目设置 ………………… 37
- 3.9 发运方式和外币设置 ………… 38
- 3.10 项目目录设置 ………………… 39
- 3.11 会计科目设置 ………………… 40
  - 3.11.1 编辑与新增会计科目 …… 43
  - 3.11.2 设置科目的项目目录 …… 44
  - 3.11.3 指定科目 ………………… 44

第4章 子系统的期初设置 ……… 45
- 4.1 采购管理与应付款管理 ……… 46
  - 4.1.1 参数与核算规则设置 …… 46
  - 4.1.2 单据编号设置 …………… 49
  - 4.1.3 期初数据录入与记账 …… 50
  - 4.1.4 供应商存货调价表 ……… 52
- 4.2 销售管理与应收款管理 ……… 52
  - 4.2.1 参数与核算规则设置 …… 52
  - 4.2.2 单据设置 ………………… 56
  - 4.2.3 期初数据录入 …………… 57
  - 4.2.4 销售存货调价单 ………… 58
- 4.3 库存管理与存货核算管理 …… 59
  - 4.3.1 参数设置 ………………… 59
  - 4.3.2 期初数据录入与记账 …… 62
- 4.4 固定资产管理 ………………… 64
  - 4.4.1 系统参数与折旧科目设置 …………………………… 64
  - 4.4.2 类别与增减方式设置 …… 66
  - 4.4.3 固定资产原始卡片录入 … 68
- 4.5 薪资管理 ……………………… 70
  - 4.5.1 参数设置 ………………… 70
  - 4.5.2 工资类别主管设置 ……… 70
  - 4.5.3 人员档案设置 …………… 71
  - 4.5.4 工资项目设置 …………… 72
  - 4.5.5 工资的代发代扣设置 …… 74
  - 4.5.6 期初工资数据录入 ……… 76
- 4.6 总账管理 ……………………… 77
  - 4.6.1 参数与核算规则设置 …… 77
  - 4.6.2 总账期初余额设置 ……… 78

4.6.3　期初余额引入与对账 ………… 82

第 5 章　总账月初业务 ………………… 85
　5.1　计算并缴纳上一季度和上月
　　　代扣代缴的税费 …………………… 86
　　5.1.1　业务概述与分析 ………………… 86
　　5.1.2　虚拟业务场景 …………………… 86
　　5.1.3　预备知识 ………………………… 87
　　5.1.4　操作指导 ………………………… 88
　5.2　计算并缴纳社会保险费和住房
　　　公积金 ……………………………… 91
　　5.2.1　业务概述与分析 ………………… 91
　　5.2.2　虚拟业务场景 …………………… 92
　　5.2.3　预备知识 ………………………… 92
　　5.2.4　操作步骤 ………………………… 93
　5.3　预支差旅费 …………………………… 98
　　5.3.1　业务概述与分析 ………………… 98
　　5.3.2　虚拟业务场景 …………………… 98
　　5.3.3　操作步骤 ………………………… 99

第二部分　供应链

第 6 章　采购业务 ……………………… 103
　6.1　请购与采购 ………………………… 104
　　6.1.1　业务概述与分析 ………………… 104
　　6.1.2　虚拟业务场景 …………………… 104
　　6.1.3　操作步骤 ………………………… 105
　6.2　有报价降价和定金的采购
　　　订货 ………………………………… 107
　　6.2.1　业务概述与分析 ………………… 107
　　6.2.2　虚拟业务场景 …………………… 107
　　6.2.3　操作指导 ………………………… 109
　6.3　有代垫运费的采购业务 …………… 112
　　6.3.1　业务概述与分析 ………………… 112
　　6.3.2　虚拟业务场景 …………………… 113
　　6.3.3　操作指导 ………………………… 114
　6.4　采购到货与采购发票现付
　　　处理 ………………………………… 122

　　6.4.1　业务概述与分析 ………………… 122
　　6.4.2　虚拟业务场景 …………………… 122
　　6.4.3　操作指导 ………………………… 123
　6.5　采购暂估结算业务 ………………… 128
　　6.5.1　业务概述与分析 ………………… 129
　　6.5.2　虚拟业务场景 …………………… 129
　　6.5.3　操作指导 ………………………… 130
　6.6　到货拒收业务 ……………………… 134
　　6.6.1　业务概述与分析 ………………… 135
　　6.6.2　虚拟业务场景 …………………… 135
　　6.6.3　操作指导 ………………………… 136
　6.7　采购退货业务 ……………………… 142
　　6.7.1　业务概述与分析 ………………… 142
　　6.7.2　虚拟业务场景 …………………… 142
　　6.7.3　操作指导 ………………………… 144

第 7 章　库存存货业务 ………………… 153
　7.1　领料出库业务 ……………………… 153
　　7.1.1　业务概述与分析 ………………… 154
　　7.1.2　虚拟业务场景 …………………… 154
　　7.1.3　操作指导 ………………………… 154
　7.2　产成品入库业务 …………………… 157
　　7.2.1　业务概述与分析 ………………… 157
　　7.2.2　虚拟业务场景 …………………… 157
　　7.2.3　操作指导 ………………………… 157
　7.3　调拨业务 …………………………… 160
　　7.3.1　业务概述与分析 ………………… 160
　　7.3.2　虚拟业务场景 …………………… 160
　　7.3.3　操作指导 ………………………… 162
　7.4　存货盘点工作 ……………………… 167
　　7.4.1　业务概述与分析 ………………… 168
　　7.4.2　虚拟业务场景 …………………… 168
　　7.4.3　操作指导 ………………………… 169
　7.5　盘盈盘亏账务处理 ………………… 173
　　7.5.1　业务概述与分析 ………………… 173
　　7.5.2　虚拟业务场景 …………………… 174
　　7.5.3　操作指导 ………………………… 174

第8章 销售业务 …………………… 179

- 8.1 先发货后开票(分批发货) …… 180
  - 8.1.1 业务概述与分析 ………… 180
  - 8.1.2 虚拟业务场景 …………… 181
  - 8.1.3 操作指导 ………………… 182
- 8.2 先发货后开票(有预收款和代垫运费) ……………………… 188
  - 8.2.1 业务概述与分析 ………… 188
  - 8.2.2 虚拟业务场景 …………… 189
  - 8.2.3 操作指导 ………………… 190
- 8.3 有报价和折扣的开票直接发货 ……………………………… 199
  - 8.3.1 业务概述与分析 ………… 199
  - 8.3.2 虚拟业务场景 …………… 200
  - 8.3.3 操作指导 ………………… 201
- 8.4 分期收款业务 ………………… 207
  - 8.4.1 业务概述与分析 ………… 207
  - 8.4.2 虚拟业务场景 …………… 207
  - 8.4.3 操作指导 ………………… 209
- 8.5 委托代销发货业务 …………… 216
  - 8.5.1 业务概述与分析 ………… 216
  - 8.5.2 虚拟业务场景 …………… 216
  - 8.5.3 操作指导 ………………… 217
- 8.6 委托代销结算业务 …………… 219
  - 8.6.1 业务概述与分析 ………… 219
  - 8.6.2 虚拟业务场景 …………… 220
  - 8.6.3 操作指导 ………………… 220
- 8.7 直运业务 ……………………… 224
  - 8.7.1 业务概述与分析 ………… 224
  - 8.7.2 虚拟业务场景 …………… 225
  - 8.7.3 操作指导 ………………… 226
- 8.8 零售日报业务 ………………… 234
  - 8.8.1 业务概述与分析 ………… 234
  - 8.8.2 虚拟业务场景 …………… 234
  - 8.8.3 操作指导 ………………… 235
- 8.9 有现结的销售退货业务 ……… 241
  - 8.9.1 业务概述与分析 ………… 241
  - 8.9.2 虚拟业务场景 …………… 242
  - 8.9.3 操作指导 ………………… 243

第三部分 财务会计

第9章 应收业务 …………………… 251

- 9.1 坏账发生与收回 ……………… 252
  - 9.1.1 业务概述与分析 ………… 252
  - 9.1.2 虚拟业务场景 …………… 252
  - 9.1.3 操作指导 ………………… 253
- 9.2 上月销售的到款及核销 ……… 256
  - 9.2.1 业务概述与分析 ………… 256
  - 9.2.2 虚拟业务场景 …………… 256
  - 9.2.3 操作指导 ………………… 257
- 9.3 预收冲应收 …………………… 261
  - 9.3.1 业务概述与分析 ………… 262
  - 9.3.2 操作指导 ………………… 262
- 9.4 本月销售的到款及核销 ……… 263
  - 9.4.1 业务概述与分析 ………… 263
  - 9.4.2 虚拟业务场景 …………… 263
  - 9.4.3 操作指导 ………………… 264
- 9.5 现金折扣处理 ………………… 272
  - 9.5.1 业务概述与分析 ………… 272
  - 9.5.2 虚拟业务场景 …………… 272
  - 9.5.3 操作指导 ………………… 272
- 9.6 计提坏账准备金 ……………… 274
  - 9.6.1 业务概述 ………………… 274
  - 9.6.2 操作指导 ………………… 275

第10章 应付业务 ………………… 277

- 10.1 上月采购的付款及核销 …… 278
  - 10.1.1 业务概述与分析 ……… 278
  - 10.1.2 虚拟业务场景 ………… 278
  - 10.1.3 操作指导 ……………… 279
- 10.2 预付冲应付 ………………… 283
  - 10.2.1 业务概述与分析 ……… 284
  - 10.2.2 虚拟业务场景 ………… 284

10.2.3 操作指导 ············ 284
10.3 本月采购的付款及核销 ······ 285
    10.3.1 业务概述与分析 ······ 285
    10.3.2 虚拟业务场景 ········ 285
    10.3.3 操作指导 ············ 286

第 11 章　薪资业务 ············ 295

11.1 新员工的薪资处理 ·········· 295
    11.1.1 业务概述与分析 ······ 295
    11.1.2 操作指导 ············ 296
11.2 工资数据变动与计算
    工资 ······················ 297
    11.2.1 业务概述与分析 ······ 297
    11.2.2 操作指导 ············ 298
11.3 工资分摊设置和计提工资
    总额 ······················ 300
    11.3.1 业务概述与分析 ······ 300
    11.3.2 操作指导 ············ 301
11.4 计提单位承担的五险一金 ··· 303
    11.4.1 业务概述与分析 ······ 303
    11.4.2 操作指导 ············ 303
11.5 计提工会经费和职工教育
    经费 ······················ 306
    11.5.1 业务概述与分析 ······ 306
    11.5.2 操作指导 ············ 307
11.6 结转代扣个人三险一金和
    所得税 ···················· 310
    11.6.1 业务概述与分析 ······ 310
    11.6.2 虚拟业务场景 ········ 311
    11.6.3 操作指导 ············ 312
11.7 委托银行代发工资 ·········· 317
    11.7.1 业务概述与分析 ······ 317
    11.7.2 虚拟业务场景 ········ 317
    11.7.3 操作指导 ············ 318
11.8 查询并输出工资信息 ········ 325
    11.8.1 业务概述与分析 ······ 325
    11.8.2 操作指导 ············ 325

第 12 章　固定资产业务 ········ 327

12.1 购置固定资产业务 ·········· 328
    12.1.1 业务概述与分析 ······ 328
    12.1.2 虚拟业务场景 ········ 328
    12.1.3 操作指导 ············ 329
12.2 固定资产调配业务 ·········· 331
    12.2.1 业务概述与分析 ······ 331
    12.2.2 操作指导 ············ 331
12.3 计提本月固定资产折旧 ······ 332
    12.3.1 业务概述与分析 ······ 332
    12.3.2 操作指南 ············ 332
12.4 固定资产报废处理 ·········· 333
    12.4.1 业务概述与分析 ······ 333
    12.4.2 虚拟业务场景 ········ 334
    12.4.3 操作指导 ············ 334

第 13 章　总账月末业务 ········ 339

13.1 报销差旅费 ················ 339
    13.1.1 业务概述与分析 ······ 339
    13.1.2 虚拟业务场景 ········ 340
    13.1.3 操作指导 ············ 341
13.2 结转未交增值税 ············ 345
    13.2.1 业务概述与分析 ······ 345
    13.2.2 虚拟业务场景 ········ 345
    13.2.3 操作指导 ············ 346
13.3 计算并结转城市维护建设税
    及教育费附加费 ············ 350
    13.3.1 业务概述与分析 ······ 351
    13.3.2 操作指导 ············ 351
13.4 期间损益结转处理 ·········· 353
    13.4.1 业务概述与分析 ······ 353
    13.4.2 操作指导 ············ 353
13.5 计算并结转本月企业
    所得税 ···················· 355
    13.5.1 业务概述与分析 ······ 355
    13.5.2 虚拟业务场景 ········ 356
    13.5.3 操作指导 ············ 356

13.6 银行对账处理 …………… 360
    13.6.1 业务概述与分析 …… 360
    13.6.2 操作指导 ……………… 361

第四部分 月末处理与报表

第 14 章 企业业务活动月末处理 …… 367
14.1 各业务模块的月末处理 …… 368
    14.1.1 业务概述与分析 …… 368
    14.1.2 操作指导 ……………… 368
14.2 各财务模块的月末处理 …… 373
    14.2.1 业务概述与分析 …… 373
    14.2.2 操作指导 ……………… 373

第 15 章 企业会计报表编制 ………… 379
15.1 利用 UFO 报表模板制作资产负债表 ……………………… 380

15.1.1 业务概述与分析 …… 380
15.1.2 操作指导 ……………… 380
15.2 利用 UFO 报表模板制作利润表 …………………………… 384
    15.2.1 业务概述与分析 …… 384
    15.2.2 操作指导 ……………… 384
15.3 利用自定义报表功能编制企业财务指标分析表 …… 386
    15.3.1 业务概述与分析 …… 387
    15.3.2 操作指导 ……………… 388

参考文献 ………………………………… 393

第一部分
实验准备与月初业务

第 1 章

实验环境搭建

本教程是在用友 ERP-U8 V10.1 软件中操作的,所以必须有实验环境才能完成本教程中的实验任务。该实验环境可以用两种方式搭建,一是安装用友 ERP-U8 V10.1 教学版软件;二是安装虚拟机软件,然后在虚拟机软件中导入用友 ERP-U8 V10.1 教学版的数据文件,以虚拟电脑的方式运行。

由于学校的用友 ERP 实验室中的教学用机上都安装有用友 ERP-U8 软件,其安装步骤不再赘述。若需要在个人计算机上使用,因用友 ERP-U8 V10.1 的安装步骤和所需要的组件较多,而且对计算机上的其他软件限制较多,所以本章给出了利用虚拟机软件 VirtualBox 搭建实验环境的方法。相应的软件和数据文件存放在百度网盘空间(网盘地址: http://pan.baidu.com/s/1miczJ7M,密码: l4gr),您可随时使用。

1.1 VirtualBox 虚拟机软件

VirtualBox 是一款开源的虚拟机软件,是由德国 Innotek 公司开发、Sun Microsystems 公司出品的软件,在 Sun 被 Oracle 收购后正式更名为 Oracle VM VirtualBox。使用者可以在 VirtualBox 上安装并且执行 Solaris、Windows、DOS、Linux、OS/2 Warp、BSD 等系统作为客户端操作系统。

1. VirtualBox 的特点

VirtualBox 简单易用,可虚拟的系统包括 Windows(从 Windows 3.1 到 Windows 10、Windows Server 2012,所有的 Windows 系统都支持)、Mac OS X、Linux、OpenBSD、Solaris、IBM OS2,甚至 Android 等操作系统,使用者可以在 VirtualBox 上安装并且运行上述操作系统。

与同类的 VMware 及 Virtual PC 相比,VirtualBox 还包括对远端桌面协定(RDP)、iSCSI 及 USB 的支持,其主要特点如下:

- 在主机端与客户端间建立分享文件夹(须安装客户端驱动);
- 能够在主机端与客户端共享剪贴簿(须安装客户端驱动);
- 无缝视窗模式(须安装客户端驱动);
- 支持64位客户端操作系统,即使主机使用32位CPU;
- 支持SATA硬盘NCQ技术;
- 虚拟硬盘快照;
- 内建远端桌面服务器,实现单机多用户;
- 支持VMware VMDK磁盘文档及Virtual PC VHD磁盘文档格式;
- 3D虚拟化技术支持OpenGL(2.1版后支持)、Direct3D(3.0版后支持)、WDDM(4.1版后支持);
- 最多虚拟32颗CPU(3.0版后支持);
- 支持VT-x与AMD-V硬件虚拟化技术;
- iSCSI支持;
- USB与USB 2.0支持。

目前VirtualBox软件已更新到5.1.12正式版,本次更新后支持配置HTTP代理、支持快捷键重新分配,增强对各种Linux发行版的支持,支持Linux kernel 4.3内核。

2. VirtualBox的安装

VirtualBox的安装文件,可以从其官方网站(https://www.virtualbox.org/)下载与用户的计算机(以下简称"主机")的操作系统对应的安装文件。本教程教辅资料所存放的百度网盘空间中也存放有VirtualBox的安装文件,用户可以将其拷贝到主机运行。

运行VirtualBox的安装文件,将开启一个简单的安装向导,允许用户定制VirtualBox特性,选择任意快捷方式并指定安装目录。

安装成功之后,桌面上会增加"Oracle VM VirtualBox"桌面图标,双击该图标,系统将打开"Oracle VM VirtualBox管理器"窗口(参见图1-1)。

1.2 导入虚拟电脑

在VirtualBox中创建虚拟电脑,可以按照用户个人的应用情况选择配置。由于篇幅的限制,虚拟电脑的创建步骤,请用户参阅百度网盘空间中的帮助文件,在此仅讲解虚拟电脑的导入和设置。

在导入用友 ERP-U8 V10.1 虚拟电脑前,请首先将百度网盘空间(网盘地址: https://pan.baidu.com/s/1kWTtuaN,密码: rn89)中"新道101虚拟机"文件夹下的"seentao101.ova"下载到计算机。"seentao101.ova"数据文件,是编者通过Oracle VM VirtualBox管理器的"导出虚拟电脑"功能,导出的已安装了用友ERP-U8 V10.1教学版的虚拟电脑数据文件,它本身不可直接运行,但将其导入VirtualBox软件成功之后,便可直接使用用友ERP-U8

V10.1 软件了。

操作步骤：

（1）打开"Oracle VM VirtualBox 管理器"窗口。双击桌面上的"Oracle VM VirtualBox"图标，系统打开"Oracle VM VirtualBox 管理器"窗口(参见图 1-1)。

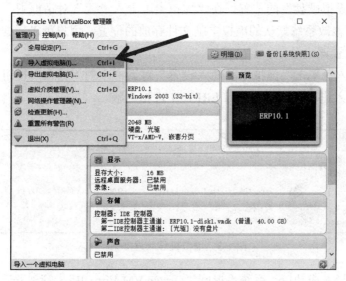

图 1-1　"Oracle VM VirtualBox 管理器"窗口

（2）单击"管理/导入虚拟电脑"菜单项，系统弹出"要导入的虚拟电脑"对话框，浏览找到计算机上的"seentao101.ova"数据文件。

（3）单击"下一步"按钮，系统弹出"虚拟电脑导入设置"对话框，结果如图 1-2 所示，其中默认虚拟电脑的"名称"为"seentao101"，"内存"为"2048MB"，"虚拟硬盘"有 2 个，其默认的路径为"C:\Users\lijimeiBlcu\VirtualBox VMs\seentao101\seentao101-disk1.vmdk"和"C:\Users\lijimeiBlcu\VirtualBox VMs\seentao101\ seentao101-disk2.vmdk"。

图 1-2　"虚拟电脑导入设置"对话框

(4) 设置虚拟电脑的内存。在"虚拟电脑导入设置"对话框中，双击"内存"所在行，可录入拟建的虚拟电脑的内存大小。因为 VirtualBox 不支持内存过量使用，所以不能给一个虚拟电脑分配超过主机内存大小的内存值，建议分配给虚拟电脑的内存不超过计算机内存的一半，但至少要 1024MB，否则用友 ERP-U8 V10.1 软件无法运行。

(5) 设置"虚拟硬盘"的位置。在"虚拟电脑导入设置"对话框中，双击"虚拟硬盘"所在行，可修改系统默认的虚拟电脑文件存放的位置，用户可以根据计算机存储空间分布情况，设置该路径。

(6) 开始导入。单击"虚拟电脑导入设置"对话框中的"导入"按钮，系统弹出如图 1-3 所示的导入进度条，开始导入 ERP10.1 虚拟电脑。

图 1-3　虚拟机导入进度条

(7) 完成。导入成功后，系统将返回"Oracle VM VirtualBox 管理器"窗口，结果可参见图 1-4。

1.3　设置虚拟电脑

虚拟电脑关闭时，可以编辑虚拟电脑的设置并更改硬件。虚拟电脑与主机的数据交换，最便捷的方式便是通过"共享文件夹"。

操作步骤：

(1) 在"Oracle VM VirtualBox 管理器"窗口中，在 ERP10.1 虚拟电脑关闭的情况下，先单击左侧的"seentao101"虚拟机，再单击工具栏中的"设置"按钮，系统弹出"seentao101 设置"对话框，结果可参见图 1-4。

(2) 在"seentao101 设置"对话框中，单击其左侧的"共享文件夹"，右侧显示已有的共享文件夹，在此可单击已有的文件夹进行修改，也可单击右上角的"+"按钮，以增加一个共享文件夹。

(3) 单击"确定"按钮，退出该对话框，系统返回"Oracle VM VirtualBox 管理器"窗口，设置完成。

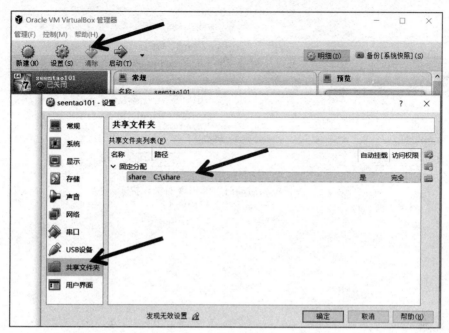

图1-4 "seentao101 设置"对话框

VirtualBox 虚拟机的参数有以下 5 类，用户可以根据需要自主设置。
- 虚拟电脑名称：虚拟电脑名(如 seentao101)是虚拟电脑的唯一标识，用来区分虚拟电脑的硬件配置、操作系统、软件等数据。
- 内存：指定虚拟电脑可用内存大小，系统会自动分配，也可自行设置。
- 虚拟硬盘：选择一个虚拟硬盘作为主硬盘，也可以新建一个。
- 硬盘存储类型：分为动态扩展和固定大小两种，其中动态扩展类型最初只需占用非常小的物理硬盘空间，然后根据虚拟电脑的实际需求动态分配；固定大小类型就是建立时就分配指定的大小给虚拟电脑使用。后者在性能上有一定优势，但建立时间较长。
- 摘要：显示虚拟电脑的各项数据情况。

小贴士：

在 Windows 10 系统中，在 VirtualBox 管理器中运行虚拟电脑时，若出现如图 1-5 所示的错误提示，可单击"明细"前的箭头以展开其错误说明，然后根据说明修改主机或虚拟机的相关设置之后，或直接单击其"确定"按钮返回，再次打开一般就能正常开机了。若一直出现问题，可以"删除"后再次"导入虚拟电脑"。

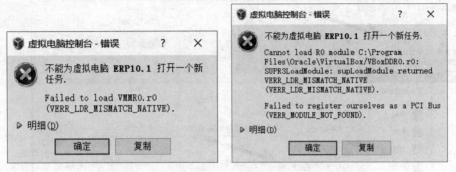

图1-5 虚拟电脑启动时可能出现的错误提示

第 2 章

企业账套创建与管理

用友 ERP-U8 软件产品由多个产品组成,各个产品之间相互联系,数据共享,共同实现财务业务一体化的管理,对企业资金流、物流、信息流的统一管理提供了有效的方法和工具。

由于用友 ERP-U8 软件所含的各个产品是为同一个主体的不同层面服务的,因此就要求这些产品具备如下特点:①具备公用的基础信息;②操作员和操作权限集中管理,并且进行角色的集中管理;③业务数据共用一个数据库。

本章的主要任务是建立企业账套的公用基本信息以及对账套信息进行管理,并在"系统管理"功能模块中进行相关操作。系统管理的主要功能包括新建账套、新建年度账、账套修改和删除、账套备份,根据企业经营管理中的不同岗位职能建立不同角色、新建操作员,以及权限的控制与分配等功能。

本章的主要内容包括:

(1) 企业基本情况介绍。主要介绍案例公司(北京亮康眼镜有限公司)的基本情况、公司所采用的内部会计制度,以及企业员工的岗位分工情况。

(2) 账套建立。账套指的是一组相互关联的数据,每个企业或每个独立核算部门的数据,在 ERP-U8 中都表现为一个账套。一个账套的基本信息包括账套信息、单位信息、核算类型、基础信息、编码方案、数据精度等 6 个方面。可以根据企业的基本情况、内部会计制度及企业员工信息建立账套。

(3) 用户及权限设置。为了保证系统数据的安全与保密,系统管理提供了用户及其功能权限的集中管理功能。但在进行权限设置之前,首先要添加系统用户信息,然后企业管理者可以根据用户的不同岗位分工来设置其操作权限。这样一方面可以避免与业务无关的人员进入系统进行非法操作,另一方面可以按照企业需求对各个用户进行管理授权,以保证各负其责,使得工作流程清晰顺畅。

(4) 账套管理。账套建立后,可以根据实际情况进行修改完善,灵活地对账套进行引入、输出等备份操作。

2.1 案例企业情况简介

本节的内容包括案例企业的基本情况、公司所采用的内部会计制度，以及企业员工的岗位分工情况。

2.1.1 基本情况

1. 公司简介

北京亮康眼镜有限公司(简称亮康公司)，是专门从事眼镜生产、批发和零售的制造企业，位于北京市昌平区。该公司开户银行为中国工商银行北京市昌平支行，账号为200106653251，该公司为一般纳税人，纳税登记号为 210019995461202；电话：010-60228226；邮箱：liangkang@163.com。

2. 组织结构

公司的注册类型为有限责任公司，股东由 3 个自然人组成。其中，李吉棕出资额占70%，由其出任公司董事长兼总经理，是公司的法人代表；赵飞和刘静各占 15%，均为董事会成员。总经理下设 4 位部门主管，其中赵飞担任销售主管，刘静担任采购主管，曾志伟担任财务主管，陈虹担任行政主管，组织结构图如图 2-1 所示。

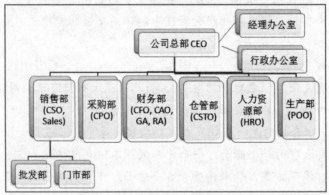

图 2-1 案例企业组织结构图

2.1.2 企业会计制度

1. 会计科目设置规定

(1) 会计科目编码。会计科目编码采用 4-2-2 方式，即一级科目 4 位字长，二级科目 2

位字长,三级科目2位字长。

(2) 会计科目设置要求。"库存现金"科目是现金日记账科目;"应付账款"科目下设"暂估应付账款"和"一般应付账款"两个二级科目,其中一般应付账款设置为受控于应付款系统,暂估应付账款科目设置为不受控于应付款系统。类似地,其他一级科目的辅助账类型设置要求、二级科目的增加和辅助账类型设置要求,以及三级科目的增加和辅助账类型设置要求,请参见3.11节的表3-22。

(3) 项目核算。设置在途物资、库存商品、主营业务收入和主营业务成本这4个项目核算科目。项目的大类名称为"商品项目管理",项目分类定义为太阳镜和老花镜,项目目录分为男士高端、女士高端等(详见3.10节的表3-21),该项目由上述4个科目进行核算。

2. 内部会计政策

(1) 会计核算的基本规定。企业采用科目汇总表账务处理程序,每月月末编制科目汇总表并登记总账;公司采用复式记账,按单一格式填制凭证。会计凭证按月连续编号;公司开设总分类账、明细分类账、现金和银行存款日记账;公司按规定编制资产负债表、利润表、现金流量表和所有者权益变动表。

(2) 货币资金的核算方法。每日终了,对库存现金进行实地盘点,确保现金账面余额与实际库存相符。银行存款每月根据银行对账单进行核对清查。若发现不符,及时查明原因,做出处理。公司采用的结算方式包括现金、现金支票、转账支票、银行承兑汇票、商业承兑汇票、电汇、同城特约委托收款等。

(3) 存货的核算方法。企业存货包括各种眼镜(包括太阳镜和老花镜)、包装物,以及办公用品类的低值易耗品;各类存货采用永续盘存制,按照实际成本核算;在核算过程中,存货采用移动平均法计算成本。

(4) 固定资产的核算方法。公司的固定资产包括房屋及建筑物、机器设备、交通运输设备和电子设备,均为正在使用状态;按照企业会计准则规定,按月计提折旧,当月增加的,自下月开始计提折旧,当月减少的,当月照提折旧;公司采用平均年限法计提折旧,净残值率按不同类别设置为2%、3%和5%,使用年限依据税法规定设置。

(5) 职工薪酬的核算方法。公司按照有关规定,由单位承担并缴纳的养老保险、医疗保险、失业保险、工伤保险、生育保险、住房公积金,分别按照本月职工应发工资的20%、10%、1%、1%、0.8%、12%计算;职工个人承担的养老保险、医疗保险、失业保险、住房公积金分别按照本人本月应发工资的8%、2%、0.2%、12%计算;按照国家有关规定,单位代扣个人所得税,单位按本月职工应发工资总额的2%计提工会经费,2.5%计提职工教育经费。

(6) 税务的会计处理。本公司为增值税一般纳税人,购销货物税率为17%,运费税率为11%,按月缴纳;企业所得税采用资产负债表债务法,除应收账款外,假设资产、负债的账面价值与其计税基础一致,未产生暂时性差异。企业所得税的计税依据为应纳税所得额,税率为25%,按月预计,按季预缴,全年汇总清缴。按当期应交增值税的7%和3%计算城市维护建设税和教育费附加。

(7) 利润分配规定。根据公司章程，公司税后利润按以下顺序及规定分配：①弥补亏损；②按10%提取法定盈余公积；③提取任意盈余公积；④向投资者分配利润。

(8) 财产清查的要求。公司每月上旬对存货进行清查，年末对固定资产进行清查，根据盘点结果编制"盘点表"，并与账面情况进行比较，报经主管领导审批后进行处理。

(9) 坏账损失的核算方法。除应收账款外，其他的应收款项不计提坏账准备。每月月末，按应收账款余额百分比法计提坏账准备，提取比例为期末余额的1%。对于可能成为坏账的应收账款应当报告有关决策机构，由其进行审查和确认；发生的各种坏账应查明原因，及时做出会计处理；注销的坏账应当进行备查登记，做到账销案存，已注销的坏账又收回时应当及时入账。

(10) 月末将各损益类账户余额转入本年利润账户。

3. 会计岗位职责

(1) 主管会计。在董事会和总经理的领导下，总管公司会计、报表和预算工作，负责对各项财务、会计工作的布置检查；组织初始建账工作，各种原始凭证、记账凭证和会计报表的审核；负责编制资产负债表、利润表、现金流量表和所有者权益变动表等会计报表的工作；负责财务分析工作；负责总账的编制和档案管理。

(2) 出纳。保管库存现金、有价证券，并保管财务专用章；负责空白支票和支票、银行结算票据备查簿、有价证券、借款的备查簿的编写和管理；负责登记现金、银行存款日记账。

(3) 记账会计。负责往来账款的管理，各种明细表的登记工作；负责财务资产的清查、银行对账工作；负责编制各种税收申报表和养老保险申报表，并缴纳各种税费；负责开具发票、固定资产、无形资产的卡片账记录和保管。

2.1.3 操作员及权限

账套使用人员岗位分工与权限设置详见表2-1，其用户类型均为"普通用户"。

表2-1 软件应用人员分工及权限分配表

编码	人员姓名	隶属部门	职务	操作权限	所属角色	功能权限修改
0100	李吉棕	经理办公室	总经理	系统初始设置、所有业务单据审核与批复	账套主管	
0200	曾志伟	财务部	财务主管、会计主管	会计业务主管签字，审核凭证、发票与收付款单，对账，结账，编制会计报表、财务指标分析		公共单据、总账、应收、应付、UFO报表、销售管理

(续表)

编码	人员姓名	隶属部门	职务	操作权限	所属角色	功能权限修改
0201	张兰	财务部	记账会计	编制记账凭证、记账、固定资产折旧及增减变动业务、工资分摊、银行对账、缴纳各种税费		总账、应收、应付、固定资产、销售管理、存货核算、薪资管理
0202	罗迪	财务部	出纳	填制收款单和付款单、出纳签字		总账、应收、应付
0300	赵飞	批发部	销售主管	销售管理、单据审核		销售管理
0301	夏于	批发部	销售员	销售管理		销售管理
0302	李华	门市部	销售员	零售日报管理		销售管理
0400	刘静	采购部	采购主管	采购管理、单据审核		采购管理
0401	张新海	采购部	采购员	采购管理		采购管理
0500	李莉	仓管部	仓库主管	库存管理		库存管理、存货核算
0501	赵林	仓管部	仓管员	库存管理		库存管理
0502	李东	仓管部	仓管员	库存管理		库存管理
0600	王军	人力资源部	人力资源主管	人员增减变动、工资变动、辅助系统初始设置		薪资管理

备注：
- 操作员的初始密码均为"1"，用户类型均为"普通用户"。
- 操作员的数据权限如下。
  ➢ 在"数据权限控制设置"窗口的"记录级"选项卡中，不勾选"是否控制"栏的"用户"复选框，单击"确定"按钮，则单据不按用户控制，操作步骤详见本教程的2.2.3节。
  ➢ 在"数据权限分配"窗口中，设置王军和张兰为"工资类别主管"，则王军和张兰若登录"企业应用平台"即可操作薪资模块。此设置在薪资账套建立后才可设置成功，操作步骤详见本教程的4.5.2节。

2.2 建账流程

　　本账套建立时间为2016年4月1日，各子系统启用时间为2016年4月1日。本案例企业发生业务活动的时间均为2016年4月。

　　需要说明的是：

　　(1) 本教程的所有业务实验操作，都有配套的微视频，读者可以通过扫描二维码，或者到指定的网页去观看。

　　(2) 本节的实验操作，因其是基础数据且比较简单，没有做相应的视频录制，已经完成的基本账套数据(02新建账套.rar)存放在百度网盘空间的"实验账套数据"文件夹中。

　　(3) 实验操作前，需要将系统时间调整为2016年4月1日。如果没有调整系统时间，则在建账过程中和启用子系统时，注意修改时间为2016年4月1日。

2.2.1 添加操作员

本案例企业的操作员详见表 2-1。本任务是按照表 2-1 的资料在系统管理中添加操作员。在操作之前，请确认系统日期为 2016-04-01。

操作步骤：

(1) 启动系统管理，以系统管理员(admin)身份注册。

① 双击桌面的"系统管理"快捷方式，打开"系统管理"窗口。

② 在"系统管理"窗口中，单击"系统/注册"菜单项，打开系统管理的登录对话框，结果如图 2-2 所示。

③ 以系统管理员(admin)身份注册：编辑或确认"操作员"为 admin，密码为空，然后单击"登录"按钮，系统退出对话框返回"系统管理"窗口，结果如图 2-3 所示。

提示：

- "系统管理"窗口的使用者为企业的信息管理人员，包括系统管理员 admin、安全管理员 sadmin、管理员用户和账套主管。
- 系统管理员"admin"的密码默认为空，若需要修改，则在登录时，在密码栏中先输入正确的密码，然后选中"修改密码"复选框，单击"确定"按钮，在提示窗口输入并确定新密码。

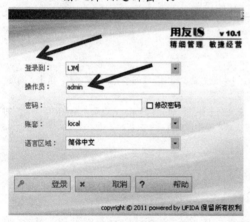

图 2-2 系统管理登录对话框

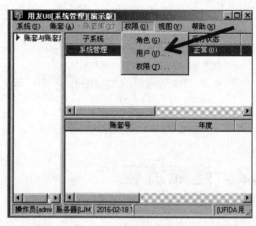

图 2-3 系统管理窗口

(2) 增加操作员。

注意：

由于还未建账套，所以无法录入功能权限，此步只增加相应操作员并设置角色。

① 在"系统管理"窗口中，单击"权限/用户"菜单项(参见图 2-3)，系统打开"用户管理"窗口。

② 在"用户管理"窗口中，单击"增加"按钮，系统打开"操作员详细情况"对

话框。

③ 在对话框中增加"李吉棕"用户：根据表 2-1，输入"李吉棕"的编号、姓名、用户类型(已默认为普通用户)、口令(即密码，初始密码设置为"1")和所属角色等信息(结果可参见图 2-4)，然后单击"增加"按钮。

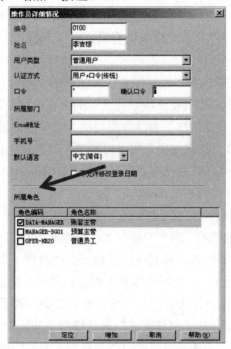

图 2-4　"操作员详细情况"对话框

提示：

只有"账套主管"需要此时设置角色，其他操作员将在 2.2.3 节中设置。

④ 重复步骤③，按照表 2-1，完成其他操作员(即用户)的编辑工作，其"所属角色"为空。

⑤ 退出。单击对话框的"取消"按钮，系统退出对话框返回"用户管理"窗口，再单击其"退出"按钮，返回"系统管理"窗口。

2.2.2　建立案例企业账套

本任务是依据 2.1 节的资料，在用友 ERP-U8 中建立案例企业的账套，并启用相应的功能模块，包括采购管理、销售管理、库存管理、存货核算、固定资产、薪资管理、应收款管理、应付款管理、总账系统。

具体地，本案例企业账套的账套号为"915"，账套名称为"北京亮康眼镜有限公司"，账套路径默认为"C:\u8soft\admin\"，启用会计期为"2016-04"。

操作步骤：

(1) 打开"创建账套"向导。在"系统管理"窗口(参见图2-3)中，单击"账套/建立"菜单项，系统打开"创建账套"对话框，然后根据向导操作完成账套资料的录入。

(2) 在打开的"创建账套"对话框的"建账方式"中，默认"新建空白账套"并单击"下一步"按钮，然后在系统打开的"创建账套"对话框的"账套信息"中，编辑"账套号"为"915"，"账套名称"为"北京亮康眼镜有限公司"，确认"启用会计期"为"2016-04"，其他项默认。

(3) 单击"下一步"按钮，在"创建账套"对话框的"单位信息"中，编辑"单位名称"为"北京亮康眼镜有限公司"(在此应录入企业的全称，以便打印发票时使用)，"机构代码"为"168306659"，"单位简称"为"亮康眼镜"，"单位地址"为"北京市昌平区"，"法人代表"为"李吉棕"，"邮政编码"为"100022"，"联系电话"为"400812345678"，"电子邮件"为"liangkang@163.com"，"税号"为"1101082121202"，"备注一"为"眼镜生产"，"备注二"为"眼镜批发与零售"。

(4) 单击"下一步"按钮，在"创建账套"对话框的"核算类型"中，编辑"本位币"为"RMB"(人民币)，"企业类型"为"工业"；"行业性质"为"2007年新会计制度科目"，"账套主管"为"0100"，并勾选"按行业性质预置会计科目"复选框。

(5) 单击"下一步"按钮，在"创建账套"对话框的"基础信息"中，增加勾选"有无外币核算"，确认选中"存货是否分类"、"客户是否分类"和"供应商是否分类"，然后单击"下一步"按钮，系统打开"创建账套"对话框的"开始"页面。

(6) 单击"完成"按钮，系统弹出"可以创建账套了吗？"提示框，单击"是"按钮，系统开始创建账套，初始创建完成之后打开"编码方案"对话框。

(7) 在"编码方案"对话框的"科目编码级次"中，录入第2级和第3级的位长为2，其他的编码分类采用系统默认值。

(8) 单击"确定"按钮，系统保存编码设置，再单击"取消"按钮，系统打开"数据精度"对话框。

(9) 数据精度全部采用默认值，所以直接单击"取消"按钮，系统退出"数据精度"对话框，此时系统创建账套成功，并弹出"现在进行子系统启用的设置吗？"信息提示框。

(10) 单击"是"按钮，系统打开"系统启用"对话框；在该对话框中依次选中启用"总账"、"应收款管理"、"应付款管理"、"销售管理"、"采购管理"、"库存管理"、"存货核算"、"固定资产"、"薪资管理"复选框，启用时间均为"今天"。

(11) 单击"系统启用"和"创建账套"对话框的"退出"按钮，系统返回"系统管理"窗口。

提示：

若在系统弹出"现在进行子系统启用的设置吗？"信息提示框时，单击"否"按钮，则系统直接返回"系统管理"窗口。如果需要启用或修改启用结果，请以账套主管李吉棕的身份登录"企业应用平台"，然后依次单击"基础设置/基本信息/系统启用"菜单项，在系统打开的"系统启用"窗口中进行编辑。

2.2.3 设置操作员权限

本任务是依据表 2-1 的资料,设置操作员的功能权限和数据权限。用友 ERP-U8 中可做 3 个层次的权限管理,即功能级权限管理、数据级权限管理和金额级权限管理。

- 功能级权限管理,提供了划分更为细致的功能级的权限管理功能,包括各功能模块相关业务的查看和分配权限。
- 数据级权限管理,可以通过两个方面进行权限控制与分配,即字段级和记录级。
- 金额级权限管理,主要用于完善内部金额控制,实现对具体金额数量划分级别,对不同岗位和职位的操作员进行金额级别控制,限制他们制单时可以使用的金额数量。

1. 设置操作员的功能权限

操作步骤:

(1) 打开"操作员权限"窗口。在"系统管理"窗口中,单击"权限/权限"菜单项,系统打开"操作员权限"窗口。

(2) 在打开的"操作员权限"窗口中,在左窗格选择操作员"曾志伟",单击窗口工具栏的"修改"按钮,然后在窗口右侧先选择或确认账套为"[915]……"和年度"2016-2016",然后依据表 2-1 中的"功能权限修改"列,增加选中需要的功能模块名称。曾志伟的功能权限设置结果如图 2-5 所示。

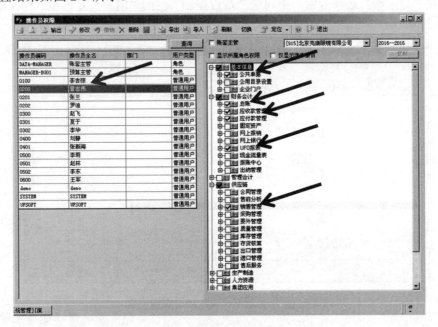

图 2-5 "操作员权限"窗口

(3) 单击"保存"按钮，然后重复步骤(2)，依据表 2-1，完成其他操作员的功能权限修改。

(4) 退出。单击"操作员权限"窗口工具栏的"退出"按钮，退出该窗口返回"系统管理"窗口。

提示：
- 账套主管拥有所有模块的权限。由于在建立账套时已经指定"李吉棕"为账套主管了，所以无须再设置。
- 功能级权限分配，在"系统管理"窗口中完成。在为用户赋予权限时，可一次性勾选大的模块即可实现所有的下属模块权限的赋予。
- 数据权限和金额权限，在"企业应用平台"的"系统服务"页签下的"数据权限"中进行分配。对于数据级权限和金额级的设置，必须是在系统管理的功能权限分配之后才能进行。

2. 操作员的数据权限控制设置

操作步骤：

(1) 打开"企业应用平台"窗口。双击桌面的"企业应用平台"快捷方式，在系统打开的在"登录"对话框中，设置"操作员"为"0100"，"密码"为"1"，"账套"为"[915...]"，然后单击"登录"按钮，系统打开"企业应用平台"窗口。

(2) 在"企业应用平台"的"系统服务"页签下，依次单击"权限/数据权限控制设置"菜单项，系统打开"数据权限控制设置"窗口。

(3) 在"记录级"选项卡中，不勾选"是否控制"栏的"用户"复选框，结果如图 2-6 所示。

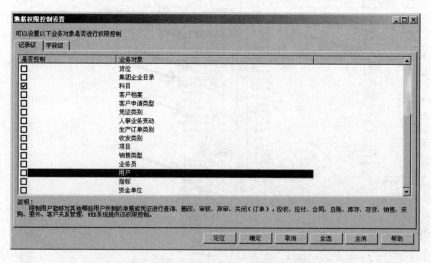

图 2-6 操作员数据权限控制设置对话框

(4) 单击"确定"按钮，则财务部主管曾志伟和会计张兰在登录到企业应用平台后，就可以审核销售发票和制单了。

提示：

数据权限控制设置，是设置"业务对象"(如用户、业务员、货位)是否被控制；而数据权限分配，是分配一个操作员对另一个操作员的数据(如填制的单据)的操作权限(如查看、审核、编辑)，账套主管不参加数据权限分配。数据权限分配的操作步骤详见本教程的4.5.2节。

2.2.4 修改账套信息

修改账套信息的工作，应由"账套主管"在"系统管理"中完成。

操作步骤：

(1) 以账套主管"李吉棕"的身份注册系统管理。

① 在"系统管理"窗口中，单击"系统/注销"菜单项，注销系统管理员身份的注册。

② 单击"系统/注册"菜单项，系统打开"系统管理"的登录界面。

③ 编辑"操作员"为"0100"或"李吉棕"，"密码"为"1"，选择"账套"为"[915]..."，"操作日期"为当前系统日期"2016-04-01"。

④ 单击"登录"按钮，系统退出对话框返回"系统管理"窗口，窗口菜单中显示为黑色字体的部分为账套主管可以操作的功能。

(2) 修改账套信息。

① 在"系统管理"窗口中，单击"账套/修改"菜单项，系统打开"修改账套"对话框，可以修改的账套信息以白色显示，不可修改的以灰色显示。

② 类似于创建账套，在此按照向导逐步完成账套信息的修改，然后单击"完成"按钮，系统弹出提示"确认修改账套了？"。

③ 单击"是"按钮，并在"分类编码方案"和"数据精度"对话框中直接单击"取消"按钮，完成账套修改。

2.2.5 账套备份

1. 设置系统自动备份计划

注意：

该工作可由"账套主管"或"系统管理员"在"系统管理"中完成。

操作步骤：

(1) 在C盘新建"账套备份"文件夹。

(2) 在"系统管理"窗口中，单击"系统/设置备份计划"菜单项，打开"备份计划设置"对话框，然后单击工具栏的"增加"按钮，打开"备份计划详细情况"对话框，如图 2-7 所示。

(3) 录入"计划编号"为"2016-915","计划名称"为"915 亮康眼镜",选择"发生频率"为"每周",录入"开始时间"为"00:00:00","发生天数"为"1"(表示每周日 0 点开始备份)。

(4) 单击对话框中间的"增加"按钮,系统弹出"请选择备份路径"下拉列表框。

(5) 选择"C:\账套备份"文件夹为备份路径,然后单击"确定"按钮返回,此时在"请选择备份路径"区中增加了一行,其右侧出现"浏览"按钮(单击它可打开"请选择账套备份路径"对话框),在"请选择账套和年度"区,选中"915"账套,结果如图 2-7 所示。

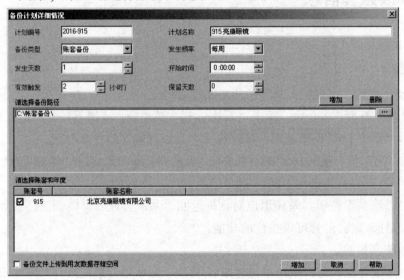

图 2-7 "备份计划详细情况"对话框

(6) 单击对话框底部的"增加"按钮,完成该备份计划的设置。

(7) 退出。单击"取消"按钮退出"备份计划详细情况"对话框,返回"备份计划设置"窗口;再单击"退出"按钮返回"系统管理"窗口。

2. 账套输出

为能让每次实验具有连续性,以完成完整的流程操作,建议用户每完成 1 节或 1 章的实验之后,将实验结果备份保存在 C 盘或自己的 U 盘、网盘中。

为此,需要在每次实验之后,先进行企业账套的输出,并将输出的结果压缩后保存。然后在下次实验前,再将上次的操作结果引入系统。

操作步骤:

(1) 以系统管理员身份注册并打开"系统管理"窗口。若"系统管理"窗口没有打开,请双击桌面上的"系统管理"图标打开该窗口;若已经打开,则选择"系统管理"的"系统/注销"菜单项;然后单击"系统/注册"菜单项,打开"登录"对话框,最后以系统管理员(admin)身份注册并打开"系统管理"窗口。

(2) 在"系统管理"窗口中，单击"账套/输出"菜单项，打开"账套输出"对话框；选定"账套号"和"输出文件位置"后，确认没有勾选"删除当前输出账套"复选框，结果如图 2-8 所示。

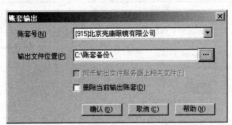

图 2-8 "账套输出"对话框

(3) 单击"确认"按钮，一般等待 3 分钟左右，系统自动完成账套输出的任务并弹出信息提示框，单击其"确定"按钮完成账套输出。

(4) 在资源管理器中，打开"账套备份"文件夹，将列出两个文件：UFDATA.BAK(1.5GB 左右)和 UfErpAct.Lst(1KB)，将这两个文件压缩成一个包(150MB 左右)，并发送到 U 盘或网盘。

提示：

- 只有系统管理员(admin)才能"输出"账套。
- 账套输出只是做了账套备份，现有的账套还在 ERP 系统中，可继续操作；但若删除了账套，则下次必须"引入"账套后才能继续操作。
- 账套删除和账套输出的操作基本一样，区别只是在"账套输出"对话框中，需要勾选"删除当前输出账套"复选框，且在系统提示"真要删除该账套吗？"时，单击"确认"按钮即可，若"取消"则不删除当前输出的账套，下次可继续使用该账套。
- 正在使用的账套，系统的"删除当前输出账套"是置灰的，即不允许选中。

3. 引入(恢复)账套

操作步骤：

(1) 启动系统管理，以系统管理员(admin)身份注册。

(2) 引入账套。

① 在"系统管理"窗口中，单击"账套/引入"菜单项，系统弹出"请选择账套备份文件"对话框。

② 在该对话框中，选择"C:\账套备份\UfErpAct.Lst"，然后单击"确定"按钮，系统弹出"系统管理"信息提示框，提示账套引入的默认路径。

③ 直接单击"确定"按钮，系统弹出"请选择账套引入的目录"对话框，选择"C:\U8SOFT"文件夹，结果如图 2-9 所示。

④ 单击"确定"按钮，系统弹出"账套引入"信息提示框。

⑤ 一般等待 3 分钟左右，系统弹出信息提示框，提示账套"引入成功"。

⑥ 直接单击"确定"按钮，退出该信息提示框，返回"系统管理"窗口。

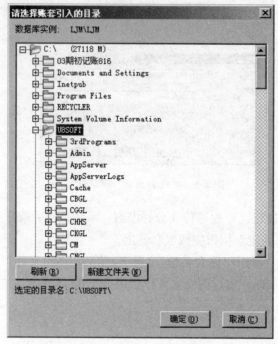

图 2-9　账套引入目录选择对话框

提示：

只有系统管理员(admin)才能"引入"账套。

第 3 章

企业基础档案设置

　　企业基础档案是在"企业应用平台"中进行操作的。"企业应用平台"是用友 ERP-U8 系统的集成应用平台,它是进行企业账套管理的唯一入口,可以实现企业基础档案和基础数据的设置与维护、信息的及时沟通和传输、信息的统计分析等。

　　本章的主要内容是设置企业的基础档案信息和会计科目设置。

　　企业的基础档案设置,是设置用友 ERP-U8 各个子系统公用的基础档案信息,主要包括企业部门及人员档案、客商信息、存货档案、财务信息、收付结算信息等。

　　会计科目设置,是编辑一级科目的科目属性(如辅助账类型、受控系统),以及新增二级、三级科目,如在应付账款科目下,增加一般应付账款和暂估应付账款。

　　会计科目的期初余额,是以上期的期末余额为基础,反映了以前期间的交易和上期采用的会计政策的结果。期初已存在的账户余额,是由上期结转至本期的金额,或是上期期末余额调整后的金额。本章的 3.11 节将在总账系统中录入上月的会计科目期末余额数据信息,作为本月会计科目期初余额数据,以保证数据的完整性和连续性。

　　本章的操作,应该是在系统日期为"2016-04-01"且由账套主管"李吉棕"登录到"企业应用平台",并在第 2 章完成的账套中进行。所以在实验操作前,需要将系统时间调整为 2016 年 4 月 1 日。如果没有调整系统时间,则在登录"企业应用平台"时需要修改"操作日期"为 2016 年 4 月 1 日;如果操作日期与账套建账时间之间的跨度超过 3 个月,则该账套在演示版状态下不能执行任何操作。

　　如果用户没有完成第 2 章的建账和设置权限的任务,则可以到百度网盘空间(网盘地址: http://pan.baidu.com/s/1nuTA0WD,密码: ozr2)的"实验账套数据"文件夹中,将"02 新建账套.rar"下载到实验用机上,然后"引入"(操作步骤详见 2.2.5 节)到 ERP-U8 系统中。

　　需要说明的是:

　　(1) 因网盘中的账套备份文件均为"压缩"文件,所以下载完成后引入前,需要用解压缩工具进行解压(建议用 WinRAR 3.42 或以上版本),得到相应可以引入的账套数据文件。而且，本章完成的账套，其"输出"压缩的文件名为"03 基础档案.rar"。

(2) 本教程的所有业务实验操作，都有配套的微视频，读者可以通过扫描二维码，或者到指定的网页去观看。但本章的实验操作，因其是基础档案且比较简单，所以没有做相应的视频录制。

3.1 部门与人员档案设置

根据企业各部门的实际情况，企业已经设置了相应的岗位(详见表 3-1)，并设置了各职位具体人员的职责(详见表 3-2)。

1. 人员类别设置

表 3-1 列示的是本案例企业的人员类别设置情况。本任务是按照表 3-1，完成案例企业的人员类别在用友 ERP-U8 中的设置。

表 3-1 人员类别

人员类别	档案编码	档案名称
101 正式工	1011	企管人员
	1012	采购人员
	1013	销售人员
	1014	生产人员
102 合同工		
103 实习生		

操作步骤：

(1) 打开"企业应用平台"窗口。双击桌面的"企业应用平台"快捷方式，在系统打开的"登录"对话框中，设置"操作员"为"0100"，"密码"为"1"，"账套"为"[915]…"，然后单击"登录"按钮，系统打开"企业应用平台"窗口。

(2) 打开"人员类别"窗口。在"企业应用平台"的"基础设置"页签下，依次单击"基础档案/机构人员/人员类别"菜单项，系统打开"人员类别"窗口。

(3) 先单击左窗格的"正式工"选项，然后单击工具栏中的"增加"按钮，系统弹出"增加档案项"对话框。

(4) 编辑"档案编码"为"1011"、"档案名称"为"企管人员"，再单击"确定"按钮。

(5) 重复步骤(4)，录入完成表 2-1 中的 1012、1013 和 1014 后，单击"取消"按钮，返回"人员类别"窗口。

(6) 退出。先单击"增加档案项"对话框中的"取消"按钮，再单击工具栏中的"退出"按钮，返回企业应用平台窗口。

2. 部门档案与人员档案设置

表 3-2 列示的是本案例企业的部门档案和人员档案。本任务是按照表 3-2，完成案例企业的部门档案和人员档案在用友 ERP-U8 中的设置。

表 3-2 部门档案与人员档案

一级部门	二级部门	人员类别	人员编码及姓名	性别	雇佣状态	银行	银行账号	是否操作员	是否业务员
1 公司总部	101 经理办公室	企管人员	0100 李吉棕	女	在职	工行	11022033001	是	
	102 行政办公室	企管人员	1010 陈虹	女	在职	工行	11022033002		
2 财务部		企管人员	0200 曾志伟	男	在职	工行	11022033003	是	
		企管人员	0201 张兰	女	在职	工行	11022033004	是	
		企管人员	0202 罗迪	女	在职	工行	11022033005	是	
3 销售部	301 批发部	销售人员	0300 赵飞	男	在职	工行	11022033006	是	是
		销售人员	0301 夏于	男	在职	工行	11022033007	是	是
	302 门市部	销售人员	0302 李华	男	在职	工行	11022033008	是	是
4 采购部		采购人员	0400 刘静	女	在职	工行	11022033009	是	是
		采购人员	0401 张新海	男	在职	工行	11022033010	是	是
5 仓管部		企管人员	0500 李莉	女	在职	工行	11022033011	是	
		企管人员	0501 赵林	男	在职	工行	11022033012	是	
		企管人员	0502 李东	男	在职	工行	11022033013		
6 人力资源部		企管人员	0600 王军	男	在职	工行	11022033014		
		企管人员	0601 梁京	女	在职	工行	11022033015		
7 生产部		生产人员	0700 刘正	男	在职	工行	11022033016		
		生产人员	0701 李江	男	在职	工行	11022033017		是

操作步骤：

(1) 打开"部门档案"窗口。在"企业应用平台"的"基础设置"页签下，依次单击"基础档案/机构人员/部门档案"菜单项，系统打开"部门档案"窗口。

(2) 单击工具栏中的"增加"按钮，录入"部门编码"为"1"、"部门名称"为"公司总部"，然后单击"保存"按钮。

(3) 重复步骤(2)，按照表 3-2 的第 1 列和第 2 列，将部门档案全部录入，完成后单击"部门档案"窗口右上角的"关闭"按钮，退出该窗口并返回企业应用平台。

(4) 双击"人员档案"菜单项，系统打开"人员档案"窗口。

(5) 单击"增加"按钮，系统进入新增状态，并新增一张人员档案表。

(6) 编辑"人员编码"为"0100"、"人员姓名"为"李吉棕"、"性别"为"女"、"行政部门"为"101 经理办公室"、"雇佣状态"为"在职"、"人员类别"为"企管人员"、"银行"为"中国工商银行"、"账号"为"11022033001",同时勾选"是否操作员"复选框,结果如图3-1所示。

(7) 单击"保存"按钮,若该人员已经是用友ERP软件的操作员,则系统弹出提示框"人员信息已改,是否同步修改操作员的相关信息?",单击"是"按钮,系统保存人员信息并新增一张人员档案表。

(8) 重复步骤(6)和(7),依据表3-2将人员档案全部录入完成后,单击工具栏中的"退出"按钮,返回"人员档案"窗口。

(9) 退出。单击"人员档案"窗口右上角的"关闭"按钮,关闭并退出该窗口。

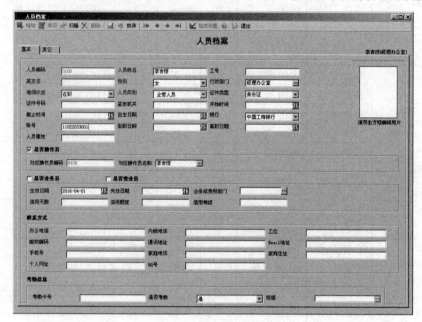

图3-1 "人员档案"窗口

提示:
- 部门指某使用单位下辖的具有分别进行财务核算或业务管理要求的单元体,可以是实际中的部门机构,也可以是虚拟的核算单元。
- 人员编码不能修改,人员的名称可随时修改。
- 如果新增的人员设置为操作员时,则将操作员的所属行政部门、Email地址、手机号带入用户档案中。对于关联的操作员或修改人员时,系统将提示"人员信息已改,是否同步修改操作员的相关信息?"如果选择"是",则将操作员的所属行政部门等信息带入用户档案中(可在"系统管理"窗口的用户列表中查看)。
- 如果部门人员"是"操作员,则同时保存到操作员表时,其密码默认为操作员编码,角色默认为"普通用户"角色。
- 是"业务员"的需要添加"业务或费用部门";若在增加时设置为"业务员",则有与其"行政部门"相同的默认部门。只有是"业务员"的员工,在编辑采购订单等单据的"业务员"编辑框时,才能被参照引用。
- 业务及费用归属部门:指此人员作为业务员时,所属的业务部门,或若他不是业务员,但其费用需要归集到的业务部门。参照部门档案,只能输入末级部门。

3.2 地区分类及供应商、客户档案设置

本节是按照表 3-3~表 3-6,完成案例企业的地区分类、供应商分类、供应商档案、客户分类和客户档案,在用友 ERP-U8 中的设置。

1. 地区分类

表 3-3 列示的是本案例企业的地区分类。本任务是按照表 3-3,完成案例企业的地区分类在用友 ERP-U8 中的设置。

表 3-3 地区分类

分 类 编 码	分 类 名 称
01	华北地区
02	华东地区
03	西北地区

操作步骤:

(1) 在"企业应用平台"的"基础设置"页签下,依次单击"基础档案/客商信息/地区分类"菜单项,打开"地区分类"窗口。

(2) 单击工具栏中的"增加"按钮,录入"分类编码"为"01"、"分类名称"为"华北地区"并单击"保存"按钮。

(3) 重复步骤(2),依据表 3-3 录入地区分类信息完成后,单击"退出"按钮。

2. 客户分类与供应商分类

表 3-4 列示的是本案例企业的客户和供应商分类。本任务是按照表 3-4,完成案例企业的客户和供应商分类在用友 ERP-U8 中的设置。

表 3-4 客户分类与供应商分类

类 别 名 称	一级分类编码与名称	二级分类编码与名称
供应商	01 供应商	01001 厂商
		01002 材料商
	02 委外商	
客户	01 代销商	
	02 批发商	02001 山西省批发商
		02002 北京市批发商
		02003 上海市批发商
	03 零售商	

操作步骤：

(1) 在"企业应用平台"的"基础设置"页签下，依次单击"基础档案/客商信息/供应商分类"菜单项，系统打开"供应商分类"窗口。

(2) 单击工具栏中的"增加"按钮，录入"分类编码"为"01"、"分类名称"为"供应商"并单击"保存"按钮。

(3) 重复步骤(2)，依据表3-4录入供应商分类信息完成后，单击"退出"按钮。

(4) 双击"客户分类"菜单项，系统打开"客户分类"窗口。

(5) 单击工具栏中的"增加"按钮，录入"分类编码"为"01"、"分类名称"为"代销商"并单击"保存"按钮。

(6) 重复步骤(5)，依据表3-4录入客户分类信息完成后，单击"退出"按钮。

3. 供应商档案

表3-5列示的是本案例企业的供应商档案。本任务是按照表3-5，完成案例企业的供应商档案在用友ERP-U8中的设置。

表 3-5 供应商档案

供应商编码与名称	供应商简称	所属分类	所属地区	税号	开户银行	银行账号	邮编	地址
001 大运眼镜公司	大运公司	01001 厂商	01	55555	工行朝阳支行	48723367	100045	北京朝阳十里堡8号
002 吉祥眼镜公司	吉祥公司	02 委外商	02	88888	工行浦东支行	85115076	200332	上海浦东新区东方路1号
003 北京塑料二厂	塑料二厂	01002 材料商	01	44444	招行昌平支行	1235589555	100046	北京昌平区大新路33号
004 银川螺钉厂	螺钉厂	01002 材料商	03	88855	工行银川支行	862559521	333571	银川市和信区富民路23号
005 燕郊硅胶三厂	硅胶三厂	01002 材料商	01	44446	工行燕郊支行	862559585	100050	河北省燕郊经济开发区20号

备注：
- 所有供应商的结算币种均为人民币。
- 供应商属性(采购/委外/服务/国外)均为"采购"。

操作步骤：

(1) 在"企业应用平台"的"基础设置"页签下，依次单击"基础档案/客商信息/供应商档案"菜单项，打开"供应商档案"窗口。

(2) 单击"增加"按钮，增加一张供应商档案，编辑供应商档案的"基本"和"联系"信息，包括编码、名称、简称、分类、币种、所属地区等。以表3-5第1行为例，其"基本"选项卡的结果参见图3-2。

(3) 单击"保存并新增"按钮，系统保存该供应商信息并增加一张供应商档案。

(4) 重复步骤(2)和(3)，将表3-5中所有供应商档案全部录入后，单击"退出"按钮退出该窗口。

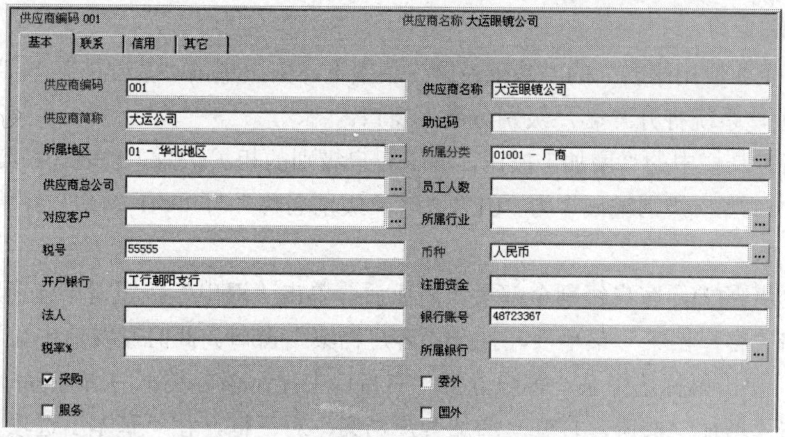

图 3-2 供应商档案"基本"选项卡示意图

4. 客户级别及档案

表 3-6 列示的是本案例企业的客户级别及客户档案。本任务是按照表 3-6，完成案例企业的客户级别及档案在用友 ERP-U8 中的设置。

表 3-6 客户级别与客户档案

客户编码	客户名称	客户简称	客户级别编码与名称	所属分类	所属地区	税号	邮政编码	地址	信用额度	开户银行	银行账号
001	光明眼镜公司	光明公司	01VIP客户	02002	01	11111	100077	北京海淀学院路1号	250万	工行海淀支行	73853654
002	雪亮眼镜公司	雪亮公司	03 一般客户	02003	02	12121	200032	上海徐汇天平路8号	5万	工行徐汇支行	36542234
003	同方眼镜公司	同方公司	02 重要客户	02002	01	11134	100088	北京海淀成府路3号	170万	光大银行海淀支行	85265419
004	华飞眼镜公司	华飞公司	03 一般客户	02001	01	11135	250000	山西太原天桥区成府路3号	5万	光大银行太原支行	85265420
005	零散客户	零散客户		03							

备注：
- 所有客户的结算币种均为"人民币"；属性均为"国内"。
- 表 3-6 中的"开户银行"均是默认的结算银行。
- 在录入"开户银行"时，需要在"增加客户档案"对话框中，单击工具栏的"银行"按钮，然后在打开的对话框中，录入相关信息，其"所属银行"为"开户银行"所在银行，如"工行海淀支行"的"所属银行"为"中国工商银行"。

操作步骤：

（1）在"企业应用平台"的"基础设置"页签下，依次单击"基础档案/客商信息/客户级别"菜单项，系统打开"客户级别分类"窗口。

（2）单击工具栏中的"增加"按钮，编辑客户级别的相关信息，以表 3-6 第 1 行为例，在表体中录入"客户级别编码"为"01"、"客户级别名称"为"VIP 客户"并单击"保存"按钮。

（3）重复步骤(2)，客户级别全部录入完成后，单击"退出"按钮退出该窗口。

（4）双击"客户档案"菜单项，打开"客户档案"窗口。此时左窗口中显示已经设置的客户分类，单击鼠标选中某一客户分类，右窗口中显示该分类下的所有客户列表。

（5）单击"增加"按钮，打开"增加客户档案"对话框，在"基本"选项卡中编辑客户档案相关信息，包括客户编码、客户名称、客户简称等，表 3-6 第 1 行的客户基本信息编辑结果如图 3-3 所示。

图 3-3　客户档案"基本"选项卡示意图

（6）在"增加客户档案"对话框的"联系"选项卡中编辑邮政编码和地址，在"信用"选项卡中编辑信用额度。

（7）在"增加客户档案"对话框中，单击工具栏中的"银行"按钮，弹出"客户银行档案"对话框，单击"增加"按钮，以表 3-6 第 1 行为例，选择"所属银行"为"中国工商银行"并录入"开户银行"为"工行海淀支行"、"银行账号"为"73853654"、"默认值"为"是"，保存后，单击"退出"按钮退出该对话框。

（8）单击工具栏的"保存并新增"按钮，然后重复步骤(5)～(7)，完成表 3-6 中客户档案的录入。

（9）退出。单击"关闭"按钮，关闭并退出该对话框和"客户档案"窗口。

3.3　开户银行及付款方式设置

表 3-7 列示的是本案例企业的开户行信息，表 3-8 列示的是本案例企业的付款方式。

1. 本单位开户银行

本任务是按照表 3-7，完成案例企业的单位开户银行在用友 ERP-U8 中的设置。

表 3-7 本单位开户银行

编码	银行账号	币种	开户银行	所属银行编码	签约标志
01	200106653251	人民币	中国工商银行昌平支行	01 中国工商银行	检查收付款账号

操作步骤：

(1) 在"企业应用平台"的"基础设置"页签下，依次单击"基础档案/收付结算/本单位开户银行"菜单项，打开"本单位开户银行"窗口。

(2) 单击"增加"按钮，系统弹出"增加本单位开户银行"窗口，录入"编码"为"01"、"银行账户"为"200106653251"、"币种"为"人民币"、"开户银行"为"中国工商银行昌平支行"并且选择"所属银行编码"为"01 中国工商银行"、"签约标志"为"检查收付款账号"，然后单击"保存"和"退出"按钮，系统返回"本单位开户银行"窗口。

(3) 退出。单击"退出"按钮，退出"本单位开户银行"窗口。

2. 付款条件

本任务是按照表 3-8，完成案例企业的付款方式在用友 ERP-U8 中的设置。

表 3-8 付款条件

付款条件编码	付款条件名称	信用天数	优惠天数 1	优惠率 1	优惠天数 2	优惠率 2	优惠天数 3	优惠率 3
01	4/10,2/20,n/30	30	10	4	20	2	30	0
02	n/60	60						

操作步骤：

(1) 在"企业应用平台"的"基础设置"页签下，依次单击"基础档案/收付结算/付款条件"菜单项，打开"付款条件"窗口。

(2) 单击工具栏中的"增加"按钮，在表体中填制"付款条件编码"为"01"、"信用天数"为"30"、"优惠天数 1"为"10"、"优惠率 1"为"4"、"优惠天数 2"为"20"、"优惠率 2"为"2"、"优惠天数 3"为"30"、"优惠率 3"为"0"，单击"保存"按钮，此时付款条件名称自动填写为"4/10,2/20,n/30"。

(3) 重复步骤(2)，完成 n/60 付款条件的录入后，单击"退出"按钮退出该窗口。

3.4 存货与仓库档案设置

表 3-9 列示的是本案例企业使用的存货计量单位组，表 3-10 列示的是存货计量单位，表 3-11 列示的是仓库档案，表 3-12 列示的是存货分类，表 3-13 列示的是存货档案。

本任务是按照表 3-9～表 3-13，完成案例企业的存货计量单位组、存货计量单位、仓库档案、存货分类和存货档案在用友 ERP-U8 中的设置。

需要指出的是，在编辑计量单位时，应先通过"分组"定义计量单位组，在单位组的基础上定义计量单位。

1. 存货计量单位(组)

表 3-9　存货计量单位组

计量单位组编码	计量单位组名称	计量单位组类别
01	副	固定换算率
02	无固定换算率	无换算率

操作步骤：

(1) 打开"计量单位"窗口。在"企业应用平台"的"基础设置"页签下，依次单击"基础档案/存货/计量单位"菜单项，打开"计量单位"窗口。

(2) 单击工具栏中的"分组"按钮，系统弹出"计量单位组"对话框。

(3) 在"计量单位组"对话框中，单击"增加"按钮，录入"计量单位组编码"为"01"、"计量单位组名称"为"副"，选择"计量单位组类别"为"固定换算率"，然后单击"保存"按钮。

(4) 重复步骤(3)，录入表3-4中的第2行，保存后单击"退出"按钮，系统返回"计量单位"窗口。

提示：

● 存货档案中每一存货只能选择一个计量单位组。

● 计量单位组被使用后不可修改。

2. 存货计量单位

表 3-10　存货计量单位

计量单位编码	计量单位名称	计量单位组	主计量单位标志	换算率
01	副	01 副	是	
02	盒	01 副	否	10
03	对	02 无固定换算率		
04	颗	02 无固定换算率		
05	个	02 无固定换算率		
06	千克	02 无固定换算率		
07	次	02 无固定换算率		

操作步骤：

(1) 在"企业应用平台"的"基础设置"页签下，依次单击"基础档案/存货/计量单位"菜单项，打开"计量单位"窗口。

(2) 首先选中左窗格的"计量单位组"为"副"，然后单击工具栏中的"单位"按钮，系统弹出"计量单位"对话框。

(3) 在"计量单位"对话框中，单击"增加"按钮，新增一张表单，此时"计量单位组编码"默认为"01"(不可修改)，然后在表头，录入"计量单位编码"为"01"、"计量单位名称"为"副"，确认勾选"主计量单位标志"复选框，然后单击"保存"按钮。

(4) 在"计量单位"对话框中，单击"增加"按钮，然后在表头，录入"计量单位编码"为"02"、"计量单位名称"为"盒"，确认没有勾选"主计量单位标志"复选框，编辑换算率为"10"，然后单击"保存"按钮，再单击"退出"按钮，返回"计量单位"窗口。

(5) 重复步骤(2)～(4)，依据表3-10录入第3～7行的计量单位后，单击"计量单位"对话框中的"退出"按钮，返回"计量单位"窗口。

(6) 退出。单击"计量单位"窗口中的"退出"按钮，退出"计量单位"窗口。

提示：

数量(按主计量单位计量) = 件数(按辅计量单位计量) × 换算率，例如，1 盒眼镜 10 副，则 10 是辅计量单位"盒"和主计量单位"副"之间的换算比。

3. 仓库档案设置

表 3-11　仓库档案

仓库编码	仓库名称	部门	计价方式	仓库属性	参与 MRP 运算 参与 ROP 计算	货位管理
0010	大运仓库	5 仓管部	移动平均法	普通仓	否、否	否
0020	原材料仓库	5 仓管部	移动平均法	普通仓	是、是	否
0030	半成品仓库	5 仓管部	移动平均法	普通仓	是、是	否
0040	产成品仓库	5 仓管部	移动平均法	普通仓	是、是	否

操作步骤：

(1) 在"企业应用平台"的"基础设置"页签下，依次单击"基础档案/业务/仓库档案"菜单项，打开"仓库档案"窗口。

(2) 单击工具栏中的"增加"按钮，在弹出的"增加仓库档案"窗口中，录入"仓库编码"为"0010"、"仓库名称"为"大运仓库"，选择"部门编码"为"5 仓管部"、"计价方式"为"移动平均法"、"仓库属性"为"普通仓"，不勾选"参与 MRP 运算"、"参与 ROP 计算"、"货位管理"复选框，然后单击"保存"按钮。

(3) 重复步骤(2)，完成表3-11中所有仓库档案的录入，然后单击"增加仓库档案"窗口右上角的"关闭"按钮，返回"仓库档案"窗口。

(4) 退出。单击"仓库档案"窗口右上角的"关闭"按钮，关闭并退出该窗口。

4. 存货分类设置

表 3-12　存货分类

一级分类编码与名称	二级分类编码与名称
01 商品	0101 太阳镜
	0102 亮康眼镜
02 生产	0201 原材料
	0202 半成品
03 劳务	

操作步骤：

(1) 在"企业应用平台"的"基础设置"页签下，依次单击"基础档案/存货/存货分类"菜单项，打开"存货分类"窗口。

(2) 单击"增加"按钮，在其右窗格中输入"分类编码"为"01"、"分类名称"为"商品"，然后单击"保存"按钮。

(3) 重复步骤(2)，录入表 3-12 中所有的存货分类，然后单击"退出"按钮退出窗口。

5. 存货档案设置

表 3-13 存货档案

基本						成本			
存货编码/代码	存货名称	主计量组/单位	税率%	存货分类	存货属性	参考成本	最低售价	参考售价	主要供货单位/默认仓库
00001	男士高端太阳镜	01/副	17	0101 太阳镜	内销、外购	350		420	大运公司/大运仓库
00002	女士高端太阳镜	01/副	17	0101 太阳镜	内销、外购	300		360	大运公司/大运仓库
00003	男士普通太阳镜	01/副	17	0101 太阳镜	内销、外购	90		108	大运公司/大运仓库
00004	女士普通太阳镜	01/副	17	0101 太阳镜	内销、外购	80		96	大运公司/大运仓库
00005	运输费	02/次	11	03 劳务	应税劳务				
10000	亮康眼镜	01/副	17	0102 亮康眼镜	内销、自制	160		200	产成品仓库
11000	镜片	02/对	17	0202 半成品	生产耗用、委外	80			吉祥公司/半成品仓库
12000	镜架	02/个	17	0202 半成品	生产耗用、自制	50			半成品仓库
12100	镜框	02/对	17	0202 半成品	生产耗用、自制	12			半成品仓库
12200	镜腿	02/对	17	0202 半成品	生产耗用、自制	12			半成品仓库
12210	塑料	02/千克	17	0201 原材料	外购、生产耗用	1000			塑料二厂/原材料仓库
12220	镜片树脂	02/千克	17	0201 原材料	外购、生产耗用	6000			塑料二厂/原材料仓库
12300	鼻托	02/对	17	0202 半成品	生产耗用、自制	20			半成品仓库
12310	硅胶	02/千克	17	0201 原材料	外购、生产耗用	1600			硅胶三厂/原材料仓库
13000	螺钉	02/颗	17	0201 原材料	外购、生产耗用	1			螺钉厂/半成品仓库

操作步骤：

(1) 在"企业应用平台"的"基础设置"页签下，依次单击"基础档案/存货/存货档案"菜单项，打开"存货档案"窗口。

(2) 单击工具栏中的"增加"按钮，系统打开"增加存货档案"窗口。

(3) 在新增的表单中做如下编辑：

- 在"基本"选项卡中，根据表3-13编辑存货档案相关信息，包括存货编码、存货代码、存货名称、主计量单位组、主计量单位、存货分类和存货属性，其他值默认。
- 单击"成本"选项卡，在打开的页签中录入参考成本、最低售价、参考售价、主要供货单位和默认仓库，其他值默认。

(4) 单击工具栏中的"保存并新增"按钮，系统保存该存货信息，并新增一张表单。

(5) 重复步骤(3)和(4)，依据表3-13将存货档案全部录入完成后，单击该窗口右上角的"关闭"按钮，关闭并退出该窗口。

请注意，太阳镜的主计量单位默认为"01-副"，其采购、库存等的默认单位为辅助计量单位"02-盒"。

3.5 结算方式及凭证类别设置

表3-14列示的是本案例企业的结算方式，表3-15列示的是凭证类别。本任务是按照表3-14和表3-15，完成在用友ERP-U8中设置本案例企业的结算方式和凭证类别。

1. 结算方式设置

表3-14 结算方式

结算方式编码	结算方式名称
1	现金
2	支票
201	现金支票
202	转账支票
3	商业汇票
301	银行承兑汇票
302	商业承兑汇票
4	电汇
5	同城特约委托收款

操作步骤：

(1) 在"企业应用平台"的"基础设置"页签下，依次单击"基础档案/收付结算/结算方式"，打开"结算方式"窗口。

(2) 单击"增加"按钮，在其右窗格中录入"结算方式编码"为"1"、"结算方式名称"为"现金"，然后单击"保存"按钮。

(3) 重复步骤(2)，将表 3-14 中的所有结算方式录入完成，然后单击"退出"按钮退出该窗口。

2. 凭证类别设置

表 3-15 凭证类别

类别字	类别名称	限制类型	限制科目
记	记账凭证	无限制	无

操作步骤：

(1) 在"企业应用平台"的"基础设置"页签下，依次单击"基础档案/财务/凭证类别"菜单项，系统弹出"凭证类别"选择对话框。

(2) 确认选择该对话框中的"分类方式"为"记账凭证"，然后单击"确定"按钮，系统打开"凭证类别"编辑对话框。

(3) 确认该对话框表体中的"类别字"为"记"、"类别名称"为"记账凭证"、"限制类型"为"无限制"，最后单击"退出"按钮，退出该对话框。

3.6 收发类别设置

表 3-16 列示的是本案例企业的设置的仓库收发类别。本任务是按照表 3-16，完成在用友 ERP-U8 中设置案例企业的仓库收发类别。

表 3-16 收发类别

收发类别编码	收发类别名称	收发类别标志	收发类别编码	收发类别名称	收发类别标志
1	正常入库	收	3	正常出库	发
11	采购入库		31	销售出库	
12	采购退货		32	销售退货	
13	调拨入库		33	调拨出库	
14	产成品入库		34	领料出库	
2	非正常入库		4	非正常出库	
21	盘盈入库		41	盘亏出库	
22	其他入库		42	其他出库	

操作步骤：

(1) 在"企业应用平台"的"基础设置"页签下，依次单击"基础档案/业务/收发类别"菜单项，打开"收发类别"窗口。

(2) 单击"增加"按钮，在右窗格中编辑收发类别相关信息。以表 3-16 第 1 行为例，录入"收发类别编码"为"1"、"收发类别名称"为"正常入库"，并选择"收"单选框，然后单击"保存"按钮。

(3) 重复步骤(2)，将表3-16中所有的收发类别录入完成后，单击"退出"按钮退出该窗口。

3.7 采购和销售类型设置

表3-17列示的是本案例企业的采购类型和销售类型。本任务是按照表3-17，完成在用友ERP-U8中设置案例企业的采购类型与销售类型。

表3-17 采购与销售类型

采购类型编码	采购类型名称	入库类别	是否默认值	销售类型编码	销售类型名称	出库类别	是否默认值
01	商品采购	11(采购入库)	是	01	批发销售	31(销售出库)	是
02	材料进货	11(采购入库)	否	02	门市零售	31(销售出库)	否
03	采购退回	12(采购退货)	否	03	销售退回	32(销售退货)	否

操作步骤：

(1) 在"企业应用平台"的"基础设置"页签下，依次单击"基础档案/业务/采购类型"菜单项，系统打开"采购类型"窗口。

(2) 单击工具栏中的"增加"按钮，编辑采购类型相关信息，包括采购类型编码、名称及入库类别。以表3-17左侧第1行为例，在表体中填制"采购类型编码"为"01"、"采购类型名称"为"商品采购"，选择"入库类别"为"11(采购入库)"、"是否默认值"为"是"，单击"保存"按钮。

(3) 重复步骤(2)，依据表3-17将采购类型全部录入完成后，单击"退出"按钮退出该窗口。

(4) 双击"销售类型"菜单项，打开"销售类型"窗口。

(5) 单击工具栏中的"增加"按钮，编辑销售类型相关信息，包括销售类型编码、名称及出口类别。以表3-17右侧的第1行为例，在表体中填制"销售类型编码"为"01"、"销售类型名称"为"批发销售"，选择"出库类别"为"31(销售出库)"、"是否默认值"为"是"，单击"保存"按钮。

(6) 重复步骤(5)，依据表3-17将销售类型全部录入完成后，单击"退出"按钮退出该窗口。

3.8 费用项目设置

表3-18列示的是本案例企业的费用项目分类，表3-19列示的是费用项目。本任务是按照表3-18和表3-19，完成在用友ERP-U8中设置案例企业的费用项目分类和费用项目。

1. 费用项目分类设置

表 3-18　费用项目分类

分类编码	分类名称
1	购销
2	管理

操作步骤：

(1) 在"企业应用平台"的"基础设置"页签下，依次单击"基础档案/业务/费用项目分类"菜单项，打开"费用项目分类"窗口。

(2) 单击"增加"按钮，然后编辑费用项目分类相关信息，包括分类编码和名称。以表 3-18 第 1 行为例，在右窗格中输入"分类编码"为"1"、"分类名称"为"购销"，单击"保存"按钮。

(3) 重复步骤(2)，录入表 3-18 中的第 2 行，完成后单击"退出"按钮退出该窗口。

2. 费用项目设置

表 3-19　费用项目

费用项目编码	费用项目名称	费用项目分类名称
01	运输费	1 购销
02	装卸费	1 购销
03	包装费	1 购销
04	业务招待费	2 管理

操作步骤：

(1) 在"企业应用平台"的"基础设置"页签下，依次单击"基础档案/业务/费用项目"菜单项，打开"费用项目"窗口。

(2) 单击"增加"按钮，然后编辑费用项目相关信息，包括费用项目编码、名称及分类名称。以表 3-19 第 1 行为例，在右窗格的费用项目的表体中输入"费用项目编码"为"01"、"费用项目名称"为"运输费"，选择"费用项目分类名称"为"购销"，再单击"保存"按钮。

(3) 重复步骤(2)，依据表 3-19 将费用项目全部录入完成后，单击"退出"按钮退出该窗口。

3.9　发运方式和外币设置

表 3-20 列示的是本案例企业的发运方式。本任务是完成在用友 ERP-U8 中设置案例企业的发运方式，以及外币信息。

1. 发运方式设置

表 3-20　发运方式

发运方式编码	发运方式名称
01	公路
02	铁路
03	航空
04	水运

操作步骤：

(1) 在"企业应用平台"的"基础设置"页签下，依次单击"基础档案/业务/发运方式"菜单项，打开"发运方式"窗口。

(2) 单击"增加"按钮，录入"发运方式编码"为"01"、"发运方式名称"为"公路"，单击"保存"按钮。

(3) 重复步骤(2)，将表 3-20 中的发运方式全部录入，然后单击"退出"按钮。

2. 外币设置

增加美元($)外币，按固定汇率设置 2016.04 的"记账汇率"为"6.1"。

操作步骤：

(1) 在"企业应用平台"的"基础设置"页签下，依次单击"基础档案/财务/外币设置"菜单项，打开"外币设置"对话框。

(2) 将"币符"设置为"$"，"币名"设置为"美元"，单击对话框右下角的"确认"按钮。

(3) 选中窗体中部的"固定汇率"单项按钮，然后在"2016.04"的"记账汇率"栏录入"6.1"，并单击其他区域以保存汇率设置。

(4) 单击"退出"按钮退出该对话框。

3.10　项目目录设置

表 3-21 列示的是本案例企业的项目目录设置。

本任务是按照表 3-21，完成在用友 ERP-U8 中设置案例企业的项目大类、项目分类和项目目录设置，以利于在会计科目编辑时对在途物资、库存商品、主营业务收入和主营业务成本进行项目核算设置。

表 3-21　项目目录

项目设置步骤	设置内容 1	设置内容 2	设置内容 3	设置内容 4
项目大类	商品项目管理	商品项目管理	商品项目管理	商品项目管理
核算科目	在途物资	库存商品	主营业务收入	主营业务成本

(续表)

项目设置步骤	设置内容 1	设置内容 2	设置内容 3	设置内容 4
项目分类	1 太阳镜 2 老花镜	1 太阳镜 2 老花镜	1 太阳镜 2 老花镜	1 太阳镜 2 老花镜
项目目录	101 男士高端 102 女士高端 103 男士普通 104 女士普通 201 亮康眼镜	101 男士高端 102 女士高端 103 男士普通 104 女士普通 201 亮康眼镜	101 男士高端 102 女士高端 103 男士普通 104 女士普通 201 亮康眼镜	101 男士高端 102 女士高端 103 男士普通 104 女士普通 201 亮康眼镜

操作步骤:

(1) 打开"项目档案"窗口。在"企业应用平台"的"基础设置"页签下,依次单击"基础档案/财务/项目目录"菜单项,系统打开"项目档案"窗口。

(2) 定义项目大类。在"项目档案"窗口中,单击工具栏中的"增加"按钮,系统打开"项目大类定义_增加"对话框,输入"新项目大类名称"为"商品项目管理",单击"下一步"按钮,其他设置均采用系统默认值,完成后返回"项目档案"窗口。

(3) 指定核算科目。在"项目档案"窗口中选择"核算科目"选项卡,选择"项目大类"为"商品项目管理",单击">>"按钮将左边所有的科目(因还没有做科目辅助项设置,故此时科目为空)转到右边,最后单击"确定"按钮。

(4) 定义项目分类。在"项目档案"窗口中选择"项目分类定义"选项卡,单击右下角的"增加"按钮,输入"分类编码"为"1"、"分类名称"为"太阳镜",然后单击"确定"按钮;继续定义"2"、"老花镜"。

(5) 定义项目目录。在"项目档案"窗口中选择"项目目录"选项卡,单击右下角的"维护"按钮,进入"项目目录维护"窗口,单击"增加"按钮,输入"项目编号"为"101"、"项目名称"为"男士高端"、选择"所属分类码"为"1";同理,录入其他的项目目录,结果如图 3-4 所示(请注意,201 亮康眼镜的所属分类码为"2")。

(6) 退出。连续单击"退出"按钮,退出"项目目录维护"和"项目档案"窗口。

图 3-4 项目目录设置

3.11 会计科目设置

会计科目是填制会计凭证、登记会计账簿、编制会计报表的基础。会计科目是对会计对象具体内容分门别类进行核算所规定的项目。会计科目是一个完整的体系，它是区别于流水账的标志，是复式记账和分类核算的基础。会计科目设置的完整性影响着会计过程的顺利实施，会计科目设置的层次深度直接影响会计核算的详细、准确程度。

表3-22列示的是本案例企业的会计科目，包括系统默认的一级科目、需要增加的二级、三级科目。本任务是按照表3-22，完成在用友 ERP-U8 中设置案例企业的会计科目，包括新增所有的二级、三级科目并设置相应的辅助账类型和受控系统，以及指定现金科目和银行科目。

表 3-22　会计科目

科目编码	科目名称	辅助核算	受控系统	计量单位	余额方向
1001	库存现金	日记账			借
1002	银行存款				借
100201	工行存款	银行账、日记账			借
100202	中行存款	银行账、日记账			借
1121	应收票据				借
112101	银行承兑汇票				借
112102	商业承兑汇票				借
1122	应收账款	客户往来	应收系统		借
1123	预付账款	供应商往来	应付系统		借
1221	其他应收款				借
122101	个人往来	个人往来			借
1231	坏账准备				贷
1402	在途物资	项目核算			借
1403	原材料				借
140301	塑料	数量核算		千克	借
140302	镜片树脂	数量核算		千克	借
140303	硅胶	数量核算		千克	借
1405	库存商品	项目核算			借
1901	待处理财产损溢				借
190101	待处理流动资产损溢				借
190102	待处理固定资产损溢				借
2201	应付票据				贷
220101	银行承兑汇票				贷
220102	商业承兑汇票				贷
2202	应付账款				贷
220201	一般应付账款	供应商往来	应付系统		贷
220202	暂估应付账款	供应商往来	(不受控系统)		贷
2203	预收账款	客户往来	应收系统		贷

(续表)

科目编码	科目名称	辅助核算	受控系统	计量单位	余额方向
2211	应付职工薪酬				贷
221101	工资	部门核算			贷
221102	社会保险费	部门核算			贷
221103	住房公积金	部门核算			贷
221104	工会经费	部门核算			贷
221105	职工教育经费	部门核算			贷
221106	其他	部门核算			贷
2221	应交税费				贷
222101	应交增值税				贷
22210101	进项税额				贷
22210102	进项税额转出				贷
22210103	销项税额				贷
22210104	已交税金				贷
22210105	转出未交增值税				贷
222102	未交增值税				贷
222103	应交所得税				贷
222104	应交个人所得税				贷
222105	应交城市维护建设税				贷
222106	应交教育费附加				贷
2241	其他应付款				贷
224101	应付社会保险费				贷
224102	应付住房公积金				贷
4104	利润分配				贷
410401	提取法定盈余公积				贷
410402	提取任意盈余公积				贷
410403	应付现金股利或利润				贷
410404	转作股本的股利				贷
410405	盈余公积补亏				贷
410406	未分配利润				贷
5001	生产成本				借
500101	直接生产成本				借
50010101	直接人工				借
50010102	直接材料				借
500102	辅助生产成本				借
6001	主营业务收入	项目核算			贷
6401	主营业务成本	项目核算			借
6601	销售费用				借
660101	职工薪酬				借
660102	折旧费				借

(续表)

科目编码	科目名称	辅助核算	受控系统	计量单位	余额方向
660103	包装费				借
660104	广告费				借
660105	差旅费				借
660106	其他				借
6602	管理费用				借
660201	职工薪酬	部门核算			借
660202	折旧费	部门核算			借
660203	办公费	部门核算			借
660204	业务招待费	部门核算			借
660205	差旅费	部门核算			借
660206	其他	部门核算			借

3.11.1 编辑与新增会计科目

本任务将编辑部分一级科目的辅助账类型和受控系统(详见表3-22)，新增表3-22中所有的二级和三级科目，同时设置科目的辅助账类型和受控系统(如果需要，具体的可参阅表3-22)。

1. 编辑会计科目

操作步骤：

(1) 打开"会计科目"窗口。在"企业应用平台"的"基础设置"页签下，依次单击"基础档案/财务/会计科目"菜单项，系统打开"会计科目"窗口。

(2) 首先双击预修改的会计科目，比如"1001"(库存现金)，然后在系统弹出的"会计科目"对话框中，先单击"修改"按钮，再编辑会计科目相关信息，比如，勾选"日记账"复选框，以设置"库存现金"的辅助账类型为"日记账"，然后单击"确定"按钮，保存并退出。

(3) 重复步骤(2)，依据表3-22将预修改的会计科目全部编辑完成后，单击"退出"按钮退出该窗口。

2. 新增会计科目

新增表3-22中所有的二级和三级科目，同时设置科目的辅助账类型和受控系统(如果需要)。

操作步骤：

(1) 打开"会计科目"窗口。

(2) 单击"增加"按钮，弹出"新增会计科目"对话框，编辑会计科目相关信息。以"100201 工行存款"为例，录入"科目编码"为"100201"、"科目名称"为"工行存款"，勾选"银行账"、"日记账",确认余额方向为"借",然后单击"确定"按钮,保存并退出。

(3) 重复步骤(2),依据表 3-22 将全部新增会计科目录入完成后,单击"退出"按钮退出窗口。

3.11.2 设置科目的项目目录

本任务是设置在途物资、库存商品、主营业务收入和主营业务成本的项目目录。

操作步骤:

(1) 打开"会计科目"窗口。

(2) 双击在途物资(科目编码 1402)、库存商品(1405)、主营业务收入(6001)或主营业务成本(6401)这 4 个科目任意一个科目所在的行,系统打开"会计科目_修改"对话框。

(3) 单击"修改"按钮,然后单击"项目核算"的参照按钮,系统打开"项目档案"对话框,选择"项目大类"为"商品项目管理",并在"核算科目"选项卡中,单击">>"按钮,将项目核算的 4 个科目全部从"待选科目"移入"已选科目",然后单击"确定"按钮,再单击工具栏中的"退出"按钮,返回"会计科目_修改"对话框。

(4) 单击"确定"按钮,再单击"返回"按钮,返回"会计科目"窗口。

(5) 退出。单击"退出"按钮,退出"会计科目"窗口。

3.11.3 指定科目

本任务是指定现金科目和银行科目,只有进行了现金和银行科目的指定,总账中的"凭证/出纳签字"才能查询到相应凭证。

操作步骤:

(1) 在"企业应用平台"的"基础设置"页签下,依次单击"基础档案/财务/会计科目"菜单项,打开"会计科目"窗口。

(2) 单击"编辑/指定科目"菜单项,然后设置"现金科目"为"库存现金","银行科目"为"银行存款"。

(3) 单击"确定"按钮,完成指定科目并返回"会计科目"窗口。

(4) 单击"会计科目"窗口的"退出"按钮,退出该窗口。

提示:

- 在查询现金、银行存款日记账前,必须指定现金、银行存款总账科目,以供出纳管理使用。
- 如果本科目已被制过单或已录入期初余额,则不能删除、修改该科目。如要修改该科目必须先删除有该科目的凭证,并将该科目及其下级科目余额清零,再进行修改,修改完毕后要将余额及凭证补上。

第 4 章

子系统的期初设置

　　用友 ERP-U8 系统，包括多个子系统。本教程面向财务业务一体化的应用，所以将使用总账、UFO 报表、应收款管理、应付款管理、薪资管理、固定资产等财务子系统，以及采购管理、销售管理、库存管理、存货核算等业务子系统，并且业务系统可以自动产生财务系统对应的单据及凭证。

　　财务业务一体化应用的关键，是业务单据在业务流程经过的各系统之间自动生成，同时业务单据可以自动生成对应财务凭证。比如，根据采购订单生成库存系统的采购入库单，根据采购入库单生成采购到货对应的存货凭证；根据采购订单生成采购发票，采购发票计入应付明细账，并根据采购发票生成应付凭证等。本教程中的采购发票，是销售方开具给案例企业的，案例企业为了管理的信息化，需要依据该发票在 ERP 系统中填制相应信息，形成电子版的采购发票信息。

　　本章的主要内容是对已经启用的各个子系统进行系统参数和业务规则设置，以及期初数据的录入与记账，以保证手工业务与软件处理的衔接，以及各个子系统间数据的连贯。

　　本章的操作，应该是在"系统日期"为"2016-04-01"，由账套主管"李吉棕"登录到"企业应用平台"，并在第 3 章完成的账套中进行。所以在实验操作前，需要将系统时间调整为 2016 年 4 月 1 日。如果没有调整系统时间，则在登录"企业应用平台"时需要修改"操作日期"为 2016 年 4 月 1 日。如果操作日期与账套建账时间之间的跨度超过 3 个月，则该账套在演示版状态下不能执行任何操作。

　　如果读者没有完成第 3 章的企业基础档案设置任务，可以到百度网盘空间(网盘地址：http://pan.baidu.com/s/1nuTA0WD，密码：ozr2)的"实验账套数据"文件夹中，将"03基础档案.rar"下载到实验用机上，然后"引入"(操作步骤详见 2.2.5 节)到 ERP-U8 系统中。

　　需要说明的是：

　　(1) 因网盘中的账套备份文件均为"压缩"文件，所以下载完成后引入前，需要用解压缩工具进行解压(建议用 WinRAR 3.42 或以上版本)，得到相应可以引入的账套数据文件。而且，本章完成的账套，其"输出"压缩的文件名为"04 期初记账.rar"。

(2) 本教程的所有业务实验操作，都有配套的微视频，读者可以通过扫描二维码，或者到指定的网页去观看。但本章的实验操作，因其是基础档案且比较简单，所以没有做相应的视频录制。

4.1 采购管理与应付款管理

本节将对采购管理系统的参数、单据编号进行设置，供应商存货调价单和期初数据进行编辑与记账。本节还将对应付款管理系统的参数、科目、账套区间等进行设置，以及期初数据的录入与对账。

4.1.1 参数与核算规则设置

1. 采购管理系统参数设置

除系统默认设置之外，还需进行如下参数设置：

- 业务及期限控制：将"订单\到货单\发票单价录入方式"设置为"取自供应商存货价格表价格"。

操作步骤：

(1) 在"企业应用平台"的"业务工作"页签中，依次单击"供应链/采购管理/设置/采购选项"菜单项，系统打开"采购系统选项设置"对话框。

(2) 在"业务及权限控制"选项卡中，选中"订单\到货单\发货单价录入方式"为"取自供应商存货价格表价格"，其他选项按系统默认设置，结果如图 4-1 所示。

(3) 单击"确定"按钮，保存系统参数的设置并关闭"采购系统选项设置"对话框。

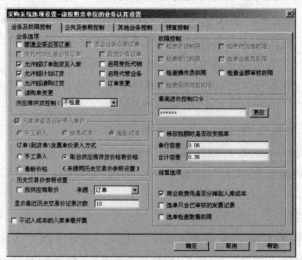

图 4-1 采购管理系统基本参数设置

2. 应付款管理系统参数设置

除系统默认设置之外，还需进行如下参数设置：
- 常规："单据审核日期依据"选择"单据日期"；
- 凭证："受控科目制单方式"选择"明细到单据"。

操作步骤：

(1) 在"企业应用平台"的"业务工作"页签下，依次单击"财务会计/应付款管理/设置/选项"菜单项，系统打开"账套参数设置"对话框。

(2) 在"常规"选项卡中，单击"编辑"按钮，使所有参数处于可修改状态，"单据审核日期依据"选择"单据日期"，其他选项按系统默认设置(其中"应付账款核算模型"默认为"详细核算")，结果如图4-2所示。

(3) 在"凭证"选项卡中，"受控科目制单方式"选择"明细到单据"，其他选项按系统默认设置，结果如图4-3所示。

(4) 单击"确定"按钮，保存系统参数的设置，同时关闭"账套参数设置"对话框。

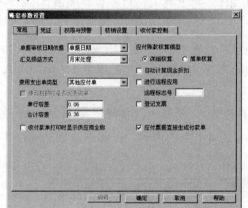

图4-2 应付款管理系统"常规"参数设置

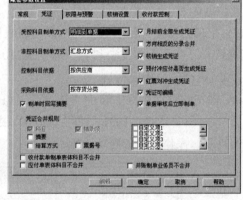

图4-3 应付款管理系统"凭证"参数设置

3. 应付款管理系统科目设置

表4-1列示的是本案例企业的应付款管理系统科目设置。本任务是按照表4-1，完成案例企业的应付款管理系统科目设置。

表4-1 应付款管理系统科目设置

科目类别	设置方式
基本科目设置	应付科目(人民币)：220201 一般应付账款
	预付科目(人民币)：1123 预付账款
	采购科目(人民币)：1401 材料采购
	税金科目(人民币)：22210101 进项税额
产品科目设置	01 商品　采购科目：1401 材料采购；税金科目：22210101 进项税额
	02 生产　采购科目：1401 材料采购；税金科目：22210101 进项税额

(续表)

科目类别	设置方式
结算方式科目设置	结算方式为现金；币种为人民币；科目为1001库存现金
	结算方式为现金支票；币种为人民币；科目为100201工行存款
	结算方式为转账支票；币种为人民币；科目为100201工行存款
	结算方式为银行承兑汇票；币种为人民币；科目为220101银行承兑汇票
	结算方式为商业承兑汇票；币种为人民币；科目为220102商业承兑汇票
	结算方式为电汇；币种为人民币；科目为100201工行存款
	结算方式为同城特约委托收款；币种为人民币；科目为100201工行存款

操作步骤：

(1) 在"企业应用平台"的"业务工作"页签下，依次单击"财务会计/应付款管理/设置/初始设置"菜单项，系统打开"初始设置"窗口。

(2) 在左侧设置科目中选中"基本科目设置"，单击工具栏中的"增加"按钮，然后在第1行的"基础科目种类"中选择"应付科目"、"科目"录入或参照生成"220201"(一般应付账款)，"币种"为"人民币"；并依据表4-1，在"基本科目设置"的第2～4行进行设置。

(3) 在左侧设置科目中选中"产品科目设置"，设置"01商品"的采购科目为"1401" (材料采购)、"产品采购税金科目"为"22210101"(进项税额)；并根据表4-1中的内容，设置"02 生产"的相应科目。

(4) 在左侧设置科目中选中"结算方式科目设置"，结算方式选择"现金"，币种选择"人民币"；科目选择"1001"(库存现金)，根据表4-1中的内容，以此方法依次进行其他科目的设置，操作结果如图4-4所示。

设置科目	结算方式	币 种	本单位账号	科...
基本科目设置	1 现金	人民币		1001
控制科目设置	201 现金支票	人民币		100201
产品科目设置	202 转账支票	人民币		100201
结算方式科目设置	301 银行承兑汇票	人民币		220101
账期内账龄区间设置	302 商业承兑汇票	人民币		220102
逾期账龄区间设置	4 电汇	人民币		100201
报警级别设置	5 同城特约委托收款	人民币		100201
单据类型设置				
中间币种设置				

图4-4 应付款管理系统结算方式科目设置

提示：
- 如果需要为不同的供应商(供应商分类、地区分类)分别设置应付款核算科目和预付款核算科目，则在"控制科目设置"中设置。
- 应付和预付科目必须是已经在科目档案中指定为应付系统的受控科目。
- 结算科目不能是已经在科目档案中指定为应收系统或者应付系统的受控科目，而且必须是最明细科目。

4. 账龄区间与逾期账龄区间设置

表 4-2 列示的是本案例企业的应付款账龄区间与逾期账龄区间。本任务是按照表 4-2，完成案例企业的应付款管理的账龄区间与逾期账龄区间的设置。

表 4-2 账龄区间与逾期账龄区间设置

账龄区间			逾期账龄区间		
序号	起止天数	总天数	序号	起止天数	总天数
01	0～30	30	01	1～30	30
02	31～60	60	02	31～60	60
03	61～90	90	03	61～90	90
04	91～120	120	04	91～120	120
05	121 以上		05	121 以上	

操作步骤：

(1) 在"企业应用平台"的"业务工作"页签下，依次单击"财务会计/应付款管理/设置/初始设置"菜单项，系统打开"初始设置"窗口。

(2) 单击"账期内账龄区间设置"选项，然后根据表 4-2 左侧中的内容，在"总天数"栏录入相应的天数，完成对应付款管理账龄区间的设置。

(3) 单击"逾期账龄区间设置"选项，然后根据表 4-2 右侧中的内容，在"总天数"栏录入相应的天数，完成对应付款管理逾期账龄区间的设置。

(4) 退出。单击"初始设置"窗口的关闭按钮，关闭并退出该窗口。

4.1.2 单据编号设置

将采购管理中采购专用发票、采购普通发票、采购运费发票和采购订单的单据编号，设置为可以自动编号和手动修改方式。

操作步骤(以"采购专用发票"的设置为例)：

(1) 在"企业应用平台"的"基础设置"页签下，依次单击"单据设置/单据编号设置"菜单项，系统弹出"单据编号设置"对话框，结果可参见图 4-5。

(2) 在左侧的"单据类型"列表框里，依次单击"采购管理/采购专用发票"选项，选中"采购专用发票"单据。

(3) 单击右侧工具栏中的"修改"按钮，然后勾选"手工改动，重号时自动重取"复选框，结果如图 4-5 所示，然后单击右侧工具栏中的"保存"按钮，设置完成。

(4) 重复步骤(2)和(3)，完成采购普通发票、采购运费发票和采购订单的单据编号设置，最后单击"退出"按钮，退出"单据编号设置"对话框。

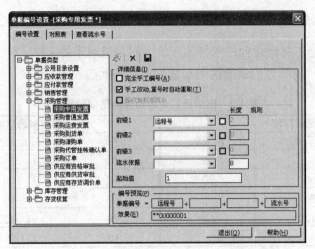

图 4-5 "单据编号设置"对话框

4.1.3 期初数据录入与记账

1. 应付账款期初余额与对账

表 4-3 是采购部转来的增值税发票列表,税率为 17%。

表 4-3 采购部转来的增值税发票列表

发票号	单据日期	供应商	存货	数量	原币单价	本币金额或原币金额	税率(%)
CG03001	2016-03-17	大运公司	男士高端太阳镜	4000	350	1 400 000	17
CG03002	2016-03-20	大运公司	女士高端太阳镜	3000	300	900 000	17

操作步骤:

(1) 在"企业应用平台"的"业务工作"页签下,依次单击"财务会计/应付款管理/设置/期初余额"菜单项,系统打开"期初余额—查询"对话框。

(2) 单击"确定"按钮,进入"期初余额"窗口,单击工具栏中的"增加"按钮,系统弹出"单据类别"对话框,系统默认"单据名称"为"采购发票"、"单据类型"为"采购专用发票",直接单击"确定"按钮,进入"采购发票"窗口。

(3) 单击"增加"按钮,新增一张采购专用发票,编辑表头的"发票号"为"CG03001","开票日期"为"2016-03-17",选择"供应商"为"大运公司","部门"为"采购部";编辑表体的"存货编码"为"00001"(男士高端太阳镜),"数量"为"4000 副","原币单价"为"350",然后单击"保存"按钮。

(4) 重复步骤(3),完成表 4-3 中第 2 笔业务应付期初余额录入,然后单击窗口的"关闭"按钮,系统关闭"采购发票"窗口,返回"期初余额"窗口,然后单击工具栏中的"刷新"按钮,系统将本操作中录入的 2 张发票信息列表显示在"期初余额"窗口中。

(5) 对账。单击工具栏中的"对账"按钮,应付款系统与总账管理系统进行对账,系统打开"期初对账"窗口,此时显示"差额"不为零,表示对账不成功,所以需要在总账系统中进行"引入",详见4.6.3节。

(6) 退出。单击"期初对账"窗口和"期初余额"窗口右上角的"关闭"按钮,关闭退出相应的窗口。

2. 期初采购入库单

3月15日,从大运公司购入女士高端太阳镜500副,已入大运仓库,发票未到。暂估入库单价300元,货款共计150000元。

操作步骤:

(1) 在"企业应用平台"的"业务工作"页签下,依次单击"供应链/采购管理/采购入库/采购入库单"菜单项,系统打开"期初采购入库单"窗口。

(2) 单击工具栏中的"增加"按钮,修改新增入库单表头的"入库日期"为"2016-03-15","仓库"为"大运仓库","供货单位"为"大运公司","入库类型"为"采购入库",其他项按系统默认设置。

(3) 双击表体第一行的"存货编码"栏,并在打开的"采购存货档案"窗口中选择"女士高端太阳镜"后返回"期初采购入库单"窗口,完成存货的参照生成。

(4) 在表体第一行的"数量"栏输入"500","本币单价"栏输入"300",然后单击"保存"按钮,保存暂估入库单信息。

(5) 单击"期初采购入库单"窗口右上角的"关闭"按钮,关闭并退出该窗口。

提示:

- 采购管理系统的"采购入库",只能录入期初暂估入库单。采购期初记账后,采购入库单只能在"库存管理"系统的"入库业务/采购入库单"录入或生成。
- 暂估入库单,在采购管理系统期初记账前可以修改和删除。但在期初记账后,不允许修改和删除。

3. 采购管理系统期初记账

操作步骤:

(1) 在"企业应用平台"的"业务工作"页签下,依次单击"供应链/采购管理/设置/采购期初记账",打开"期初记账"对话框。

(2) 单击"记账"按钮,系统弹出"期初记账完毕"信息提示框。

(3) 单击"确定"按钮,完成采购管理系统期初记账。

提示:

- 采购期初记账是表明采购管理业务的往期数据录入工作已完成,之后进行的业务操作属于当期业务。
- 如果没有期初数据,可以不输入期初数据,但必须执行记账操作。

4.1.4 供应商存货调价表

表4-4列示的是本案例企业的供应商存货调价单。本任务是按照表4-4，完成案例企业的供应商存货调价单的设置，包括录入、保存与审核。

表4-4 供应商存货调价单

供应商	存货名称	原币单价	数量下限	是否促销价	税率(%)	币种
大运公司	男士高端太阳眼镜	350	0	否	17	人民币
大运公司	女士高端太阳眼镜	300	0	否	17	人民币
大运公司	男士普通太阳眼镜	90	0	否	17	人民币
大运公司	女士普通太阳眼镜	80	0	否	17	人民币
塑料二厂	塑料	1000	0	否	17	人民币
塑料二厂	镜片树脂	6000	0	否	17	人民币
硅胶三厂	硅胶	1600	0	否	17	人民币

操作步骤：

（1）在"企业应用平台"的"业务工作"页签下，依次单击"供应链/采购管理/供应商管理/供应商供货信息/供应商存货调价单"菜单项，打开"供应商存货调价单"窗口。

（2）单击"增加"按钮，确认表头的"价格标识"为"含税价"，然后根据表4-4进行表体的价格维护，编辑完成后单击"保存"按钮，保存调价单。

（3）单击"审核"按钮，审核通过调价单，系统将自动更新供应商存货价格表，完成存货的"定价"操作，价格生效。

（4）单击窗口的"关闭"按钮，关闭该窗口。

4.2 销售管理与应收款管理

本节内容包括对销售管理系统的参数、存货调价单、单据编号进行设置，以及期初数据的录入。本节还将对应收款管理系统的参数、科目、账套区间、报警级别、坏账准备等进行设置，并对期初数据进行录入与对账。

4.2.1 参数与核算规则设置

1. 销售管理系统参数设置

除系统默认设置之外，还需进行如下参数设置：

- 业务控制：选择"有零售日报业务"、"有委托代销业务"、"有分期收款业务"、"有直运销售业务"和"委托代销必有订单"、"销售生成出库单"、"允许超

发货量开票",不选择"报价含税";
- 其他控制:确认"新增退货单默认"选择"参照订单";"新增发票默认"选择"参照发货";
- 可用量控制:"发货单/发票非追踪型存货预计库存量查询公式"选择区,勾选"做预计库存量查询"选项,而且勾选"预计入库"区和"预计出库"区的所有选项。

操作步骤:

(1) 在"企业应用平台"的"业务工作"页签下,依次单击"供应链/销售管理/设置/销售选项"菜单项,打开"销售选项"设置对话框。

(2) 在"业务控制"选项卡中,选择"有零售日报业务"、"有委托代销业务"、"有分期收款业务"、"有直运销售业务"和"委托代销必有订单"选项,确认勾选"销售生成出库单"、"允许超发货量开票"选项,取消勾选"报价含税"选项,其他选项按系统默认设置。

(3) 在"其他控制"选项卡中,确认"新增退货单默认"选择"参照订单";"新增发票默认"选择"参照发货",其他选项按系统默认设置。

(4) 在"可用量控制"选项卡中,在"发货单/发票非追踪型存货预计库存量查询公式"选择区,勾选"做预计库存量查询"选项,而且勾选"预计入库"区和"预计出库"区的所有选项,其他选项按系统默认设置,结果如图 4-6 所示。

(5) 单击"确定"按钮,保存系统参数的设置,关闭"销售选项"设置对话框。

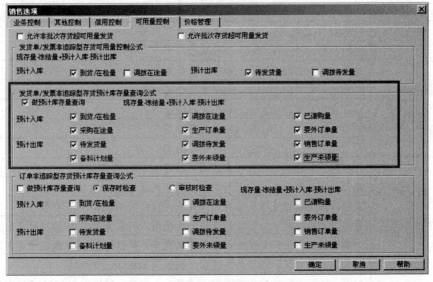

图 4-6 销售管理系统基本参数设置

2. 应收款管理系统参数设置

除系统默认设置之外,还需进行如下参数设置:

- 常规:"坏账处理方式"选择"应收余额百分比",勾选"自动计算现金折扣"选项;

- 凭证："受控科目制单方式"为"明细到单据"，"销售科目依据"是"按存货分类"。

操作步骤：

(1) 在"企业应用平台"的"业务工作"页签下，依次单击"财务会计/应收款管理/设置/选项"菜单项，打开"账套参数设置"对话框。

(2) 单击"编辑"按钮，使所有参数处于可修改状态。

(3) 在"常规"选项卡中，选择"坏账处理方式"为"应收余额百分比法"，勾选"自动计算现金折扣"选项，其他选项按系统默认设置(其中"应收账款核算模型"默认为"详细核算")。

(4) 在"凭证"选项卡中，"受控科目制单方式"选择"明细到单据"，"销售科目依据"为"按存货分类"，其他选项按系统默认设置。

(5) 单击"确定"按钮，保存系统参数的设置，关闭"账套参数设置"对话框。

3. 应收款管理系统科目设置

表 4-5 列示的是本案例企业的应收款管理系统的科目设置。本任务是按照表 4-5，完成案例企业的应收款管理系统科目设置。

表 4-5 应收款管理系统科目设置

科目类别	设置方式
基本科目设置	应收科目(人民币)：1122 应收账款
	预收科目(人民币)：2203 预收账款
	销售收入科目(人民币)：6001 主营业务收入
	销售退回科目(人民币)：6001 主营业务收入
	代垫费用科目(人民币)：1001 库存现金
	现金折扣科目(人民币)：6603 财务费用
	税金科目(人民币)：22210103 销项税额
结算方式科目设置	结算方式为现金；币种为人民币；科目为 1001 库存现金
	结算方式为现金支票；币种为人民币；科目为 100201 工行存款
	结算方式为转账支票；币种为人民币；科目为 100201 工行存款
	结算方式为银行承兑汇票；币种为人民币；科目为 112101 银行承兑汇票
	结算方式为商业承兑汇票；币种为人民币；科目为 112102 商业承兑汇票
	结算方式为电汇；币种为人民币；科目为 100201 工行存款
	结算方式为同城特约委托收款；币种为人民币；科目为 100201 工行存款

操作步骤：

(1) 在"企业应用平台"的"业务工作"页签下，依次单击"财务会计/应收款管理/设置/初始设置"菜单项，打开应收款管理系统的"初始设置"窗口。

(2) 在左侧设置科目中选中"基本科目设置"选项，单击工具栏中的"增加"按钮，然后在第 1 行的"基础科目种类"中选择"应收科目"、"科目"录入或参照生成"1122"

(应收账款)、"币种"为"人民币"。

(3) 依据表4-5,在"基本科目设置"的第2～7行进行设置。

(4) 单击"设置科目"中的"结算方式科目设置"选项,在第1行的"结算方式"中选择"现金"、"科目"录入或参照生成"1001"(库存现金),然后依据表4-5,在"结算方式科目设置"的第2～7行进行设置。

(5) 退出。单击该窗口的"关闭"按钮,关闭并退出该窗口。

4. 账龄区间与逾期账龄区间设置

表4-6列示的是本案例企业的应收款账龄区间和逾期账龄区间,本任务是按照表4-6,完成案例企业的应收款账龄区间和逾期账龄区间的设置。

表4-6 账龄区间与逾期账龄区间设置

账龄区间			逾期账龄区间		
序号	起止天数	总天数	序号	起止天数	总天数
01	0～30	30	01	1～30	30
02	31～60	60	02	31～60	60
03	61～90	90	03	61～90	90
04	91～120	120	04	91～120	120
05	121以上		05	121以上	

操作步骤:

(1) 在应收款管理系统的"初始设置"窗口中,单击"账期内账龄区间设置"选项,然后根据表4-6左侧中的内容,在"总天数"栏录入相应的天数,完成对应收款管理账龄区间的设置。

(2) 再单击"逾期账龄区间设置",然后根据表4-6右侧中的内容,在"总天数"栏录入相应的天数,完成对应收款管理逾期账龄区间的设置。

5. 坏账准备设置

表4-7列示的是本案例企业的坏账准备控制参数和期初余额。本任务是按照表4-7,完成案例企业的坏账准备设置。

表4-7 坏账准备参数

控制参数	参数设置
提取比例	1%
坏账准备期初余额	32741.28
坏账准备科目	1231 坏账准备
对方科目	6701(资产减值损失)

操作步骤:

(1) 打开应收款管理系统的"初始设置"窗口。

(2) 单击"坏账准备设置"选项,然后依据表4-7的内容填制完成(比如在"提取比例"

栏输入"1",然后单击窗口右上部分的"确定"按钮,完成设置。

(3) 退出。单击该窗口的"关闭"按钮,关闭并退出该窗口。

6. 报警级别设置

表 4-8 列示的是本案例企业的应收款报警级别。本任务是按照表 4-8,完成案例企业的应收款报警级别设置。

表 4-8 报警级别

级别	A	B	C	D	E	F
总比率(客户欠款余额占其信用额度的比例)	10%	20%	30%	40%	50%	
起止比率	0~10%	10%~20%	20%~30%	30%~40%	40%~50%	50%以上

操作步骤:

(1) 打开应收款管理系统的"初始设置"窗口。

(2) 单击"报警级别设置"选项,然后依据表 4-8 的内容,在其右窗格第 1 行的"总比率"栏录入"10"、"级别名称"栏录入"A",依此方法在第 2~6 行中录入相应的级别。

(3) 退出。单击该窗口的"关闭"按钮,关闭并退出该窗口。

4.2.2 单据设置

本任务是将案例企业账套的销售专用发票、销售普通发票和销售订单的单据编号,设置为可以自动编号和手动修改方式,并在"委托代销结算单"的表头增加"发票号"项。

1. 单据编号设置

将销售管理中销售专用发票、销售普通发票和销售订单的单据编号,设置为可以自动编号和手动修改方式。

操作步骤(以"销售专用发票"的设置为例):

(1) 在"企业应用平台"的"基础设置"页签下,依次单击"单据设置/单据编号设置"菜单项,系统弹出"单据编号设置"对话框。

(2) 在左侧的"单据类型"列表框里,依次单击"销售管理/销售专用发票"菜单项,选中"销售专用发票"单据。

(3) 单击右侧工具栏中的"修改"按钮,然后勾选"手工改动,重号时自动重取"复选框,然后单击右侧工具栏中的"保存"按钮,设置完成。

(4) 重复步骤(2)和(3),完成销售普通发票和销售订单的单据编号设置。

(5) 单击"退出"按钮,退出该对话框。

2. 单据格式设置

设置"委托代销结算单"的单据格式,在表头增加"发票号"。

操作步骤：

（1）在"企业应用平台"的"基础设置"页签下，依次单击"单据设置/单据格式设置"菜单项，系统打开"单据格式设置"窗口。

（2）依次单击对话框左侧的"销售管理/委托代销结算单/显示/委托代销结算单显示模板"菜单项，右侧出现委托代销结算单单据格式设置界面。

（3）单击选择工具栏中的"表头项目"选项，在系统弹出的"表头"对话框中，选中"31 发票号"复选框，结果如图 4-7 所示。

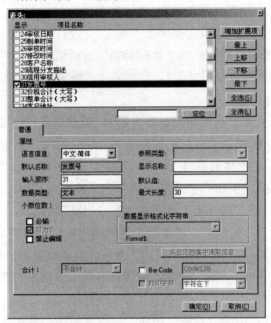

图 4-7 "委托代销结算单"的表头设置

（4）单击"确定"按钮，系统返回单据格式设置界面。

（5）在格式设置界面找到"发票号"编辑框，拖曳到合适的地方，单击"保存"按钮。

（6）退出。单击"单据格式设置"窗口的关闭按钮，关闭并退出该窗口。

提示：

若增加之后看不到"发票号"编辑框，则是被其他项挡住了，可通过窗口右上角的"单据标题"下拉列表框选定"发票号"，使其被选中，此时该编辑框周围有 8 个黑点，将鼠标置于 8 个黑点之间，拖动鼠标，将其放置到合适的位置即可。

4.2.3 期初数据录入

本节的任务是录入应收账款期初余额并对账，表 4-9 是销售批发部业务员夏于转来的增值税发票的列表，税率为 17%。

表 4-9 销售部转来的增值税发票列表

单据日期	发票号	客户名称	存货名称	数量	无税单价	价税合计	税率(%)
2016-03-25	XS0301	光明公司	男士高端太阳镜	4000	420	1965600	17
2016-03-26	XS0302	雪亮公司	女士高端太阳镜	3000	360	1263600	17
2016-03-28	XS0303	华飞公司	女士普通太阳镜	400	96	44928	17

操作步骤：

（1）在"企业应用平台"的"业务工作"页签下，依次单击"财务会计/应收款管理/设置/期初余额"菜单项，打开"期初余额_查询"窗口。

（2）在"期初余额_查询"窗口直接单击"确定"按钮，系统打开"期初余额"窗口。

（3）单击"增加"按钮，系统弹出"单据类别"对话框，选择"单据名称"为"销售发票"、"单据类型"为"销售专用发票"，然后单击"确定"按钮，系统打开"期初销售发票"窗口。

（4）单击"增加"按钮后，在新增的发票单据上，修改表头的"发票号"为"XS0301"、"开票日期"为"2016-03-25"、"客户名称"为"光明公司"、"销售部门"为"批发部"、"业务员"为"夏于"；在表体的第 1 行"货物编号"栏参照生成"00001"(男士高端太阳镜)，在"数量"栏输入"4000"，"无税单价"为"420"，其他栏系统自动计算填充。

（5）单击"保存"按钮，完成第 1 笔期初销售专用发票的录入。

（6）重复步骤(4)和(5)，完成第 2 笔和第 3 笔的期初应收业务的录入。

（7）单击"期初销售发票"窗口的"关闭"按钮，关闭该窗口，系统返回"期初余额"窗口，然后单击工具栏中的"刷新"按钮，系统将本操作中录入的 3 张发票信息列表显示在"期初余额"窗口中。

（8）对账。单击工具栏中的"对账"按钮，应收款系统与总账管理系统进行对账，系统打开"期初对账"窗口，此时显示"差额"不为零，表示对账不成功，所以需要在总账系统中进行"引入"，详见 4.6.3 节。

（9）退出。单击"期初对账"窗口和"期初余额"窗口的"关闭"按钮，关闭并退出相应的窗口。

4.2.4 销售存货调价单

本节的任务是录入与审核销售存货价格单，表 4-10 是案例企业现阶段执行的销售存货价格表。

表 4-10 销售存货价格表

存货名称	数量下限	批发价 1	零售价 1	生效日期	是否促销价	税率(%)
亮康眼镜	0	220		2016.4.1	否	17
亮康眼镜	100	200		2016.4.1	否	17
女士高端太阳镜	0	380		2016.4.1	否	17
女士高端太阳镜	100	360		2016.4.1	否	17

操作步骤：

(1) 在"企业应用平台"的"业务工作"页签下，依次单击"供应链/销售管理/价格管理/存货价格/存货调价单"菜单项，打开"存货调价单"窗口。

(2) 单击工具栏中的"增加"按钮，然后在新增的存货调价单中，参照生成"存货编码"为"10000"(亮康眼镜)，编辑"数量下限"为"0"，"批发价1"为"220"。

(3) 重复步骤(2)，完成表4-10中第2~5行的存货调价录入，然后依次单击"保存"、"审核"按钮，完成存货的"定价"操作，价格生效。

(4) 单击"存货调价单"窗口右上角的"关闭"按钮，关闭该窗口。

4.3 库存管理与存货核算管理

本节是对库存管理和存货核算系统，进行系统参数设置、期初余额录入与记账。

4.3.1 参数设置

1. 库存管理系统参数设置

除系统默认设置之外，还需进行如下参数设置：

- 通用设置：确认勾选"业务设置"区的"有无委托代销业务"选项；勾选"修改现存量时点"区的"采购入库审核时改现存量"、"销售出库审核时改现存量"、"其他出入库审核时改现存量"选项；"业务校验"区不勾选"审核时检查货位"选项；
- 专用设置："业务开关"区勾选"允许超发货单出库"选项；"自动带出单价的单据"区勾选"采购入库单"、"采购入库取价按采购管理选项"、"销售出库单"、"其他入库单"、"其他出库单"、"调拨单"选项；
- 预计可用量设置："预计可用量检查公式"设置为"出入库检查预计可用量"；"预计入库量"包括"已请购量"、"生产订单量"、"采购在途量"、"到货/在检量"、"委外订单量"；"预计出库量"包括"销售订单量"、"待发货量"、"生产未领量"和"委外未领量"。

操作步骤：

(1) 在"企业应用平台"的"业务工作"页签下，依次单击"供应链/库存管理/初始设置/选项"菜单项，系统打开"库存选项设置"对话框。

(2) 在"通用设置"选项卡中，确认选中"业务设置"区的"有无委托代销业务"复选框、"修改现存量时点"区的"采购入库审核时改现存量"、"销售出库审核时改现存量"和"其他出入库审核时改现存量"复选框，取消"业务校验"区的"审核时检查货位"复选框的默认选中状态，其他选项按系统默认设置，结果如图4-8所示。

(3) 在"专用设置"选项卡中，在"业务开关"区勾选"允许超发货单出库"选项；选中"自动带出单价的单据"区的"采购入库单"及其子项"采购入库取价按采购管理选项"、"销售出库单"、"其他入库单"、"其他出库单"和"调拨单"复选框，其他选项按系统默认设置。

图 4-8　库存管理"通用设置"参数设置

(4) 在"预计可用量设置"选项卡中，"预计可用量检查公式"设置为"出入库检查预计可用量"；"预计入库量"包括"已请购量"、"生产订单量"、"采购在途量"、"到货/在检量"、"委外订单量"；"预计出库量"包括"销售订单量"、"待发货量"、"生产未领量"和"委外未领量"。

(5) 单击"确定"按钮，保存系统参数的设置，关闭"库存选项设置"对话框。

2. 存货核算设置

除系统默认设置之外，还需进行如下参数设置：

- 核算方式：选择"暂估方式"区的"单到回冲"选项，"零成本出库选择"区的"参考成本"选项，"入库单成本选择"区的"参考成本"选项，"红字出库单成本"区的"参考成本"选项；
- 控制方式：选中"结算单价与暂估单价不一致是否调整出库成本"复选框。

操作步骤：

(1) 在"企业应用平台"的"业务工作"页签下，依次单击"供应链/存货核算/初始设置/选项/选项录入"菜单项,系统打开"选项录入"对话框。

(2) 在"核算方式"选项卡中,选择"暂估方式"区的"单到回冲"选项,"零成本出库选择"区的"参考成本"选项,"红字出库单成本"区的"参考成本"选项,"入库单成本选择"区的"参考成本"选项,其他选项按系统默认设置,结果如图4-9所示。

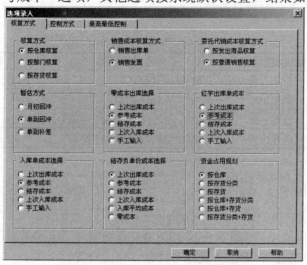

图4-9 存货"核算方式"参数设置

(3) 在"控制方式"选项卡中,选中"结算单价与暂估单价不一致时是否调整出库成本"复选框,其他选项按系统默认设置。

(4) 单击"确定"按钮,保存系统参数的设置,关闭"选项录入"对话框。

3. 存货科目设置

表4-11列示的是本案例企业的存货核算系统的存货科目设置。本任务是按照表4-11,完成案例企业的存货科目设置。

表4-11 存货科目

存货分类	存货编码与存货名称	存货科目编码	存货科目名称
0101 太阳镜		1405	库存商品
0102 亮康眼镜		1405	库存商品
	12210 塑料	140301	塑料
	12220 镜片树脂	140302	镜片树脂
	12310 硅胶	140303	硅胶

操作步骤:

(1) 在"企业应用平台"的"业务工作"页签下,依次单击"供应链/存货核算/初始设置/科目设置/存货科目"菜单项,打开"存货科目"窗口。

(2) 单击"增加"按钮,按照表4-11的内容,依次填写"存货分类编码"或"存货编码"、"存货科目编码",单击"保存"按钮,完成设置。

(3) 单击"退出"按钮,退出"存货科目"窗口。

4. 存货对方科目设置

表 4-12 列示的是本案例企业的存货核算系统的存货对方科目设置。本任务是按照表 4-12,完成案例企业的存货对方科目设置。

表 4-12　存货对方科目

收发类别编码	收发类别名称	对方科目名称	暂估科目名称
11	采购入库	1401 材料采购	220202 暂估应付账款
31	销售出库	6401 主营业务成本	
21	盘盈入库	190101 待处理流动资产损溢	
41	盘亏出库	190101 待处理流动资产损溢	

操作步骤:

(1) 在"企业应用平台"的"业务工作"页签下,依次单击"供应链/存货核算/初始设置/科目设置/对方科目"菜单项,打开"对方科目"窗口。

(2) 单击"增加"按钮,按照表 4-12 的内容,依次填写"收发类别"、"对方科目名称"以及"暂估对方科目名称",单击"保存"按钮,完成设置。

(3) 单击"退出"按钮,退出"对方科目"窗口。

4.3.2　期初数据录入与记账

1. 库存期初数据

本任务是依据表 4-13,完成案例企业的库存期初数据。请注意每个仓库一张期初数据录入单据。

表 4-13　库存期初数据

仓库编码	仓库名称	存货编码	存货名称	数量	单价	入库类别
0010	大运仓库	00001	男士高端太阳镜	100	350	采购入库
0010	大运仓库	00003	男士普通太阳镜	100	90	采购入库
0010	大运仓库	00004	女士普通太阳镜	100	80	采购入库
0040	产成品仓库	10000	亮康眼镜	20000	160	产成品入库
0020	原材料仓库	12210	塑料	10	1000	采购入库
0020	原材料仓库	12310	硅胶	10	1600	采购入库

操作步骤:

(1) 在"企业应用平台"的"业务工作"页签下,依次单击"供应链/库存管理/初始设置/期初结存"菜单项,打开"库存期初数据录入"窗口。

(2) 选择"仓库"为"大运仓库"后,单击"修改"按钮,使"库存期初"窗口处于编辑状态。

(3) 在表体中，参照生成第 1 行的"存货编码"为"00001"(男士高端太阳镜)，在"数量"栏输入"100"，"单价"栏输入"350"，"入库类别"为"采购入库"。

(4) 重复步骤(3)，录入"男士普通太阳镜"和"女士普通太阳镜"的期初库存数据。然后单击"保存"按钮，保存录入的存货信息；再单击"批审"按钮，审核该仓库的所有期初数据。

(5) 重复步骤(2)～(4)，依据表 4-13，完成"产成品仓库"和"原材料仓库"的期初库存数据录入、保存和审核工作。

(6) 单击"库存期初数据录入"窗口的"关闭"按钮，关闭并退出该窗口。

提示：
- 库存期初结存数据必须按照仓库分别录入，且录入完成后必须审核。期初结存数据的审核实际是期初记账的过程，表明该仓库期初数据录入工作的完成。
- 库存期初数据审核是分仓库、分存货进行的，即"审核"功能仅针对当前仓库的一条存货记录进行审核；"批审"功能是对当前仓库的所有存货执行审核，不是审核所有仓库的存货。
- 审核后的库存期初数据不能修改、删除，但可以"弃审"后进行修改或删除。
- 库存期初结存数据录入时，若默认存货在库存系统的计量单位不是主计量单位，则需要录入该存货的单价和金额，由系统计算该存货的数量。

2. 存货核算期初数据的生成与记账

存货核算的期初数据，与库存管理系统的期初相对应，可以直接录入，但若在库存管理系统中已经录入了，则可以在存货核算系统中通过"取数"功能，从库存管理系统中取数。

操作步骤：

(1) 在"企业应用平台"的"业务工作"页签下，依次单击"供应链/存货核算/初始设置/期初数据/期初余额"菜单项，打开"期初余额"窗口。

(2) 在"仓库"下拉列表中选择"大运仓库"，然后单击工具栏中的"取数"按钮，则系统自动读取仓库存货并显示在"期初余额"窗口中。

(3) 重复步骤(2)，从"产成品仓库"和"原材料仓库"中"取数"，以完成存货核算系统期初数据的生成。

(4) 单击"对账"按钮，系统弹出"库存与存货期初对账查询条件"对话框，已默认选择了所有仓库，直接单击"确定"按钮，系统弹出"对账成功！"信息提示框，单击"确定"按钮退出该提示框，系统即完成了库存与存货的期初对账。

(5) 单击"记账"按钮，系统弹出"期初记账成功"提示框，单击"确定"按钮，完成存货期初的记账工作。

(6) 单击"汇总"按钮，系统弹出"期初汇总条件选择"对话框，已默认选择了所有仓库，选择"存货级次"为"1"到"明细"，然后单击"确定"按钮，系统打开"期初数据汇总"窗口,表明已完成期初数据汇总工作。

(7) 退出。连续单击"退出"按钮,退出窗口返回企业应用平台。

4.4 固定资产管理

本节是完成案例企业的固定资产管理的账套参数与期初设置,包括固定资产账套初始化、科目设置、固定资产类别与折旧方法设置、固定资产增加方式设置,以及固定资产原始卡片录入。

4.4.1 系统参数与折旧科目设置

1. 账套初始化

账套初始化时系统参数的设置如下:

- 启用月份为当前日期;固定资产采用"平均年限法(一)"计提折旧,折旧汇总分配周期为一个月;当"月初已计提月份=可使用月份－1"时将剩余折旧全部提足;
- 资产类别编码方式为"2112",固定资产编码方式按"类别编码+序号"采用自动输入方法,序号长度为"5"位。要求固定资产系统与总账进行对账,固定资产对账科目为"1601 固定资产",累计折旧对账科目为"1602 累计折旧",若对账不平衡,允许固定资产系统月末结账;
- 固定资产默认入账科目为固定资产,累计折旧默认入账科目为累计折旧,减值准备默认入账科目为固定资产减值准备。

操作步骤:

(1) 在"企业应用平台"的"业务工作"页签下,依次单击"财务会计/固定资产"菜单项,系统弹出"这是第一次打开此账套,还未进行过初始化,是否进行初始化?"信息提示框。

(2) 单击"是"按钮,打开固定资产"初始化账套向导——1. 约定及说明"对话框,选择"我同意";单击"下一步"按钮,打开固定资产"初始化账套向导——2. 启用月份"对话框,选择为当前日期;单击"下一步"按钮,打开固定资产"初始化账套向导——3. 折旧信息"对话框,选择主要折旧方法为"平均年限法(一)",确认选择折旧汇总分配周期为"1个月"、"当(月初已计提月份=可使用月份－1)时将剩余折旧全部提足"复选框。

(3) 单击"下一步"按钮,打开固定资产"初始化账套向导——4. 编码方式"对话框,设置资产类别编码方式为"2112",选择固定资产编码方式按"自动编码"和"类别编码+序号"自动输入,序号长度为"5"。

(4) 单击"下一步"按钮,打开固定资产"初始化账套向导——5. 账务接口"对话框,勾选"与账务系统进行对账"复选框,参照生成"固定资产对账科目"为"1601"(固定资产)、"累计折旧对账科目"为"1602"(累计折旧),勾选"在对账不平情况下允许固定资产系统月末结账"复选框；参照生成[固定资产]缺省入账科目为"1601"（固定资产），[累计折旧]缺省入账科目为"1602"（累计折旧），[减值准备]缺省入账科目为"1603"（固定资产减值准备），[增值税进项税额]缺省入账科目为"22210101"（进项税额），[固定资产清理]缺省入账科目为"1606"（固定资产清理）。

(5) 单击"下一步"按钮，打开固定资产"初始化账套向导——6. 完成"对话框，确认信息无误后，单击"完成"按钮，系统弹出"已经完成了新账套的所有设置工作，是否确定所设置的信息完全正确并保存对新账套的所有设置？"信息提示框，单击"是"按钮，系统提示"已经成功初始化本固定资产账套！"，单击"确定"按钮，固定资产建账完成。

提示：
- 在用友ERP系统中，固定资产账套与企业账套是不同层次的概念。企业账套是在系统管理中建立的，是针对整个企业的；而固定资产账套是在固定资产管理系统中创建的，是企业账套的一个组成部分。类似地，工资账套(在薪资管理中创建)也是企业账套的一个组成部分。
- 约定及说明：是在进行系统初始化之前需要同意的条款内容。
- 启用月份：查看本账套固定资产开始使用的年份和会计期间，启用日期只能查看不可修改。要录入系统的期初资料，一般指截至该期间的期初资料。
- 资产类别编码方式设定以后，如果某一级资产设置了类别，则该级的长度不能修改，没有使用过的各级的长度可修改；每一个账套中资产的自动编码方式只能有一种，一经设定，该自动编码方式不得修改。
- 只有存在对应总账系统的情况下才要与账务系统对账。对账的含义是将固定资产系统内所有资产的原值、累计折旧和总账系统中的固定资产科目和累计折旧科目的余额核对，看数值是否相等。
- 系统初始化中有些参数一旦设置完成，退出初始化向导后就不能修改了。如果要改，只能通过"重新初始化"功能实现，重新初始化将清空该账套中所有数据。所以如果有些参数设置不能确定，可单击"上一步"按钮重新设置。确定无误后，再单击"完成"按钮保存退出。

2. 部门对应折旧科目

案例企业的固定资产部门对应折旧科目，如表4-14所示。

固定资产计提折旧后必须把折旧归入成本或费用，本账套需要按部门归集。部门对应折旧科目设置就是给部门选择一个折旧科目。录入卡片时，该科目自动显示在卡片中，不必一个一个输入，可提高工作效率；在生成部门折旧分配表时，每一部门按折旧科目汇总，生成记账凭证。

表4-14 部门对应折旧科目

部门名称	对应折旧科目
公司总部	管理费用/折旧费(660202)
财务部	管理费用/折旧费(660202)
销售部	销售费用/折旧费(660102)

(续表)

部门名称	对应折旧科目
采购部	管理费用/折旧费(660202)
仓管部	管理费用/折旧费(660202)
人力资源部	管理费用/折旧费(660202)
生产部	制造费用(5101)

操作步骤：

(1) 在"企业应用平台"的"业务工作"页签下，依次单击"财务会计/固定资产/设置/部门对应折旧科目"菜单项，进入"部门对应折旧科目"窗口。

(2) 在左窗格中单击"公司总部"所在行，右窗格中将仅显示"公司总部"，此时单击"修改"按钮，系统将打开"部门对应折旧科目-单张视图"窗口。

(3) 在"折旧科目"栏录入或参照生成"660202"，单击"保存"按钮，若有下级部门，则系统弹出"是否将[公司总部]部门的所有下级部门的折旧科目替换为[折旧费]？"提示框，单击"是"按钮，系统返回"部门对应折旧科目-列表视图"窗口。

(4) 重复步骤(2)和(3)，完成表 4-14 中其他部门对应的折旧科目设置。

(5) 单击左窗格中的"固定资产部门编码目录"菜单项，"部门对应折旧科目-列表视图"窗口中将显示所有的部门及相应的折旧科目。

(6) 单击"部门对应折旧科目"窗口中的"关闭"按钮，关闭该窗口。

4.4.2 类别与增减方式设置

1. 固定资产类别与折旧方法

案例企业的固定资产类别与折旧方法，详见表 4-15。

表 4-15 固定资产类别与折旧方法

编码	类别名称	使用年限	净残值率	计提属性	折旧方法	卡片样式
01	房屋及建筑物			正常计提	平均年限法(一)	通用样式(二)
011	办公楼	30	2%	正常计提	平均年限法(一)	通用样式(二)
012	厂房	30	2%	正常计提	平均年限法(一)	通用样式(二)
02	机器设备			正常计提	平均年限法(一)	通用样式(二)
021	生产线	10	3%	正常计提	平均年限法(一)	通用样式(二)
022	办公设备	5	3%	正常计提	平均年限法(一)	通用样式(二)
03	运输工具	8	5%	正常计提	平均年限法(一)	通用样式(二)

操作步骤：

(1) 在"企业应用平台"的"业务工作"页签下，依次单击"财务会计/固定资产/设置/资产类别"菜单项，进入"资产类别"窗口。

(2) 单击"增加"按钮，打开"资产类别-单张视图"窗口。

(3) 在"类别名称"栏录入"房屋及建筑物","计提属性"为"正常计提","折旧方法"为"平均年限法(一)","卡片样式"为"通用样式(二)"。

(4) 单击"保存"按钮,根据表 4-15 中的相关信息,继续录入和保存 02 号"机器设备"和 03 号"运输工具"。

(5) 单击选中左窗格中的"固定资产分类编码表"的"01 房屋及建筑物"分类,再单击"增加"按钮,在"类别名称"栏录入"办公楼"、"使用年限"栏输入"30","净残值率"为"2"。

(6) 单击"保存"按钮,然后以此方法继续录入表 4-15 中其他的固定资产分类。

(7) 单击"资产类别"窗口的"关闭"按钮,关闭该窗口。

提示:

- 应先建立上级固定资产类别后再建立下级类别,且下级类别继承上级的使用年限、净残值率,可修改。
- 只有在最新会计期间时可以增加,月末结账后则不能增加。
- 资产类别编码不能重复,同级的类别名称不能相同。
- 类别编码、名称、计提属性、卡片样式不能为空。
- 非明细级类别编码不能修改。
- 使用过的类别的计提属性不能修改。
- 未使用过的明细级类别编码修改时,只能修改本级的编码。
- 非明细级不能删除。
- 系统已使用(录入卡片时选用过)的类别不允许删除。

2. 增减方式

案例企业的固定资产增加与减少方式,详见表 4-16。

表 4-16 固定资产增减方式

增加方式	对应入账科目	减少方式	对应入账科目
直接购入	银行存款/工行存款(100201)	出售	固定资产清理(1606)
投资者投入	实收资本(4001)	投资转出	长期股权投资(1511)
捐赠	营业外收入(6301)	捐赠转出	固定资产清理(1606)
盘盈	以前年度损益调查(6901)	盘亏	待处理财产损溢/待处理固定资产损溢(190102)
在建工程转入	在建工程(1604)	报废	固定资产清理(1606)
融资租入	长期应付款(2701)	毁损	固定资产清理(1606)
		融资租出	长期应收款(1531)
		拆分减少	固定资产清理(1606)

操作步骤:

(1) 在"企业应用平台"的"业务工作"页签下,依次单击"财务会计/固定资产/设置/增减方式"菜单项,进入"增减方式"窗口。

(2) 单击选中左窗格中的"1.增加方式"下的"直接购入",再单击"修改"按钮,打开"增减方式-单张视图"窗口。

(3) 在"对应入账科目"栏录入或参照生成"100201"。

(4) 单击"保存"按钮,并以此方法继续录入表 4-16 中其他增减方式对应的入账科目,结果如图 4-10 所示。

(5) 单击"增减方式"窗口中的"关闭"按钮,关闭该窗口。

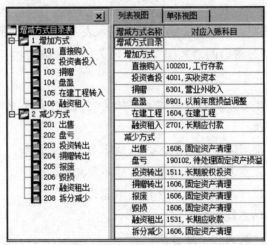

图 4-10 增减方式-列表视图

提示:
- 在固定资产增减方式中设置的对应入账科目是系统生成凭证时的默认科目。
- 已使用(卡片已选用过)的增减方式不能删除。
- 非明细级方式不能删除。
- 系统默认的增减方式"盘盈"、"盘亏"和"毁损"不能删除。

4.4.3 固定资产原始卡片录入

原始卡片是指已使用过并已计提折旧的固定资产卡片,案例企业的原始卡片详见表 4-17。

操作步骤:

(1) 在"企业应用平台"的"业务工作"页签下,依次单击"财务会计/固定资产/卡片/录入原始卡片"菜单项,系统打开"固定资产类别档案"窗口。

(2) 双击"022"、"办公设备"所在行,进入"固定资产卡片"窗口,"卡片编号"默认为"00001"。

(3) 在"固定资产名称"栏录入"华硕 A8 电脑",单击"使用部门"栏,此时出现"使用部门"按钮,单击此按钮,系统打开"固定资产-本资产部门使用方式"对话框,默认选定了"单部门使用"选项。

(4) 单击"确定"按钮，在系统打开的"部门基本参照"窗口中，双击"经理办公室"所在行以选择"经理办公室"选项，并返回"固定资产卡片"窗口。

(5) 单击"增加方式"栏，此时出现"增加方式"按钮，单击此按钮，系统打开"固定资产增加方式"对话框，双击"直接购入"所在行，返回"固定资产卡片"窗口。

(6) 单击"使用状况"栏，此时出现"使用状况"按钮，单击此按钮，系统打开"使用状况参照"对话框，双击"在用"所在行，返回"固定资产卡片"窗口。

(7) 在"开始使用日期"栏录入"2012-06-01"，在"原值"栏录入"20000"，在"累计折旧"栏录入"14580"，单击"保存"按钮，系统提示"数据成功保存！"，单击"确定"按钮，返回"固定资产类别档案"窗口。

(8) 重复步骤(2)~(7)，完成表4-17中其他的原始卡片的信息录入工作。

(9) 单击"关闭"按钮，关闭该窗口。

表4-17　固定资产原始卡片

卡片编号	00001	00002	00003	00004
固定资产编号	02200001	02200002	02200003	01200001
固定资产名称	华硕A8电脑	IBMX60电脑	联想T4202电脑	厂房
类别编号	022	022	022	012
类别名称	办公设备	办公设备	办公设备	厂房
使用部门	经理办公室	财务部	批发部	生产部
增加方式	直接购入	直接购入	直接购入	融资租入
使用状况	在用	在用	在用	在用
使用年限	5年	5年	5年	30年
折旧方法	平均年限法(一)	平均年限法(一)	平均年限法(一)	平均年限法(一)
开始使用日期	2012-06-01	2014-11-01	2014-11-01	2009-03-01
币种	人民币	人民币	人民币	人民币
原值	20000	20000	10000	720000
净残值率	3%	3%	3%	2%
净残值	600	600	300	14400
累计折旧	14580	5184	2592	163296
月折旧率	0.0162	0.0162	0.0162	0.0027
月折旧额	324	324	162	1944
净值	5420	14816	7408	556704
对应折旧科目	管理费用/折旧费	管理费用/折旧费	销售费用/折旧费	制造费用

提示：

- 在"固定资产卡片"窗口中，除了主卡片外，还有若干的附属页签。在录入主卡片信息后，可编辑附属设备和录入以前卡片发生的各种变动。但附属页签上的信息只供参考，不参与计算。
- 可以为一个资产选择多个"使用部门"，并且当资产为多部门使用时，累计折旧采用与使用比例相同的比例在多部门间分摊。

4.5 薪资管理

本节是对案例企业的薪资信息进行设置与编辑，包括薪资管理系统的参数设置、工资类别与工资项目设置、在职人员档案、在职人员的工资项目和公式定义，工资的代发银行设置、代扣税设置，以及期初工资数据的录入。

4.5.1 参数设置

案例企业的薪资管理要求如下：
- 启用日期为当前日期(2016.4.1)；
- 工资类别个数为单个；
- 要求从工资中代扣个人所得税；
- 进行扣零至元；
- 人员编码长度为3位。

操作步骤：

(1) 在"企业应用平台"的"业务工作"页签下，依次单击"人力资源/薪资管理"菜单项，系统弹出"建立工资套——1. 参数设置"对话框。

(2) 系统默认选择本工资账套所处理的工资类别个数为"单个"，直接单击"下一步"按钮，进入"2. 扣税设置"，选中"是否从工资中代扣个人所得税"复选框。

(3) 单击"下一步"按钮，进入步骤"3. 扣零设置"，先选中"扣零"复选框，然后选中"扣零至元"复选框。

(4) 单击"下一步"按钮，进入"4. 人员编码"，系统提示"本系统要求您对员工进行统一编码，人员编码同公共平台的人员编码保持一致"。

(5) 单击"完成"按钮，完成工资账套的建立。

提示：

- 工资类别个数：若单位按周或一月发多次工资，或者是单位中有多种不同类别(部门)的人员，工资发放项目不尽相同，计算公式亦不相同，但需进行统一工资核算管理，应选择"多个"工资类别；如果单位中所有人员的工资统一管理，而人员的工资项目、工资计算公式全部相同，则选择"单个"工资类别。
- 若选择进行扣零处理，系统在计算工资时将依据所选择的扣零类型将零头扣下，并在积累成整时补上。

4.5.2 工资类别主管设置

为了使用薪资管理的工资管理，需要给人力资源部主管王军和财务部会计张兰分配

"工资类别主管"权限。

操作步骤：

(1) 在"企业应用平台"的"系统服务"页签下，依次单击"权限/数据权限分配"菜单项，系统打开"权限浏览"窗口。

(2) 首先单击工具栏中的"修改"按钮，然后在左窗格中选中"张兰"、在右窗格上部的"业务对象"下拉列表中选择"工资权限"选项，最后勾选"工资类别主管"复选框；之后单击工具栏中的"保存"按钮，保存该权限分配结果(允许张兰操作薪资模块)。

(3) 重复步骤(2)，设置"王军"的薪资模块操作权限。

(4) 单击"权限浏览"窗口的"关闭"按钮，退出该窗口。

(5) 重注册(系统/重注册)企业应用平台，以使以上设置生效。

4.5.3 人员档案设置

人员档案信息用于管理工资发放人员的姓名、职工编号、所在部门、人员类别等信息，本案例企业的在职人员档案信息，详见表 4-18。

操作步骤：

(1) 在"企业应用平台"的"业务工作"页签下，依次单击"人力资源/薪资管理/设置/人员档案"菜单项，系统打开"人员档案"窗口。

(2) 单击工具栏中的"批增"按钮，系统打开"人员批量增加"对话框。

(3) 单击对话框中的"查询"按钮，以查询出全部人员，然后单击"全选"按钮和"确定"按钮，系统返回"人员档案"窗口，列示了所有在基础档案中已有的人员信息。

(4) 单击"关闭"按钮，关闭"人员档案"窗口。

表 4-18 在职人员列表

一级部门	二级部门	人员类别	人员编码及姓名	性别	银行	银行账号
1 公司总部	101 经理办公室	企管人员	0100 李吉棕	女	工行	11022033001
	102 行政办公室	企管人员	1010 陈虹	女	工行	11022033002
2 财务部		企管人员	0200 曾志伟	男	工行	11022033003
		企管人员	0201 张兰	女	工行	11022033004
		企管人员	0202 罗迪	女	工行	11022033005
3 销售部	301 批发部	销售人员	0300 赵飞	男	工行	11022033006
	301 批发部	销售人员	0301 夏于	男	工行	11022033007
	302 门市部	销售人员	0303 李华	男	工行	11022033008
4 采购部		采购人员	0400 刘静	女	工行	11022033009
		采购人员	0401 张新海	男	工行	11022033010
5 仓管部		企管人员	0500 李莉	女	工行	11022033011
		企管人员	0501 赵林	男	工行	11022033012
		企管人员	0502 李东	男	工行	11022033013

(续表)

一级部门	二级部门	人员类别	人员编码及姓名	性别	银行	银行账号
6 人力资源部		企管人员	0600 王军	男	工行	11022033014
		企管人员	0601 梁京	女	工行	11022033015
7 生产部		生产人员	0700 刘正	男	工行	11022033016
		生产人员	0701 李江	男	工行	11022033017

4.5.4 工资项目设置

1. 工资项目设置

- 增项：基本工资、岗位工资、绩效工资、交通补助；
- 减项：养老保险、医疗保险、失业保险、住房公积金。

操作步骤：

(1) 在"企业应用平台"的"业务工作"页签下，依次单击"人力资源/薪资管理/设置/工资项目设置"菜单项，系统打开"工资项目设置"对话框。

(2) 单击"增加"按钮，从"名称参照"下拉列表中选择"基本工资"，其默认类型为"数字"、小数位数为"2"、增减项为"增项"，结果如图 4-11 所示。

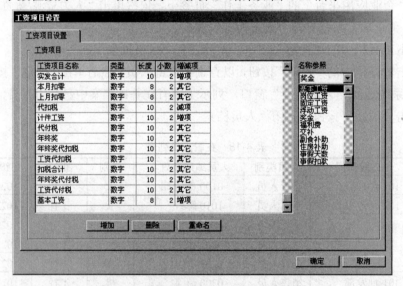

图 4-11 工资项目设置——增加"增项"

(3) 再单击"增加"按钮，从"名称参照"下拉列表中选择"奖金"，"重命名"其"工资项目名称"为"绩效工资"。

(4) 重复步骤(2)或(3)，完成其他"增项"工资项目的增加。

(5) 再单击"增加"按钮，从"名称参照"下拉列表中选择"保险费"，"重命名"其"工资项目名称"为"养老保险"，并修改其"增减项"为"减项"。

(6) 重复步骤(5)，完成其他"减项"工资项目的增加。

(7) 单击选中"基本工资"所在行，再单击"上移"按钮，将"基本工资"移动到工资项目栏的第 1 行，并以此方法移动其他的工资项目到相应的位置，结果如图 4-12 所示。

(8) 单击"确定"按钮，完成工资项目的设置。

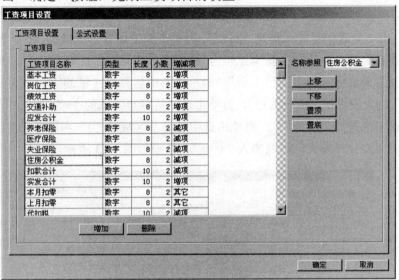

图 4-12 在职人员工资项目设置

提示：

- 系统提供的固定工资项目，如本实验中的本月扣零、上月扣零，不能修改和删除。
- 项目名称必须唯一。工资项目一经使用，数据类型不允许修改。
- 增项直接计入应发合计，减项直接计入扣款合计，若工资项目类型为字符型，则小数位不可用，且其增减项为其他。
- 单击界面上的向上、向下移动箭头可调整工资项目的排列顺序。
- 单击"确定"按钮保存设置，若放弃设置单击"取消"按钮返回。
- 单击"重命名"按钮，可修改工资项目名称。
- 选择要删除的工资项目，单击"删除"按钮，确认后即可删除。
- 系统默认：应发合计=增项之和；扣款合计=减项之和；实发合计=应发合计-扣款合计。

2. 公式项目

本案例企业工资项目的公式包括：

- 养老保险＝(基本工资＋岗位工资＋绩效工资＋交通补助)×0.08；
- 医疗保险＝(基本工资＋岗位工资＋绩效工资＋交通补助)×0.02；
- 失业保险＝(基本工资＋岗位工资＋绩效工资＋交通补助)×0.002；
- 住房公积金＝(基本工资＋岗位工资＋绩效工资＋交通补助)×0.12。

操作步骤：

（1）在"企业应用平台"的"业务工作"页签下，依次单击"人力资源/薪资管理/设置/工资项目设置"菜单项，打开"工资项目设置"对话框，再单击打开"公式设置"选项卡，操作界面参见图4-13。

（2）单击"增加"按钮，并从左上角的"工资项目"列表中选择"养老保险"。

（3）先单击"养老保险公式定义"区域，再单击选中运算符区域的"("，然后从中下部的"工资项目"列表中选择"基本工资"，再单击选中运算符区域的"+"，再从中下部的"工资项目"列表中选择"岗位工资"，再单击选中运算符区域的"+"，再从中下部的"工资项目"列表中选择"绩效工资"，再单击选中运算符区域的"+"，再从中下部的"工资项目"列表中选择"交通补助"，再单击选中运算符区域的")"和运算符区域的"*"，最后在"养老保险公式定义"区域输入"0.08"，结果如图4-13所示。

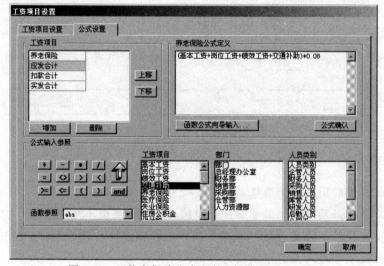

图4-13 "养老保险公式定义"操作界面

（4）单击"公式确认"按钮，完成"养老保险"的公式定义。

（5）重复步骤(2)~(4)，完成"医疗保险"、"失业保险"和"住房公积金"的公式定义。

（6）单击"确定"按钮，完成设置，退出该对话框。

提示：

● 使用"公式设置"页签中的相关功能，可定义工资项目的计算公式。

● 不能删除已输入数据或已设置计算公式的工资项目。

4.5.5 工资的代发代扣设置

1. 代发工资的银行

本案例企业委托代发工资的银行是中国工商银行，账号定长为11位，录入时自动带出账号 8 位。

操作步骤：

(1) 在"企业应用平台"的"基础设置"页签下，依次单击"基础档案/收付结算/银行档案"菜单项，进入"银行档案"窗口；双击"中国工商银行"所在行，打开"修改银行档案"窗口。

(2) 选中"个人账户规则"区域的"定长"前的复选框，并修改"账号长度"为"11"，"自动带出账号长度"为"8"。

(3) 单击"退出"按钮，系统提示"是否保存对当前档案的编辑？"，单击"是"按钮完成设置，退出"修改银行档案"窗口；在"银行档案"窗口中，单击"退出"按钮退出。

2. 代扣个人所得税

计税基数为 3500 元，附加费用为 1300 元。

操作步骤：

(1) 在"企业应用平台"的"业务工作"页签下，依次单击"人力资源/薪资管理/设置/选项"菜单项，系统打开"选项"对话框。

(2) 单击"扣税设置"选项卡，再单击"编辑"按钮，结果如图 4-14 所示。

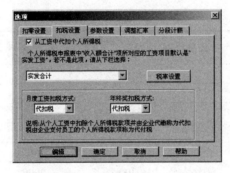

图 4-14 薪资管理"选项"对话框的"扣税设置"选项卡

(3) 单击其中的"税率设置"按钮，系统打开"个人所得税申报表—税率表"对话框(参见图 4-15)。

(4) 修改并确认"基数"、"附加费用"和税率表的相应数据，结果如图 4-15 所示。

图 4-15 个人所得税申报表—税率表

(5) 单击"确定"按钮，完成税率设置，返回"选项"对话框。

(6) 再单击"确定"按钮，完成设置，退出对话框。

提示：
- 只有主管人员可以修改工资参数，工资账参数调整包括对扣零设置、扣税设置、参数设置和调整汇率。
- 已经进行过月结的工资类别或发放次数不能修改币种。
- 设置工资的扣税工资项目，系统默认为"实发合计"。在实际业务中，因可能存在免税收入项目(如政府特殊津贴、院士津贴等)和税后列支项目，可以单独设置一个工资项目来计算应纳税工资。
- 如果修改了"扣税设置"，需要进入"工资变动"执行"计算"和"汇总"功能，以保证"代扣税"工资项目正确地反映单位实际代扣个人所得税的金额。
- 工资和年终奖可采用不同的扣税方式，如工资为代扣税，而年终奖为代付税。

4.5.6 期初工资数据录入

本案例企业在职人员的期初工资数据，详见表 4-19。

表 4-19 期初工资数据

一级部门	二级部门	人员类别	人员编码及姓名	基本工资	岗位工资	绩效工资
1 公司总部	101 经理办公室	企管人员	0100 李吉棕	2000	1000	5000
	102 行政办公室	企管人员	1010 陈虹	2000	1000	3000
2 财务部		企管人员	0200 曾志伟	2000	1000	4000
		企管人员	0201 张兰	2000	900	3000
		企管人员	0202 罗迪	2000	900	3000
3 销售部	301 批发部	销售人员	0300 赵飞	2000	1000	4000
	301 批发部	销售人员	0301 夏于	2000	900	3000
	302 门市部	销售人员	0303 李华	2000	900	3000
4 采购部		采购人员	0400 刘静	2000	900	4000
		采购人员	0401 张新海	2000	500	3000
5 仓管部		企管人员	0500 李莉	2000	700	4000
		企管人员	0501 赵林	2000	700	3000
		企管人员	0502 李东	2000	700	3000
6 人力资源部		企管人员	0600 王军	2000	1000	4000
		企管人员	0601 梁京	2000	700	3000
7 生产部		生产人员	0700 刘正	2000	700	4000
		生产人员	0701 李江	2000	700	3000

操作步骤：

(1) 在"企业应用平台"的"业务工作"页签下，依次单击"人力资源/薪资管理/设置/

人员档案"菜单项,进入"人员档案"列表窗口。

(2) 双击"0100 李吉棕"所在行,系统打开"人员档案明细"对话框,并显示李吉棕的详细档案,单击"数据档案"按钮,打开"工资数据录入—页编辑"对话框。

(3) 在"基本工资"编辑栏录入"2000","岗位工资"编辑栏录入"1000","绩效工资"编辑栏录入"5000",其他数据项系统自动给出,结果如图 4-16 所示。

(4) 单击"保存"按钮,返回"人员档案明细"对话框。

(5) 单击"确定"按钮,系统提示"写入该人员档案信息吗?",单击"确定"按钮,返回"人员档案明细"对话框,系统自动显示下一个员工的详细档案。

(6) 重复步骤(3)~(5),将表 4-19 中所有的期初工资数据录入并保存。

(7) 单击"取消"按钮,退出"人员档案明细"对话框。

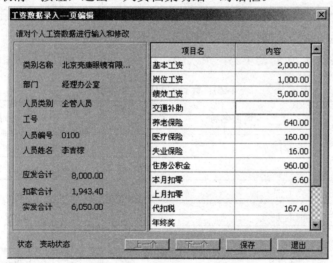

图 4-16 工资数据录入—页编辑

4.6 总账管理

本节的任务是完成总账的系统参数与核算规则设置、总账的期初余额录入、引入、对账和期初记账。

4.6.1 参数与核算规则设置

除系统默认设置之外,还需进行如下参数设置:
- 权限:勾选"出纳凭证必须经由出纳签字"、"凭证必须经由主管会计签字"复选框。

操作步骤:

(1) 在"企业应用平台"的"业务工作"页签下,依次单击"财务会计/总账/设置/选项"菜单项,系统打开"选项"对话框。

(2) 在"权限"选项卡中,先单击"编辑"按钮,使所有参数处于可修改状态,再选中"出纳凭证必须经由出纳签字"、"凭证必须经由主管会计签字"复选框,其他选项设置为默认状态。

(3) 单击"确定"按钮,保存系统参数的设置,关闭"选项"对话框。

4.6.2 总账期初余额设置

总账的期初余额,是以上期的期末余额为基础,反映了以前期间的交易和上期采用的会计政策的结果。期初已存在的账户余额,是由上期结转至本期的金额,或是上期期末余额调整后的金额。本节将在总账系统中录入上月的会计科目期末余额数据信息,作为本月会计科目期初余额数据,以保证数据的完整性和连续性。

本任务是按照表4-20至表4-23,录入会计科目的期初余额(分3类完成)。

表4-20 会计科目的期初余额

科目/项目编码	科目名称	余额方向	币别/计量	期初余额
1001	库存现金	借		4665
1002	银行存款	借		472650.14
100201	工行存款	借		472650.14
1122	应收账款	借		3274128
1231	坏账准备	贷		32741.28
1403	原材料	借		26000
140301	塑料	借		10000
		借	千克	10
140303	硅胶	借		16000
		借	千克	10
1405	库存商品	借		3252000(详见表4-21)
1601	固定资产	借		770000
1602	累计折旧	贷		185652
2202	应付账款	贷		2841000
220201	一般应付账款	贷		2691000
220202	暂估应付账款	贷		150000 (详见表4-22)
2211	应付职工薪酬	贷		159659.6
221101	工资	贷		详见表4-23
221102	社会保险费	贷		详见表4-23

(续表)

科目/项目编码	科目名称	余额方向	币别/计量	期初余额
221103	住房公积金	贷		详见表4-23
221104	工会经费	贷		详见表4-23
221105	职工教育经费	贷		详见表4-23
2221	应交税费	贷		149530.96
222102	未交增值税	贷		9000.00
222103	应交所得税	贷		137500
222104	应交个人所得税	贷		2130.96
222105	应交城市维护建设税	贷		630
222106	应交教育费附加	贷		270
2241	其他应付款	贷		24064.8
224101	应付社会保险费	贷		11056.8
224102	应付住房公积金	贷		13008
4001	实收资本	贷		3870000
4101	盈余公积	贷		59857
4103	本年利润	贷		45600
4104	利润分配	贷		550000
410406	未分配利润	贷		550000
5001	生产成本	借		114162.5
500101	直接生产成本	借		114162.5
50010101	直接人工	借		18662.5
50010102	直接材料	借		95500

表4-21 "库存商品"的项目核算

项目编码	项目名称	期初余额
201	亮康眼镜	3200000
101	男士高端	35000
103	男士普通	9000
104	女士普通	8000
总计		3252000

表4-22 暂估应付账款的期初余额

日期	供应商	摘要	方向	金额
2016-03-15	大运公司	采购女士高端太阳镜500副，暂估入库	贷	150000

表 4-23 "应付职工薪酬"的部门核算

部门	工资	社会保险费	住房公积金	工会经费	职工教育经费
经理办公室	7796	2656.8	972	162	202.5
行政办公室	5992	2000.8	732	122	152.5
财务部	18593.6	6215.6	2274	379	473.75
批发部	12813.8	4296.8	1572	262	327.5
门市部	5899.8	1968	720	120	150
采购部	12272.8	4100	1500	250	312.5
仓管部	17948.2	5986	2190	365	456.25
人力资源部	12629.4	4231.2	1548	258	322.5
生产部	12272.8	4100	1500	250	312.5
总计	106218.4	35555.2	13008	2168	2710

根据期初余额录入方式的不同,在此把会计科目分为 3 类:直接录入、参照录入,以及通过录入下级科目自动得出,具体可参见图 4-17。

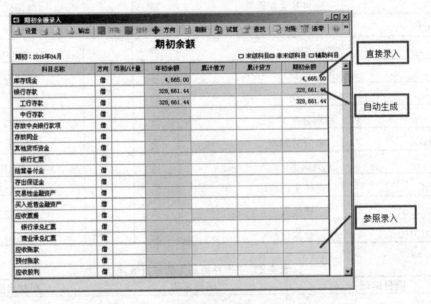

图 4-17 总账期初余额的录入方式

一般而言,只有末级科目且辅助账类型不是项目核算和部门核算,而且不需要与其他子系统账簿对账的账户,其期初余额才能直接录入;是项目核算或部门核算的末级科目,以及需要与其他账簿对账的末级科目,其账户的期初余额需要参照录入;非末级科目的账户期初余额,是通过录入下级科目的账户期初余额后系统自动得出的。

下面是具体的分类说明,以及相应的录入操作步骤。

1. 直接录入

可直接录入期初余额的科目,包括库存现金、工行存款、坏账准备、塑料、镜片树脂、硅胶、固定资产、累计折旧、未交增值税、应交所得税、实收资本、盈余公积、本年利润、直接人工、直接材料等。这些科目是末级科目且辅助账类型不是项目核算和部门核算，而且不需要与其他账簿对账。

操作步骤：

(1) 在"企业应用平台"的"业务工作"页签下，依次单击"财务会计/总账/设置/期初余额"菜单项，打开"期初余额"窗口。

(2) 双击相应科目的"期初余额"栏，然后录入其期初余额值。

(3) 相应的会计科目期初余额编辑完成后，单击"退出"按钮退出该窗口。

2. 参照录入

参照录入分为项目核算的参照录入(如库存商品)、需要与存货核算对账的参照录入(通过总账中的期初往来明细参照录入)和需要与应收应付系统对账的参照录入(通过先在应收、应付系统中进行期初余额录入，然后在总账进行期初余额引入)。

- 项目核算的参照录入，可在"期初余额"窗口中双击项目核算科目，如库存商品，系统将弹出"辅助期初余额"窗口，逐一录入各个项目的期初余额，然后"退出"该窗口返回"期初余额"窗口后，该科目的余额将自动带入。
- 需要与存货核算对账的参照录入，可在总账系统中通过期初往来明细参照录入，以"暂估应付账款"为例：
  - 在总账系统的"期初余额"窗口中，双击"暂估应付账款"科目，然后在系统弹出的"辅助期初余额"窗口中，单击其"往来明细"按钮，进入"期初往来明细"窗口；
  - 单击"增行"按钮，录入"日期"为"2016-03-15"、"供应商"为"大运公司"、"摘要"为"采购女士高端太阳镜500副，暂估入库"、"方向"为"贷"、"金额"为"150000"；
  - 单击"汇总"按钮，系统弹出信息提示框，单击"确定"按钮，完成往来明细的汇总，两次单击窗口的"退出"按钮，返回"期初余额"窗口后，该科目的余额自动带入。
- 需要与应收应付系统对账的参照录入，通过先在应收、应付系统中进行期初余额录入(相应的操作详见 4.1.3 节和 4.2.3 节)，然后在总账进行期初余额引入(相应的操作详见 4.6.3 节)。

3. 通过录入下级科目自动得出

该类会计科目的期初余额，不需要通过人工录入，系统会依据其下级科目的账户期初余额，自动给出。因为有些会计科目之间，存在勾稽关系，系统可以自行处理。比如原材料科目的账户期初余额，可以通过在录入原材料类的塑料、镜片树脂及硅胶的数量和单价后，系统自动计算给出其期初余额。

4.6.3 期初余额引入与对账

1. 期初余额引入与汇总

操作步骤：

(1) 在"企业应用平台"的"业务工作"页签下，依次单击"财务会计/总账/设置/期初余额"菜单项，系统打开总账系统的"期初余额"窗口。

(2) 双击"应收账款"科目所在行，系统打开"辅助期初余额"窗口。

(3) 单击工具栏中的"往来明细"按钮，系统打开"期初往来明细"窗口。

(4) 单击工具栏中的"引入"按钮，系统弹出信息框"确定要引入期初吗？"，单击"是"按钮，系统将应收款系统中录入的 3 张发票信息引入总账，并显示在"期初往来明细"窗口中。

(5) 单击工具栏中的"汇总"按钮，系统汇总客户往来明细辅助期初，在系统弹出的多个对话框中直接单击"是"和"确定"按钮，以返回"期初往来明细"窗口。

(6) 退出并返回总账系统的"期初余额"窗口。单击"期初往来明细"窗口和"辅助期初余额"窗口的"退出"按钮。

(7) 重复步骤(2)～(6)，完成"一般应付账款"科目的期初余额数据引入和汇总。

2. 期初余额对账

操作步骤：

(1) 打开总账系统的"期初余额"窗口。

(2) 单击"对账"按钮，系统弹出"期初对账"对话框，提示将"核对总账上下级"、"核对总账与辅助账"、"核对辅助账与明细账"。

(3) 单击"开始"按钮，系统开始对总账与应付账款、应收账款，总账与辅助账、辅助账与明细账进行核对，完成之后在"期初对账"对话框中给出对账结果。

(4) 单击"取消"按钮，关闭"期初对账"对话框返回"期初余额"窗口。

3. 期初试算

操作步骤：

(1) 打开总账系统的"期初余额"窗口。

(2) 单击"试算"按钮，系统弹出"期初试算平衡表"对话框，并给出试算结果，如图 4-18 所示。

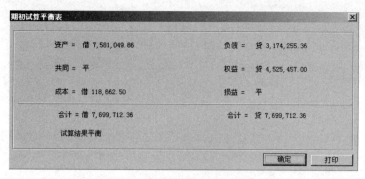

图 4-18　期初试算结果示意图

(3) 单击"确定"按钮，系统返回"期初余额"窗口。

(4) 单击工具栏中的"退出"按钮，退出"期初余额"窗口。

第 5 章

总账月初业务

用友 ERP-U8 的总账系统属于财务管理系统的一部分，它适用于各类企事业单位进行凭证管理、账簿处理、出纳管理、期末转账等基本核算功能，并提供个人、部门、客户、供应商、项目核算等辅助管理功能。在业务处理的过程中，可随时查询包括未记账凭证的所有账表，以满足管理者对信息及时查阅的需求。

一般地，总账的月初业务包括计算并缴纳上一季度和上月代扣代缴的税费，以及缴纳社会保险费和住房公积金；月末业务包括计算应交增值税及结转未交增值税、计算并结转城市维护建设税及教育费附加、期间损益结转处理，以及计算并结转本月企业所得税。至于差旅费的预支与报销，凭证的出纳签字、会计主管签字与审核，以及银行对账处理等业务，可能会发生在任何时间。

但为了既满足企业业务的实际情况，又利于教学的由浅入深、分类进行，本教程将总账系统的功能分为月初(第 5 章)和月末(第 13 章)两部分，并在月初业务中设计了缴纳税费、预支差旅费，在月末业务中设计了报销差旅费、计提工资及税费、委托代发工资和银行对账等业务。

本章的操作，请按照业务描述中的系统日期(如 4 月 1 日)和操作员(如财务部主管曾志伟、会计张兰、出纳罗迪)，在第 4 章完成的基础上在"总账"管理系统进行。故在实验操作前，需要将系统时间调整为 2016 年 4 月 1 日。如果没有调整系统时间，则在登录"企业应用平台"时需要修改"操作日期"为 2016 年 4 月 1 日；如果操作日期与账套建账时间之间的跨度超过 3 个月，则该账套在演示版状态下不能执行任何操作。

如果读者没有完成第 4 章的各个子系统期初设置任务，则可以到百度网盘空间(网盘地址：http://pan.baidu.com/s/1nuTA0WD，密码：ozr2)的"实验账套数据"文件夹中，将"04 期初记账.rar"下载到实验用机上，然后"引入"(操作步骤详见 2.2.5 节)到 ERP-U8 系统中。

需要注意的是，因网盘中的账套备份文件均为"压缩"文件，所以下载完成后引入前，需要用解压缩工具进行解压(建议用 WinRAR 3.42 或以上版本)，得到相应可以引入的账套数据文件。而且，本章完成的账套，其"输出"压缩的文件名为"05 总账月初.rar"。

本章的所有业务实验操作，都有配套的微视频，读者可以通过扫描二维码，或者到指定的网页去观看。本教程配套的微视频，均存放在北京神州明灯教育科技有限公司和合一集团的网站上，相应的访问说明请参见网盘中的"微视频访问说明.doc"。

5.1 计算并缴纳上一季度和上月代扣代缴的税费

根据本公司的会计制度，需要每个季度初预缴上一季度的企业所得税，全年汇总清缴；每月月初缴纳上月代扣的个人所得税，以及上月的增值税、城市维护建设税和教育费附加。

5.1.1 业务概述与分析

4月1日，计算并缴纳第一季度企业所得税(137500元)，向税务部门缴纳上月代扣代缴个人所得税(2130.96元)，缴纳增值税(9000元)、城市维护建设税(630元)和教育费附加(270元)。

本笔业务是缴纳上季度的企业所得税，上月的个人所得税，上月的企业增值税、城市维护建设税和教育费附加，需要通过"自定义转账"计算税费，然后网上缴纳并通过"转账生成"生成凭证，最后进行凭证的出纳签字、主管签字与审核。

5.1.2 虚拟业务场景

人物： 曾志伟——财务部主管
张兰——财务部会计
罗迪——财务部出纳

场景一 财务主管曾志伟分配职员张兰计算与缴纳税费

曾志伟：今天4月1号了。小张，你把第一季度的企业所得税和上月的税费，计算并缴纳一下吧。

张兰：嗯，好的，我现在统计(通过自定义转账计算税费)。

场景二 张兰完成税费缴纳与制单

张兰网上缴纳税费后，通过"转账生成"生成凭证。

场景三 会计张兰申请对凭证的出纳签字、主管签字与审核

张兰：小罗，税费的记账凭证已经做好了，你确认一下吧。

罗迪：嗯，好的。(凭证的出纳签字)我签过了。

张兰：谢谢！

张兰：曾总，税费的记账凭证已经做好了，请您签字审核。

曾志伟：辛苦你了，我看一下(凭证的主管签字、审核)。

5.1.3 预备知识

在社会经济体系中，企业是扣缴义务人。在税收法律关系中，扣缴义务人是一种特殊的纳税主体，在征税主体与纳税主体之间。一方面，代扣、代收税款时，它代表国家行使征税权；另一方面，在税款上缴国库时，又在履行纳税主体的义务。

本笔业务涉及了企业的代扣代缴，下面说明并辨析代扣代缴与代收代缴这2个概念，并解释相关的代扣代缴或应缴的税种。

1. 代扣代缴与代收代缴

代扣代缴，是依照税法规定负有代扣代缴义务的单位和个人，从纳税人持有的收入中扣取应纳税款并向税务机关解缴的一种纳税方式。它与代收代缴的区别表现在：代扣代缴义务人直接持有纳税人的收入，并从中直接扣除纳税人的应纳税款，而代收代缴义务人是在与纳税人的经济往来中，收取纳税人的应纳税款并代为缴纳。

2. 相关税费

(1) 应交所得税。应交所得税是指企业按照国家税法规定，应从生产经营等活动的所得中交纳的税金。企业应在"应交税费"科目下设置"应交所得税"明细科目，核算企业缴纳的企业所得税。

根据现行税法规定，应交所得税的计算公式为：应交所得税额=应纳税所得额×适用税率-减免税额-允许抵免的税额。应纳税所得额是企业所得税的计税依据，准确计算应纳税所得额是正确计算应交所得税的前提。根据现行企业所得税纳税申报办法，企业应在会计利润总额的基础上，加减纳税调整额后计算出"纳税调整后所得"(应纳税所得额)。会计与税法的差异(包括收入类、扣除类、资产类等一次性和暂时性差异)，通过纳税调整明细表集中体现。

根据会计制度，本企业的所得税税率为25%，按月预计，按季预缴，全年汇总清缴。

(2) 个人所得税。指在中国境内有住所，或者虽无住所但在境内居住满一年，以及无住所又不居住或居住不满一年但有从中国境内取得所得的个人，包括中国公民、个体工商户、外籍个人等。

代扣代缴的应交个人所得税按照《个人所得税代扣代缴暂行办法》的规定，扣缴义务人应设立代扣代缴税收账簿，正确反映个人所得税的扣缴情况，并如实填写《扣缴个人所得税报告》及其他有关资料。本企业设置了"应交税费—应交个人所得税"科目，来核算代扣代缴的应交个人所得税。

(3) 进项税额与销项税额。进项税额是指当期购进货物或应税劳务缴纳的增值税税额。进项税额=(外购原料、燃料、动力)×税率/(1+税率)。进项税额是已经支付的钱，在编制会计账户的时候记在借方。销项税额是增值税纳税人销售货物和应交税劳务，按照销售额和适用税率计算并向购买方收取的增值税税额。

在企业计算时，销项税额扣减进项税额后的数字，才是应缴纳的增值税。本企业设置二级科目"应交税费—应交增值税"进行核算。

本企业为增值税一般纳税人，购销货物的税率为17%，运费税率为11%，按月缴纳。

(4) 未交增值税。"未交增值税"是"应交税费"的二级明细科目，该科目专门用来核算未缴或多缴的增值税。平时无发生额，月末结账时，当"应交税费—应交增值税"为贷方余额时，为应缴增值税，应将其贷方余额转入该科目的贷方，反映企业未缴的增值税；当"应交税费—应交增值税"为借方余额(即多缴增值税)时，应将其多缴的增值税转入该科目的借方，反映企业多缴的增值税。

"未交增值税"明细科目，是核算一般纳税人月末自"应交增值税"明细科目转入的未交或多交的增值税额。

企业发生当月上缴上月未缴的增值税的情况时，应在"未交增值税"明细科目核算，其账务处理是：缴纳时，借记"应交税费—未交增值税"科目，贷记"银行存款"等有关科目。"未交增值税"明细科目期末可无余额，也可能有余额，可能是贷方余额，也可能是借方余额。"未交增值税"明细科目期末如是借方余额，则反映企业多交的增值税额。

(5) 城市维护建设税。城市建设维护税(以下简称城建税)是国家对缴纳增值税、消费税、营业税(以下简称"三税")的单位和个人就其缴纳的"三税"税额为计税依据而征收的一种税。现行的《中华人民共和国城市维护建设税暂行条例》是国务院于1985年2月8日发布，并于1985年实施的。实行差别比例税率，即按照纳税人所在地的不同，实行了三档地区差别比例税率，具体为：

- 纳税人所在地为城市市区的，税率为7%，所以本公司的城建税税率为7%；
- 纳税人所在地为县城、建制镇的，税率为5%；
- 纳税人所在地不在城市市区、县城或者建制镇的，税率为1%。

计算公式：应纳税额=实际缴纳的"三税"税额之和×适用税率。

(6) 应交教育费附加。教育费附加是对缴纳增值税、消费税、营业税的单位和个人征收的一种附加费，其作用是发展地方性教育事业，扩大地方教育经费的资金来源。教育费附加的征收率为3%。计算公式：应纳教育费附加=实际缴纳的"三税"税额之和×3%。

5.1.4 操作指导

1. 操作流程

代扣代缴税费的操作流程如图5-1所示。

图5-1 代扣代缴税费操作流程图

请确认系统日期和业务日期为 2016 年 4 月 1 号。

2. 场景一的操作步骤

任务说明：财务部会计张兰进行代扣代缴税费的计算。

(请以张兰的身份，登录进入“企业应用平台”，下同，从略)

(1) 打开“自定义转账设置”窗口。在“企业运用平台”的“业务工作”页签中，依次单击“财务会计/总账/期末/转账定义/自定义转账”菜单项，系统打开“自定义转账设置”窗口。

(2) 进行转账设置。单击工具栏中的“增加”按钮，系统弹出“转账目录”对话框，编辑“转账序号”为“0001”，“转账说明”为“缴纳税费”，单击“确定”按钮，返回“自定义转账设置”窗口。

(3) 提取各种税费。以提取应交企业所得税为例：

在“自定义转账设置”窗口中，单击工具栏中的“增行”按钮，编辑“科目编码”为“222103”(应交所得税)，“方向”设定为“借”，单击“金额公式”的参照按钮，在弹出的“公式向导”对话框中，选择“公式名称”为“期初余额”，单击“下一步”按钮，确认科目为“222103”，其他选项默认，单击“完成”按钮，返回“自定义转账设置”窗口，公式结果为“QC(222103,月)”。

以同样的方法提取应交个人所得税、未交增值税、应交城市建设税和应交教育费附加，将科目分别设置为“222104”(应交个人所得税)，“222102”(未交增值税)，“222105”(应交城市建设税)，“222106”(应交教育费附加)；“金额公式”分别设置为 QC(222104,月)，QC(222102,月)，QC(222105,月)和 QC(222106,月)。

(4) 设置结算方式。在“自定义转账设置”窗口中，单击工具栏中的“增行”按钮，编辑“科目编码”为“100201”(工行存款)，“方向”设定为“贷”，“金额公式”为“JG()”(取对方科目计算结果)。

(5) 保存。单击工具栏中的“保存”按钮，保存所有转账设置，其结果如图 5-2 所示。

(6) 退出。单击工具栏中的“退出”按钮，退出该窗口。

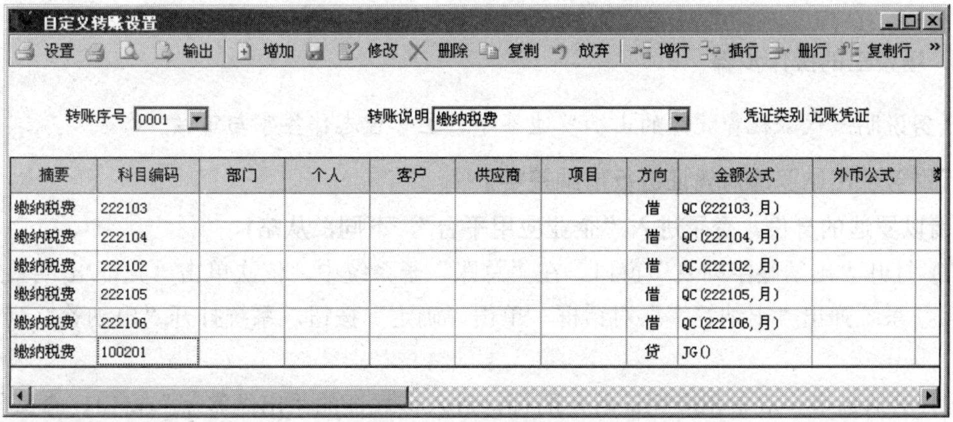

摘要	科目编码	部门	个人	客户	供应商	项目	方向	金额公式	外币公式
缴纳税费	222103						借	QC(222103,月)	
缴纳税费	222104						借	QC(222104,月)	
缴纳税费	222102						借	QC(222102,月)	
缴纳税费	222105						借	QC(222105,月)	
缴纳税费	222106						借	QC(222106,月)	
缴纳税费	100201						贷	JG()	

图 5-2　缴纳税费的自定义转账公式定义结果图

3. 场景二的操作步骤

任务说明：财务部会计张兰进行代缴税费的凭证生成。

(1) 打开"转账生成"对话框。在"总账"子系统中，依次单击"期末/转账生成"菜单项，系统打开"转账生成"对话框。

(2) 转账生成凭证。在"转账生成"对话框中，选中"自定义转账"选项，双击"编号"为"0001"的记录行的"是否结转"栏，再单击"确定"按钮，系统弹出"转账"窗口(此时生成了相应的记账凭证)。

(3) 保存。在"转账"窗口中，单击工具栏中的"保存"按钮，凭证左上角出现"已生成"字样，表示已保存该凭证，结果如图 5-3 所示。

(4) 退出。单击"转账"窗口工具栏中的"退出"按钮，退出该窗口；再单击"转账生成"对话框右上角的"关闭"按钮，关闭该对话框。

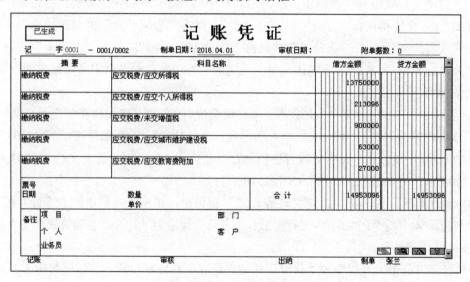

图 5-3 代扣代缴税费的记账凭证

4. 场景三的操作步骤

任务说明：代缴税费凭证的出纳罗迪签字、主管曾志伟签字与审核。

【财务部出纳罗迪对凭证进行出纳签字】

(请以罗迪的身份，登录进入"企业应用平台"，下同，从略)

(1) 打开"出纳签字列表"窗口。在"总账"子系统中，依次单击"凭证/出纳签字"菜单项，系统弹出"出纳签字"对话框，单击"确定"按钮，系统打开"出纳签字列表"窗口。

(2) 出纳签字。双击相应凭证所在的行，进入该凭证的"出纳签字"窗口，查阅信息无误后单击工具栏中的"签字"按钮，即在凭证下方"出纳"处显示"罗迪"的名字，表示出纳签字完成。

(3) 退出。单击"出纳签字"和"出纳签字列表"窗口右上角的"关闭"按钮,关闭并退出窗口。

【财务部主管曾志伟对凭证进行主管签字】
(请以曾志伟的身份,登录进入"企业应用平台",下同,从略)
(1) 打开"主管签字列表"窗口。在"总账"子系统中,依次单击"凭证/主管签字"菜单项,打开"主管签字"对话框,直接单击"确定"按钮,系统打开"主管签字列表"窗口。

(2) 会计主管签字。双击相应凭证所在的行,进入该凭证的"主管签字"窗口,查阅信息无误后单击工具栏中的"签字"按钮,即在凭证右上方显示"曾志伟"的红字印章,表示主管签字完成。

(3) 退出。单击"主管签字"和"主管签字列表"右上角的"关闭"按钮,关闭并退出窗口。

【财务部主管曾志伟对凭证进行主管审核】
(1) 打开"凭证审核列表"窗口。在"总账"子系统中,依次单击"凭证/审核凭证"菜单项,进入"凭证审核"对话框,单击"确定"按钮,系统打开"凭证审核列表"窗口。

(2) 会计主管审核。双击相应凭证所在的行,进入该凭证的"审核凭证"窗口,审核信息无误后单击工具栏中的"审核"按钮,即在凭证下方"审核"处显示"曾志伟"的名字,表示主管审核工作完成。

(3) 退出。单击"审核凭证"和"凭证审核列表"窗口右上角的"关闭"按钮,关闭退出窗口。

5.2 计算并缴纳社会保险费和住房公积金

根据本公司的会计制度和国家相关规定,需要每月月初缴纳上月的单位和个人承担的社会保险费,以及单位和个人承担的住房公积金。

5.2.1 业务概述与分析

4月1日,缴纳社会保险(单位负担部分和职工个人负担部分),缴纳住房公积金(单位负担部分和职工个人负担部分)。以转账支票支付,支付社会保险费的票号分别为1847561(单位负担部分)、1400562(职工个人负担部分),支付住房公积金的票号为1200514。

本笔业务是月初缴纳上月的单位和个人承担的社会保险费,以及单位和个人承担的住房公积金业务,需要通过"自定义转账"计算社会保险费和住房公积金,然后通过"转账生成"生成凭证(注意修改凭证中结算方式的辅助项,以记录相应的转账支票号),最后进行凭证的出纳签字、主管签字与审核。

5.2.2 虚拟业务场景

人物：曾志伟——财务部主管
　　　张兰——财务部会计
　　　罗迪——财务部出纳

场景一　财务主管曾志伟发消息通知张兰计算应缴社会保险费和住房公积金

曾志伟：小张，3月份的社会保险和住房公积金应该交了，你统计一下。小罗，你根据计算的结果，用转账支票缴纳吧。

张兰：收到，我马上通过自定义转账计算出应交数额。

罗迪：好的，我尽快根据小张统计的结果去开转账支票。

(张兰开始自定义转账设置，并通过"转账生成"查阅应交数额，将应交数额通知罗迪)

场景二　缴纳完成，生成凭证

罗迪：小张，我已经开出用于缴纳上月社会保险费和住房公积金的转账支票了，其中交单位承担的社会保险费的转账支票票号为 1847561，个人承担的社会保险费的票号为 1400562，住房公积金的票号为 1200514。

张兰：好的，我马上做相应的凭证并缴纳。(通过"转账生成"生成凭证)

场景三　张兰请出纳和主管对凭证签字与审核

张兰：小罗，社会保险费和住房公积金的记账凭证已经做好了，你确认一下吧。

罗迪：嗯，好的。(操作中)我签好了。(凭证的出纳签字)

张兰：谢谢！

(张兰来到财务部主管曾志伟的办公室……)

张兰：曾总，社会保险费和住房公积金的记账凭证已经做好了，请您签字审核。

曾志伟：辛苦你了，我看一下，有问题我会随时通知你的。

(曾志伟进行凭证的主管签字、审核……)

5.2.3 预备知识

本笔任务涉及了社会保险费和住房公积金，下面分别说明。

1. 社会保险费

社会保险费是社会保险的保险人(国家)为了承担法定的社会保险责任，而向被保险人(雇员和雇主)收缴的费用，通常分为养老保险、医疗保险、失业保险、工伤保险和生育保险。社会保险必须根据各种风险事故的发生概率，并按照给付标准事先估计的给付支出总额，求出被保险人所负担的一定比率，作为厘定保险费率的标准。

本公司按照有关规定，由单位承担并缴纳的养老保险、医疗保险、失业保险、工伤保险、生育保险，分别按照本月职工应发工资总额的 20%、10%、1%、1%、0.8%计算；职工个人承担的养老保险、医疗保险、失业保险分别按照本人本月应发工资总额的 8%、2%、0.2%计算。

2．住房公积金

住房公积金，是指国家机关、国有企业、城镇集体企业、外商投资企业、城镇私营企业及其他城镇企业、事业单位、民办非企业单位、社会团体及其在职职工缴存的长期住房储备金。

本公司按照有关规定，由单位承担并缴纳的住房公积金，按照职工本人本月应发工资总额的 12%计算；职工个人承担的也按照本人本月应发工资总额的 12%计算。

5.2.4 操作步骤

1．操作流程

计算并缴纳社会保险费和住房公积金的操作流程如图 5-4 所示。

图 5-4　计算并缴纳社会保险和住房公积金的操作流程图

请确认系统日期和业务日期为 2016 年 4 月 1 号。

2．场景一的操作步骤

任务说明：财务部会计张兰进行社会保险费和住房公积金的计算。

(1) 打开"自定义转账设置"窗口。在"企业运用平台"的"业务工作"页签中，依次单击"财务会计/总账/期末/转账定义/自定义转账"菜单项，进入"自定义转账设置"窗口，准备为"缴纳社会保险"和"缴纳住房公积金"自定义转账公式。

(2) 定义"缴纳单位承担的社会保险"转账项目。单击工具栏中的"增加"按钮，系统弹出"转账目录"对话框，编辑其"转账序号"为"0002"，"转账说明"为"缴纳单位承担的社会保险"，然后单击"确定"按钮返回"自定义转账设置"窗口。

(3) 定义"缴纳单位承担的社会保险"公式。在"自定义转账设置"窗口中：

① 单击工具栏中的"增行"按钮，然后在表体部分，参照生成或直接输入"科目编码"为"221102"(应付职工薪酬/社会保险费)，"方向"为"借"；单击"金额公式"参照按钮，在弹出的"公式向导"对话框中，选择"公式名称"为"期初余额"，单击"下一步"按钮，确认科目为"221102"，单击"完成"按钮，返回"自定义转账设置"窗口，其"金额公式"为"QC(221102,月)"。

② 单击工具栏中的"增行"按钮，然后在表体部分，输入"科目编码"为"100201"(工行存款)，"方向"为"贷"，参照生成或输入"金额公式"为"JG()"(取对方科目计算结果)。

③ 单击工具栏中的"保存"按钮以保存"缴纳单位承担的社会保险"的公式定义，结果如图5-5所示。

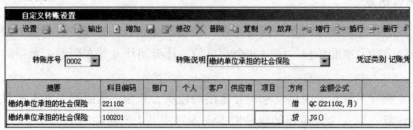

图5-5 缴纳单位承担的社会保险的转账公式定义结果

(4) 重复步骤(2)和(3)，完成"缴纳个人承担的社会保险"的转账定义("转账序号"为"0003"，"转账说明"为"缴纳个人承担的社会保险"，借方"金额公式"为"QC(224101,月)"，贷方"金额公式"为"JG()")，其结果如图5-6所示。

图5-6 缴纳个人承担的社会保险的转账公式定义结果

(5) 定义"缴纳住房公积金"转账项目，其"转账序号"为"0004"，"转账说明"为"缴纳住房公积金"。

(6) 定义"缴纳住房公积金"公式。在"自定义转账设置"窗口中：

① 计算应交住房公积金(单位承担部分)。单击工具栏中的"增行"按钮，参照生成或直接输入"科目编码"为"221103"(应付职工薪酬/住房公积金)，方向为"借"，"金额公式"为"QC(221103,月)"。

② 计算应交住房公积金(个人承担部分)。单击工具栏中的"增行"按钮，参照生成或直接输入"科目编码"为"224102"(其他应付款/应付住房公积金)，"方向"为"借"，"金额公式"为"QC(224102,月)"。

③ 结算方式设置。单击工具栏中的"增行"按钮，参照生成或直接输入"科目编码"为"100201"(工行存款)，"方向"为"贷"，"金额公式"为"JG()"。

④ 保存。单击工具栏中的"保存"按钮，结果如图5-7所示。

(7) 退出。单击工具栏中的"退出"按钮，退出该窗口。

图 5-7 缴纳住房公积金的转账公式定义结果

3. 场景二的操作步骤

任务说明：财务部会计张兰进行社会保险费和住房公积金的缴纳制单。

(1) 打开"转账生成"对话框。在"总账"子系统中，依次单击"期末/转账生成"菜单项，系统打开"转账生成"对话框。

(2) 转账生成。在"转账生成"对话框中，选中"自定义转账"选项，双击"编号"为"0002"、"0003"、"0004"的记录行，使其"是否结转"栏出现"Y"字样，再单击"确定"按钮，系统提示"2016.04 月或之前有未记账凭证，是否继续结转？"，单击"是"按钮，系统弹出"转账"窗口(此时生成了 3 张记账凭证)，默认显示"缴纳单位承担的社会保险"记账凭证。

(3) 编辑科目的辅助项。在"转账"窗口中，单击"工行存款"分录，将鼠标移至"票号"区域，待鼠标显示为"笔尖"图标时双击，系统打开"辅助项"对话框，参照生成其"结算方式"为"转账支票"，编辑"票号"为"1847561"，"发生日期"为"当日"，然后单击"确定"按钮返回"转账"窗口。

(4) 保存凭证。单击"转账"窗口工具栏中的"保存"按钮，结果如图 5-8 所示。

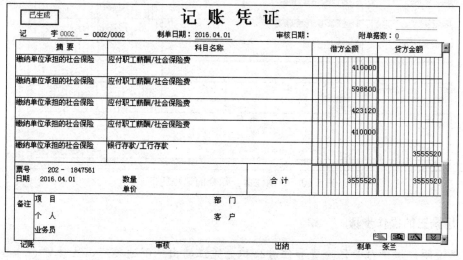

图 5-8 缴纳单位承担的社会保险的记账凭证

(5) 先单击工具栏中的"下张凭证"按钮,然后重复步骤(3)和(4),完成"缴纳个人承担的社会保险"(票号 1400562)和"缴纳住房公积金"(票号 1200514)凭证的修改与保存,结果如图 5-9 和图-10 所示。

(6) 退出。在"转账"窗口中,单击"退出"按钮退出该窗口;再单击"转账生成"对话框右上角的"关闭"按钮,关闭该对话框。

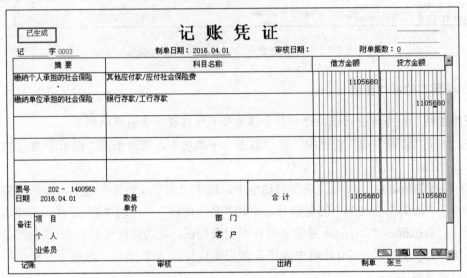

图 5-9　缴纳个人承担的社会保险的记账凭证

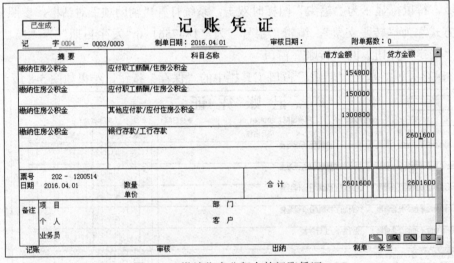

图 5-10　缴纳住房公积金的记账凭证

4. 场景三的操作步骤

任务说明：缴纳社会保险费和住房公积金凭证的出纳罗迪签字、主管曾志伟签字与审核。

【财务部出纳罗迪对凭证进行出纳签字】

(1) 打开"出纳签字列表"窗口。在"总账"子系统中,依次单击"凭证/出纳签字"菜单项,系统弹出"出纳签字"对话框,单击"确定"按钮,系统打开"出纳签字列表"窗口。

(2) 出纳签字。在"出纳签字列表"窗口中:

① 单张签字。双击缴纳单位承担的社会保险费凭证所在的行,进入该凭证的"出纳签字"窗口,查阅信息无误后单击工具栏中的"签字"按钮,即在凭证下方"出纳"处显示"罗迪"的名字,表示该张凭证出纳签字完成。

② 成批签字。单击工具栏中的"下张凭证"或"上张凭证"按钮,查阅到另外 2 张凭证;审核信息无误后,单击工具栏中的"批处理/成批出纳签字"菜单项,以完成对所有未签字凭证的出纳签字工作。

(3) 退出。单击"出纳签字"和"出纳签字列表"窗口右上角的"关闭"按钮,关闭并退出窗口。

【财务部主管曾志伟对凭证进行主管签字】

(1) 打开"主管签字列表"窗口。在"总账"子系统中,依次单击"凭证/主管签字"菜单项,打开"主管签字"过滤条件对话框,单击"确定"按钮,打开"主管签字列表"窗口。

(2) 会计主管签字。在"主管签字列表"窗口中:

① 单张签字。双击缴纳单位承担的社会保险费凭证所在的行,进入该凭证的"主管签字"窗口,查阅信息无误后单击工具栏中的"签字"按钮,即在凭证右上方出现"曾志伟"的红字印章,表示该张凭证主管签字完成。

② 成批签字。单击工具栏中的"下张凭证"或"上张凭证"按钮,查阅到另外 2 张凭证;审核信息无误后,单击工具栏中的"批处理/成批主管签字"菜单项,以完成对所有未签字凭证的主管签字工作。

(3) 退出。单击"主管签字"和"主管签字列表"窗口右上角的"关闭"按钮,关闭并退出窗口。

【财务部主管曾志伟对凭证进行主管审核】

(1) 打开"凭证审核列表"窗口。在"总账"子系统中,依次单击"凭证/审核凭证"菜单项,进入"凭证审核"过滤条件对话框,单击"确定"按钮,系统打开"凭证审核列表"窗口。

(2) 会计主管审核。在"凭证审核列表"窗口中:

① 单张审核。双击缴纳单位承担的社会保险费凭证所在的行,进入该凭证的"审核凭证"窗口,查阅信息无误后单击工具栏中的"审核"按钮,即在凭证下方"审核"处显示"曾志伟"的名字,表示该张凭证审核完成,系统自动打开下一张凭证。

② 成批审核。单击工具栏中的"下张凭证"或"上张凭证"按钮,查阅到另外 2 张凭证;审核信息无误后,单击"批处理/成批审核凭证"菜单项,以完成对所有未审核凭

证的审核工作。

(3) 退出。单击"审核凭证"和"凭证审核列表"窗口右上角的"关闭"按钮,关闭并退出窗口。

5.3 预支差旅费

差旅费是单位一项重要的经常性支出项目,主要包括因公出差期间所产生的交通费、住宿费和公杂费等各项费用。差旅费业务是企业在营运过程中由于各部门员工出差等事宜产生的成本。本公司规定,销售部门人员的差旅费计入销售费用,采购部门人员的差旅费计入采购费用,预支的差旅费通过"其他应收款/个人往来"科目核算。

本节说明预支差旅费在用友 ERP-U8 中的操作流程,报销差旅费的操作流程将在本教程的 13.1 节详述。

5.3.1 业务概述与分析

4月1日,财务部向批发部夏于预支差旅费 3000 元,向采购部张新海预支差旅费 1000元,现金付讫。

本笔业务是预支差旅费业务,需要通过"填制凭证"进行个人往来应收款的凭证填制、出纳签字、会计主管签字与审核。

5.3.2 虚拟业务场景

人物: 曾志伟——财务部主管

张兰——财务部会计

罗迪——财务部出纳

场景一 罗迪以现金方式预支差旅费,张兰制单

罗迪: 小张,我已经以现金方式预支给销售部夏于 3000 元差旅费、采购部张新海 1000元差旅费,麻烦你做一下财务处理。

张兰: 好的,没问题。我现在来办理。

场景二 张兰请出纳和主管对凭证签字与审核

张兰: 小罗,批发部夏于和采购部张新海预支差旅费的记账凭证已经做好了,你确认一下吧。

罗迪: 嗯,好的。(出纳签字)

张兰: 曾总,有 2 张预支差旅费的记账凭证已经做好了,请您签字审核。

曾志伟: 好的。(凭证的主管签字、审核)

5.3.3 操作步骤

1. 操作流程

预支差旅费的操作流程如图 5-11 所示。

图 5-11　预支差旅费的操作流程图

请确认系统日期和业务日期为 2016 年 4 月 1 号。

2. 场景一的操作步骤

任务说明：财务部会计张兰填制预支差旅费的凭证。

（1）打开"填制凭证"窗口。在"企业应用平台"的"业务工作"页签中，依次单击"财务会计/总账/凭证/填制凭证"菜单项，系统打开"填制凭证"窗口。

（2）填制销售部夏于预支差旅费的凭证。单击"填制凭证"窗口中的"增加"按钮（"+"标志），系统打开一张空白的记账凭证，然后做如下编辑。

① 在其"摘要"栏中填入"夏于预支差旅费"。

② 第 1 笔分录。在第 1 行的"科目名称"栏中参照生成或录入"122101"（其他应收款/个人往来），单击其他区域系统将弹出"辅助明细"对话框，在其"部门"编辑框中参照生成"批发部"，"个人"参照生成"夏于"，然后单击"确定"按钮，返回"填制凭证"窗口，在第 1 行的"借方金额"中输入"3000"，然后按 Enter 键。

③ 第 2 笔分录。在第 2 行的"科目名称"栏中录入"1001"（库存现金），在"贷方金额"栏按"="由系统自动填充金额（3000）。

（3）保存夏于预支差旅费的凭证。单击工具栏中的"保存"按钮，完成夏于预支差旅费凭证的填制，结果如图 5-12 所示。

提示：

若"辅助明细"对话框中的"个人"参照不成功，是基础档案中人员档案的"业务员"属性和"业务/费用部门"的设置有问题。

（4）填制并保存采购部张新海预支差旅费的凭证。重复步骤(2)和(3)，设置其"摘要"为"张新海预支差旅费"；第 1 笔分录的"科目名称"为"122101"（其他应收款/个人往来），"辅助明细"的"部门"为"采购部"，"个人"为"张新海"，"借方金额"为"1000"；第 2 笔分录"科目名称"为"1001"（库存现金），"贷方金额"为"1000"，并"保存"该凭证。

（5）退出。单击"填制凭证"窗口右上角的"关闭"按钮，关闭并退出该窗口。

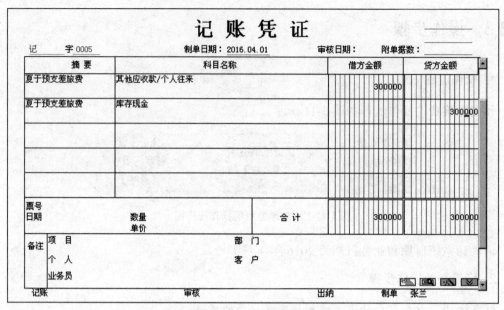

图 5-12 销售部夏于预支差旅费的记账凭证

3. 场景二的操作步骤

任务说明：预支差旅费凭证的出纳罗迪签字、主管曾志伟签字与审核。

具体的操作步骤，请参见 5.2.4 节的"4. 场景三的操作步骤"，在此不再赘述。

第二部分
供 应 链

第二部分

肉蒲团

第 6 章

采购业务

采购业务管理是用友 ERP-U8 供应链的重要组成部分,它提供了请购、采购订货、采购到货、采购入库、采购开票、采购结算等业务管理,用户可以根据业务需要选用不同的业务单据和业务流程。而且,若企业类型不同则采购业务的管理也不同。

本公司是工业企业,所以在新建账套时选择"企业类型"为"工业",建立工业版账套。这样在采购管理系统中存货、货物,是指原材料、材料、包装物、低值易耗品、委外加工材料及企业自行生产的半成品、产成品等。

本章设计了有请购业务的采购、有报价降价、预付定金、代垫运费和有现付的普通采购业务,以及采购暂估结算、采购到货拒收、采购退货等采购业务中的特殊情况。

需要说明的是,因为在日常采购、销售和库存管理业务过程中生成的凭证,若没有特殊需求则其会计主管签字与审核不需要与业务同步,所以在第 6~12 章中生成的凭证,在业务处理的过程中没有列出凭证签字与审核的操作步骤。我们将在第 13 章集中进行凭证的出纳签字、会计主管签字与审核,读者可以随时进行凭证签字与审核的操作。

本章的操作,请按照业务描述中的系统日期(如 4 月 1 日)和操作员(如采购部职员张新海),在第 5 章完成的基础上,在采购管理、库存管理、存货核算和应付款系统中进行。

如果读者没有完成第 5 章的总账期初业务的操作,则可以到百度网盘空间(网盘地址:http://pan.baidu.com/s/1nuTA0WD,密码: ozr2)的"实验账套数据"文件夹中,将"05 总账月初.rar"下载到实验用机上,然后"引入"(操作步骤详见 2.2.5 节)到 ERP-U8 系统中。而且,本章完成的账套,其"输出"压缩的文件名为"06 采购业务.rar"。

需要注意的是,因网盘中的账套备份文件均为"压缩"文件,所以下载完成后引入前,需要用解压缩工具进行解压(建议用 WinRAR 3.42 或以上版本),得到相应可以引入的账套数据文件。

本章的所有业务实验操作,都有配套的微视频,读者可以通过扫描二维码,或者到指定的网页去观看。本教程配套的微视频,均存放在北京神州明灯教育科技有限公司和合一集团的网站上,相应的访问说明请参见网盘中的"微视频访问说明.doc"。

6.1 请购与采购

采购与请购是指企业内部向采购部门提出采购申请,或采购部门汇总企业内部采购需求提出采购清单。请购单是采购业务处理的起点,用于描述和生成采购的需求,如采购什么货物、采购多少、何时使用、谁用等内容;同时,也可为采购订单提供建议内容,如建议供应商、建议订货日期等。

采购订单是企业与供应商之间签订的采购合同、购销协议等,主要内容包括采购什么货物、采购多少、由谁供货、什么时间到货、到货地点、运输方式、价格、运费等。

6.1.1 业务概述与分析

4月1日,生产部向采购部请购镜片树脂1.5千克,要求本月5号到货。采购员张新海请购,获得批准后与北京塑料二厂签订采购合同(合同编号CG0001),订购镜片树脂1.5千克,无税单价6000元,增值税税率为17%,本月5号到货。

本笔业务是采购管理中的请购与采购订货业务,需要填制并审核采购请购单、填制并审核采购订单。

6.1.2 虚拟业务场景

人物: 刘正——生产部主管
　　　　刘静——采购部主管
　　　　张新海——采购部职员
　　　　席子君——北京塑料二厂销售部

场景一 生产部向采购部提出采购申请,要求订购镜片树脂1.5千克,5日到货
刘正:喂,您好。这里是生产部。
张新海:您好,这里是采购部。
刘正:我们本月5号需要1.5千克镜片树脂。
张新海:好的,我马上填制请购单(开始填写请购单)。

场景二 张新海请采购主管刘静审核采购请购单
张新海:刘总,生产部要求请购的镜片树脂的请购单已经填好了。您给审核一下?
刘静:好的。(开始审核)

场景三 业务员打电话到北京塑料二厂询问价格并签订采购合同
张新海:您好!北京塑料二厂吗?
席子君:是的,您是?
张新海:我是北京亮康眼镜有限公司的采购员。
席子君:您好!

张新海：我们最近需要一批镜片树脂，你们厂镜片树脂的价格和质量怎么样？
席子君：质量可以保证，6000 元每千克。
张新海：那好吧，先定 1.5 千克，本月 5 号要货。
席子君：好的，再见！
张新海：再见！(开始请购转采购)

场景四 张新海请采购主管刘静审核采购订单

张新海：刘总，我已经签了镜片树脂的采购合同了，请您审核。
刘静：好的。(开始审核)

6.1.3 操作步骤

1. 操作流程

请购与采购的操作流程如图 6-1 所示。

图 6-1 请购与采购的操作流程图

请确认系统日期和业务日期为 2016 年 4 月 1 号。

2. 场景一的操作步骤

任务说明：采购部职员张新海填制请购单。

(1) 打开"采购请购单"窗口。在"企业应用平台"的"业务工作"页签中，依次单击"供应链/采购管理/请购/请购单"菜单项，系统打开"采购请购单"窗口。

(2) 填制请购单。单击工具栏中的"增加"按钮，新增一个请购单，然后做如下编辑。

① 表头编辑。参照生成"请购部门"为"生产部"，其他项默认。

② 表体编辑。参照生成表体的"存货编码"为"12220"(镜片树脂)，并在"数量"栏填入"1.5"，修改"需求日期"为"4月5号"，其他项默认。

③ 保存。单击工具栏中的"保存"按钮，保存该请购单，结果如图 6-2 所示。

(3) 退出。单击"采购请购单"窗口右上角的"关闭"按钮，退出该窗口。

图 6-2 业务 6.1 的请购单

3. 场景二的操作步骤

任务说明：采购部主管刘静审核采购请购单。

(1) 打开"采购请购单"窗口。

(2) 查阅与审核请购单。单击工具栏中的"上张"按钮，查阅到相应的请购单，单击工具栏中的"审核"按钮，完成审核工作。

(3) 退出。单击"采购请购单"窗口右上角的"关闭"按钮，关闭并退出该窗口。

4. 场景三的操作步骤

任务说明：采购部职员张新海与北京塑料二厂签订采购合同。

(1) 打开"采购订单"窗口。在"采购管理"子系统中，依次单击"采购订货/采购订单"菜单项，系统打开"采购订单"窗口。

(2) 参照请购单生成采购单。首先单击工具栏中的"增加"按钮以新增一张采购订单，然后做如下编辑。

① 打开"拷贝并执行"窗口。单击工具栏中的"生单/请购单"命令，系统打开"查询条件选择-采购请购单列表过滤"对话框，单击"确定"按钮，系统打开"拷贝并执行"窗口。

② 拷贝信息。在"拷贝并执行"窗口的上窗格，双击要选择的采购请购单所对应的"选择"栏，选择栏显示"Y"字样，此时单击工具栏中的"OK 确定"按钮，返回"采购订单"窗口，请购单资料会自动传递过来。

(3) 编辑并保存采购订单。在"采购订单"窗口中，做如下编辑。

① 修改表头。编辑"订单编号"(即合同编号)为"CG0001"、"采购类型"为"材料进货"、"供应商"为"北京塑料二厂"、"部门"为"采购部"、"业务员"为"张新海"、"备注"为"采购镜片树脂1.5千克"，其他项默认。

② 表体信息。修改或确认表体的"原币单价"为"6000元"，其他项默认。

③ 保存。单击工具栏中的"保存"按钮，保存该订单，结果如图6-3所示。

(4) 退出。单击"采购订单"窗口右上角的"关闭"按钮，关闭并退出该窗口。

图6-3 业务6.1的采购订单

5. 场景四的操作步骤

任务说明：采购部主管刘静审核采购订单。

(1) 打开"采购订单"窗口。

(2) 查阅并审核采购订单。单击工具栏中的"上张"按钮，查阅到相应的采购订单，然后单击工具栏中的"审核"按钮，完成审核工作。

(3) 退出。单击"采购订单"窗口右上角的"关闭"按钮，关闭并退出该窗口。

6.2 有报价降价和定金的采购订货

通常，在采购合同订立的过程中，买卖双方可能对价格进行磋商后导致报价降价的发生，也可能涉及预付定金等事项。在实际操作中，采购业务管理、成本核算和应收应付，都需要与实际情况相符。

在用友 ERP-U8 V10.1 中，采购询价单是记录向某一供应商进行一次询价议价的详细信息记录。询价的对象是某一采购询价计划单中的待采购物料，采购询价单记录特定供应商的具体报价等情况，可以是询价计划单中的某几条记录，也可以是全部。

定金，是指在合同订立或在履行之前，支付一定数额的金钱作为担保的担保方式。在用友 ERP-U8 中，采购的定金通过"预付账款"反映。

6.2.1 业务概述与分析

4月1日，采购员张新海向大运公司咨询女士高端太阳镜1000副的采购价格，对方报价为无税单价320元/副，增值税税率为17%。经谈判，对方同意降为300元/副，但要求支付定金50000元。经张新海请示，采购主管刘静同意，张新海签订采购合同(合同编号 CG0002)，约定本月7号到货。当天，出纳向大运公司预付定金50000元，用转账支票支付，票号为ZZ4567。

本笔业务是采购询价与降价、采购订货、采购定金支付的采购日常业务，需要填制、修改并审核采购订单；填制并审核付款单；付款单制单。

6.2.2 虚拟业务场景

人物：张新海——采购部职员
　　　刘静——采购部主管
　　　刘小雨——大运公司销售部
　　　罗迪——财务部出纳
　　　张兰——财务部会计
　　　曾志伟——财务部主管

场景一　采购员打电话向大运公司询价

刘小雨：喂，您好。这里是大运公司销售部。

张新海：您好，我是亮康眼镜公司的采购员，请问贵公司女士高端太阳镜的价格是多少？
刘小雨：我们公司的女士高端太阳眼镜每副 320 元。
张新海：320 有点儿贵，我们要定 1000 副，数量也不少，您看能不能便宜点儿？
刘小雨：这样的话，我得请示一下我们的主管。稍后给您回电话，您看怎么样？
张新海：那好的，我等您的电话。

(张新海填制采购订单)

场景二　大运公司同意降价，采购员签订合同

刘小雨：喂，您好。我是大运公司销售部的业务员。
张新海：您好。
刘小雨：我们主管同意降价了，每副 300 元，但要求预付定金 5 万元。
张新海：我们订购 1000 副，要求 7 号到货，行吗？
刘小雨：没问题，希望我们下次能继续合作。
张新海：好的，再见。
刘小雨：再见。

(张新海修改采购订单)

场景三　采购主管刘静审核采购订单

张新海：刘总，请您审核一下和大运公司签订的采购订单。
刘静：好的。(审核)小张，你通知一下财务部，把这笔订单的预付定金给付了。
张新海：好的，刘总。

(刘静审核采购单)

场景四　财务部支付定金

张新海：小罗，我们与大运公司签订了采购订单，要求预付定金 5 万。
罗迪：好的，我马上支付。

(罗迪付款完成，并填制采购定金的付款单)

场景五　审核付款单

罗迪：曾总，我已经完成给大运公司的采购定金 5 万的转账了，请您审核一下。
曾志伟：好的。

(曾志伟审核付款单)

场景六　付款单制单

罗迪：小张，给大运公司的付款单，曾总已经审核通过了。
张兰：好的，我马上做账务处理。

(张兰做付款单的记账凭证)

6.2.3 操作指导

1. 操作流程

有报价降价和定金的采购订货操作流程如图 6-4 所示。

图 6-4 业务 6.2 的操作流程图

请确认系统日期和业务日期为 2016 年 4 月 1 号。

2. 场景一的操作步骤

任务说明：采购部职员张新海填制采购订单。

(1) 打开"采购订单"窗口。在"企业应用平台"的"业务工作"页签中，依次单击"供应链/采购管理/采购订货/采购订单"菜单项，系统打开"采购订单"窗口。

(2) 填制并保存采购订单。单击工具栏中的"增加"按钮，新增一张采购订单，然后做如下编辑。

① 编辑表头。编辑"订单编号"(即合同编号)为"CG0002"，参照生成"供应商"为"大运公司"、"部门"为"采购部"、"业务员"为"张新海"、"备注"为"采购女士高端1千副有定金"，其他项默认。

② 编辑表体。在表体的"存货编码"栏，参照生成"存货编码"为"00002"(女士高端太阳镜)，"数量"栏输入"1000"，"原币单价"栏填入"320"，其他项默认。

③ 保存。单击工具栏中的"保存"按钮，保存该单据。

(3) 退出。单击"采购订单"窗口右上角的"关闭"按钮，关闭并退出该窗口。

3. 场景二的操作步骤

任务说明：大运公司同意降价，采购部职员张新海修改采购订单。

(1) 打开"采购订单"窗口。

(2) 修改采购订单。在"采购订单"窗口中，单击工具栏中的"上张"按钮，查阅到"订单编号"为"CG0002"的采购订单，然后单击工具栏中的"修改"按钮，进入"采购订单"的编辑状态，修改表体的"原币单价"为"300"，"计划到货日期"为"4月7号"，其他项默认。

(3) 保存。单击工具栏中的"保存"按钮，保存该单据，结果如图6-5所示。

(4) 退出。单击"采购订单"窗口右上角的"关闭"按钮，关闭并退出该窗口。

图6-5 业务6.2的采购订单

4. 场景三的操作步骤

任务说明：采购主管刘静审核采购订单。

(1) 打开"采购订单"窗口。

(2) 查阅并审核采购订单。在"采购订单"窗口，单击工具栏中的"上张"按钮，查阅到相应的采购订单，然后单击"审核"按钮，完成审核工作。

(3) 退出。单击"采购订单"窗口右上角的"关闭"按钮，关闭并退出该窗口。

5. 场景四的操作步骤

任务说明：财务部出纳罗迪支付定金，填制付款单。

(1) 打开"收付款单录入"窗口。在"企业应用平台"的"业务工作"页签中，依次单击"财务会计/应付款管理/付款单据处理/付款单据录入"菜单项，系统打开"收付款单录入"窗口。

(2) 填制定金的付款单。在"收付款单录入"窗口中，单击工具栏中的"增加"按钮，新增一张付款单，然后做如下编辑。

① 表头编辑。在其表头依次编辑"供应商"为"大运公司"，"结算方式"为"转账支票"，"金额"为"50000"，"票据号"为"ZZ4567"，"部门"为"财务部"，"摘要"为"付大运公司定金5万"，其他项默认。

② 表体编辑。首先在表体中单击，表体出现一行数据，然后在表体的"款项类型"中选择"预付款"(默认为应付款)，并确认"供应商"、"金额"与表头对应，结果如图6-6所示。

(3) 保存与退出。单击工具栏中的"保存"按钮，再单击"收付款单录入"窗口右上角的"关闭"按钮。

图 6-6　业务 6.2 的采购定金付款单

6. 场景五的操作步骤

任务说明：财务部主管曾志伟审核付款单。

（1）打开"收付款单列表"窗口。在"应付款管理"子系统中，依次单击"付款单据处理/付款单据审核"菜单项，系统弹出"付款单查询条件"对话框，直接单击其"确定"按钮，系统打开"收付款单列表"窗口。

（2）查阅并审核付款单。在"收付款单列表"窗口中，通过双击相应行的"选择"栏选中本业务生成的付款单，然后查阅信息无误后单击工具栏中的"审核"按钮，系统将弹出提示信息框，提示审核成功，单击该信息框的"确定"按钮，退出信息框并返回"收付款单列表"窗口。

（3）退出。单击"收付款单列表"窗口右上角的"关闭"按钮，关闭并退出该窗口。

7. 场景六的操作步骤

任务说明：财务部会计张兰进行付款单制单。

（1）打开"制单"窗口。在"应付款管理"子系统中，双击"制单处理"菜单项，系统弹出"制单查询"对话框，增加选中"收付款单制单"复选框，然后单击"确定"按钮，系统打开应付"制单"窗口。

（2）生成并保存凭证。在"制单"窗口中，选中本业务生成的付款单，再单击工具栏中的"制单"按钮，系统打开"填制凭证"窗口；直接单击"保存"按钮，以保存默认生成的记账凭证(借记：预付账款，贷记：工行存款)，结果如图 6-7 所示。

（3）退出。单击"填制凭证"和"制单"窗口右上角的"关闭"按钮，关闭并退出窗口。

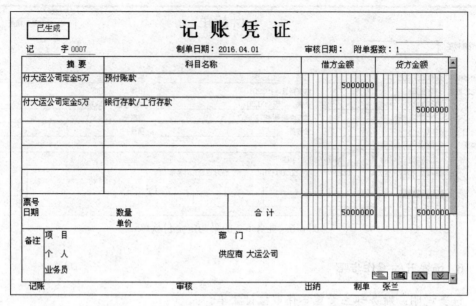

图 6-7 业务 6.2 的采购定金付款的记账凭证

6.3 有代垫运费的采购业务

代垫运费,指本该由购货方承担的运费,由于承运人不便到购货方收款,而由销售方代购货方垫付给承运部门并取得运费发票,然后向购买方收回代垫款项。

本笔业务的采购运费,将先由供应商垫付,形成本公司的应付款。

用友 ERP-U8 将采购发票按发票类型分为增值税专用发票、普通发票和运费发票。在用友 ERP-U8 中,可以处理数字化的采购发票,其中增值税专用发票的扣税类别默认为应税外加,不可修改;普通发票的扣税类别默认为应税内含,不可修改,但其税率可修改,默认税率为 0;运费发票的单价、金额都是含税的,其默认税率为 7%,可修改。

随着营业税改增值税政策的全面实施,用友 ERP-U8V10.1 的采购运费发票功能,已经不能满足实际需要,所以本笔业务通过采购专用发票来管理运费发票,其税率为 11%。

因为有采购运费,所以本笔业务的采购结算需要进行手工结算,并在结算时将运费发票上的费用按数量或按金额分摊到入库单中。

6.3.1 业务概述与分析

4 月 1 日,采购员张新海与大运公司签订采购合同(合同编号为 CG0003),订购男士普通太阳镜 4000 副,无税单价 90 元,增值税税率为 17%。当日,收到这批货物和随货物发来的增值税发票(票号为 CG0578,价税合计 421200 元)及运费增值税发票(票号为 YF0001,运费 930 元,税率为 11%,价税合计 1032.3 元)。太阳镜已验收并入大运公司仓库。款项尚未支付。

本笔业务是有供应商代垫运费的采购订货、到货、入库、发票,以及采购结算的日常采购业务,需要填制并审核采购订单、到货单、入库单;填制采购专用发票和运费发票;采购结算;应付确认(即应付单据审核与制单);采购成本确认(即入库存货记账与制单)。

6.3.2 虚拟业务场景

人物:张新海——采购部职员
　　　刘巍巍——大运公司销售部
　　　刘静——采购部主管
　　　赵林——仓管部职员
　　　李莉——仓管部主管
　　　曾志伟——财务部主管
　　　张兰——财务部会计

场景一 与大运公司签订采购合同

张新海:您好!我是亮康眼镜有限公司的采购员。

刘巍巍:您好!

张新海:我们需要采购男士普通太阳镜4000副,你们公司的价格和质量怎么样?

刘巍巍:质量可以保证,价格90元每副。

张新海:好的,今天能发货吗?运费我们可以负担。

刘巍巍:没问题,马上能发货,请准备接货。

张新海:谢谢,再见!

刘巍巍:再见!

场景二 采购订单审核

张新海:刘总,请您审核一下刚与大运公司签订的采购订单。

刘静:好的。(审核完成)小张,审核完了。

场景三 采购部收到货物

(张新海先填制采购到货单,完成之后……)

张新海:刘总,今天采购的男士普通太阳镜到货了,您审核一下。

刘静:好的,辛苦你了。

场景四 仓管部收货验收入库

(赵林根据采购到货单填写入库单,完成之后……)

赵林:李总,采购大运公司的男士普通太阳镜,货物已经入库,麻烦您审核一下。

李莉:好的,辛苦了。

场景五　采购部填制采购专用发票与运费增值税发票

(张新海先填制采购专用发票和运费增值税发票，完成之后……)

张新海：刘总，今天采购的男士普通太阳镜的发票也到了，我已经填制好了。

刘静：好的，辛苦你了。(开始查询和审核)

场景六　本笔业务完成，主管要求进行采购结算

刘静：小张，本笔业务完成了，你做一下采购结算吧。因为有运费，请手工结算。

张新海：明白，我这就去办。

场景七　应付审核

张新海：曾总，今天有一笔采购业务已经完成了，麻烦您进行应付审核。若没有问题，可以做采购成本确认了。

曾志伟：好的，我们尽快完成相关的账务处理。

场景八　应付制单和采购成本确认

曾志伟：小张，有一笔大运公司的采购业务，发票我已经审核通过了，你可以做应付制单和采购成本确认了。

张兰：好的，我马上做。(开始应付制单和成本确认)

6.3.3　操作指导

1. 操作流程

有代垫运费的采购业务的操作流程如图 6-8 所示。

图 6-8　业务 6.3 的操作流程图

请确认系统日期和业务日期为 2016 年 4 月 1 号。

2. 场景一的操作步骤

任务说明：采购部职员张新海填制采购订单。

(1) 打开"采购订单"窗口。在"企业应用平台"的"业务工作"页签中，依次单击

"供应链/采购管理/采购订货/采购订单"菜单项,系统打开"采购订单"窗口。

(2) 填制采购订单。在"采购订单"窗口中,首先单击工具栏中的"增加"按钮,新增一张采购订单,然后做如下编辑。

① 编辑表头。修改表头的"订单编号"(即合同编号)为"CG0003"、"供应商"为"大运公司"、"部门"为"采购部"、"业务员"为"张新海"、"备注"为"采购男士普通4千副",其他项默认。

② 编辑表体。在表体中,参照生成"存货编码"为"00003"(男士普通太阳镜)、"数量"编辑为"4000",其他项默认(默认"原币单价"为"90","计划到货日期"为"当日")。

(3) 保存。单击工具栏中的"保存"按钮,保存该单据,结果如图6-9所示。

(4) 退出。单击"采购订单"窗口右上角的"关闭"按钮,关闭并退出该窗口。

图6-9 业务6.3的采购订单

3. 场景二的操作步骤

任务说明:采购部主管刘静审核采购订单。

(1) 打开"采购订单"窗口。

(2) 查阅并审核采购订单。在"采购订单"窗口,单击工具栏中的"上张"按钮,查阅到本业务生成的采购订单,然后单击"审核"按钮,完成审核工作。

(3) 退出。单击"采购订单"窗口右上角的"关闭"按钮,关闭并退出该窗口。

4. 场景三的操作步骤

任务说明:采购部职员张新海参照订单生成到货单;采购主管刘静审核到货单。

【采购部职员张新海参照订单生成并保存采购到货单】

(1) 打开"到货单"窗口。在"采购管理"子系统中,依次单击"采购到货/到货单"菜单项,系统打开"到货单"窗口。

(2) 参照订单生成采购到货单。首先单击工具栏中的"增加"按钮,新增一张采购到货单,然后做如下操作。

① 打开"拷贝并执行"窗口。在"到货单"窗口中,单击"生单/采购订单"命令,系统打开"查询条件选择-采购订单列表过滤"对话框,单击"确定"按钮,系统退出对

话框并打开"拷贝并执行"窗口。

② 拷贝信息。在"拷贝并执行"窗口中,双击上窗格中"订单号"为"CG0003"的采购订单所在行的"选择"栏,再单击其工具栏的"OK确定"按钮,系统返回"到货单"窗口,此时相关的信息已经有默认值,不需要修改。

(3) 保存。单击工具栏中的"保存"按钮,保存该单据,结果如图6-10所示。

(4) 退出。单击"到货单"窗口右上角的"关闭"按钮,关闭并退出该窗口。

图 6-10　业务 6.3 的采购到货单

【采购主管刘静审核到货单】

(1) 打开"到货单"窗口。

(2) 查阅并审核采购到货单。单击工具栏中的"上张"按钮,查阅到本业务生成的采购到货单,然后单击"审核"按钮。

(3) 退出。单击"到货单"窗口右上角的"关闭"按钮,关闭并退出该窗口。

5. 场景四的操作步骤

任务说明:仓管部职员赵林参照到货单生成入库单;仓管部主管李莉审核入库单。

【仓管部职员赵林参照到货单生成采购入库单】

(1) 打开库存管理的"采购入库单"窗口。在"企业应用平台"的"业务工作"页签中,依次单击"供应链/库存管理/入库业务/采购入库单"菜单项,系统打开"采购入库单"窗口。

(2) 参照到货单生成采购入库单。在"采购入库单"窗口中,首先单击工具栏中的"增加"按钮,新增一张采购入库单,然后做如下操作:

① 单击表头的"到货单号"的参照按钮,系统弹出"查询条件选择-采购到货单列表"对话框,直接单击该对话框中的"确定"按钮,系统打开"到货单生单列表"窗口。

② 在"到货单生单列表"窗口中,双击要选择的采购到货单所对应的"选择"栏目(即上一步骤完成的采购到货单),再单击工具栏中的"OK确定"按钮,系统返回"采购入库单"窗口,此时相关的信息已经默认显示在入库单上。

③ 确认或参照生成表头的"仓库"为"大运仓库",其他项默认。

(3) 保存。单击工具栏中的"保存"按钮,结果如图6-11所示。

(4) 退出。单击"采购入库单"窗口右上角的"关闭"按钮,关闭并退出该窗口。

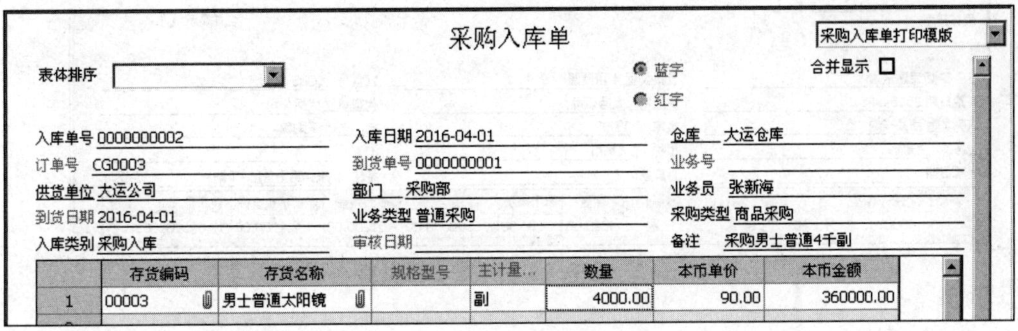

图 6-11 业务 6.3 的采购入库单

【仓管部主管李莉审核采购入库单】

(1) 打开库存管理的"采购入库单"窗口。

(2) 查阅并审核采购入库单。单击工具栏中的"末张"按钮,查阅到本业务生成的采购入库单,然后单击工具栏中的"审核"按钮,系统弹出信息框提示审核完成,单击"确定"按钮,完成审核工作。

(3) 退出。单击"采购入库单"窗口右上角的"关闭"按钮,关闭并退出该窗口。

6. 场景五的操作步骤

任务说明: 采购部职员张新海参照入库单生成采购专用发票,填制运费发票。

【采购部职员张新海填制采购专用发票】

(1) 打开采购"专用发票"窗口。在"采购管理"子系统中,依次单击"采购发票/专用采购发票"菜单项,系统打开"专用发票"窗口。

(2) 参照入库单生成采购专用发票。在"专用发票"窗口中,先单击工具栏中的"增加"按钮,新增一张采购专用发票,再做如下操作。

① 打开"拷贝并执行"窗口。单击"专用发票"窗口中的"生单/入库单"命令,系统打开"查询条件选择-采购入库单列表过滤"对话框,直接单击"OK 确定"按钮,系统打开"拷贝并执行"窗口。

② 拷贝信息。在"拷贝并执行"窗口中,双击要选择的采购入库单(即上一步骤完成的采购入库单)所对应的"选择"栏,然后单击工具栏中的"OK 确定"按钮,返回"专用发票"窗口。

③ 编辑表头。修改"发票号"为"CG0578",其他项默认。

(3) 保存。单击工具栏中的"保存"按钮,结果如图 6-12 所示。

(4) 退出。单击"专用发票"窗口右上角的"关闭"按钮,关闭并退出该窗口。

图6-12 业务6.3的采购专用发票

【采购部职员张新海填制运费发票】

(1) 打开采购"专用发票"窗口。

(2) 编辑运费的专用发票。在"专用发票"窗口中,单击工具栏的"增加"按钮,新增一张运费的专用发票,然后做如下编辑。

① 编辑表头。参照生成"供应商"为"大运公司",编辑"发票号"为"YF0001"、"备注"为"采购男士普通4千副的运费"。

② 编辑表体。参照生成"存货编码"为"00005"(运输费),编辑"数量"为"1"、"原币单价"为"930",编辑或确认"税率"为"11",其他项默认。

(3) 保存。单击工具栏中的"保存"按钮,保存该单据,结果如图6-13所示。

(4) 退出。单击"专用发票"窗口右上角的"关闭"按钮,关闭并退出该窗口。

图6-13 业务6.3运费的专用发票

7. 场景六的操作步骤

任务说明：采购部职员张新海进行采购的手工结算。

(1) 打开"手工结算"窗口。在"采购管理"子系统中,依次单击"采购结算/手工结算"菜单项,系统打开"手工结算"窗口。

(2) 打开"结算选单"窗口并显示发票和入库单。在"手工结算"窗口中,单击工具栏中的"选单"按钮,系统弹出"结算选单"窗口;单击其工具栏中的"查询"按钮,然后在系统弹出的"查询条件选择-采购手工结算"对话框中,直接单击"确定"按钮,系统返回"结算选单"窗口并在上窗格显示发票列表,下窗格显示入库单列表。

(3) 运费分摊。

① 选单。在"结算选单"窗口中，选中上窗格的采购专用发票和运费专用发票，再选中下窗格对应的 1 张入库单("存货名称"为"男士普通太阳镜")，然后单击工具栏中的"OK 确定"按钮，系统返回"手工结算"窗口。

② 费用分摊。选择上窗格底部的"按数量"单选按钮，然后单击工具栏中的"分摊"按钮，并在系统弹出的信息提示中单击"是"和"确定"按钮，完成费用分摊，返回"手工结算"窗口。

(4) 完成采购结算。在"手工结算"窗口中，单击工具栏中的"结算"按钮，系统弹出"完成结算"提示框，单击"确定"按钮，完成采购结算(通过双击"采购结算"菜单下的"结算单列表"菜单项，可查阅本业务生成的结算单，结果如图 6-14 所示)。

(5) 退出。单击"手工结算"窗口右上角的"关闭"按钮，退出该窗口。

选择	结算单号	结算日期	供应商	入库单号/...	发票号	存货编码	存货名称	规格型号	主计量	结算数量	结算单价	结算金额	暂估单价	暂估金额	制单人
	0000000000001	2016-04-01	大运公司	0000000002	CG0578	00003	男士普...		副	4,000.00	90.23	360,930.00	90.00	360,000.00	张新海
	0000000000001	2016-04-01	大运公司		YF0001	00005	运输费		次	0.00	0.00	0.00	0.00	0.00	张新海
合计										4,000.00		360,930.00		360,000.00	

图 6-14　业务 6.3 的采购结算单列表

提示：

- 用户可以把某些运费、挑选整理费等费用按会计制度摊入采购成本。
- 用友 ERP-U8 中有 2 种费用分摊方式：按金额和按数量，系统可自动将费用、折扣、存货发票记录、运费发票记录，分摊到所选的入库单记录，并修改入库单记录的结算金额。
- 本笔业务的运费分摊是按数量进行的，即[运费(930)/数量(4000)]=0.23，所以本业务的结算单价是 90.23，即暂估单价(90)+运费分摊(0.23)。

8. 场景七的操作步骤

任务说明：财务部主管曾志伟进行应付审核。

(1) 打开"单据处理"窗口。在"企业应用平台"的"业务工作"页签下，依次单击"财务会计/应付款管理/应付单据处理/应付单据审核"菜单项，系统弹出"应付单查询条件"对话框，直接单击该对话框中的"确定"按钮，系统打开"单据处理"窗口。

(2) 审核应付单据。在"单据处理"窗口中，系统列出了本业务的采购专用发票和运费发票，单击工具栏中的"全选"、"审核"按钮，系统提示审核成功，单击"确定"按钮，退出信息提示框，返回"单据处理"窗口。

(3) 退出。单击"单据处理"窗口右上角的"关闭"按钮，退出该窗口。

9. 场景八的操作步骤

任务说明：财务部会计张兰进行应付制单和采购成本确认(入库存货记账、制单)。

【财务部会计张兰进行应付制单】

(1) 打开采购发票“制单”窗口。在“应付款管理”子系统中，双击“制单处理”菜单项，在系统弹出的“制单查询”对话框中，确认已选中“发票制单”，然后单击“确定”按钮，系统打开“制单”窗口。

(2) 生成并保存采购专用发票的应付凭证。单击工具栏中的“全选”按钮以选中本业务中的采购发票和运费发票，再单击“制单”按钮，系统打开“填制凭证”窗口，并默认显示第一张凭证的信息为借记：材料采购、进项税额，贷记：一般应付账款，查阅信息无误后，单击“保存”按钮，结果如图 6-15 所示。

(3) 生成并保存运费发票的应付凭证。单击工具栏中的“下张凭证”按钮，系统将显示运费发票的制单信息，单击“保存”按钮，结果如图 6-16 所示。

(4) 退出。单击“填制凭证”和“制单”窗口右上角的“关闭”按钮，关闭并退出窗口。

已生成

记账凭证

记 字 0008 制单日期：2016.04.01 审核日期： 附单据数：1

摘要	科目名称	借方金额	贷方金额
采购男士普通4千副	材料采购	36000000	
采购男士普通4千副	应交税费/应交增值税/进项税额	6120000	
采购男士普通4千副	应付账款/一般应付账款		42120000
票号 日期	数量 单价 合计	42120000	42120000

备注 项目 部门 个人 供应商 大运公司 业务员 张新海

记账 审核 出纳 制单 张兰

图 6-15 业务 6.3 的采购专业发票制单结果

已生成

记账凭证

记 字 0009 制单日期：2016.04.01 审核日期： 附单据数：1

摘要	科目名称	借方金额	贷方金额
采购男士普通4千副的运费	材料采购	93000	
采购男士普通4千副的运费	应交税费/应交增值税/进项税额	10230	
采购男士普通4千副的运费	应付账款/一般应付账款		103230
票号 日期	数量 单价 合计	103230	103230

备注 项目 部门 个人 客户 业务员

记账 审核 出纳 制单 张兰

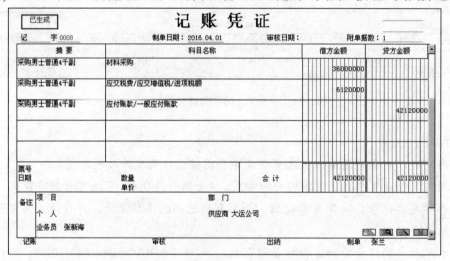

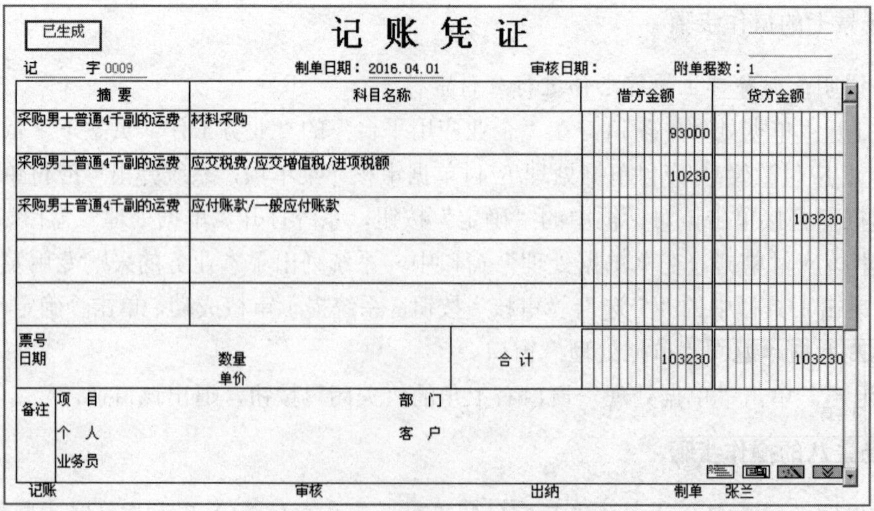

图 6-16 业务 6.3 的运费发票制单结果

【财务部会计张兰进行采购入库存货记账】

(1) 打开"未记账单据一览表"窗口。在"企业应用平台"的"业务工作"页签下，依次单击"供应链/存货核算/业务核算/正常单据记账"菜单项，系统弹出"查询条件选择"对话框，直接单击该对话框中的"确定"按钮，系统打开"未记账单据一览表"窗口。

(2) 入库记账。选中本业务生成的采购入库单，然后单击工具栏中的"记账"按钮，系统弹出信息框提示记账成功，单击"确定"按钮，完成记账工作。

(3) 退出。单击"未记账单据一览表"窗口右上角的"关闭"按钮，退出当前窗口。

【财务部会计张兰进行入库存货制单】

(1) 打开"生成凭证"窗口。在"存货核算"子系统中，依次单击"财务核算/生成凭证"菜单项，系统打开"生成凭证"窗口。

(2) 打开"选择单据"窗口。单击工具栏中的"选择"按钮，在系统弹出的"查询条件"对话框中，直接单击"确定"按钮，系统打开"选择单据"窗口。

(3) 生成存货凭证。选中本业务生成的采购入库单，然后单击工具栏中的"确定"按钮，系统返回"生成凭证"窗口，单击工具栏中的"生成"按钮，系统打开"填制凭证"窗口，并默认显示了本业务入库单上的相关信息(借记：库存商品，贷记：材料采购)。

(4) 设置"库存商品"科目的辅助项的"项目名称"为"男士普通"：单击"库存商品"科目所在栏，然后将鼠标移至"项目"区域，待鼠标显示为"笔尖"图标时双击，系统将打开"辅助项"对话框，参照生成"项目名称"为"男士普通"，然后单击"确定"按钮返回"填制凭证"窗口。

(5) 保存存货凭证。单击工具栏中的"保存"按钮，结果如图6-17所示。

(6) 退出。单击"填制凭证"和"生成凭证"窗口右上角的"关闭"按钮，关闭并退出窗口。

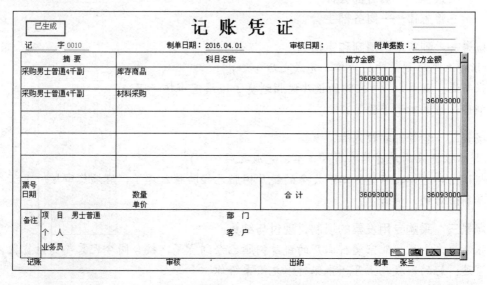

图 6-17 业务 6.3 的存货凭证

6.4 采购到货与采购发票现付处理

用友 ERP-U8 中，在采购发票保存后就可以进行现付款处理，但在应付款管理中已审核的发票不能再做现付处理。

6.4.1 业务概述与分析

4月5日，北京塑料二厂发来本月1日采购的镜片树脂(合同编码为 CG0001)，仓管部验收入原材料仓库；随货到达的采购专用发票(发票号为 CG0055)上标明镜片树脂 1.5千克，无税单价 6000 元，税率为 17%，财务部当日开具银行承兑汇票(支票号：YHCD0021)现付全部款项 10530 元。

本业务有采购到货和对采购发票进行银行承兑汇票现付的业务，需要填制与审核采购到货单、入库单；填制与现付采购发票；在发票窗口进行采购结算；现付发票的审核；采购现付制单与采购成本确认(即入库存货记账与制单)。

6.4.2 虚拟业务场景

人物：张新海——采购部职员
　　　刘静——采购部主管
　　　赵林——仓管部职员
　　　李莉——仓管部主管
　　　罗迪——财务部出纳
　　　张兰——财务部会计
　　　曾志伟——财务部主管

场景一　到货单的填制和审核

(张新海先填制采购到货单，完成之后……)

张新海：刘总，1号采购的镜片树脂到货了，请您审核一下。

刘静：好的，辛苦你了。

场景二　仓管部验收入库

(赵林根据采购到货单填写入库单，完成之后……)

赵林：李总，北京塑料二厂发来的镜片树脂已经验收入库了，麻烦您审核一下。

李莉：好的，辛苦了。

场景三　采购专用发票的填制、现付与结算

张新海：小罗，北京塑料二厂的镜片树脂已经到货了，按合同今天需要支付货款。

罗迪：好的，我马上开一张银行承兑汇票给你。

(递给张新海银行承兑汇票)

张新海：谢谢！

(张新海参照采购入库单完成采购专用发票的生成,然后用银行承兑汇票进行现付,并在发票窗口进行采购自动结算)

场景四 现付审核

张新海:曾总,今天有一笔现付的采购业务已经完成了,麻烦您审核一下。若没有问题,就可以做采购成本确认了。

曾志伟:好的,我们尽快完成相关的账务处理。

场景五 应付制单和采购成本确认

曾志伟:小张,今天现付的一笔采购业务,我已经审核通过了,你可以做现付制单和采购成本确认了。

张兰:好的,我马上做。

6.4.3 操作指导

1. 操作流程

采购到货与采购发票现付处理的操作流程,如图6-18所示。

图6-18 业务6.4的操作流程图

请确认系统日期和业务日期为2016年4月5号。

2. 场景一的操作步骤

任务说明:采购部职员张新海填制到货单,采购主管刘静审核到货单。

【采购部职员张新海填制采购到货单】

(1) 打开"到货单"窗口。在"企业应用平台"的"业务工作"页签中,依次单击"供应链/采购管理/采购到货/到货单"菜单项,系统打开"到货单"窗口。

(2) 参照订单生成采购到货单。首先单击工具栏中的"增加"按钮,新增一张采购到货单,再做如下操作。

① 打开"拷贝并执行"窗口。单击"生单/采购订单"命令,系统打开"查询条件选择-采购订单列表过滤"对话框,单击"确定"按钮,系统打开"拷贝并执行"窗口。

② 拷贝信息。在"拷贝并执行"窗口的上窗格中,双击"订单号"为"CG0001"的采购订单所在行的"选择"栏,再单击工具栏中的"OK确定"按钮,系统返回"到货单"

窗口，此时相关的信息已经有默认值，不需要修改。

(3) 保存。单击工具栏中的"保存"按钮，保存该到货单，结果如图 6-19 所示。

(4) 退出。单击"到货单"窗口右上角的"关闭"按钮，关闭并退出该窗口。

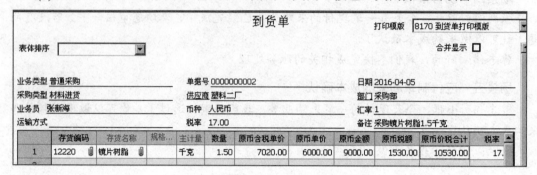

图 6-19　业务 6.4 的采购到货单

【采购主管刘静审核采购到货单】

(1) 打开"到货单"窗口。

(2) 查阅并审核采购到货单。在"到货单"窗口中，单击工具栏中的"上张"按钮，查阅到本业务生成的采购到货单，然后单击工具栏中的"审核"按钮，完成审核工作。

(3) 退出。单击"到货单"窗口右上角的"关闭"按钮，关闭并退出该窗口。

3. 场景二操作步骤

任务说明： 仓管部职员赵林参照到货单生成入库单；仓管部主管李莉审核入库单。

【仓管部职员赵林参照到货单生成采购入库单】

(1) 打开库存管理的"采购入库单"窗口。在"企业应用平台"的"业务工作"页签中，依次单击"供应链/库存管理/入库业务/采购入库单"菜单项，系统打开"采购入库单"窗口。

(2) 参照到货单生成采购入库单。在"采购入库单"窗口中，首先单击工具栏中的"增加"按钮，新增一张采购入库单，然后做如下操作。

① 打开"到货单生单列表"窗口。单击表头的"到货单号"的参照按钮，系统打开"查询条件选择-采购到货单列表"对话框；直接单击对话框中的"OK 确定"按钮，在系统打开"到货单生单列表"窗口。

② 拷贝信息。在"到货单生单列表"窗口的上窗格中，双击要选择的采购到货单所对应的"选择"栏(即上一步骤完成的采购到货单)，再单击工具栏中的"OK 确定"按钮，系统返回"采购入库单"窗口，此时相关的信息已经默认显示在入库单上。

③ 参照生成或确认表头的"仓库"为"原材料仓库"，其他项默认。

(3) 保存。单击工具栏中的"保存"按钮，保存该单据，结果如图 6-20 所示。

(4) 退出。单击"采购入库单"窗口右上角的"关闭"按钮，关闭并退出该窗口。

图 6-20 业务 6.4 的采购入库单

【仓管部主管李莉审核采购入库单】

(1) 打开"采购入库单"窗口。

(2) 查阅并审核采购入库单。单击工具栏中的"末张"按钮,查阅到本业务生成的采购入库单,然后单击工具栏中的"审核"按钮,系统弹出信息框提示审核成功,单击"确定"按钮,完成审核工作。

(3) 退出。单击"采购入库单"窗口右上角的"关闭"按钮,关闭并退出该窗口。

4. 场景三的操作步骤

任务说明:采购部职员张新海参照入库单生成采购专用发票,并现付与结算。

(1) 打开"专用发票"窗口。在"采购管理"子系统中,依次单击"采购发票/专用采购发票"菜单项,系统打开"专用发票"窗口。

(2) 参照入库单生成采购专用发票。在"专用发票"窗口中,单击工具栏中的"增加"按钮,新增一张采购专用发票,再单击工具栏中的"生单/入库单"命令,系统打开"查询条件选择-采购入库单列表过滤"对话框;直接单击该对话框中的"确定"按钮,并在系统打开的"拷贝并执行"窗口中,双击上窗格中要选择的采购入库单(即上一步骤完成的采购入库单)所对应的"选择"栏,然后单击工具栏中的"OK 确定"按钮,返回"专用发票"窗口。

(3) 编辑并保存采购专用发票。在"专用发票"窗口中,编辑表头的"发票号"为"CG0055"其他项默认,然后单击工具栏中的"保存"按钮,结果可参见图 6-21。

(4) 采购发票现付。在"专用发票"窗口,单击工具栏中的"现付"按钮,系统打开"采购现付"对话框;在该对话框的表体部分,选择"结算方式"为"银行承兑汇票",录入相应的"原币金额"为"10530",输入"票据号"为"YHCD0021",然后单击对话框中的"确定"按钮返回"专用发票"窗口;此时窗口左上方出现"已现付"字样,结果可参见图 6-21。

(5) 采购发票窗口结算。在"专用发票"窗口,单击工具栏中的"结算"按钮,此时窗口左上方出现"已结算"字样,表示该发票已经采购结算了,结果如图 6-21 所示。

(6) 退出。单击"专用发票"窗口右上角的"关闭"按钮,关闭并退出该窗口。

图 6-21 业务 6.4 的采购专用发票(已现付、已结算)

5. 场景四的操作步骤

任务说明：财务部主管曾志伟进行现付审核。

（1）打开"单据处理"窗口。在"企业应用平台"的"业务工作"页签下，依次单击"财务会计/应付款管理/应付单据处理/应付单据审核"菜单项，系统弹出"应付单查询条件"对话框，增加勾选"包含已现结发票"复选框，然后单击该对话框中的"确定"按钮，系统退出该对话框并打开"单据处理"窗口。

（2）审核应付单据。在"单据处理"窗口中，系统列出了本业务的采购专用发票，选中该单据并单击工具栏中的"审核"按钮，系统提示审核成功，单击"确定"按钮，退出信息提示框，返回"单据处理"窗口。

（3）退出。单击"单据处理"窗口右上角的"关闭"按钮，退出该窗口。

6. 场景五的操作步骤

任务说明：财务部会计张兰进行现付制单与采购成本确认。

【财务部会计张兰进行现付制单】

（1）打开应付"制单"窗口。在"应付款管理"子系统中，双击"制单处理"菜单项，在系统弹出的"制单查询"对话框中，增加勾选"现结制单"复选框，然后单击"确定"按钮，系统打开应付"制单"窗口。

（2）生成并保存采购专用发票的应付凭证。选中本业务中的采购专业发票，再单击工具栏中的"制单"按钮，系统打开"填制凭证"窗口，并默认显示凭证的信息为借记：材料采购、进项税额，贷记：银行承兑汇票，不需要修改数据。

（3）保存。单击工具栏中的"保存"按钮，结果如图 6-22 所示。

（4）退出。单击"填制凭证"和"制单"窗口右上角的"关闭"按钮，关闭并退出窗口。

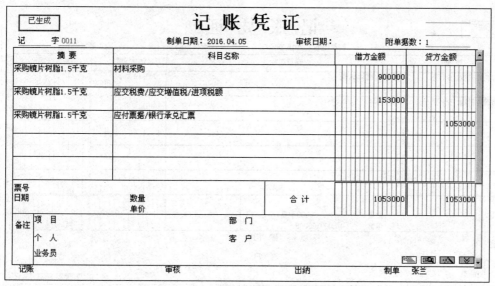

图 6-22　业务 6.4 的采购专业发票制单结果

【财务部会计张兰进行采购入库存货记账】

(1) 打开"未记账单据一览表"窗口。在"企业应用平台"的"业务工作"页签下，依次单击"供应链/存货核算/业务核算/正常单据记账"菜单项，系统弹出"查询条件选择"对话框，直接单击该对话框中的"确定"按钮，系统打开"未记账单据一览表"窗口。

(2) 入库存货记账。在"未记账单据一览表"窗口中，选中本业务生成的采购入库单，然后单击工具栏中的"记账"按钮，系统弹出信息框提示记账成功，单击"确定"按钮，完成记账工作。

(3) 退出。单击"未记账单据一览表"窗口右上角的"关闭"按钮，退出当前窗口。

【财务部会计张兰进行入库制单】

(1) 打开"生成凭证"窗口。在"存货核算"子系统中，依次单击"财务核算/生成凭证"菜单项，系统打开"生成凭证"窗口。

(2) 打开"选择单据"窗口。单击工具栏中的"选择"按钮，在系统弹出的"查询条件"对话框中，直接单击"确定"按钮，系统打开"选择单据"窗口。

(3) 生成存货凭证。在"选择单据"窗口中，选中本业务生成的采购入库单，然后单击工具栏中的"确定"按钮，系统退出"选择单据"窗口返回"生成凭证"窗口；单击工具栏中的"生成"按钮，系统打开"填制凭证"窗口，并默认显示了本业务入库单上的相关信息(借记：原材料/镜片树脂，贷记：材料采购)，不需要修改。

(4) 保存。单击工具栏中的"保存"按钮，保存该凭证，结果如图 6-23 所示。

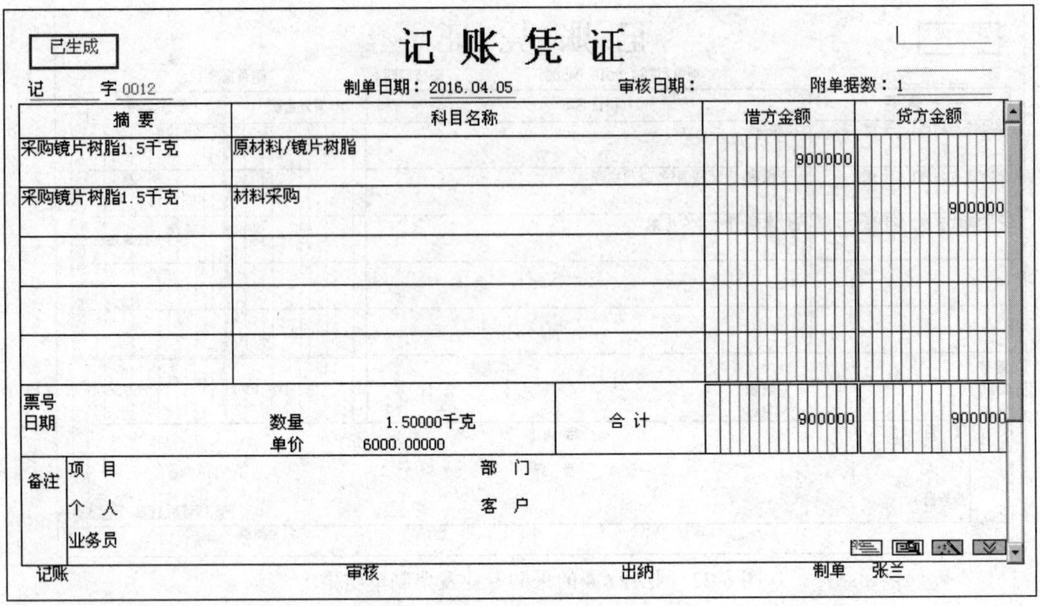
已生成

记账凭证

记 字 0012 制单日期：2016.04.05 审核日期： 附单据数：1

摘要	科目名称	借方金额	贷方金额
采购镜片树脂1.5千克	原材料/镜片树脂	900000	
采购镜片树脂1.5千克	材料采购		900000
票号 日期	数量 1.50000千克 单价 6000.00000 合计	900000	900000

备注 项目 部门 个人 客户 业务员

记账 审核 出纳 制单 张兰

图 6-23　业务 6.4 的存货凭证

(5) 退出。单击“填制凭证”和“生成凭证”窗口右上角的“关闭”按钮，关闭并退出窗口。

6.5　采购暂估结算业务

存货暂估，是外购入库的货物发票未到，在无法确定实际的采购成本时，财务人员期末暂时按估计价格入账，后续按照选择的暂估处理方式进行回冲或者补差处理。

用友 ERP-U8 提供 3 种暂估处理方式：月初回冲、单到回冲和单到补差。月初回冲是指月初时系统自动生成红字回冲单，报销处理时系统自动根据报销金额生成采购报销入库单。单到回冲是指报销处理时，系统自动生成红字回冲单和采购报销入库单。单到补差是指报销处理时，系统自动生成一笔调整单，调整金额为实际金额与暂估金额的差额。

本公司采用单到回冲方式进行暂估处理。对于以前月份的暂估、本月全部报销的普通采购业务，用友 ERP-U8 的处理方法是首先查找存货明细账中对应的单据记录，依据其生成红字回冲单和蓝字报销单。红字回冲单的金额为原入库单据的暂估金额，方向与原暂估金额相反；蓝字报销单的金额为原入库单据的已报销金额(即相应的采购成本)。系统对自动生成的红字回冲单和蓝字报销单直接记入存货明细账，用户不能修改。

具体地，暂估业务的单到回冲方式处理参见表 6-1。

表 6-1　暂估业务的单到回冲方式处理

业务类型	业务描述	处理
上月暂估	采购业务先到货，发票未到，上月末处理	暂估入库单记账，生成凭证 借：存货(如库存商品、塑料、硅胶) 　贷：暂估应付账款
本月不处理	本月发票未到	不需处理
本月全部结算	本月发票到，与采购入库单全部结算	进行暂估处理，生成红字回冲单并制单 借：存货(红字) 　贷：暂估应付账款(红字) 生成蓝字回冲(报销)单并制单 借：存货(如库存商品、塑料、硅胶) 　贷：一般应付账款
本月部分结算	本月发票到，与采购入库单部分结算	暂估处理时，如果结算单对应的暂估入库单本月未生成红字回冲单，则根据结算单对应的暂估入库单生成红字回冲单，根据结算数量、结算单价、结算金额生成已结算的蓝字回冲单；如果结算单对应的暂估入库单本月已生成红字回冲单，则根据结算数量、结算单价、结算金额生成已结算的蓝字回冲单。 期末处理时，根据暂估入库数与结算数的差额生成未结算的蓝字回冲单，即作为暂估入库单

6.5.1　业务概述与分析

4月5日，采购员张新海收到大运公司发来的专用发票(票号CG0066)，发票上载明女士高端太阳镜500副，无税价格为320元/副，增值税税率为17%，价税合计187200元。经查，发票上载明的女士高端太阳镜，仓管部已于上月验收入库，暂估的入库价为300元/副。

本笔业务是上月暂估入库本月票到回冲的采购暂估结算业务，需要填制采购发票(即本月票到)；进行采购结算、暂估与结算成本处理、红蓝回冲单制单；应付单据的审核与制单。

6.5.2　虚拟业务场景

人物：张新海——采购部职员
　　　　刘静——采购部主管
　　　　曾志伟——财务部主管
　　　　张兰——财务部会计

场景一　采购专用发票的填制与结算

(张新海根据大运公司发来的专用发票，填制发票并结算，完成之后……)

张新海：刘总，我已经根据大运公司发来的专用发票，进行了采购发票填制和采购业务结算了。

刘静：辛苦了。

场景二　应付审核

张新海：曾总，今天有一笔票到回冲的采购业务已经完成了，麻烦您进行审核。若没有问题，请做暂估处理。

曾志伟：好的，我们尽快完成相关的账务处理。

(曾志伟做应付审核)

场景三　应付制单和暂估处理

曾志伟：小张，今天有一笔票到回冲的采购业务，我已经审核通过了，你可以进行应付制单和暂估处理了。

张兰：好的，我马上做。

(张兰做应付制单和暂估处理)

6.5.3　操作指导

1. 操作流程

采购暂估结算业务的操作流程如图 6-24 所示。

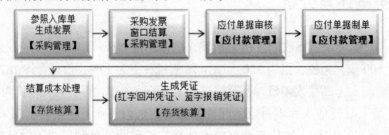

图 6-24　业务 6.5 的操作流程图

请确认系统日期和业务日期为 2016 年 4 月 5 号。

2. 场景一的操作步骤

任务说明： 采购部职员张新海进行暂估票到业务的采购专用发票的填制与结算。

(1) 打开采购"专用发票"窗口。在"企业应用平台"的"业务工作"页签下，依次单击"供应链/采购管理/采购发票/专用采购发票"菜单项，系统打开"专用发票"窗口。

(2) 参照入库单生成采购专用发票。在"专用发票"窗口中，单击工具栏中的"增加"按钮，新增一张采购专用发票，再单击工具栏中的"生单/入库单"命令，系统打开"查询条件选择-采购入库单列表过滤"对话框；直接单击该对话框中的"确定"按钮，并在系统打开的"拷贝并执行"窗口的上窗格中，双击要选择的采购入库单(即期初的采购入库单)所对应的"选择"栏，然后单击工具栏中的"OK 确定"按钮，系统返回"专用发票"窗口。

(3) 编辑并保存采购专用发票。在"专用发票"窗口中，编辑表头的"发票号"为

"CG0066"、"备注"为"暂估票到女士高端500副",表体的"原币单价"为"320",其他项默认,再单击工具栏中的"保存"按钮,结果可参见图6-25。

(4) 采购发票窗口结算。在"专用发票"窗口,单击工具栏中的"结算"按钮,此时窗口左上方出现"已结算"字样,表示该发票已经采购结算了,结果如图6-25所示。

(5) 退出。单击"专用发票"窗口右上角的"关闭"按钮,关闭并退出该窗口。

图6-25 业务6.5的采购专用发票(已结算)

3. 场景二的操作步骤

任务说明:财务部主管曾志伟进行应付审核。

(1) 打开"单据处理"窗口。在"企业应用平台"的"业务工作"页签下,依次单击"财务会计/应付款管理/应付单据处理/应付单据审核"菜单项,系统弹出"应付单查询条件"对话框,直接单击其"确定"按钮,系统打开应付"单据处理"窗口。

(2) 审核应付单据。在"单据处理"窗口中,系统列出了本业务的采购专用发票,选中该单据并单击工具栏中的"审核"按钮,系统提示审核成功,单击"确定"按钮,退出信息提示框,返回"单据处理"窗口。

(3) 退出。单击"单据处理"窗口右上角的"关闭"按钮,退出该窗口。

4. 场景三的操作步骤

任务说明:财务部会计张兰进行应付制单、结算成本处理和红蓝回冲单制单。

【财务部会计张兰进行应付制单】

(1) 打开应付"制单"窗口。在"应付款管理"子系统中,双击"制单处理"菜单项,在系统弹出的"制单查询"对话框中,确认已选中"发票制单",然后单击"确定"按钮,系统打开"制单"窗口。

(2) 生成并保存应付凭证。选中本业务中的采购专业发票,然后单击工具栏中的"制单"按钮,系统打开"填制凭证"窗口,并默认显示凭证的信息为"借记:材料采购、进项税额,贷记:一般应付账款",直接单击"保存"按钮,结果如图6-26所示。

(3) 退出。单击"填制凭证"和"制单"窗口右上角的"关闭"按钮,关闭并退出该窗口。

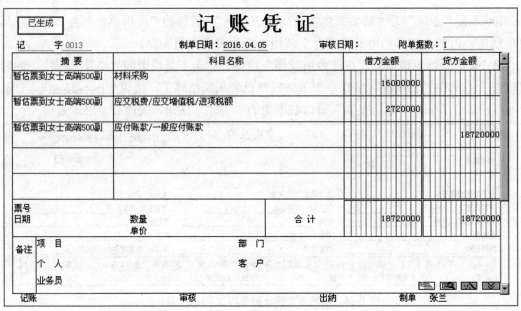

图 6-26 业务 6.5 的采购专业发票制单结果

【财务部会计张兰进行结算成本处理】

(1) 打开"结算成本处理"窗口。在"企业应用平台"的"业务工作"页签下，依次单击"供应链/存货核算/业务核算/结算成本处理"菜单项，系统打开"暂估处理查询"对话框，单击"全选"按钮选择所有的仓库，然后单击"确定"按钮，系统打开"结算成本处理"窗口。

(2) 暂估处理。在"结算成本处理"窗口中，选中相应的期初采购入库单，然后单击工具栏中的"暂估"按钮，系统自动完成暂估处理并给出信息提示框，单击信息框的"确定"按钮，退出信息提示框并返回"结算成本处理"窗口。

(3) 退出。单击"结算成本处理"窗口右上角的"关闭"按钮，关闭并退出该窗口。

提示：

存货系统自动生成红字回冲单和蓝字报销单，并直接记入存货明细账，用户不能修改，但可以通过单击"供应链/存货核算/日常业务/单据列表/红字回冲单列表"菜单项，打开"红字回冲单列表"窗口并查阅红字回冲单。同理，也可以查阅蓝字报销单。

【财务部会计张兰根据红字回冲单制单】

(1) 打开"生成凭证"窗口。在"存货核算"子系统中，依次单击"财务核算/生成凭证"菜单项，系统打开"生成凭证"窗口。

(2) 打开"选择单据"窗口。单击工具栏中的"选择"按钮，在系统弹出的"查询条件"对话框中，仅选择"(24)红字回冲单"复选框(先"全消"再勾选"(24)红字回冲单")，然后单击"确定"按钮，系统打开"选择单据"窗口。

(3) 生成回冲凭证。

① 选择红字回冲单。在"选择单据"窗口中，选中本笔业务暂估处理时系统自动生成的红字回冲单，然后单击工具栏中的"确定"按钮，系统返回"生成凭证"窗口。

② 生成凭证。在"生成凭证"窗口中，设置或确认"科目类型"为"存货"的"科目名称"为"库存商品(1405)"、"科目类型"为"应付暂估"的"科目名称"为"暂估应付账款"(220202)，然后单击工具栏中的"生成"按钮，系统打开"填制凭证"窗口，并显示默认生成的一张红字凭证(借记：库存商品，贷记：暂估应付账款)。

③ 修改凭证。单击第 1 笔分录"库存商品"所在栏，然后将鼠标移至"项目"区域，待鼠标显示为"笔尖"图标时双击，系统将打开"辅助项"对话框，参照生成"项目"为"102"(女士高端)，然后单击"确定"按钮返回"填制凭证"窗口，其他项默认。

(4) 保存。单击工具栏中的"保存"按钮，以保存该凭证，结果如图 6-27 所示。

(5) 退出。单击"填制凭证"窗口和"生成凭证"窗口右上角的"关闭"按钮，关闭并退出窗口。

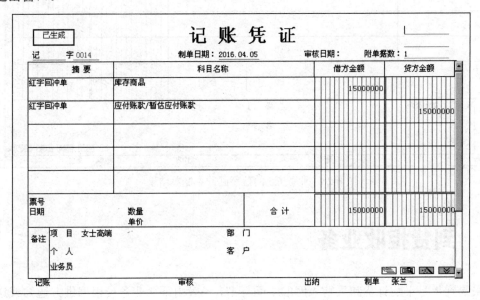

图 6-27 业务 6.5 的红字回冲单制单结果(借贷金额均为红字)

【财务部会计张兰根据蓝字回冲单制单】

(1) 打开"生成凭证"窗口。

(2) 打开"选择单据"窗口。单击工具栏中的"选择"按钮，在系统弹出的"查询条件"对话框中，仅选择"(30)蓝字回冲单(报销)"复选框，然后单击"确定"按钮，系统打开"选择单据"窗口。

(3) 生成报销凭证。

① 选择蓝字回冲单。在"选择单据"窗口中，选中本笔业务暂估处理时系统自动生成的蓝字回冲(报销)单，然后单击工具栏中的"确定"按钮，系统返回"生成凭证"窗口。

② 生成凭证。在"生成凭证"窗口中，确认信息无误后，单击工具栏中的"生成"

按钮，系统打开"填制凭证"窗口，并显示默认生成的一张蓝字凭证(借记：库存商品，贷记：材料采购)。

③ 修改凭证。单击第 1 笔分录"库存商品"，设置其"项目"为"102"(女士高端)，其他项默认。

(4) 保存。单击工具栏中的"保存"按钮，以保存该凭证，结果如图 6-28 所示。

(5) 退出。单击"填制凭证"和"生成凭证"窗口右上角的"关闭"按钮，关闭并退出窗口。

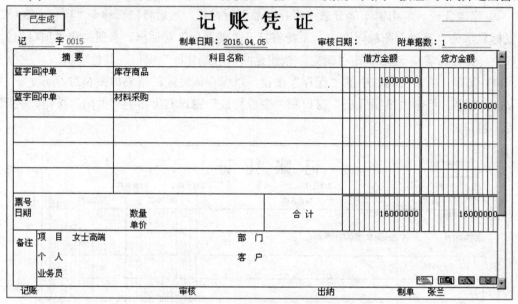

图 6-28 业务 6.5 的蓝字回冲单制单结果

6.6 到货拒收业务

采购到货是采购订货和采购入库的中间环节，一般由采购业务员根据供方通知或送货单填写，确认对方所送货物、数量、价格等信息，以入库通知单的形式传递到仓库作为保管员收货的依据。

采购退货单表示入库后的退货，由采购业务员填退货通知单，仓库负责实物退库。此种业务的处理是：先参照原到货单或订单生成采购退货单，再根据采购退货单生成红字入库单。

对于入库前的拒收作业，可以通过填制到货拒收单来实现。如果在到货时能够直接确定拒收，则可将拒收数量填到到货单的"拒收数量"中，参照到货单的拒收数量生成到货拒收单；如果不能够确定是否拒收，则不录入拒收数量，参照到货单的到货数量减去已入库数量，生成到货拒收单。

值得注意的是，用友 ERP-U8 系统的处理逻辑是：如果到货单中录入了拒收数量，则只能在拒收数量的范围之内进行拒收。所以，如果到货时只能部分确定拒收，则不要将拒收数量录入到货单中,可以先录入到货拒收单,待拒收情况全部确定之后,再修改这张到货拒收单或录入另外一张到货拒收单。

6.6.1 业务概述与分析

4月7日,收到大运公司发来合同编号为CG0002的女士高端太阳镜1000副,到货验收时,发现其中10副不合格,要求退回。大运公司同意退货并发来购销专用发票,票号为CG00101,发票上标明女士高端太阳镜990副,单价为300元,税率为17%。

本笔业务是入库前的到货拒收业务,需要填制并审核采购到货单、到货拒收单和入库单;填制采购发票并进行采购结算;审核应付单;应付制单与采购成本确认。

6.6.2 虚拟业务场景

人物:张新海——采购部职员
　　　刘静——采购部主管
　　　赵林——仓管部职员
　　　李莉——仓管部主管
　　　曾志伟——财务部主管
　　　张兰——财务部会计

场景一　采购部收到货物
(张新海先填制采购到货单,完成之后……)
张新海:刘总,本月1号我们采购的女士高端太阳镜1000副,今天到货了,我已做好到货单了,请您审核。
刘静:好的,辛苦你了。(审核完成)

场景二　到货拒收
张新海:刘总,刚到货的女式高端太阳镜,验收时发现有10副不合格,您看如何处理?
刘静:咱们拒收吧。你联系一下大运公司,协商退货的事情。
(张新海电话联系大运公司,对方同意退货,并寄出了合格品990副太阳镜的专用发票;张新海填制到货拒收单)
张新海:刘总,大运公司同意退货,我已经做好拒收单了,您审核一下。
刘静:好的。(审核完成)

场景三　仓管部验收入库
(赵林根据采购到货单填写入库单,完成之后……)
赵林:李总,采购大运公司的女士高端太阳镜,990副的合格品已经入库了,麻烦您审核一下。
李莉:好的,辛苦了。(审核完成)

场景四　采购部填制采购发票，并进行采购结算

(张新海先填制采购发票，在发票窗口做结算，完成之后……)

张新海：刘总，今天到货并有部分拒收的采购女士高端太阳镜业务发票到了，我已经在ERP系统中填制并做了采购结算。

刘静：好的，辛苦你了。

场景五　应付审核

张新海：曾总，今天有一笔采购业务已经完成了，麻烦您进行应付审核。若没有问题，就可以做采购成本确认了。

曾志伟：好的，我们尽快完成相关的账务处理。

(曾志伟审核应付单据)

场景六　应付制单和采购成本确认

曾志伟：小张，有一笔大运公司的采购业务，发票我已经审核通过了，你可以做应付制单和采购成本确认了。

张兰：好的，我马上做。

(张兰进行应付制单和采购成本确认)

6.6.3　操作指导

1. 操作流程

到货拒收业务的操作流程如图6-29所示。

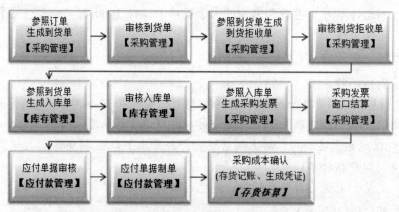

图6-29　业务6.6的操作流程图

请确认系统日期和业务日期为2016年4月7号。

2. 场景一的操作步骤

任务说明：采购部职员张新海填制到货单，采购主管刘静审核。

【采购部职员张新海参照订单生成采购到货单】

(1) 打开"到货单"窗口。在"企业应用平台"的"业务工作"页签中，依次单击"供应链/采购管理/采购到货/到货单"菜单项，系统打开"到货单"窗口。

(2) 参照订单生成采购到货单。首先单击工具栏中的"增加"按钮，新增一张采购到货单，再做如下操作。

① 打开"拷贝并执行"窗口。在"到货单"窗口中，单击"生单/采购订单"命令，系统打开"查询条件选择-采购订单列表过滤"对话框，单击"确定"按钮，系统打开"拷贝并执行"窗口。

② 拷贝信息。在"拷贝并执行"窗口的上窗格，双击要选择的采购订单(订单编号为CG0002)所在行的"选择"栏，再单击工具栏中的"OK确定"按钮，系统返回"到货单"窗口，此时相关的信息已经有默认值，不需要修改(请注意，表体的"数量"为1000)。

(3) 保存。单击工具栏中的"保存"按钮，保存该到货单。

(4) 退出。单击"到货单"窗口右上角的"关闭"按钮，关闭并退出该窗口。

【采购主管刘静审核采购到货单】

(1) 打开"到货单"窗口。

(2) 查阅并审核采购到货单。单击工具栏中的"上张"按钮，查阅到本业务生成的采购到货单，然后单击工具栏中的"审核"按钮，完成审核工作。

(3) 退出。单击"到货单"窗口右上角的"关闭"按钮，关闭并退出该窗口。

3. 场景二的操作步骤

任务说明： 采购部职员张新海参照到货单生成到货拒收单，采购主管刘静审核拒收单。

【采购部职员张新海填制到货拒收单】

(1) 打开"到货拒收单"窗口。在"采购管理"子系统中，依次单击"采购到货/到货拒收单"菜单项，系统打开"到货拒收单"窗口。

(2) 参照到货单生成到货拒收单。首先单击工具栏中的"增加"按钮，新增一张到货拒收单，再做如下操作。

① 打开"拷贝并执行"窗口。在"到货拒收单"窗口中，单击"生单/到货单"命令，系统打开"查询条件选择-采购退货单列表过滤"对话框，单击对话框中的"确定"按钮，系统打开"拷贝并执行"窗口。

② 拷贝信息。在"拷贝并执行"窗口的上窗格中，双击要选择的到货单(即上一步骤完成的采购到货单)所在行的"选择"栏，再单击工具栏中的"OK确定"按钮，返回"到货拒收单"窗口。

③ 修改"到货拒收单"表体的"数量"为"-10"，其他项默认。

(3) 保存。单击工具栏中的"保存"按钮，保存该单据，结果如图6-30所示。

(4) 退出。单击"到货拒收单"窗口右上角的"关闭"按钮,关闭并退出该窗口。

	到货拒收单			打印模版	8170 到货单打印模版
表体排序				合并显示 □	

业务类型	普通采购	单据号	0000000004	日期	2016-04-07
采购类型	商品采购	供应商	大运公司	部门	采购部
业务员	张新海		币种	人民币	汇率 1
运输方式			税率	17.00	备注

	存货名称	主…	数量	原币含税单价	原币单价	原币金额	原币税额	原币价税…	税率	订单号
1	女士高端太阳镜	副	-10.00	351.00	300.00	-3000.00	-510.00	-3510.00	17.00	CG0002
2										

图 6-30 业务 6.6 的到货拒收单

【采购主管刘静审核到货拒收单】

(1) 打开"到货拒收单"窗口。

(2) 查阅并审核到货拒收单。单击工具栏中的"上张"按钮,查阅到本业务生成的到货拒收单,然后单击工具栏中的"审核"按钮,完成审核工作。

(3) 退出。单击"到货拒收单"窗口右上角的"关闭"按钮,关闭并退出该窗口。

4. 场景三的操作步骤

任务说明:仓管部职员赵林参照到货单生成入库单;仓管部主管李莉审核入库单。

【仓管部职员赵林填制采购入库单】

(1) 打开库存管理的"采购入库单"窗口。在"企业应用平台"的"业务工作"页签中,依次单击"供应链/库存管理/入库业务/采购入库单"菜单项,系统打开"采购入库单"窗口。

(2) 参照到货单生成与编辑采购入库单。首先单击工具栏中的"增加"按钮,新增一张采购入库单,然后做如下操作。

① 打开"到货单生单列表"窗口。单击表头的"到货单号"的参照按钮,系统打开"查询条件选择-采购到货单列表"对话框,直接单击对话框中的"确定"按钮,系统打开"到货单生单列表"窗口。

② 拷贝信息。在"到货单生单列表"窗口的上窗格中,双击要选择的采购到货单所在行的"选择"栏(即本业务中完成的采购到货单),再单击"OK 确定"按钮,系统返回"采购入库单"窗口,此时相关的信息已经默认显示在入库单上。

③ 在"采购入库单"窗口中,确认表头的"仓库"为"大运仓库"、表体的"数量"为"990",其他项默认。

(3) 保存。单击工具栏中的"保存"按钮,保存该单据。

(4) 退出。单击"采购入库单"窗口右上角的"关闭"按钮,关闭并退出该窗口。

【仓管部主管李莉审核采购入库单】

(1) 打开"采购入库单"窗口。

(2) 查阅并审核采购入库单。单击工具栏中的"末张"按钮查阅到相应的采购入库单，然后单击工具栏中的"审核"按钮，系统弹出信息框提示审核成功，单击其"确定"按钮，完成审核工作。

(3) 退出。单击"采购入库单"窗口右上角的"关闭"按钮，关闭并退出该窗口。

5. 场景四的操作步骤

任务说明：采购部职员张新海参照入库单生成采购专用发票并结算。

(1) 打开"专用发票"窗口。在"采购管理"子系统中，依次单击"采购发票/专用采购发票"菜单项，系统打开"专用发票"窗口。

(2) 参照入库单生成与编辑采购专用发票。单击工具栏中的"增加"按钮，新增一张采购专用发票，然后做如下操作。

① 打开"拷贝并执行"窗口。单击工具栏中的"生单/入库单"命令，系统打开"查询条件选择-采购入库单列表过滤"对话框，直接单击该对话框中的"确定"按钮，系统打开"拷贝并执行"窗口。

② 拷贝信息。在"拷贝并执行"窗口的上窗格中，双击要选择的采购入库单(即上一步骤完成的采购入库单)所在行的"选择"栏，然后单击工具栏的"OK 确定"按钮，系统返回"专用发票"窗口。

③ 编辑。编辑表头的"发票号"为"CG00101"、"备注"为"采购女士高端 1 千拒收 10 副"，其他项默认。

(3) 保存。单击工具栏的"保存"按钮，保存该单据，结果可参见图 6-31。

(4) 采购发票窗口结算。单击工具栏中的"结算"按钮，此时窗口左上方出现"已结算"字样，表示该发票已经采购结算了，结果如图 6-31 所示。

(5) 退出。单击"专用发票"窗口右上角的"关闭"按钮，关闭并退出该窗口。

图 6-31　业务 6.6 的采购专用发票(已结算)

6. 场景五的操作步骤

任务说明：财务部主管曾志伟进行应付审核。

(1) 打开"单据处理"窗口。在"企业应用平台"的"业务工作"页签下，依次单击"财务会计/应付款管理/应付单据处理/应付单据审核"菜单项，系统弹出"应付单查询条件"对话框，直接单击"确定"按钮，系统打开"单据处理"窗口。

(2) 审核应付单据。在"单据处理"窗口中，系统已列出本业务的采购专用发票，选中该单据并单击工具栏中的"审核"按钮，系统提示审核成功，单击"确定"按钮，退出信息提示框，返回"单据处理"窗口。

(3) 退出。单击"单据处理"窗口右上角的"关闭"按钮，退出该窗口。

7. 场景六的操作步骤

任务说明：财务部会计张兰进行应付制单和采购成本确认。

【财务部会计张兰进行应付制单】

(1) 打开应付"制单"窗口。在"应付款管理"子系统中，双击"制单处理"菜单项，在系统弹出的"制单查询"对话框中，确认已选中"发票制单"，然后单击"确定"按钮，系统打开"制单"窗口。

(2) 生成并保存采购专用发票的应付凭证。先选中本业务中的采购专业发票，再单击工具栏中的"制单"按钮，系统打开"填制凭证"窗口，并默认显示凭证的信息为"借记：材料采购、进项税额，贷记：一般应付账款"，直接单击"保存"按钮，结果如图6-32所示。

(3) 退出。单击"填制凭证"和"制单"窗口右上角的"关闭"按钮，关闭并退出窗口。

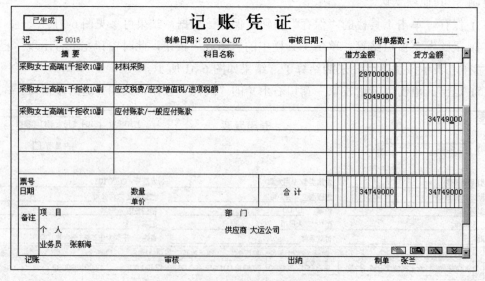

图 6-32 业务 6.6 的采购发票制单结果

【财务部会计张兰进行采购入库存货记账】

(1) 打开"未记账单据一览表"窗口。在"企业应用平台"的"业务工作"页签下,依次单击"供应链/存货核算/业务核算/正常单据记账"菜单项,系统弹出"查询条件选择"对话框,直接单击该对话框中的"确定"按钮,系统打开"未记账单据一览表"窗口。

(2) 入库记账。在"未记账单据一览表"窗口中,选中本业务生成的采购入库单,然后单击工具栏中的"记账"按钮,系统弹出信息框提示记账成功,单击"确定"按钮,完成记账工作。

(3) 退出。单击"未记账单据一览表"窗口右上角的"关闭"按钮,退出当前窗口。

【财务部会计张兰进行入库存货制单】

(1) 打开"生成凭证"窗口。在"存货核算"子系统中,依次单击"财务核算/生成凭证"菜单项,系统打开"生成凭证"窗口。

(2) 打开"选择单据"窗口。单击工具栏中的"选择"按钮,在系统弹出的"查询条件"对话框中,直接单击"确定"按钮,系统退出对话框并打开"选择单据"窗口。

(3) 生成存货凭证:

① 选择采购入库单。在"选择单据"窗口中,选中本笔业务生成的采购入库单,然后单击工具栏中的"确定"按钮,系统返回"生成凭证"窗口。

② 生成凭证。直接单击工具栏中的"生成"按钮,系统打开"填制凭证"窗口,并显示默认生成的本业务入库单上的相关信息(借记:库存商品,贷记:材料采购)。

③ 修改凭证。修改"摘要"为"采购女士高端990副"、第1笔分录"库存商品"的项目为"102"(女士高端),然后单击"确定"按钮返回"填制凭证"窗口,其他项默认。

(4) 保存。单击工具栏中的"保存"按钮,以保存该凭证,结果如图6-33所示。

(5) 退出。单击"填制凭证"和"生成凭证"窗口右上角的"关闭"按钮,关闭并退出窗口。

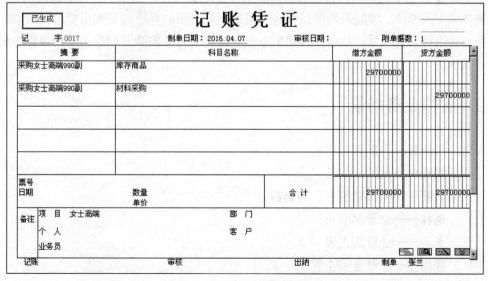

图6-33 业务6.6的存货凭证

6.7 采购退货业务

采购退货是入库后的退货，其结算可以分为以下3种情况。

(1) 结算前全额退货，即已录入采购入库单，但未进行采购结算，并且全额退货。其业务流程为：首先填制一张全额数量的红字采购入库单，然后把红字采购入库单与原入库单进行结算，冲抵原入库数据。

(2) 结算前部分退货，即已录入采购入库单，但未进行采购结算，并且部分退货。其业务流程为：首先填制一张部分数量的红字采购入库单，然后填制一张相对应的采购发票，其中发票上的数量=原入库单数量-红字入库单数量。再把红字入库单与原入库单、采购发票进行结算，冲抵原入库数据。

(3) 结算后退货，即已录入采购入库单、采购发票，并且已进行了采购结算，现在需要全额或部分退货。其业务流程为：首先填制一张红字采购入库单，再填制一张相应的红字发票，然后把红字采购入库单与红字发票进行结算。

6.7.1 业务概述与分析

4月7日，采购部张新海与燕郊硅胶三厂签订采购合同(合同编号CG0004)，订购硅胶5公斤，无税单价1600元，增值税税率为17%，当日到货并入库，同时收到燕郊硅胶三厂发来的采购专用发票(发票号：CG2345)。入库后发现1公斤的硅胶不合格，要求退货，与燕郊硅胶三厂取得联系，对方同意退货，当日的晚些时候收到了相应的红字专用采购发票(票号为CGTH002)。

本笔业务是普通采购业务和采购结算后的部分退货业务，需要填制并审核采购订单、采购到货单、入库单；填制采购发票并进行采购结算；填制并审核采购退货单；填制红字采购发票并进行采购结算；红蓝应付单的审核；红蓝应付单的合并制单；采购存货的记账与合并制单。

6.7.2 虚拟业务场景

人物：张新海——采购部职员
　　　刘静——采购部主管
　　　刘新——燕郊硅胶三厂销售部
　　　赵林——仓管部职员
　　　李莉——仓管部主管
　　　曾志伟——财务部主管
　　　张兰——财务部会计

场景一　与燕郊硅胶三厂签订采购合同

张新海：您好！燕郊硅胶三厂吗？

刘新：对，您是？

张新海：我是亮康眼镜有限公司的采购员。

刘新：您好！

张新海：我们需要硅胶5公斤，今天发货，行吗？

刘新：好的，不含税单价1600元。

张新海：可以。

刘新：那我们马上发货，请准备接货。

张新海：谢谢，再见！

刘新：再见！

场景二　采购订单审核

张新海：刘总，请您审核一下刚与燕郊硅胶三厂签订的采购订单。

刘静：好的。(审核中)……小张，辛苦了。

场景三　采购部收到货物

(张新海先填制采购到货单，完成之后……)

张新海：刘总，今天采购的硅胶到货了，您审核一下。

刘静：好的，辛苦你了。

场景四　仓管部收货验收入库

(赵林根据采购到货单填写入库单，完成之后……)

赵林：李总，采购燕郊硅胶三厂的硅胶，货物已经入库了，麻烦您审核一下。

李莉：好的，辛苦了。

场景五　采购部填制采购发票并进行采购结算

(张新海先填制采购发票，并进行采购结算)

张新海：刘总，今天采购的硅胶的发票也到了，我已经填制好并进行了采购结算。

刘静：好的，辛苦你了。

场景六　仓管部发现不合格硅胶，请采购部协商退货

赵林：小张你好，我们入库后发现有1公斤的硅胶不合格，你帮忙协商一下看能否退货。

张新海：好的，你稍等(给燕郊硅胶三厂的刘新打电话，对方同意退货)。小赵，对方同意退货了，你们把货发回去吧，我们马上填制审核退货单。

赵林：太好了，我们尽快发货。

场景七　仓管部从仓库发出不合格硅胶

(赵林根据采购退货单填写红字入库单，完成之后……)

赵林：李总，燕郊硅胶三厂的硅胶有1公斤不合格，从仓库退货已经完成了，麻烦您审核一下。

李莉：好的，辛苦了。

场景八　采购部填制红字采购发票并进行采购结算

(张新海先填制红字采购发票，并进行采购结算，完成之后……)

张新海：刘总，今天退货的红字发票到了，我已经填制好并进行了采购结算。

刘静：好的，辛苦你了。

场景九　应付审核

张新海：曾总，今天有一笔采购普通业务和采购退货业务已经完成了，麻烦您进行应付审核。若没有问题，可以做采购成本确认了。

曾志伟：好的，我们尽快完成相关的账务处理。

(曾志伟审核应付单)

场景十　应付制单和采购成本确认

曾志伟：小张，今天有一笔采购普通业务和采购退货业务，发票我已经审核通过了，你可以做应付制单和采购成本确认了。

张兰：好的，我马上做。

(张兰进行红蓝应付单制单，以及普通采购与采购退货的成本确认)

6.7.3　操作指导

1．操作流程

采购退货业务的操作流程如图6-34所示。

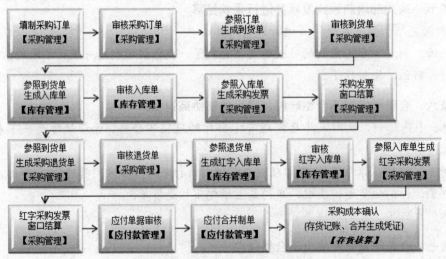

图6-34　业务6.7的操作流程图

请确认系统日期和业务日期为 2016 年 4 月 7 号。

2. 场景一的操作步骤

任务说明：采购部职员张新海填制采购订单。

(1) 打开"采购订单"窗口。在"企业应用平台"的"业务工作"页签中，依次单击"供应链/采购管理/采购订货/采购订单"菜单项，系统打开"采购订单"窗口。

(2) 填制并保存采购订单。单击工具栏中的"增加"按钮，新增一张采购订单，然后做如下编辑。

① 编辑表头。编辑"订单编号"(即合同编号)为"CG0004"，"采购类型"为"材料进货"，"供应商"为"硅胶三厂"，"部门"为"采购部"、"业务员"为"张新海"、"备注"为"采购硅胶5千克"，其他项默认。

② 编辑表体。参照生成"存货编码"为"12310"(硅胶)，编辑"数量"为 5，确认"原币单价"为"1600"，其他项默认。

③ 保存。单击工具栏中的"保存"按钮，保存该单据，结果参见图 6-35。

(3) 退出。单击"采购订单"窗口右上角的"关闭"按钮，关闭并退出该窗口。

图 6-35　业务 6.7 的采购订单

3. 场景二的操作步骤

任务说明：采购主管刘静审核采购订单。

(1) 打开"采购订单"窗口。

(2) 查阅并审核采购订单。单击工具栏中的"上张"按钮，查阅到本业务生成的采购订单，然后单击工具栏中的"审核"按钮，完成审核工作。

(3) 退出。单击"采购订单"窗口右上角的"关闭"按钮，关闭并退出该窗口。

4. 场景三的操作步骤

任务说明：采购部职员张新海参照订单生成到货单，采购主管刘静审核到货单。

【采购部职员张新海参照订单生成并保存采购到货单】

(1) 打开"到货单"窗口。在"采购管理"子系统中，依次单击"采购到货/到货单"菜单项，系统打开"到货单"窗口。

(2) 参照订单生成采购到货单。单击工具栏中的"增加"按钮，新增一张采购到货单，然后做如下操作。

① 打开"拷贝并执行"窗口。单击"生单/采购订单"命令，系统打开"查询条件选择-采购订单列表过滤"对话框，直接单击其"确定"按钮，系统退出对话框并打开"拷贝并执行"窗口。

② 拷贝信息。在"拷贝并执行"窗口的上窗格中，双击要选择的采购订单(订单编号为CG0004)所在行的"选择"栏，再单击其工具栏中的"OK确定"按钮，系统返回"到货单"窗口，此时相关的信息已经有默认值，不需要修改。

(3) 保存。单击工具栏中的"保存"按钮，保存该单据，结果如图 6-36 所示。

(4) 退出。单击"到货单"窗口右上角的"关闭"按钮，关闭并退出该窗口。

图 6-36　业务 6.7 的采购到货单

【采购主管刘静审核采购到货单】

(1) 打开"到货单"窗口。

(2) 查阅并审核采购到货单。单击工具栏中的"上张"按钮，查阅到本业务生成的采购到货单，然后单击工具栏中的"审核"按钮，系统弹出信息框提示审核成功，单击其"确定"按钮，完成审核工作。

(3) 退出。单击"到货单"窗口右上角的"关闭"按钮，关闭并退出该窗口。

5. 场景四的操作步骤

任务说明：仓管部职员赵林参照到货单生成入库单；仓管部主管李莉审核入库单。

【仓管部职员赵林参照到货单生成采购入库单】

(1) 打开库存管理的"采购入库单"窗口。在"企业应用平台"的"业务工作"页签中，依次单击"供应链/库存管理/入库业务/采购入库单"菜单项，系统打开"采购入库单"窗口。

(2) 参照到货单生成采购入库单。首先单击工具栏中的"增加"按钮，新增一张采购入库单，然后做如下操作。

① 打开"到货单生单列表"窗口。单击表头"到货单号"的参照按钮，系统弹出"查询条件选择-采购到货单列表"对话框，直接单击该对话框中的"OK确定"按钮，系统打开"到货单生单列表"窗口。

② 拷贝信息。在"到货单生单列表"窗口的上窗格中，双击要选择的采购到货单(即

上一步骤完成的采购到货单)所在行的"选择"栏，再单击工具栏中的"OK 确定"按钮，系统返回"采购入库单"窗口，此时相关的信息已经默认显示在入库单上。

③ 参照生成或确认表头的"仓库"为"原材料仓库"，其他项默认。

(3) 保存。单击工具栏中的"保存"按钮，结果如图 6-37 所示。

(4) 退出。单击"采购入库单"窗口右上角的"关闭"按钮，关闭并退出该窗口。

图 6-37　业务 6.7 的采购入库单

【仓管部主管李莉审核采购入库单】

(1) 打开"采购入库单"窗口。

(2) 查阅并审核采购入库单。单击工具栏中的"末张"按钮，查阅到本业务生成的采购入库单，然后单击工具栏中的"审核"按钮，系统弹出信息框提示审核成功，单击其"确定"按钮，完成审核工作。

(3) 退出。单击"采购入库单"窗口右上角的"关闭"按钮，关闭并退出该窗口。

6．场景五的操作步骤

任务说明：采购部职员张新海参照入库单生成采购专用发票并结算。

(1) 打开"专用发票"窗口。在"采购管理"子系统中，依次单击"采购发票/专用采购发票"菜单项，系统打开"专用发票"窗口。

(2) 参照入库单生成采购专用发票。单击工具栏中的"增加"按钮，新增一张采购专用发票，然后做如下操作。

① 打开"拷贝并执行"窗口。单击工具栏中的"生单/入库单"命令，系统打开"查询条件选择-采购入库单列表过滤"对话框，直接单击其"OK 确定"按钮，系统打开"拷贝并执行"窗口。

② 拷贝信息。在"拷贝并执行"窗口的上窗格中，双击要选择的采购入库单(即上一步骤完成的采购入库单)所在行的"选择"栏，然后单击工具栏中的"OK 确定"按钮，系统返回"专用发票"窗口。

③ 编辑。编辑表头的"发票号"为"CG2345"，其他项默认。

(3) 保存。单击工具栏中的"保存"按钮，结果可参见图 6-38。

(4) 采购发票窗口结算。单击工具栏中的"结算"按钮，此时窗口左上方出现"已结算"字样,表示该发票已经采购结算了,结果如图 6-38 所示。

(5) 退出。单击"专用发票"窗口右上角的"关闭"按钮,关闭并退出该窗口。

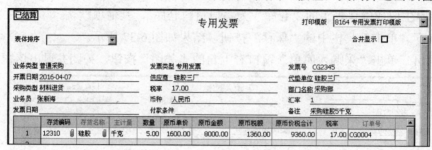

图 6-38　业务 6.7 的采购专用发票(已结算)

7. 场景六的操作步骤

任务说明：采购部职员张新海参照到货单生成退货单;采购主管刘静审核退货单。

【采购部职员张新海参照到货单生成退货单】

(1) 打开"采购退货单"窗口。在"采购管理"子系统中,依次单击"采购到货/采购退货单"菜单项,系统打开"采购退货单"窗口。

(2) 参照到货单生成采购退货单。先单击工具栏中的"增加"按钮,新增一张采购退货单,然后做如下操作。

① 打开"拷贝并执行"窗口。单击"生单/到货单"命令,系统打开"查询条件选择-采购退货单列表过滤"对话框,直接单击其"确定"按钮,系统退出对话框并打开"拷贝并执行"窗口。

② 拷贝信息。在"拷贝并执行"窗口上窗格中,双击要选择的到货单(即本业务中完成的采购到货单)所在行的"选择"栏目,再单击其工具栏中的"OK 确定"按钮,系统返回"采购退货单"窗口,此时相关的信息已经有默认值。

③ 修改"采购退货单"表体的"数量"为"-1"、表头的"备注"为"采购退货硅胶1 千克",其他项默认。

(3) 保存。单击工具栏中的"保存"按钮,保存该单据,结果如图 6-39 所示。

(4) 退出。单击"采购退货单"窗口右上角的"关闭"按钮,关闭并退出该窗口。

图 6-39　业务 6.7 的采购退货单

【采购主管刘静审核采购退货单】

(1) 打开"采购退货单"窗口。

(2) 查阅并审核采购退货单。单击工具栏中的"上张"按钮,查阅到本业务生成的采购退货单,然后单击工具栏中的"审核"按钮,系统弹出信息框提示审核成功,单击其"确定"按钮,完成审核工作。

(3) 退出。单击"采购退货单"窗口右上角的"关闭"按钮,关闭并退出该窗口。

8. 场景七的操作步骤

任务说明:仓管部职员赵林参照退货单生成红字采购入库单;仓管部主管李莉审核红字入库单。

【仓管部职员赵林参照退货单生成红字采购入库单】

(1) 打开库存管理的"采购入库单"窗口。在"企业应用平台"的"业务工作"页签中,依次单击"供应链/库存管理/入库业务/采购入库单"菜单项,系统打开"采购入库单"窗口。

(2) 参照退货单生成红字采购入库单。首先单击工具栏中的"增加"按钮,新增一张采购入库单,然后做如下操作。

① 打开"到货单生单列表"窗口。先单击窗口右上角的"红字"单选按钮,再单击表头的"到货单号"的参照按钮,系统弹出"查询条件选择-采购到货单列表"对话框,直接单击该对话框中的"确定"按钮,系统打开"到货单生单列表"窗口。

② 拷贝信息。在"到货单生单列表"窗口的上窗格中,双击要选择的采购到货单(即本业务中完成的采购退货单)所在行的"选择"栏,再单击工具栏中的"OK 确定"按钮,系统返回"采购入库单"窗口,此时相关的信息已经默认显示在入库单上。

③ 参照生成或确认表头的"仓库"为"原材料仓库",其他项默认。

(3) 保存。单击工具栏中的"保存"按钮,结果如图 6-40 所示。

(4) 退出。单击"采购入库单"窗口右上角的"关闭"按钮,关闭并退出该窗口。

图 6-40 业务 6.7 的采购入库单(红字)

【仓管部主管李莉审核红字采购入库单】

(1) 打开"采购入库单"窗口。

(2) 查阅并审核红字采购入库单。单击工具栏中的"末张"按钮,查阅到本业务生成的红字采购入库单,然后单击工具栏中的"审核"按钮,系统弹出信息框提示审核成功,单击其"确定"按钮,完成审核工作。

(3) 退出。单击"采购入库单"窗口右上角的"关闭"按钮,关闭并退出该窗口。

9. 场景八的操作步骤

任务说明:采购部职员张新海参照红字入库单生成红字采购专用发票并结算。

(1) 打开红字"专用发票"窗口。在"采购管理"子系统中,依次单击"采购发票/红字专用采购发票"菜单项,系统打开"专用发票"(红字)窗口。

(2) 参照红字入库单生成红字采购专用发票。先单击工具栏中的"增加"按钮,新增一张采购专用发票,再做如下操作。

① 打开"拷贝并执行"窗口。单击工具栏中的"生单/入库单"命令,系统打开"查询条件选择-采购入库单列表过滤"对话框,直接单击其"确定"按钮,系统打开"拷贝并执行"窗口。

② 拷贝信息。在"拷贝并执行"窗口的上窗格中,双击要选择的采购入库单(即本业务中完成的红字采购入库单)所在行的"选择"栏,并单击工具栏中的"OK 确定"按钮,系统返回"专用发票"窗口。

③ 编辑。编辑表头的"发票号"为"CGTH002",其他项默认。

(3) 保存。单击工具栏中的"保存"按钮,结果可参见图 6-41。

(4) 采购发票窗口结算。单击工具栏中的"结算"按钮,此时窗口左上方出现"已结算"字样,表示该发票已经采购结算了,结果如图 6-41 所示。

(5) 退出。单击"专用发票"窗口右上角的"关闭"按钮,关闭并退出该窗口。

图 6-41 业务 6.7 的红字采购专用发票(已结算)

10. 场景九的操作步骤

任务说明:财务部主管曾志伟进行应付审核。

(1) 打开应付"单据处理"窗口。在"企业应用平台"的"业务工作"页签下,依次单击"财务会计/应付款管理/应付单据处理/应付单据审核"菜单项,系统弹出"应付单查询条件"对话框,直接单击其"确定"按钮,系统打开"单据处理"窗口。

(2) 审核应付单据。在"单据处理"窗口中,系统已列出本业务的采购专用发票(2 张),单击工具栏中的"全选"、"审核"按钮,系统提示审核成功,单击"确定"按钮,退出信息提示框,返回"单据处理"窗口。

(3) 退出。单击"单据处理"窗口右上角的"关闭"按钮,退出该窗口。

11. 场景十的操作步骤

任务说明:财务部会计张兰进行应付合并制单和采购成本确认。

【财务部会计张兰进行应付合并制单】

(1) 打开应付"制单"窗口。在"应付款管理"子系统中,双击"制单处理"菜单项,在系统弹出的"制单查询"对话框中,确认已选中"发票制单",然后单击"确定"按钮,系统打开应付"制单"窗口。

(2) 生成并保存采购专用发票(2张)的应付凭证。单击"制单"窗口工具栏的"全选"按钮以选中本业务中的2张采购专业发票,再依次单击"合并"、"制单"按钮,系统打开"填制凭证"窗口,并默认显示凭证的信息为"借记:材料采购、进项税额,贷记:一般应付账款",保持数据项不变。

(3) 保存。单击工具栏中的"保存"按钮,保存该凭证,结果如图 6-42 所示。

(4) 退出。单击"填制凭证"和"制单"窗口右上角的"关闭"按钮,关闭并退出窗口。

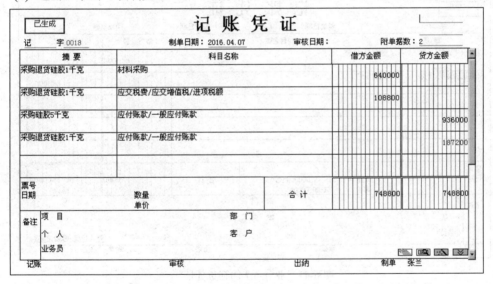

图 6-42 业务 6.7 的采购发票合并制单结果(第 4 笔分录的贷方金额为红字)

【财务部会计张兰进行采购入库存货记账】

(1) 打开"未记账单据一览表"窗口。在"企业应用平台"的"业务工作"页签下,依次单击"供应链/存货核算/业务核算/正常单据记账"菜单项,系统弹出"查询条件选择"对话框,直接单击该对话框中的"确定"按钮,系统打开"未记账单据一览表"窗口。

(2) 入库记账。在"未记账单据一览表"窗口中,选中本业务生成的红蓝采购入库单,然后单击工具栏中的"记账"按钮,系统弹出信息框提示记账成功,单击其"确定"按钮,完成记账工作。

(3) 退出。单击"未记账单据一览表"窗口右上角的"关闭"按钮,退出当前窗口。

【财务部会计张兰进行入库存货制单】

(1) 打开"生成凭证"窗口。在"存货核算"子系统中，依次单击"财务核算/生成凭证"菜单项，系统打开"生成凭证"窗口。

(2) 打开"选择单据"窗口。单击工具栏中的"选择"按钮，在系统弹出的"查询条件"对话框中，直接单击"确定"按钮，系统退出对话框并打开"选择单据"窗口。

(3) 生成并保存存货凭证：

① 选择采购入库单。在"选择单据"窗口中，选中本笔业务生成的2张采购入库单，然后单击工具栏中的"确定"按钮，系统返回"生成凭证"窗口。

② 生成并保存凭证。单击工具栏中的"合成"按钮，系统打开"填制凭证"窗口，并默认显示了本业务入库单上的相关信息(借记：原材料/硅胶，贷记：材料采购)；信息审核无误后，单击"保存"按钮，结果如图6-43所示。

(4) 退出。单击"填制凭证"和"生成凭证"窗口右上角的"关闭"按钮，关闭并退出该窗口。

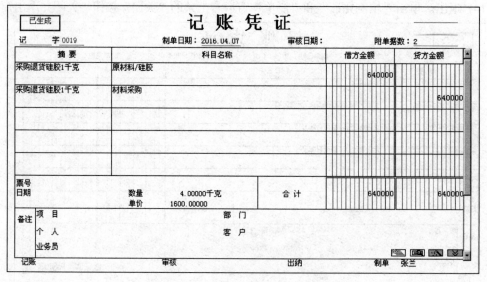

图6-43 业务6.7的存货凭证

第 7 章

库存存货业务

工业企业的库存业务，除了采购入库和销售出库业务外，还有领料出库、产成品入库业务，以及所有企业都需要的调拨业务、存货盘点业务和盘盈盘亏账务处理业务等。

本章的操作，请按照业务描述中的系统日期(如4月7日)和操作员(如仓库主管李莉)，在第6章完成的账套中进行。

如果读者没有完成第 6 章的采购业务的操作，可以到百度网盘空间(网盘地址：http://pan.baidu.com/s/1nuTA0WD，密码：ozr2)的"实验账套数据"文件夹中，将"06 采购业务.rar"下载到实验用机上，然后"引入"(操作步骤详见 2.2.5 节)到ERP-U8 系统中。而且，本章完成的账套，其"输出"压缩的文件名为"07 库存存货.rar"。

需要注意的是，因网盘中的账套备份文件均为"压缩"文件，所以下载完成后引入前，需要用解压缩工具进行解压(建议用 WinRAR 3.42 或以上版本)，得到相应可以引入的账套数据文件。

本章的所有业务实验操作，都有配套的微视频，读者可以通过扫描二维码，或者到指定的网页去观看。本教程配套的微视频，均存放在北京神州明灯教育科技有限公司和合一集团的网站上，相应的访问说明请参见网盘中的"微视频访问说明.doc"。

7.1 领料出库业务

领料出库涉及材料出库单的填制和审核。材料出库单是领用材料时所填制的出库单据，当从仓库中领用材料用于生产或委外加工时，就需要填制材料出库单。

只有工业企业才有材料出库单。对于工业企业，生产用原辅料、包装材料的出库，研发用试剂耗材、原料的出库及设备维修所用的备品备件的出库，都可以由仓库根据材料出库单发料。

7.1.1 业务概述与分析

4月7日，生产部因生产需要领出硅胶5公斤。
本笔业务是生产部领料出库业务，需要填制并审核材料出库单；领料出库成本确认。

7.1.2 虚拟业务场景

人物：赵林——仓管部职员
　　　李莉——仓管部主管
　　　刘正——生产部主管
　　　张兰——财务部会计

场景一　材料出库单的填制和审核

刘正：你好，我是生产部的刘正。根据生产规划及客户需求，我部现需硅胶5公斤，请帮忙安排材料出库。

赵林：好的，我们尽快将你需要的材料打包出库。

(赵林根据需求填写材料出库单，完成之后……)

赵林：李总，生产部需要的5公斤硅胶已经出库了，麻烦您审核一下。

李莉：好的，辛苦了。(审核出库单完成)

场景二　领料出库成本确认

赵林：小张你好，我是仓管部的赵林，今天出库了一些材料，请你做成本确认。

张兰：好的，我马上做。

7.1.3 操作指导

1. 操作流程

领料出库业务的操作流程如图 7-1 所示。

图 7-1　业务 7.1 的操作流程图

请确认系统日期和业务日期为 2016 年 4 月 7 号。

2. 场景一的操作步骤

任务说明：仓管部职员赵林填制材料出库单，主管李莉审核。

【仓管部职员赵林填制材料出库单】

(1) 打开"材料出库单"窗口。在"企业应用平台"的"业务工作"页签下,依次单击"供应链/库存管理/出库业务/材料出库单"菜单项,系统打开"材料出库单"窗口。

(2) 编辑材料出库单。单击工具栏中的"增加"按钮,新增一张材料出库单,然后做如下编辑。

① 表头编辑。参照生成"仓库"为原材料仓库,"出库类别"为"领料出库","部门"为"生产部"。

② 表体编辑。参照生成"材料名称"为"硅胶",编辑"数量"为"5","单价"为"1600",其他项默认。

(3) 保存。单击工具栏中的"保存"按钮,保存该单据,结果如图 7-2 所示。

(4) 退出。单击"材料出库单"窗口右上角的"关闭"按钮,关闭并退出该窗口。

图 7-2　业务 7.1 的材料出库单

【仓管部主管李莉审核材料出库单】

(1) 打开"材料出库单"窗口。

(2) 查阅并审核材料出库单。在"材料出库单"窗口中,单击工具栏中的"末张"按钮查阅相应的材料出库单,然后单击工具栏中的"审核"按钮,系统弹出信息框提示审核成功,单击"确定"按钮,完成审核工作。

(3) 退出。单击"材料出库单"窗口右上角的"关闭"按钮,关闭并退出该窗口。

3. 场景二的操作步骤

任务说明:财务部会计张兰进行材料出库记账和生成凭证。

【财务部会计张兰进行材料出库记账】

(1) 打开"未记账单据一览表"窗口。在"企业应用平台"的"业务工作"页签下,依次单击"供应链/存货核算/业务核算/正常单据记账"菜单项,系统弹出"查询条件选择"对话框,直接单击该对话框中的"确定"按钮,系统打开"未记账单据一览表"窗口。

(2) 材料出库记账。在"未记账单据一览表"窗口中,选中本业务生成的材料出库单,然后单击工具栏中的"记账"按钮,系统弹出信息框提示记账成功,单击"确定"按钮,完成记账工作。

(3) 退出。单击"未记账单据一览表"窗口右上角的"关闭"按钮,退出当前窗口。

【财务部会计张兰进行材料出库制单】

(1) 打开"生成凭证"窗口。在"存货核算"子系统中,依次单击"财务核算/生成凭证"菜单项,系统打开"生成凭证"窗口。

(2) 打开"选择单据"窗口。单击工具栏中的"选择"按钮,在系统弹出的"查询条件"对话框中,直接单击"确定"按钮,系统退出对话框并打开"选择单据"窗口。

(3) 生成并保存存货凭证。

① 选择材料出库单。在"选择单据"窗口中,选中本笔业务生成的材料出库单,然后单击工具栏中的"确定"按钮,系统返回"生成凭证"窗口。

② 编辑对方科目。在"生成凭证"窗口的"科目类型"为"对方"的行,参照生成或直接录入"科目编码"为"50010102"(生产成本/直接生产成本/直接材料),其他项默认。

③ 生成并保存凭证。单击工具栏中的"生成"按钮,系统打开"填制凭证"窗口,并默认显示了相关信息(借记:生产成本/直接生产成本/直接材料,贷记:原材料/硅胶);信息审核无误后,单击"保存"按钮,结果如图 7-3 所示。

(4) 退出。单击"填制凭证"和"生成凭证"窗口右上角的"关闭"按钮,关闭并退出该窗口。

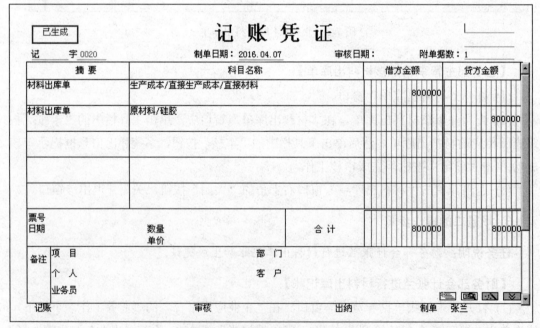

图 7-3 业务 7.1 的存货凭证

7.2 产成品入库业务

对于工业企业，产成品入库单一般指产成品验收入库时所填制的入库单据。

7.2.1 业务概述与分析

4月11日，仓管部收到生产部生产完工的眼镜400副，验收入库产成品仓库，核算的入库单价为160元，相应的直接材料为44000元，直接人工为20000元。

本笔业务是产成品入库业务，需要填制并审核产成品入库单；产成品入库成本确认。

7.2.2 虚拟业务场景

人物：赵林——仓管部职员
　　　李莉——仓管部主管
　　　刘正——生产部职员
　　　张兰——财务部会计

场景一　产成品入库单的填制和审核

刘正：你好，我是生产部的刘正，这是刚生产完毕的400副眼镜，请验收入库。

赵林：好的，我会尽快验收这批产品。

(赵林验收产品并填写产成品入库单，完成之后……)

赵林：李总，生产部生产的400副眼镜已经验收入库了，麻烦您审核一下。

李莉：好的，辛苦了。

场景二　入库成本确认

赵林：小张你好，我是仓管部的赵林，今天有一批刚生产的眼镜入库，请你做一下成本确认。

张兰：好的，我马上做。(开始成本确认)

7.2.3 操作指导

1. 操作流程

产成品入库业务操作流程如图7-4所示。

图7-4　业务7.2的操作流程图

请确认系统日期和业务日期为 2016 年 4 月 11 号。

2. 场景一的操作步骤

任务说明：仓管部职员赵林填制产成品入库单，主管李莉审核。

【仓管部职员赵林填制产成品入库单】

(1) 打开"产成品入库单"窗口。在"企业应用平台"的"业务工作"页签下，依次单击"供应链/库存管理/入库业务/产成品入库单"菜单项，系统打开"产成品入库单"窗口。

(2) 编辑产成品入库单。单击工具栏中的"增加"按钮，新增一张产成品入库单，然后做如下编辑。

① 编辑表头。参照生成"仓库"为产成品仓库，"部门"为生产部，"入库类别"为产成品入库，其他项默认。

② 编辑表体。参照生成"产品名称"为亮康眼镜，编辑"数量"为"400 副"，"单价"为"160 元"，其他项默认。

(3) 保存。单击工具栏中的"保存"按钮，保存该单据，结果如图 7-5 所示。

(4) 退出。单击"产成品入库单"窗口右上角的"关闭"按钮，关闭并退出该窗口。

图 7-5　业务 7.2 的产成品入库单

【仓管部主管李莉审核产成品入库单】

(1) 打开"产成品入库单"窗口。

(2) 查阅并审核产成品入库单。单击工具栏中的"末张"按钮查阅相应的产成品入库单，然后单击工具栏中的"审核"按钮，系统弹出信息框提示审核成功，单击"确定"按钮，完成审核工作。

(3) 退出。单击"产成品入库单"窗口右上角的"关闭"按钮，关闭并退出该窗口。

3. 场景二的操作步骤

任务说明：财务部会计张兰进行产成品入库记账和生成凭证。

【财务部会计张兰进行产成品入库记账】

(1) 打开"未记账单据一览表"窗口。在"企业应用平台"的"业务工作"页签下，依次单击"供应链/存货核算/业务核算/正常单据记账"菜单项，系统弹出"查询条件选择"对话框，直接单击该对话框中的"确定"按钮，系统打开"未记账单据一览表"窗口。

(2) 产成品入库记账。在"未记账单据一览表"窗口中，选中本业务生成的产成品入库单，然后单击工具栏中的"记账"按钮，系统弹出信息框提示记账成功，单击"确定"按钮，完成记账工作。

(3) 退出。单击"未记账单据一览表"窗口右上角的"关闭"按钮，退出当前窗口。

【财务部会计张兰进行产成品入库制单】

(1) 打开"生成凭证"窗口。在"存货核算"子系统中，依次单击"财务核算/生成凭证"菜单项，系统打开"生成凭证"窗口。

(2) 打开"选择单据"窗口。单击工具栏中的"选择"按钮，在系统弹出的"查询条件"对话框中，直接单击"确定"按钮，系统退出对话框并打开"选择单据"窗口。

(3) 生成并保存存货凭证。

① 选择产成品入库单。在"选择单据"窗口中，选中本笔业务生成的产成品入库单，然后单击工具栏中的"确定"按钮，系统返回"生成凭证"窗口。

② 编辑对方科目。在"生成凭证"窗口的"科目类型"为"对方"的行，参照生成或直接录入"科目编码"为"50010102"(生产成本/直接生产成本/直接材料)，其他项默认。

③ 生成凭证。单击工具栏中的"生成"按钮，系统打开"填制凭证"窗口，并默认显示了相关信息(借记：库存商品，贷记：生产成本/直接生产成本/直接材料)。

④ 修改第 1 条分录"库存商品"的辅助项的"项目名称"为亮康眼镜。单击第 1 笔分录"库存商品"，然后将鼠标移至"项目"区域，待鼠标显示为"笔尖"图标时双击，系统将打开"辅助项"对话框，参照生成"项目名称"为亮康眼镜，然后单击"确定"按钮返回"填制凭证"窗口，其他项默认。

⑤ 修改第 2 条分录(即直接材料)的贷方"金额"为"44000"，按 Enter 键。

⑥ 增加第 3 条分录，编辑其"科目名称"为"直接人工"(50010101)，在其"贷方金额"按"="键，或输入贷方"金额"为"20000"。

⑦ 确认信息无误后，单击"填制凭证"窗口的"保存"按钮，结果如图 7-6 所示。

(4) 退出。单击"填制凭证"和"生成凭证"窗口右上角的"关闭"按钮，关闭并退出窗口。

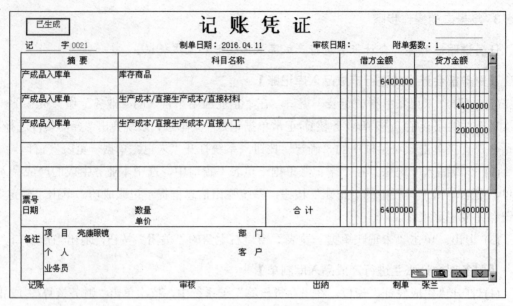

图 7-6 业务 7.2 的存货凭证

7.3 调拨业务

调拨业务主要是因为某些仓库涉及维修等，必须要将其中商品转移到另外仓库所产生的业务。在这一过程中要生成调拨申请单、出库单、入库单等单据，继而要进行相应成本确认和凭证生成。

7.3.1 业务概述与分析

4月11日，由于原材料仓库需要维修，仓管部赵林申请将原材料仓库的所有存货全部调入半成品仓库，仓管部李东经核查确认该方案可行并批复，仓管部主管审批通过。赵林负责完成了调拨工作。

本笔业务是仓库调拨业务，应该进行实物和财务的调拨处理，所以需要填制、批复与审核调拨申请单；填制与审核调拨单；进行调拨出、入库单的记账与生成凭证。

7.3.2 虚拟业务场景

人物：赵林——仓管部职员
　　　李东——仓管部职员
　　　李莉——仓管部主管
　　　张兰——财务部会计

场景一　调拨申请单的填制与批复

(因为原材料仓库需要维修,赵林希望将原材料仓库的所有存货调拨到半成品仓库,所以赵林查询了原材料仓库的存货现存量,并填写了调拨申请单……)

赵林:李东,因为原材料仓库需要维修,我填写了调拨申请单,计划把原材料仓库的存货调拨到半成品仓库,请你批复一下。

李东:好的。(开始查询调拨申请单,并根据半成品仓库的存储能力判断……)我已经批复了,没有问题。

赵林:谢谢!

场景二　调拨申请单的审核

赵林:李总,因为原材料仓库需要维修,这个仓库的所有存货都需要调拨到半成品仓库,我们已经做好调拨申请单了,请您审核。

李莉:好的,(审核通过……)你做个调拨单,准备仓库调拨吧。

赵林:好的。

场景三　调拨单的填制与审核

(赵林填写调拨单后……)

赵林:李总,申请将原材料仓库的存货调拨到半成品仓库的业务,我已经填好调拨单了,请您审核。

李莉:好的。(审核完成,系统自动生成其他出、入库单)

场景四　调拨完成,仓管部主管审核出入库单并查询与填写单价

(赵林完成调拨出库……)

赵林:李东,原材料仓库的存货已经全部调拨出库了,请准备接受。

李东:好的。(验收调拨来的存货,并全部存放于半成品仓库……)我们已经接受完成,请放心。

(赵林来到李莉的办公室……)

赵林:李总,我们已经完成从原材料仓库到半成品仓库的调拨任务了,而且实物品种数量与调拨单上的一致,请您审核调拨出入库单。因为我们不知道存货单价,所以请您审核时填写一下单价。

李莉:知道了,谢谢提醒!

(李莉查询存货单价,修改并审核调拨出、入库单……)

场景五　调拨的记账与生成凭证

赵林:小张你好,我是仓管部的赵林,今天有一批货物从原材料仓库调拨到半成品仓库,请你记账。

张兰:好的,我马上做。

7.3.3 操作指导

1. 操作流程

调拨业务操作流程如图 7-7 所示。

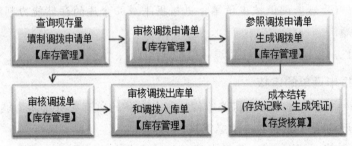

图 7-7 业务 7.3 的操作流程图

请确认系统日期和业务日期为 2016 年 4 月 11 号。

2. 场景一的操作步骤

任务说明：仓管部职员赵林查询现存量、填制调拨申请单，仓管部职员李东批复调拨申请单。

【仓管部职员赵林查询原材料仓库所有存货的现存量】

(1) 打开"现存量查询"窗口。在"企业应用平台"的"业务工作"页签下，依次单击"供应链/库存管理/报表/库存账/现存量查询"菜单项，系统弹出"查询条件选择-现存量查询"对话框。

(2) 设置查阅仓库。在对话框中，参照生成"仓库编码"为"0020"(原材料仓库)，然后单击"确定"按钮，系统打开"现存量查询"窗口，并列出原材料仓库的存货，其中塑料 10 千克，镜片树脂 1.5 千克，硅胶为 9 千克。

(3) 退出。单击"现存量查询"窗口的"退出"按钮，退出该窗口。

【仓管部职员赵林填制调拨申请单】

(1) 打开"调拨申请单"窗口。在"库存管理"子系统中，依次单击"调拨业务/调拨申请单"菜单项，系统打开"调拨申请单"窗口。

(2) 编辑调拨申请单。单击工具栏中的"增加"按钮，新增一张调拨申请单，然后做如下编辑。

① 编辑表头。参照生成"转出部门"和"转入部门"为"仓管部"，"转出仓库"为"原材料仓库"，"转入仓库"为"半成品仓库"，"入库类别"为"调拨入库"，"出库类别"为"调拨出库"。

② 编辑表体。在第 1 行，参照生成"存货名称"为"塑料"、编辑"数量"为"10"；第 2 行的"存货名称"为"镜片树脂"，"数量"为"1.5"；第 3 行的"存货名称"为"硅

胶","数量"为"9"。

(3) 保存。单击工具栏中的"保存"按钮,保存该单据,结果如图 7-8 所示。

(4) 退出。单击"调拨申请单"窗口右上角的"关闭"按钮,关闭退出该窗口。

	存货编码	存货名称	规格型号	主计量单位	批复数量	数量	单价	金额
1	12210	塑料		千克		10.00		
2	12220	镜片树脂		千克		1.50		
3	12310	硅胶		千克		9.00		
4								

图 7-8　业务 7.3 的调拨申请单

【仓管部职员李东批复调拨申请单】

(1) 打开"调拨申请单"窗口。

(2) 查阅并批复调拨申请单。单击工具栏中的"末张"按钮查阅相应的调拨申请单,然后单击工具栏中的"批复"按钮,表体中"批复数量"栏自动填充为调拨"数量"栏的数字,再单击"保存"按钮,完成批复工作。

(3) 退出。单击"调拨申请单"窗口右上角的"关闭"按钮,关闭并退出该窗口。

3．场景二的操作步骤

任务说明：仓管部主管李莉审核调拨申请单。

(1) 打开"调拨申请单"窗口。

(2) 查阅并审核调拨申请单。单击工具栏中的"上张"或"下张"按钮查阅相应的调拨申请单,然后在需要审核的调拨申请单窗口中,单击工具栏中的"审核"按钮,系统弹出信息框提示审核成功,单击"确定"按钮,完成审核工作。

(3) 退出。单击"调拨申请单"窗口右上角的"关闭"按钮,关闭并退出该窗口。

4．场景三的操作步骤

任务说明：仓管部职员赵林填制调拨单,仓管部主管李莉审核。

【仓管部职员赵林填制调拨单】

(1) 打开"调拨单"窗口。在"库存管理"子系统中,依次单击"调拨业务/调拨单"菜单项,系统打开"调拨单"窗口。

(2) 编辑调拨单。单击工具栏中的"增加"按钮,新增一张调拨单,然后做如下操作。

① 打开"调拨申请单生单列表"窗口。单击工具栏中的"生单/调拨申请单"命令,系统打开"查询条件选择-调拨申请单生单列表"对话框,单击对话框中的"确定"按钮,

系统打开"调拨申请单生单列表"窗口。

② 拷贝信息。在"调拨申请单生单列表"窗口的上窗格,双击要选择的调拨申请单所对应的"选择"栏,再单击工具栏中的"OK 确定"按钮,系统返回"调拨单"窗口,此时相关的信息已经有默认值。

(3) 保存。单击工具栏中的"保存"按钮,保存该单据,结果如图7-9所示。

(4) 退出。单击"调拨单"窗口右上角的"关闭"按钮,关闭并退出该窗口。

	存货编码	存货名称	规格型号	主计量单位	数量	单价	金额	生产批号
1	12210	塑料		千克	10.00			
2	12220	镜片树脂		千克	1.50			
3	12310	硅胶		千克	9.00			

图7-9 业务7.3的调拨单

【仓管部主管李莉审核调拨单】

(1) 打开"调拨单"窗口。

(2) 查阅并审核调拨单。单击工具栏中的"末张"按钮查阅相应的调拨单,然后单击工具栏中的"审核"按钮,系统弹出信息框提示审核成功,单击"确定"按钮,完成审核工作。

(3) 退出。单击"调拨单"窗口右上角的"关闭"按钮,关闭并退出该窗口。

5. 场景四的操作步骤

任务说明:仓管部主管李莉查询原材料仓库的存货单价,修改调拨出、入库单上的存货单价并审核调拨出、入库单。

【仓管部主管李莉查询原材料仓库存货的库存单价】

(1) 打开"明细账查询"窗口。在"企业应用平台"的"业务工作"页签下,依次单击"供应链/存货核算/账表/账簿/明细账"菜单项,系统弹出"明细账查询"对话框。

(2) 查阅原材料仓库的存货单价。在"明细账查询"对话框中,参照生成"仓库"为"原材料仓库"、"存货分类"为"原材料",然后单击"确定"按钮,系统打开"明细账"窗口;依次参照生成"存货"为"塑料"、"镜片树脂"、"硅胶",并记录其"结存"的"单价"(分别为1000、6000和1600)。

(3) 退出。单击"明细账"窗口右上角的"关闭"按钮,关闭并退出该窗口。

【仓管部主管李莉修改调拨出库单上的存货单价】

(1) 打开存货核算的"其他出库单"窗口。在"存货核算"子系统中，依次单击"日常业务/其他出库单"菜单项，系统打开"其他出库单"窗口。

(2) 修改其他出库单的存货单价。在"其他出库单"窗口中，查阅到本业务自动生成的其他出库单，然后单击工具栏中的"修改"按钮，分别修改表体中3种存货的单价，然后单击工具栏中的"保存"按钮，结果如图7-10所示。

(3) 退出。单击"其他出库单"窗口右上角的"关闭"按钮，关闭并退出该窗口。

存货名称	规格型号	主计量单位	数量	单价	金额
塑料		千克	10.00	1000.00	10000.00
镜片树脂		千克	1.50	6000.00	9000.00
硅胶		千克	9.00	1600.00	14400.00

图7-10 业务7.3的其他出库单

【仓管部主管李莉修改调拨入库单上的存货单价】

(1) 打开存货核算的"其他入库单"窗口。在"存货核算"子系统中，依次单击"日常业务/其他入库单"菜单项，系统打开"其他入库单"窗口。

(2) 修改其他入库单的存货单价。在"其他入库单"窗口中，查阅到本业务自动生成的其他入库单，然后单击工具栏中的"修改"按钮，分别修改表体中3种存货的单价，然后单击工具栏中的"保存"按钮。

(3) 退出。单击"其他入库单"窗口右上角的"关闭"按钮，关闭并退出该窗口。

【仓管部主管李莉审核调拨出库单】

(1) 打开库存管理的"其他出库单"窗口。在"企业应用平台"的"业务工作"页签下，依次单击"供应链/库存管理/出库业务/其他出库单"菜单项，系统打开"其他出库单"窗口。

(2) 查阅并审核其他出库单。单击工具栏中的"末张"按钮查阅相应的其他出库单，然后单击工具栏中的"审核"按钮，系统弹出信息框提示审核成功，单击"确定"按钮，完成审核工作。

(3) 退出。单击"其他出库单"窗口右上角的"关闭"按钮，关闭并退出该窗口。

【仓管部主管李莉审核调拨入库单】

(1) 打开库存管理的"其他入库单"窗口。在"库存管理"子系统中，依次单击"入库业务/其他入库单"菜单项，系统打开"其他入库单"窗口。

(2) 查阅并审核其他入库单。单击工具栏中的"末张"按钮查阅相应的其他入库单，然后单击工具栏中的"审核"按钮，系统弹出信息框提示审核成功，单击"确定"按钮，完成审核工作。

(3) 退出。单击"其他入库单"窗口右上角的"关闭"按钮，关闭并退出该窗口。

6. 场景五的操作步骤

任务说明：财务部会计张兰进行调拨出、入库单的记账与制单。

【财务部会计张兰进行调拨出、入库记账】

(1) 打开"未记账单据一览表"窗口。在"企业应用平台"的"业务工作"页签下，依次单击"供应链/存货核算/业务核算/正常单据记账"菜单项，系统弹出"查询条件选择"对话框，直接单击其"确定"按钮，系统打开"未记账单据一览表"窗口。

(2) 调拨出、入库记账。在"未记账单据一览表"窗口中，选中本业务生成的出、入库单(共 6 行)，然后单击工具栏中的"记账"按钮，系统弹出信息框提示记账成功，单击"确定"按钮，完成记账工作。

(3) 退出。单击"未记账单据一览表"窗口右上角的"关闭"按钮，退出当前窗口。

【财务部会计张兰生成调拨出、入库凭证】

(1) 打开"生成凭证"窗口。在"存货核算"子系统中，依次单击"财务核算/生成凭证"菜单项，系统打开"生成凭证"窗口。

(2) 打开"选择单据"窗口。单击工具栏中的"选择"按钮，在系统弹出的"查询条件"对话框中，直接单击"确定"按钮，系统退出对话框并打开"选择单据"窗口。

(3) 选择调拨出入库单。在"选择单据"窗口中，选中本笔业务生成的调拨出入库单(共 2 行)，然后单击工具栏中的"确定"按钮，系统返回"生成凭证"窗口。

(4) 编辑存货凭证。具体的操作步骤如下。

① 分别编辑"其他出库单"的"科目类型"为"存货"的"科目名称"为"塑料"、"镜片树脂"和"硅胶"的相应"对方"的"科目编码"为"140301"(塑料)、"140302"(镜片树脂)和"140303"(硅胶)。

② 分别编辑"其他入库单"的"科目类型"为"存货"的"科目名称"为"塑料"、"镜片树脂"和"硅胶"的相应"对方"的"科目编码"为"140301"(塑料)、"140302"(镜片树脂)和"140303"(硅胶)，结果如图 7-11 所示。

凭证类别	记 记账凭证											
选择	单据类型	单据号	摘要	科目类型	科目编码	科目名称	借方金额	贷方金额	借方数量	贷方数量	科目方向	存货编码	存货名称
1	其他出库单	0000000001	其他…	对方	140301	塑料	10,000.00		10.00		1	12210	塑料
				存货	140301	塑料		10,000.00		10.00	2	12210	塑料
				对方	140302	镜片树脂	9,000.00		1.50		1	12220	镜片树脂
				存货	140302	镜片树脂		9,000.00		1.50	2	12220	镜片树脂
				对方	140303	硅胶	14,400.00		9.00		1	12310	硅胶
				存货	140303	硅胶		14,400.00		9.00	2	12310	硅胶
	其他入库单		其他…	存货	140301	塑料	10,000.00		10.00		1	12210	塑料
				对方	140301	塑料		10,000.00		10.00	2	12210	塑料
				存货	140302	镜片树脂	9,000.00		1.50		1	12220	镜片树脂
				对方	140302	镜片树脂		9,000.00		1.50	2	12220	镜片树脂
				存货	140303	硅胶	14,400.00		9.00		1	12310	硅胶
				对方	140303	硅胶		14,400.00		9.00	2	12310	硅胶
合计							66,800.00	66,800.00					

图 7-11 业务 7.3 的"生成凭证"设置结果图

③ 单击工具栏中的"生成"按钮，系统打开"填制凭证"窗口，默认生成了 2 张凭证(可参见图 7-12)。

(5) 保存。单击工具栏中的"成批保存凭证"按钮，系统弹出信息"共有 2 张凭证保存成功"提示框，单击该提示框的"确定"按钮，系统返回"填制凭证"窗口，生成的其他出库单凭证如图 7-12 所示(其他入库单凭证与图 7-12 的内容一致，故没有截图)。

(6) 退出。单击"填制凭证"和"生成凭证"窗口右上角的"关闭"按钮，关闭并退出窗口。

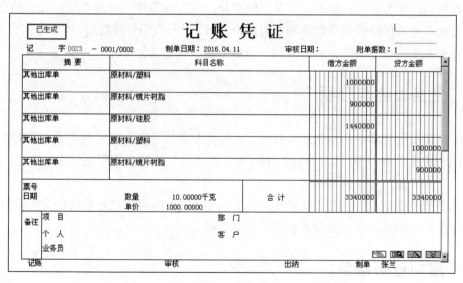

图 7-12 业务 7.3 的调拨出库的存货凭证

7.4 存货盘点工作

为了保证企业库存资产的安全和完整，做到账实相符，企业必须对存货进行定期或不定期的清查，查明存货盘盈、盘亏、损毁的数量以及造成的原因，并据以编制存货盘点报告表，按规定程序，报有关部门审批。

盘盈盘亏简单讲就是实物与账面的差异。盘点实物存数或价值大于账面存数或价值，就是盘盈；盘点实物存数或价值小于账面存数或价值就是盘亏。

对于存货的盘盈盘亏，应及时办理存货的账务手续，按盘盈盘亏存货的计划成本或估计成本，调整存货账面数，记入"待处理流动资产损溢"科目。具体的账务处理如下。

1. **存货的盘盈**

借：存货(如库存商品、塑料、硅胶等)
　　贷：待处理流动资产损溢

2. **存货的盘亏**

(1) 对于盘亏的存货，根据"存货盘存报告单"所列金额，做如下处理：

借：待处理流动资产损溢
　　贷：存货(如库存商品、塑料、硅胶等)

(2) 对于购进的存货，因发生非正常损失而引起的存货盘亏，做如下处理：

借：待处理流动资产损溢
　　贷：存货(如库存商品、塑料、硅胶等)
　　　　应交税费——应交增值税/进项税额转出

经查明原因和有关部门批准后，盘盈的存货，应冲减当期的管理费用；盘亏的存货，在减去过失人或者保险公司等赔款和残料价值之后，计入当期管理费用，属于非常损失的，计入营业外支出。相关的账务处理流程，请参阅本教程的7.5节。

7.4.1 业务概述与分析

4月11日，仓管部对各个仓库进行盘点，发现大运公司仓库的男士普通太阳镜比账面多了2副，成本单价为90元，合计为180元；产成品仓库的亮康眼镜比账面少了5副，成本单价为160元，合计为800元。

本笔业务是盘点业务，需要填制并审核盘点单；审核因盘盈盘亏系统自动生成的其他入库单和其他出库单；盘盈盘亏存货的记账与生成凭证。

7.4.2 虚拟业务场景

人物：赵林——仓管部职员
　　　李莉——仓管部主管
　　　张兰——财务部会计

场景一　盘点单的填制、审核与其他出、入库单的审核

赵林：李总你好，我对各仓库进行了盘点。大运公司仓库盘盈男士普通太阳镜 2 副，产成品仓库盘亏亮康眼镜 5 副。盘点单我已经填制完毕，请您审核。

李莉：好的，我马上审核盘点单和相应的出、入库单。

场景二　成本确认

赵林：张兰你好，我是仓管部的赵林，我们对仓库进行了盘点，有盘盈盘亏的情况，领导已经审批通过，请你做一下账务处理。

张兰：好的，我马上做。

7.4.3　操作指导

1. 操作流程

存货盘点的操作流程如图 7-13 所示。

图 7-13　业务 7.4 的操作流程图

请确认系统日期和业务日期为 2016 年 4 月 11 号。

2. 场景一的操作步骤

任务说明：仓管部职员赵林填制盘点单，仓管部主管李莉审核盘点单，以及盘盈盘亏生成的其他入库单和出库单。

【仓管部职员赵林填制盘点单】

(1) 打开"盘点单"窗口。在"企业应用平台"的"业务工作"页签下，依次单击"供应链/库存管理/盘点业务"菜单项，系统打开"盘点单"窗口。

(2) 编辑并保存大运公司仓库的盘点单。单击工具栏中的"增加"按钮，新增一张盘点单，编辑的操作步骤如下。

① 参照生成表头的"盘点仓库"为"大运仓库"，"出库类别"为"盘亏出库"，"入库类别"为"盘盈入库"，"部门"为"仓管部"。

② 单击工具栏中的"盘库"按钮，此时系统弹出"盘库将删除未保存的所有记录，是否继续？"信息提示框，单击"是"按钮，系统弹出"盘点处理"对话框，确认"盘点方式"为"按仓库盘点"，然后单击"确认"按钮，返回"盘点单"窗口。

③ 编辑"男士普通太阳镜"的"单价"为"90"、实际的"盘点数量"为账面数量加 2(即 4102)。

④ 单击工具栏中的"保存"按钮，保存该盘点单，其结果如图 7-14 所示。

盘点单									盘点单显示模版	
表体排序					● 普通仓库盘点			合并显示 □		
					○ 倒冲仓库盘点					
盘点会计期间			盘点单号 0000000001			盘点日期 2016-04-11				
账面日期 2016-04-11			盘点仓库 大运仓库			出库类别 盘亏出库				
入库类别 盘盈入库			部门 仓管部			经手人				
备注										
	存货编码	存货名称	主	账面数量	单价	账面金额	调整入库数量	调整出库数量	账面调节...	盘点数量
1	00001	男士高端太阳镜	副	100.00			0.00	0.00	100.00	100.00
2	00002	女士高端太阳镜	副	990.00			0.00	0.00	990.00	990.00
3	00003	男士普通太阳镜	副	4100.00	90.00	369000.00	0.00	0.00	4100.00	4102.00
4	00004	女士普通太阳镜	副	100.00			0.00	0.00	100.00	100.00

图 7-14 业务 7.4 的大运公司仓库的盘点单

(3) 编辑并保存产成品仓库的盘点单。单击工具栏中的"增加"按钮，再新增一张盘点单，编辑的操作步骤如下。

① 参照生成表头的"盘点仓库"为"产成品仓库"，"出库类别"为"盘亏出库"，"入库类别"为"盘盈入库"，"部门"为"仓管部"。

② 单击工具栏中的"盘库"按钮，此时系统弹出"盘库将删除未保存的所有记录，是否继续？"信息提示框，单击"是"按钮，系统弹出"盘点处理"对话框，确认"盘点方式"为"按仓库盘点"，然后单击"确认"按钮，返回"盘点单"窗口。

③ 编辑"亮康眼镜"的"单价"为"160"、实际的"盘点数量"为账面数量减 5(即 20395)；

④ 单击工具栏中的"保存"按钮，保存该盘点单，其结果如图 7-15 所示。

(4) 退出。单击"盘点单"窗口右上角的"关闭"按钮，关闭并退出该窗口。

图 7-15 业务 7.4 的产成品仓库的盘点单

【仓管部主管李莉审核盘点单】

(1) 打开"盘点单"窗口。

(2) 查阅并审核盘点单。单击工具栏中的"末张"或"上张"按钮查阅相应的盘点单，然后在需要审核的盘点单窗口中(本业务有两笔盘点单)，单击工具栏中的"审核"按钮，系统弹出信息框提示审核成功，单击"确定"按钮，完成审核工作，系统自动生成盘盈入库单和盘亏出库单，结果可参见图 7-16 和图 7-17。

(3) 退出。单击"盘点单"窗口右上角的"关闭"按钮，关闭并退出该窗口。

【仓管部主管李莉审核盘盈入库单】

(1) 打开库存管理的"其他入库单"窗口。在"企业应用平台"的"业务工作"页签下，依次单击"供应链/库存管理/入库业务/其他入库单"菜单项，系统打开"其他入库单"窗口。

(2) 查阅并审核其他入库单。单击工具栏中的"末张"按钮查阅到本业务的其他入库单，然后单击工具栏中的"审核"按钮，系统弹出信息框提示审核成功，单击"确定"按钮，完成审核工作，结果如图 7-16 所示。

(3) 退出。单击"其他入库单"窗口右上角的"关闭"按钮，关闭并退出该窗口。

图 7-16　业务 7.4 的盘盈入库单

【仓管部主管李莉审核盘亏出库单】

(1) 打开库存管理的"其他出库单"窗口。在"库存管理"子系统中，依次单击"出库业务/其他出库单"菜单项，系统打开"其他出库单"窗口。

(2) 查阅并审核其他出库单。单击工具栏中的"末张"按钮查阅到本业务的其他出库单，然后单击工具栏中的"审核"按钮，系统弹出信息框提示审核成功，单击"确定"按钮，完成审核工作，结果如图 7-17 所示。

(3) 退出。单击"其他出库单"窗口右上角的"关闭"按钮，关闭并退出该窗口。

图 7-17　业务 7.4 的盘亏出库单

3. 场景二的操作步骤

任务说明：财务部会计张兰进行盘点出、入库单的记账与制单。

【财务部会计张兰进行盘点出、入库记账】

(1) 打开"未记账单据一览表"窗口。在"企业应用平台"的"业务工作"页签下,依次单击"供应链/存货核算/业务核算/正常单据记账"菜单项,系统弹出"查询条件选择"对话框,直接单击该对话框中的"确定"按钮,系统打开"未记账单据一览表"窗口。

(2) 盘点出、入库记账。在"未记账单据一览表"窗口中,选中本业务生成的出、入库单,然后单击工具栏中的"记账"按钮,系统弹出信息框提示记账成功,单击"确定"按钮,完成记账工作。

(3) 退出。单击"未记账单据一览表"窗口右上角的"关闭"按钮,退出当前窗口。

【财务部会计张兰生成盘点出、入库凭证】

(1) 打开"生成凭证"窗口。在"存货核算"子系统中,依次单击"财务核算/生成凭证"菜单项,系统打开"生成凭证"窗口。

(2) 打开"选择单据"窗口。单击工具栏中的"选择"按钮,在系统弹出的"查询条件"对话框中,直接单击"确定"按钮,系统退出对话框并打开"选择单据"窗口。

(3) 选择盘点出入库单。在"选择单据"窗口中,选中本笔业务生成的盘点出入库单,然后单击工具栏中的"确定"按钮,系统返回"生成凭证"窗口。

(4) 生成并保存盘盈入库和盘亏出库的存货凭证。单击工具栏中的"生成"按钮,系统打开"填制凭证"窗口,并默认生成了2张凭证(可参见图7-18和图7-19),在此需要修改盘盈盘亏商品的辅助核算项目,具体的操作步骤如下。

① 在盘盈入库的存货凭证上,单击"库存商品"分录以定位该行,然后将鼠标移至"项目"区域,待鼠标显示为"笔尖"图标时双击,系统将打开"辅助项"对话框;在该对话框中参照生成"项目名称"为"男士普通",然后单击"确定"按钮返回"填制凭证"窗口;单击工具栏中的"保存"按钮,以保存该凭证,操作结果如图7-18所示。

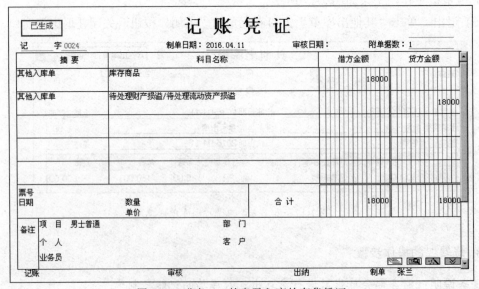

图 7-18 业务 7.4 的盘盈入库的存货凭证

② 单击工具栏中的"下张凭证"按钮,查找到下一张凭证(盘亏出库的存货凭证)。

③ 类似于步骤①,将该凭证的"库存商品"分录的"项目"设置为"亮康眼镜",并单击工具栏中的"保存"按钮,结果如图 7-19 所示。

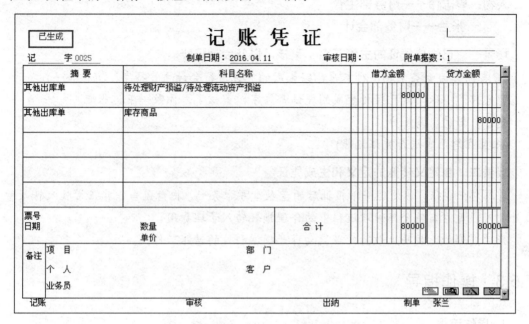

图 7-19　业务 7.4 的盘亏出库的存货凭证

(5) 退出。单击"填制凭证"和"生成凭证"窗口右上角的"关闭"按钮,关闭并退出窗口。

7.5　盘盈盘亏账务处理

存货的盘盈盘亏,在经有关部门批准后,应进行相应的账务处理,调整存货账的实存数,使存货的账面记录与库存实物核对相符。

7.5.1　业务概述与分析

4 月 11 日,经主管领导批示,盘盈的男士普通太阳镜作为非正常收入 180 元,转入营业外收入;盘亏的亮康眼镜属于仓库管理的合理损耗 800 元,转入管理费用/其他(科目编码为 660206)。要求通过自定义转账方式生成凭证。

本笔业务是经领导批准后的存货盘盈盘亏的账务处理,需要首先对本教程 7.4 节所生成的与待处理流动资产损溢科目相关的凭证,进行凭证的会计主管签字、审核,以及凭证记账,然后进行自定义转账和转账生成凭证。

7.5.2 虚拟业务场景

人物：曾志伟——财务部主管
　　　　张兰——财务部会计

场景一　已生成凭证的主管签字、审核，以及会计记账

(曾志伟作为财务主管，对本月已经生成的凭证进行会计主管签字、审核……)

曾志伟：小张，我已经把生成的凭证都签字、审核了，你做一下记账吧。

张兰：好的，马上办。

(张兰在总账中进行凭证记账)

场景二　自定义转账的定义和生成凭证

曾志伟：小张，你处理一下报批后的盘盈盘亏账务吧。把盘盈当作非正常收入转入营业外收入，盘亏当作仓库管理过程中的合理损耗转入管理费用。

张兰：那好，我马上做待处理流动资产损溢科目的转账工作。

7.5.3　操作指导

1. 操作流程

盘盈盘亏业务处理操作流程如图 7-20 所示。

图 7-20　业务 7.5 的操作流程图

请确认系统日期和业务日期为 2016 年 4 月 11 号。

2. 场景一的操作步骤

任务说明：会计主管曾志伟对盘点凭证进行主管签字、审核，会计张兰记账。

【财务部主管曾志伟进行凭证的主管签字】

(1) 打开"主管签字列表"窗口。在"企业运用平台"的"业务工作"页签中，依次单击"财务会计/总账/凭证/主管签字"菜单项，打开"主管签字"过滤条件对话框，单击"确定"按钮，打开"主管签字列表"窗口。

(2) 会计主管签字。双击预签字的凭证(如金额为180 的其他入库单)所在的行，进入该凭证的"主管签字"窗口，查阅信息无误后单击工具栏中的"签字"菜单项，完成对该凭证的主管签字工作；再单击"下张凭证"或"上张凭证"按钮查阅到金额为 800 的其他出库单，然后"签字"完成。

(3) 退出。单击"主管签字"和"主管签字列表"窗口的"关闭"按钮,退出窗口。

【财务部主管曾志伟进行凭证的主管审核】

(1) 打开"凭证审核列表"窗口。在"总账"子系统中,依次单击"凭证/审核凭证"菜单项,进入"凭证审核"过滤条件对话框,单击"确定"按钮,系统打开"凭证审核列表"窗口。

(2) 会计主管审核。双击预审核的凭证(如金额为 180 的其他入库单)所在的行,进入该凭证的"审核凭证"窗口,查阅信息无误后单击工具栏中的"审核"菜单项,完成对该凭证的主管审核工作;系统自动打开下张凭证,若其是金额为 800 的其他出库单,则"审核"该凭证;若不是,则可通过单击工具栏中的"下张凭证"或"上张凭证"按钮,查找到相应凭证并"审核"完成。

(3) 退出。单击"审核凭证"和"凭证审核列表"窗口的"关闭"按钮,退出窗口。

【财务部会计张兰进行凭证记账】

(1) 打开"记账"凭证列表对话框。在"总账"子系统中,依次单击"凭证/记账"菜单项,系统打开"记账"对话框。

(2) 会计记账。单击对话框中的"全选"、"记账"按钮,系统打开"期初试算平衡表",表明试算平衡,单击"确定"按钮,系统自动完成记账工作,并给出信息提示框和记账报告。

(3) 退出。单击提示框的"确定"按钮,系统返回"记账"对话框,再单击其中的"退出"按钮,退出该对话框。

3. 场景二的操作步骤

任务说明:财务部会计张兰进行报批后的盘盈盘亏账务处理,以及相应凭证的生成。

【财务部会计张兰处理报批后的盘盈业务】

(1) 打开"自定义转账设置"窗口。在"总账"子系统中,依次单击"期末/转账定义/自定义转账"菜单项,系统打开"自定义转账设置"窗口。

(2) 增加"盘盈"转账公式。单击工具栏中的"增加"按钮,在打开的对话框中编辑"转账序号"为"0005","转账说明"为"盘盈",单击"确定"按钮,返回"自定义转账设置"窗口。

(3) 编辑"盘盈"转账公式。编辑 2 行,具体如下。

① 单击工具栏中的"增行"按钮,在"科目编码栏"输入"190101"(待处理流动资产损溢),"方向"为"借",单击"金额公式"参照按钮,弹出"公式向导"对话框;在该对话框中,选择"公式名称"为"贷方发生额",单击"下一步"按钮,确认"科目"为"190101",单击"完成"按钮,返回"自定义转账设置"窗口,其公式结果为"FS(190101,月,贷)"。

② 再单击"增行"按钮,然后在"科目编码"栏输入"6301"(营业外收入),"方向"为"贷",输入"金额公式"为"JG()"(取对方科目计算结果)。

(4) 单击工具栏中的"保存"按钮，以保存"盘盈"的公式定义，结果如图7-21所示。

摘要	科目编码	部门	个人	客户	供应商	项目	方向	金额公式
盘盈	190101						借	FS(190101,月,贷)
盘盈	6301						贷	JG()

图7-21 业务7.5的报批后的盘盈业务公式定义结果图

【财务部会计张兰处理报批后的盘亏业务】

(1) 打开"自定义转账设置"窗口。

(2) 增加"盘亏"转账公式。单击工具栏中的"增加"按钮，在打开的对话框中编辑"转账序号"为"0006"，"转账说明"为"盘亏"，单击"确定"按钮，返回"自定义转账设置"窗口。

(3) 编辑"盘亏"转账公式。编辑2行，具体如下。

① 单击工具栏中的"增行"按钮，在"科目编码"栏输入"660206"(管理费用/其他，其辅助项"部门"为"仓管部")、"方向"为"借"，输入"金额公式"：为"JG()"(取对方科目计算结果)。

② 再单击"增行"按钮，然后在"科目编码栏"输入"190101"(待处理流动资产损溢)，"方向"为"贷"，单击"金额公式"参照按钮，弹出"公式向导"对话框；在该对话框中，选择"公式名称"为"借方发生额"，单击"下一步"按钮，确认"科目"为"190101"，单击"完成"按钮，返回"自定义转账设置"窗口。

(4) 单击工具栏中的"保存"按钮，结果如图7-22所示。

(5) 退出。单击"自定义转账设置"窗口的"退出"按钮，退出该窗口。

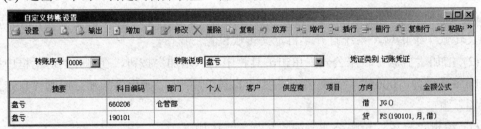

摘要	科目编码	部门	个人	客户	供应商	项目	方向	金额公式
盘亏	660206	仓管部					借	JG()
盘亏	190101						贷	FS(190101,月,借)

图7-22 业务7.5的报批后的盘亏业务公式定义结果图

【财务部会计张兰通过转账生成凭证】

(1) 打开"转账生成"对话框并选中相应的行。在"总账"子系统中，依次单击"期末/转账生成"菜单项，打开"转账生成"对话框，系统默认选中"自定义转账"选项，双击编号为0005和0006的记录行。以选中这2行。

(2) 生成并保存转账凭证。单击"转账生成"对话框中的"确定"按钮，系统弹出提示信息，提示有之前未记账的凭证，是否继续结转，单击"是"按钮，系统打开"转账"窗口，默认显示"盘盈"记账凭证，单击"保存"按钮，保存该凭证，结果如图7-23所示。

(3) 单击工具栏中的"下张凭证"按钮，查阅并保存盘亏的凭证，其结果如图7-24所示。

(4) 退出。单击"转账"窗口的"退出"按钮，退出该窗口返回"转账生成"对话框，再单击对话框中的"取消"按钮，返回企业应用平台。

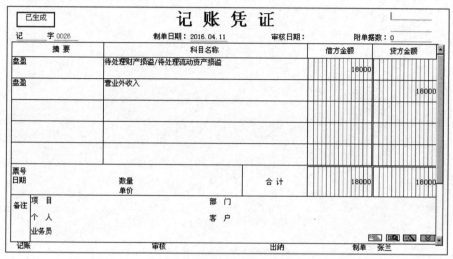

图 7-23　业务 7.5 的盘盈凭证

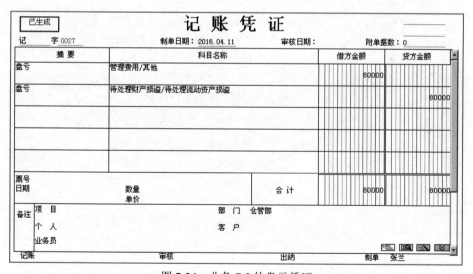

图 7-24　业务 7.5 的盘亏凭证

第 8 章 销售业务

销售是企业生产经营成果的实现过程，是企业经营活动的中心。用友 ERP-U8 的销售管理，提供了报价、订货、发货、开票的完整销售流程管理，支持普通销售、委托代销、分期收款、直运、零售等多种类型的销售业务，以及销售退货等逆向业务；可以进行现结业务、代垫费用、销售支出的业务处理；可以制订销售计划，对价格和信用进行实时监控。

普通销售，又可分为先发货后开票业务和开票直接发货业务。先发货后开票业务，是指根据销售订单或其他销售合同，向客户先发出货物，然后根据发货单开票的业务。发货单作为仓库出货及填制销售发票的依据，可以对应企业的专用票据，如销售小票、提货单、发送单等。用友 ERP-U8 的销售管理可实现一次销售全部发货(详见本教程的 8.2 和 8.3 节)，以及一次销售分批发货(详见本教程的 8.1 节)。

开票直接发货业务，是指根据销售订单或其他销售合同，向客户开具销售发票，客户根据发票到指定仓库提货。一般流程是销售部门根据销售订单生成销售发票，客户或送货人依据销售发票中某联到仓库提货。在实际业务中仓库依据销售发票中某联作为出货依据，但用友 ERP-U8 系统会自动生成销售发货单，并根据系统参数的设置自动或手工生成销售出库单。相关的业务描述和操作流程，详见本教程的 8.3 节。

委托代销业务，指企业将商品委托他人进行销售但商品所有权仍归本企业的销售方式。委托代销商品销售后，受托方与企业进行结算，并开具正式的销售发票，形成销售收入，商品所有权转移。相关的业务描述和操作流程，详见本教程的 8.5 和 8.6 节。委托代销业务只能先发货后开票，不能开票直接发货。

分期收款业务，类似于委托代销业务，货物提前发给客户，分期收回货款，其特点是：一次发货，当时不确认收入，分次确认收入，在确认收入的同时配比性地转成本。相关的业务描述和操作流程，详见本教程的 8.4 节。

直运业务是指产品无须入库即可完成购销业务，由供应商直接将商品发给企业的客户；结算时，由购销双方分别与企业结算。直运业务包括直运销售业务和直运采购业务，没有实物的出入库，货物流向是直接从供应商到客户，财务结算通过直运销售发票、直运采购发票处理。相关的业务描述和操作流程，详见本教程的 8.7 节。

零售业务指企业用户将商品销售给零售客户的销售业务，本系统通过零售日报的方式接收用户的零售业务原始数据。相关的业务描述和操作流程，详见本教程的 8.8 节。

销售退货业务是指客户因货物质量、品种、数量等不符合要求而将已购货物退回本企业的业务。相关的业务描述和操作流程，详见本教程的 8.9 节。

本章的操作，请按照业务描述中的系统日期(如 4 月 11 日)和操作员(如销售部主管赵飞)，在第 7 章完成的基础上，在销售管理、库存管理、存货核算和应收款管理系统中进行。

如果读者没有完成第 7 章的库存存货业务的操作，可以到百度网盘空间(网盘地址: http://pan.baidu.com/s/1nuTA0WD，密码: ozr2)的"实验账套数据"文件夹中，将"07 库存存货.rar"下载到实验用机上，然后"引入"(操作步骤详见 2.2.5 节)到 ERP-U8 系统中。而且，本章完成的账套，其"输出"压缩的文件名为"08 销售业务.rar"。

需要注意的是，因网盘中的账套备份文件均为"压缩"文件，所以下载完成后引入前，需要用解压缩工具进行解压(建议用 WinRAR 3.42 或以上版本)，得到相应可以引入的账套数据文件。

本章的所有业务实验操作，都有配套的微视频，读者可以通过扫描二维码，或者到指定的网页去观看。本教程配套的微视频，均存放在北京神州明灯教育科技有限公司和合一集团的网站上，相应的访问说明请参见网盘中的"微视频访问说明.doc"。

8.1 先发货后开票(分批发货)

普通销售业务根据"发货－开票"的实际业务流程不同，可以分为两种业务模式。系统处理两种业务模式的流程不同，但允许两种模式并存。系统判断两种模式的最本质区别是先录入发货单还是先录入发票。

先发货后开票模式，是先录入发货单，再根据发货单开票。

8.1.1 业务概述与分析

4 月 11 日，销售批发部夏于与雪亮公司签订销售合同(合同编号 XS001)，出售女士高端太阳镜 900 副，无税单价为 360 元，增值税税率为 17%。合同约定当日发货 600 副，开具全额增值税发票(数量 900，票号为 XS3064)，价税合计 379080 元；剩下 300 副 12 号发货。

4 月 12 日，完成剩下 300 副眼镜的发货和出库。

本业务是一次销售分批发货的先发货后开票业务，11 日需要填制并审核销售订单和发货单(600 副)，审核出库单，填制并复核销售发票，应收确认与销售成本结转；12 日需要填制并审核发货单(300 副)，审核出库单。

8.1.2 虚拟业务场景

人物：赵飞——销售部主管
　　　夏于——批发部职员
　　　李莉——仓管部主管
　　　张兰——财务部会计
　　　曾志伟——财务部主管
　　　王强——雪亮公司采购部

场景一　销售部职员与雪亮公司签订销售合同，填制销售订单

(雪亮公司采购部打来电话)

王强：您好！请问是亮康公司吗？

夏于：对，请问您是？

王强：我是雪亮公司的采购员王强。

夏于：王先生您好！

王强：我们想采购900副女士高端太阳镜，你们公司的价格和质量怎么样？

夏于：眼镜质量绝对可以保证，价钱每副360元。

王强：那好的，我们签过合同之后就先发600副，剩下300副明天发货可以吗？

夏于：(查询现存量之后……)好的，没问题。

场景二　夏于找赵飞审核销售订单

夏于：赵总，请您审核一下今天和雪亮公司签订的销售订单。

赵飞：好的。(审核)小夏，你再把销售发货单填一下吧，辛苦了。

场景三　销售部参照销售订单填制并审核发货单

(夏于参照销售订单生成了600副眼镜的发货单……)

夏于：赵总，我已经填好雪亮公司的第一批眼镜的发货单，请您审核一下。

赵飞：好的。(审核完成，系统自动生成出库单)

场景四　销售部通知仓管部发货，仓管部审核出库单

夏于：喂，您好，是仓管部吗？

李莉：您好，是仓管部。

夏于：雪亮公司订购的眼镜，需要今天发出第一批，我们已经填制审核发货单了，请你安排出库。

李莉：好的，我马上处理。

(仓管部出库完成后，李莉审核出库单……)

场景五　销售部职员夏于填制销售专业发票，主管赵飞复核

(夏于填制销售专业发票……)

夏于：赵总，我已经参照生成了销售发票，请您复核。

赵飞：好的。(复核完毕)

场景六　赵飞请财务部对本笔业务进行应收确认和销售成本结转

赵飞：小张，今天销售给雪亮公司眼镜的业务已经完成了，麻烦进行一下应收确认和销售成本结转。

张兰：好的，没问题。

(张兰来到财务部主管曾志伟的办公室……)

张兰：曾总，销售部今天有一笔应收业务，请您审核一下销售发票。

曾志伟：好的，我现在就审核。

(曾志伟审核销售发票……)

(张兰进行应收制单和销售成本结转……)

场景七　销售部和仓管部完成第二批发货

(12 日，夏于参照销售订单生成了 300 副眼镜的发货单……)

(赵飞在 ERP 系统中，审核夏于刚刚完成的 300 副眼镜的发货单……)

(仓管部根据发货单，出库完成后，李莉审核出库单……)

8.1.3　操作指导

1. 操作流程

先发货后开票(分批发货)业务的操作流程如图 8-1 所示。

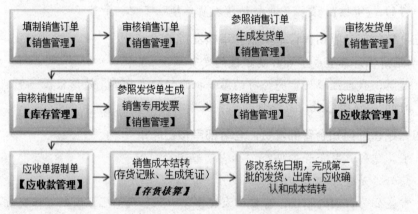

图 8-1　业务 8.1 的操作流程图

请确认系统日期和业务日期为 2016 年 4 月 11 号。

2. 场景一的操作步骤

任务说明：销售部职员夏于填制销售订单。

(1) 打开"销售订单"窗口。在"企业应用平台"的"业务工作"页签中，依次单击"供应链/销售管理/销售订货/销售订单"菜单项，系统打开"销售订单"窗口。

(2) 编辑销售订单。先单击工具栏中的"增加"按钮，新增一张销售订单，然后做如下编辑。

① 编辑表头。修改"订单号"为"XS001"，确认"业务类型"为"普通销售"，"销售类型"为"批发销售"，参照生成"客户简称"为"雪亮公司"，"销售部门"为"批发部"，"业务员"为"夏于"，"备注"为"销售女士高端900副分批发货"，其他项默认。

② 编辑表体的两条记录。参照生成"存货名称"为"女士高端太阳镜"，第一行"数量"为"600"，修改或确认"报价"为"0"、"无税单价"为"360"，确认"预发货日期"为"当日"；第二行"数量"为"300"、"报价"为"0"、"无税单价"为"360"、"预发货日期"为"4月12号"。

(3) 保存。单击工具栏中的"保存"按钮，保存该单据，结果如图8-2所示。

(4) 退出。单击"销售订单"窗口右上角的"关闭"按钮，关闭并退出该窗口。

图8-2　业务8.1的销售订单

3. 场景二的操作步骤

任务说明：销售部主管赵飞审核销售订单。

(1) 打开"销售订单"窗口。

(2) 查阅并审核销售订单。单击工具栏中的"上张"按钮，查阅到相应的销售订单，然后单击工具栏中的"审核"按钮，完成审核工作。

(3) 退出。单击"销售订单"窗口右上角的"关闭"按钮，关闭并退出该窗口。

4. 场景三的操作步骤

任务说明：销售部夏于参照销售订单生成发货单，销售部主管赵飞审核发货单。

【批发部职员夏于参照生成发货单】

(1) 打开"发货单"窗口。在"销售管理"子系统中，依次单击"销售发货/发货单"菜单项，系统打开"发货单"窗口。

(2) 参照销售订单生成发货单。

① 打开"参照生单"窗口。单击工具栏中的"增加"按钮，系统弹出"查询条件选

择-参照订单"对话框，直接单击对话框中的"确定"按钮，系统打开"参照生单"窗口。

② 拷贝信息 在"参照生单"窗口的上窗格中，双击要选择的销售订单(订单编号为XS001)所对应的"选择"栏，然后在其下窗格取消选择第二行记录，再单击工具栏中的"OK确定"按钮，系统返回"发货单"窗口，此时相关的信息已经有默认值，保持数据不变。

(3) 保存。单击工具栏中的"保存"按钮，保存该发货单，结果如图 8-3 所示。

(4) 退出。单击"发货单"窗口右上角的"关闭"按钮，关闭并退出该窗口。

图 8-3 业务 8.1 的发货单

【销售部主管赵飞审核发货单】

(1) 打开"发货单"窗口。

(2) 查阅并审核发货单。单击工具栏中的"上张"按钮，查阅到相应的发货单，然后单击工具栏中的"审核"按钮，完成审核工作(根据本公司的账套初始设置，系统将自动生成销售出库单)。

(3) 退出。单击"发货单"窗口右上角的"关闭"按钮，关闭并退出该窗口。

5. 场景四的操作步骤

任务说明：仓管部完成发货，仓管部主管李莉审核出库单。

(1) 打开"销售出库单"窗口。在"库存管理"子系统中，依次单击"出库业务/销售出库单"菜单项，系统打开"销售出库单"窗口。

(2) 查阅并审核销售出库单。单击工具栏中的"末张"按钮，查阅到相应的销售出库单，然后单击工具栏中的"审核"按钮，系统弹出信息框提示审核成功，单击"确定"按钮，完成审核工作。

(3) 退出。单击"销售出库单"窗口右上角的"关闭"按钮，关闭并退出该窗口。

6. 场景五的操作步骤

任务说明：批发部职员夏于参照发货单生成销售专用发票，销售部主管赵飞复核发票。

【批发部职员夏于参照生成销售专用发票】

(1) 打开"销售专用发票"窗口。在"销售管理"子系统中，依次单击"销售开票/

销售专用发票"菜单项,系统打开"销售专用发票"窗口。

(2) 参照发货单生成销售专用发票。单击工具栏中的"增加"按钮,系统弹出"查询条件选择—发票参照发货单"对话框,直接单击"确定"按钮系统打开"参照生单"窗口;在该窗口的上窗格中,选中相应的发货单,再单击工具栏中的"OK确定"按钮,返回"销售专用发票"窗口。

(3) 编辑并保存销售专用发票。在"销售专用发票"窗口中,编辑表头的"发票号"为"XS3064"、表体的"数量"为"900",然后单击工具栏中的"保存"按钮,结果如图8-4所示。

(4) 退出。单击"销售专用发票"窗口右上角的"关闭"按钮,关闭并退出该窗口。

【销售部主管赵飞复核销售专用发票】

(1) 打开"销售专用发票"窗口。

(2) 查阅并复核销售专用发票。单击工具栏中的"上张"按钮,查阅到相应的销售专用发票,然后单击工具栏中的"复核"按钮,完成复核工作。

(3) 退出。单击"销售专用发票"窗口右上角的"关闭"按钮,关闭并退出该窗口。

图8-4　业务8.1的销售专用发票

7. 场景六的操作步骤

任务说明:财务部主管曾志伟进行应收审核,会计张兰对销售业务进行应收制单和销售成本结转。

【财务部主管曾志伟进行应收审核】

(1) 打开应收"单据处理"窗口。在"企业应用平台"的"业务工作"页签下,依次单击"财务会计/应收款管理/应收单据处理/应收单据审核"菜单项,系统弹出"应收单查询条件"对话框,直接单击该对话框中的"确定"按钮,系统打开应收"单据处理"窗口。

(2) 审核应收单据。在应收"单据处理"窗口中,系统已列出本业务的销售专用发票,选中该单据并单击工具栏中的"审核"按钮,系统提示审核成功,单击"确定"按钮,退出信息提示框,返回应收"单据处理"窗口。

(3) 退出。单击"单据处理"窗口右上角的"关闭"按钮,退出该窗口。

【财务部会计张兰进行应收制单】

(1) 打开应收"制单"窗口。在"应收款管理"子系统中,双击"制单处理"菜单项,在系统弹出的"制单查询"对话框中,确认已选中"发票制单",然后单击"确定"按钮,系统打开应收"制单"窗口。

(2) 编辑销售专用发票的应收凭证。具体的操作步骤如下。

① 选中本业务生成的销售专业发票,再单击工具栏中的"制单"按钮,系统打开"填制凭证"窗口,并默认显示凭证的信息为"借记:应收账款,贷记:主营业务收入、销项税额"。

② 设置"主营业务收入"科目的辅助项的"项目名称"为"女士高端":单击"主营业务收入"科目所在栏,然后将鼠标移至"项目"区域,待鼠标显示为"笔尖"图标时双击,系统将打开"辅助项"对话框,参照生成"项目名称"为"女士高端",然后单击"确定"按钮返回"填制凭证"窗口。

(3) 保存。单击工具栏中的"保存"按钮,保存该单据,结果如图8-5所示。

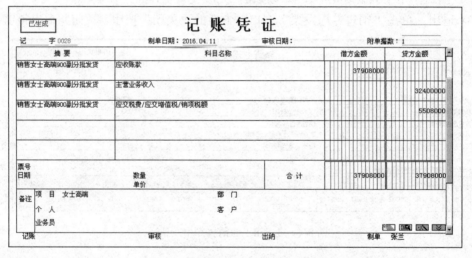

图 8-5 业务 8.1 的销售发票制单结果

(4) 退出。单击"填制凭证"和"制单"窗口右上角的"关闭"按钮,关闭并退出窗口。

【财务部会计张兰进行销售出库记账】

(1) 打开"未记账单据一览表"窗口。在"企业应用平台"的"业务工作"页签下,依次单击"供应链/存货核算/业务核算/正常单据记账"菜单项,系统弹出"查询条件选择"对话框,直接单击该对话框中的"确定"按钮,系统打开"未记账单据一览表"窗口。

(2) 销售出库记账。在"未记账单据一览表"窗口中,选中本业务生成的销售发票,然后单击工具栏中的"记账"按钮,系统弹出信息框提示记账成功,单击"确定"按钮,完成记账工作。

(3) 退出。单击"未记账单据一览表"窗口右上角的"关闭"按钮,退出当前窗口。

【财务部会计张兰进行销售出库制单】

(1) 打开"生成凭证"窗口。在"存货核算"子系统中,依次单击"财务核算/生成凭证"菜单项,系统打开"生成凭证"窗口。

(2) 打开"选择单据"窗口。单击工具栏中的"选择"按钮,在系统弹出的"查询条件"对话框中,直接单击"确定"按钮,系统退出对话框并打开"选择单据"窗口。

(3) 生成存货凭证。

① 选择销售发票。在"选择单据"窗口中,选中本业务生成的销售发票,然后单击工具栏中的"确定"按钮,系统返回"生成凭证"窗口。

② 生成并保存凭证。单击工具栏中的"生成"按钮,系统打开"填制凭证"窗口,并默认显示了本业务的存货相关信息(借记:主营业务成本,贷记:库存商品)。

(4) 编辑存货凭证。在"填制凭证"窗口中,修改"主营业务成本"和"库存商品"的辅助项的项目名称为"女士高端",其他项默认。

(5) 保存。单击工具栏中的"保存"按钮,保存该凭证,结果如图 8-6 所示。

(6) 退出。单击"填制凭证"和"生成凭证"窗口右上角的"关闭"按钮,关闭并退出该窗口。

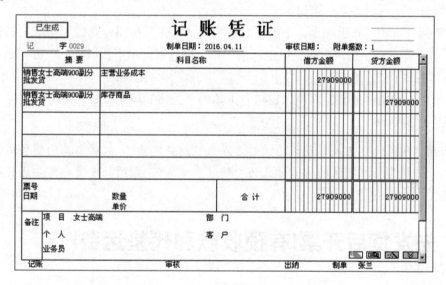

图 8-6 业务 8.1 的存货出库凭证

请将系统日期修改为 2016 年 4 月 12 号。

8. 场景七 销售部和仓管部完成第二批发货

任务说明:销售部职员夏于生成发货单,主管赵飞审核;仓管部主管李莉审核自动生成的销售出库单。

【批发部职员夏于参照生成发货单】

(1) 打开销售"发货单"窗口。

(2) 参照销售订单生成发货单(300副眼镜)。单击工具栏中的"增加"按钮,系统弹出"查询条件选择-参照订单"对话框,直接单击其"确定"按钮,然后在系统打开的"参照生单"窗口的上窗格中,双击要选择的销售订单(订单编号为XS001)所对应的"选择"栏,再单击工具栏中的"OK确定"按钮,系统返回"发货单"窗口,此时相关的信息已经有默认值,保持数据不变。

(3) 保存。单击工具栏中的"保存"按钮,保存该发货单。

(4) 退出。单击"发货单"窗口右上角的"关闭"按钮,关闭并退出该窗口。

【销售部主管赵飞审核发货单】

(1) 打开销售"发货单"窗口。

(2) 查阅并审核发货单。单击工具栏中的"上张"按钮,查阅到相应的发货单,然后单击工具栏中的"审核"按钮,完成审核工作(根据本公司的账套初始设置,系统将自动生成销售出库单)。

(3) 退出。单击"发货单"窗口右上角的"关闭"按钮,关闭并退出该窗口。

【仓管部主管李莉审核出库单】

(1) 打开"销售出库单"窗口。

(2) 查阅并审核销售出库单。单击工具栏中的"末张"按钮,查阅到相应的销售出库单,然后单击工具栏中的"审核"按钮,系统弹出信息框提示审核成功,单击"确定"按钮,完成审核工作。

(3) 退出。单击"销售出库单"窗口右上角的"关闭"按钮,关闭并退出该窗口。

提示:

由于存货核算的销售成本确认的核算方式为"销售发票",故第二批的销售成本结转不需要做;若销售成本确认的核算方式为"销售出库单",则两批发货都需要进行成本确认与结转。

8.2 先发货后开票(有预收款和代垫运费)

如前所述,定金是指在合同订立或在履行之前,支付一定数额的金钱作为担保的担保方式。在用友ERP-U8中,销售业务的定金通过"预收账款"反映。

销售业务中,代垫费用指随货物销售所发生的、不通过发票处理而形成的,暂时代垫将来需向客户收取的费用项目,如运杂费、保险费等。代垫费用实际上形成了对客户的应收款。

8.2.1 业务概述与分析

4月12日,销售批发部夏于与光明公司签订销售合同(合同编号XS002),出售男士普通太阳镜 4000 副，无税单价 108 元，增值税税率为 17%。合同签订当日光明公司用转账支票(票号为 13100650)支付定金 40000 元；我公司当日发货，用现金支票(票号 XJ001)代垫运费 1200 元，全额增值税发票(票号为 XS3066，价税合计 505440 元)和运费发票随货送出。

本笔业务是一次销售全部发货出库的先发货后开票业务，还涉及销售定金和代垫运费的处理，需要填制并审核销售订单和发货单，审核出库单，填制并复核销售发票，填制并审核代垫费用；应收确认与销售成本结转。

8.2.2 虚拟业务场景

人物：赵飞——销售部主管
　　　夏于——批发部职员
　　　刘欣——光明公司采购部
　　　李莉——仓管部主管
　　　张兰——财务部会计
　　　罗迪——财务部出纳
　　　曾志伟——财务部主管

场景一　与光明公司签订男士普通太阳镜的销售合同

(光明公司采购部打来电话)

夏于：喂，您好，这里是亮康眼镜有限公司销售部。

刘欣：您好！我是光明公司采购部的采购员。我们想订购男士普通太阳镜，请问你们的眼镜价格和质量怎么样？

夏于：眼镜的质量没有问题，无税单价 108 元。

刘欣：那我们订 4000 副，今天就要货，运费可自付。我们可用转账支票预付定金 4 万元。

夏于：(现存量查询之后……)好的，我们先代垫运费，共 1200 元。还请尽快发来定金，合作愉快！

(夏于填制销售订单)

夏于：赵总，请您审核一下刚与光明公司签订的销售订单。

赵飞：好的。(审核……)

场景二　销售部填制发货单并审核

(夏于参照销售订单生成发货单)

夏于：赵总，光明公司的发货单我已经填制好了，请您审核。

赵飞：好的，我马上审核，待会你就去通知仓管部发货吧。

(审核……)

场景三　赵飞通知夏于填制销售专用发票和运费单，赵飞复核发票和审核运费单

赵飞：小夏，把这笔业务的销售专用发票和运费的代垫费用单填制一下。

夏于：好的。

(夏于开始填制)

夏于：主管，已经填制好销售专用发票和运费的代垫费用单了，麻烦您审核。

赵飞：好的。(复核发票并审核代垫费用单……)

场景四　夏于通知仓管部发货

夏于：李总，光明公司订购了4000副男士普通太阳镜，请您安排一下发货吧。

李莉：好的，我们马上准备。

(仓管部出库完成后，李莉审核出库单……)

场景五　财务部出纳罗迪填制收款单，财务主管曾志伟审核，张兰进行收款单制单

夏于：小罗，你看一下与光明公司签订的销售订单，这是他们今天送来的4万元转账支票，用作定金。

罗迪：好的。

(罗迪填制收款单完毕)

罗迪：曾总，光明公司的收款单填好了，请您审核一下。

曾志伟：好的。

(曾志伟审核收款单完毕)

曾志伟：小张，收款单我审核完了，你做一下收款单制单吧。

张兰：好的，曾总。

场景六　赵飞通知财务部张兰对本笔销售业务进行应收确认和销售成本结转

赵飞：小张，这笔光明公司的业务已经完成，麻烦进行应收确认和成本结转吧。

张兰：好的，没问题。

(张兰来到财务部主管曾志伟的办公室……)

张兰：曾总，销售部今天有一笔应收业务，请您审核一下应收单。

曾志伟：好的，我现在就审核。

(曾志伟审核应收单……)

(张兰进行应收制单和销售成本结转……)

8.2.3　操作指导

1. 操作流程图

先发货后开票(有预收款和代垫运费)业务的操作流程如图8-7所示。

图 8-7 业务 8.2 的操作流程图

请确认系统日期和业务日期为 2016 年 4 月 12 号。

2. 场景一的操作步骤

任务说明：销售批发员夏于填制销售订单，主管赵飞审核销售订单。

【销售批发部职员夏于填制销售订单】

(1) 打开"销售订单"窗口。在"企业应用平台"的"业务工作"页签中，依次单击"供应链/销售管理/销售订货/销售订单"菜单项，系统打开"销售订单"窗口。

(2) 编辑销售订单。单击工具栏中的"增加"按钮，新增一张销售订单，并做如下编辑：

① 编辑表头。修改"订单号"为"XS002"，"客户简称"为"光明公司"，"销售部门"为"批发部"，"业务员"为"夏于"，"备注"为"销售男士普通 4 千副有定金"。

② 编辑表体。参照生成"存货名称"为"男士普通太阳镜"，"数量"栏输入"4000"，"无税单价"为"108 元"，确认"预发货日期"为"4 月 12 号"，其他项默认。

(3) 保存。单击工具栏中的"保存"按钮，保存该订单，结果如图 8-8 所示。

(4) 退出。单击"销售订单"窗口右上角的"关闭"按钮，关闭并退出该窗口。

【销售部主管赵飞审核销售订单】

(1) 打开"销售订单"窗口。

(2) 查阅并审核销售订单。单击工具栏中的"上张"按钮，查阅到相应的销售订单，然后单击工具栏中的"审核"按钮，完成审核工作。

(3) 退出。单击"销售订单"窗口右上角的"关闭"按钮，关闭并退出该窗口。

图 8-8 业务 8.2 的销售订单

3. 场景二的操作步骤

任务说明：销售批发部夏于参照销售订单生成发货单，销售部主管赵飞审核发货单。

【批发部职员夏于参照生成发货单】

(1) 打开"发货单"窗口。在"销售管理"子系统中，依次单击"销售发货/发货单"菜单项，系统打开"发货单"窗口。

(2) 参照销售订单生成发货单。单击工具栏中的"增加"按钮，系统弹出"查询条件选择-参照订单"对话框，直接单击其"确定"按钮，然后在系统打开的"参照生单"窗口的上窗格中，双击要选择的销售订单(订单编号为 XS002)所对应的"选择"栏，再单击工具栏中的"OK确定"按钮，系统返回"发货单"窗口，此时相关的信息已经有默认值，保持数据不变。

(3) 保存。单击工具栏中的"保存"按钮，保存该发货单，结果如图 8-9 所示。

(4) 退出。单击"发货单"窗口右上角的"关闭"按钮，关闭并退出该窗口。

图 8-9 业务 8.2 的发货单

【销售部主管赵飞审核发货单】

(1) 打开"发货单"窗口。

(2) 查阅并审核发货单。单击工具栏中的"上张"按钮，查阅到相应的发货单，然后单击工具栏中的"审核"按钮，完成审核工作(根据本公司的账套初始设置，系统将自动生成销售出库单)。

(3) 退出。单击"发货单"窗口右上角的"关闭"按钮,关闭并退出该窗口。

4．场景三的操作步骤

任务说明：批发部职员夏于参照发货单生成销售专用发票、填制代垫运费单,销售部主管赵飞复核发票、审核代垫费用单。

【批发部职员夏于参照生成销售专用发票、填制代垫运费单】

(1) 打开"销售专用发票"窗口。在"销售管理"子系统中,依次单击"销售开票/销售专用发票"菜单项,系统打开"销售专用发票"窗口。

(2) 参照发货单生成销售专用发票。单击工具栏中的"增加"按钮,系统弹出"查询条件选择-发票参照发货单"对话框,直接单击"确定"按钮系统打开"参照生单"窗口;在该窗口的上窗格中,选中相应的发货单(其对应的"订单号"为"XS002"),再单击工具栏中的"OK确定"按钮,返回"销售专用发票"窗口。

(3) 编辑并保存销售专用发票。在"销售专用发票"窗口中,编辑表头的"发票号"为"XS3066",然后单击工具栏中的"保存"按钮,结果如图 8-10 所示。

图 8-10 业务 8.2 的销售专用发票

(4) 编辑并保存代垫运费单：

① 单击"销售专用发票"窗口工具栏中的"代垫"按钮,系统打开"代垫费用单"窗口。

② 在"代垫费用单"窗口中,参照生成"费用项目"为"运输费",编辑"代垫金额"为"1200 元"。

③ 单击工具栏中的"保存"按钮,保存该单据,结果如图 8-11 所示。

(5) 退出。单击"代垫费用单"和"销售专用发票"窗口右上角的"关闭"按钮,关闭并退出该窗口。

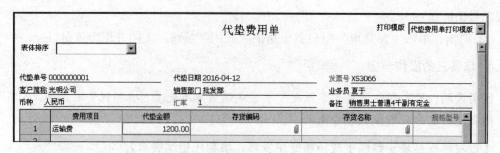

图 8-11 业务 8.2 的代垫费用单

【销售部主管赵飞复核销售专用发票】

(1) 打开"销售专用发票"窗口。

(2) 查阅并复核销售专用发票。单击工具栏中的"上张"按钮,查阅到相应的销售专用发票,然后单击工具栏中的"复核"按钮。

(3) 退出。单击"销售专用发票"窗口右上角的"关闭"按钮,关闭并退出该窗口。

【销售部主管赵飞审核代垫费用单】

(1) 打开"代垫费用单"窗口。在"销售管理"子系统中,依次单击"代垫费用/代垫费用单"菜单项,系统打开"代垫费用单"窗口。

(2) 查阅并审核代垫费用单。单击工具栏中的"上张"按钮,查阅到相应的代垫费用单,然后单击工具栏中的"审核"按钮,完成审核工作。

(3) 退出。单击"代垫费用单"窗口右上角的"关闭"按钮,关闭并退出该窗口。

5. 场景四的操作步骤

任务说明:仓管部主管李莉审核出库单。

(1) 打开"销售出库单"窗口。在"企业应用平台"的"业务工作"页签中,依次单击"供应链/库存管理/出库业务/销售出库单"菜单项,系统打开"销售出库单"窗口。

(2) 查阅并审核销售出库单。单击工具栏中的"末张"按钮,查阅到相应的销售出库单,然后单击工具栏中的"审核"按钮,系统弹出信息框提示审核成功,单击"确定"按钮,完成审核工作。

(3) 退出。单击"销售出库单"窗口右上角的"关闭"按钮,关闭并退出该窗口。

6. 场景五的操作步骤

任务说明:收到销售定金,财务部出纳罗迪填制收款单,财务部主管曾志伟审核,会计张兰制单。

【财务部出纳罗迪填制收款单】

(1) 打开"收付款单录入"窗口。在"企业应用平台"的"业务工作"页签中,依次单击"财务会计/应收款管理/收款单据处理/收款单据录入"菜单项,打开"收付款单录入"窗口。

(2) 编辑收款单。单击工具栏中的"增加"按钮，新增一张收款单，然后做如下编辑：

① 编辑其表头的"客户"为"光明公司"，"结算方式"为"转账支票"，"金额"为"40000"，"票据号"为"13100650"，"部门"为"财务部"，"摘要"为"光明公司 XS002 的定金"。

② 单击表体部分，系统将自动生成一条记录，注意将"款项类型"默认的"应收款"修改为"预收款"，其他项默认，结果如图 8-12 所示。

(3) 保存。单击工具栏中的"保存"按钮，保存该单据。

(4) 退出。单击"收付款单录入"窗口右上角的"关闭"按钮，关闭并退出该窗口。

图 8-12 业务 8.2 的定金收款单

【财务主管曾志伟审核收款单】

(1) 打开"收付款单列表"窗口。在"应收款管理"子系统中，依次单击"收款单据处理/收款单据审核"菜单项，系统弹出"收款单查询条件"对话框，直接单击"确定"按钮，系统退出该对话框并打开"收付款单列表"窗口。

(2) 查阅并审核收款单。在"收付款单列表"窗口中，选中相应的单据，然后单击工具栏中的"审核"按钮，系统弹出信息框提示审核成功，单击"确定"按钮，完成审核工作。

(3) 退出。单击"收付款单列表"窗口右上角的"关闭"按钮，关闭并退出该窗口。

【财务会计张兰进行收款单制单】

(1) 打开"制单"窗口。在"应收款管理"子系统中，双击"制单处理"菜单项，在系统弹出的"制单查询"对话框中，增加勾选"收付款单制单"选项，然后单击"确定"按钮，系统打开"制单"窗口。

(2) 生成收款的记账凭证。在应收"制单"窗口中选中本业务填制的收款单，再单击工具栏中的"制单"按钮，系统打开"填制凭证"窗口，并默认显示凭证的信息为"借记：工行存款，贷记：预收账款"。

(3) 保存。单击工具栏中的"保存"按钮，结果如图 8-13 所示。

(4) 退出。单击"填制凭证"和"制单"窗口右上角的"关闭"按钮，关闭并退出窗口。

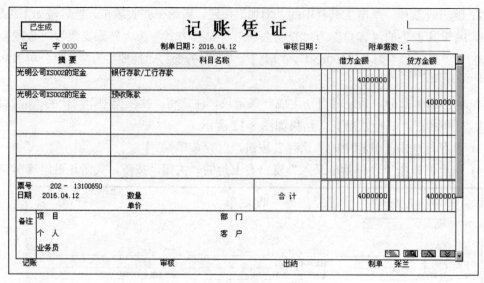

图 8-13　业务 8.2 的收款单制单结果

7. 场景六的操作步骤

任务说明：财务部主管曾志伟进行应收审核，会计张兰对销售业务进行应收制单和销售成本结转。

【财务部主管曾志伟进行销售专用发票和代垫费用单的应收审核】

(1) 打开应收"单据处理"窗口。在"应收款管理"子系统中，依次单击"应收单据处理/应收单据审核"菜单项，系统弹出"应收单查询条件"对话框，直接单击其"确定"按钮，系统打开"单据处理"窗口。

(2) 审核应收单据。在应收"单据处理"窗口中，系统已列出本业务的销售专用发票和代垫费用单，选中这 2 个单据，然后单击工具栏中的"审核"按钮，系统弹出信息框提示审核成功，单击"确定"按钮，完成审核工作。

(3) 退出。单击"单据处理"窗口右上角的"关闭"按钮，退出该窗口。

【财务部会计张兰进行销售专用发票和代垫费用的应收制单】

(1) 打开应收"制单"窗口。在"应收款管理"子系统中，双击"制单处理"菜单项，在系统弹出的"制单查询"对话框中，确认已选中"发票制单"和"应收单制单"，然后单击"确定"按钮，系统打开"制单"窗口。

(2) 编辑并保存应收款的记账凭证。具体的操作步骤如下。

① 单击工具栏中的"全选"按钮，以选中本业务填制的销售专业发票和代垫运费单，再单击"制单"按钮，系统打开"填制凭证"窗口，并默认显示第 1 张凭证(销售专业发票对应的凭证)的信息为"借记：应收账款，贷记：主营业务收入、销项税额"。

② 设置"主营业务收入"科目的辅助项的"项目名称"为"男士普通"，然后单击"保存"按钮，结果如图 8-14 所示。

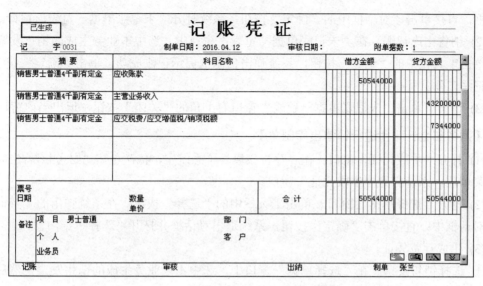

图 8-14 业务 8.2 的销售专用发票制单结果

③ 单击"填制凭证"窗口的"下张凭证"按钮,系统默认显示第 2 张凭证(代垫费用对应的凭证)的信息为"借记:应收账款,贷记:库存现金";修改其"贷方科目"为"工行存款"(100201),并设置其"票号"的辅助项"结算方式"为"现金支票"、"票号"为"XJ001","摘要"为"代垫光明公司的运费",然后单击"保存"按钮,结果如图 8-15 所示。

(3) 退出。单击"填制凭证"和"制单"窗口右上角的"关闭"按钮,关闭并退出该窗口。

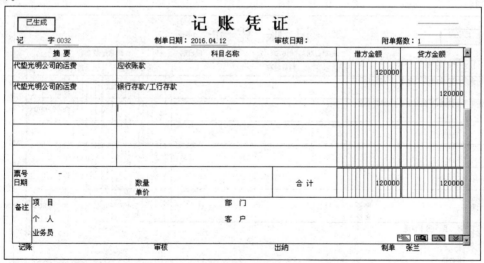

图 8-15 业务 8.2 的代垫费用制单结果

【财务部会计张兰进行销售出库记账】

(1) 打开"未记账单据一览表"窗口。在"企业应用平台"的"业务工作"页签下,依次单击"供应链/存货核算/业务核算/正常单据记账"菜单项,系统弹出"查询条件选择"

对话框，直接单击该对话框中的"确定"按钮，系统打开"未记账单据一览表"窗口。

(2) 销售出库记账。在"未记账单据一览表"窗口中，选中本业务生成的销售发票，然后单击工具栏中的"记账"按钮，系统弹出信息框提示记账成功，单击"确定"按钮，完成记账工作。

(3) 退出。单击"未记账单据一览表"窗口右上角的"关闭"按钮，退出当前窗口。

【财务部会计张兰进行销售出库制单】

(1) 打开"生成凭证"窗口。在"存货核算"子系统中，依次单击"财务核算/生成凭证"菜单项，系统打开"生成凭证"窗口。

(2) 打开"选择单据"窗口。单击工具栏中的"选择"按钮，在系统弹出的"查询条件"对话框中，直接单击"确定"按钮，系统退出对话框并打开"选择单据"窗口。

(3) 生成存货凭证。

① 选择销售发票。在"选择单据"窗口中，选中本笔业务生成的销售发票，然后单击工具栏中的"确定"按钮，系统返回"生成凭证"窗口。

② 生成并保存凭证。单击工具栏中的"生成"按钮，系统打开"填制凭证"窗口，并默认显示了本业务销售出库的相关信息(借记：主营业务成本，贷记：库存商品)。

(4) 编辑存货凭证。在"填制凭证"窗口中，修改"主营业务成本"和"库存商品"的辅助项的"项目名称"为"男士普通"，其他项默认。

(5) 保存。单击工具栏中的"保存"按钮，保存该凭证，结果如图8-16所示。

(6) 退出。单击"填制凭证"和"生成凭证"窗口右上角的"关闭"按钮，关闭并退出窗口。

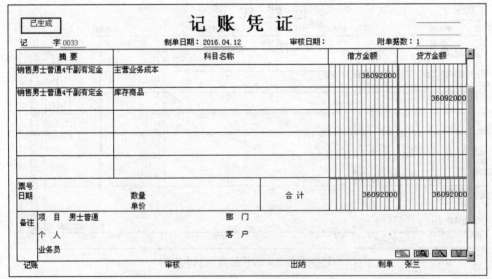

图8-16 业务8.2的存货出库凭证

8.3 有报价和折扣的开票直接发货

销售报价是企业向客户提供货品、规格、价格、结算方式等信息,双方达成协议后,销售报价单转为有效的销售订单。

销售过程中的折扣,可分为商业折扣和现金折扣。

商业折扣(税法中又称"折扣销售"),指实际销售商品或提供劳务时,将价目单中的报价打一个折扣后提供给客户,这个折扣就叫作商业折扣。商业折扣是企业在销售商品时,先打折再销售,折扣在前销售在后,是在交易成立及实际付款之前予以扣除,所以对库存现金和主营业务收入不产生影响。商业折扣需要明列出来,通常以百分数如5%、10%的形式表示,买方只需按照标明价格的百分比付款即可。

现金折扣(又称销售折扣),是指企业为了鼓励客户偿还货款而允诺在一定期限内给予的一定比率的折扣优待。在用友ERP-U8中称为付款条件,通常可表示为"5/10,2/20,n/30",它的意思是客户在10天内偿还货款,可得到5%的折扣,即只付原价的95%的货款;在20天内偿还货款,可得到2%的折扣,即只要付原价的98%的货款;在30天内偿还货款,则须按照全额支付货款;在30天以后偿还货款,则不仅要按全额支付货款,可能还要支付延期付款利息或违约金。

现金折扣发生在销货之后,是一种融资性质的理财费用,因此现金折扣不得从销售额中减除。由于现金折扣直接影响企业的现金流量,所以必须在会计中反映。我国新企业会计准则要求采用总价法入账,即在销售商品时以发票价格同时记录应收账款和销售收入,不考虑现金折扣。如购货企业享受现金折扣,则以"销售折扣"账户或在"财务费用"账户中反映现金折扣。销售折扣作为销售收入的减项列入利润表。

案例企业规定在"财务费用"账户中反映现金折扣,相应的操作详见9.5节。

8.3.1 业务概述与分析

4月12日,雪亮公司计划订购亮康眼镜5000副,出价180元/副,批发部报价为无税单价200元/副,税率为17%。雪亮公司同意按无税单价200元购买该产品,销售部夏于与雪亮眼镜公司签订销售合同(合同编号:XS003),合同约定当日发货,商业折扣金额4000元,付款条件(即现金折扣)为4/10,2/20,n/30。本公司开具增值税发票(票号为:XS3067),价税合计1166000元。

本笔业务是一次销售全部发货出库的开票直接发货业务,还涉及销售报价、商业折扣和现金折扣的业务处理,需要填制并审核销售报价单和销售订单,填制并复核销售发票(扣除商业折扣),查阅发货单和审核出库单;应收确认与销售成本结转。

8.3.2 虚拟业务场景

人物：赵飞——销售部主管
　　　米娟——雪亮公司采购部
　　　夏于——批发部职员
　　　李莉——仓管部主管
　　　张兰——财务部会计
　　　曾志伟——财务部主管

场景一　向雪亮公司进行销售报价

(雪亮公司采购部打来电话)

夏于：喂，您好，这里是亮康眼镜有限公司销售部。

米娟：您好！我是雪亮公司采购部的采购员，请问你们公司的亮康眼镜，可以每副180元出售吗？我们计划订5000副。

夏于：不好意思，我们的眼镜质量特别好，最低每副200元。您能接受吗？

米娟：这样啊，那我和我们主管商量之后再联系您吧。

夏于：好的，希望我们合作愉快！

(夏于填制销售报价单……)

夏于：赵总，请您审核一下今天的销售报价单。

赵飞：好的。(审核完毕)

场景二　销售部同意折扣销售，并填制和审核订单

(夏于给雪亮公司采购部打电话)

米娟：您好，这里是雪亮公司采购部。

夏于：您好，我是亮康公司的夏于。请问关于亮康眼镜，贵公司考虑得怎样了？

米娟：我们主管同意每副200元的价格，但希望能有些商业折扣，而且今天出货。

夏于：太好了，谢谢你！(查询现存量之后……)今天能出货。商业折扣也没问题，我的权限最多可以优惠4 000元，但可以给更好的现金折扣，10天内付款4%的折扣，20天内2%，30天的账期，您能接受吗？

米娟：好的，那咱们签订购销合同吧。

夏于：好的。

(夏于参照销售报价单，填制销售订单完毕)

夏于：赵总，与雪亮公司的销售订单做好了，对方要求了商业折扣和现金折扣，请您审核。

赵飞：好的(审核中……)。都没有问题，你填制销售发票吧。

场景三　夏于填制销售发票，赵飞复核发票、查阅发货单

(夏于参照销售订单，填制销售专用发票完毕)

夏于：赵总，给雪亮公司的销售专用发票我做好了，请您复核。

赵飞：好的。(复核通过发票，并查阅了发货单……)你去通知仓管部出货吧。

场景四　夏于发站内信通知仓管部发货

夏于：今天有一笔销售业务，对方要求今天出货，发货单我们已经审核通过，请您尽快发货。

李莉：好的，我们尽快完成。

(仓管部出库完成后，李莉审核出库单……)

场景五　赵飞通知财务部张兰对本笔销售业务进行应收确认和销售成本结转

赵飞：小张，有笔雪亮公司的业务已经完成，麻烦进行一下成本结转和应收确认吧。

张兰：好的，没问题。

(张兰来到财务部主管曾志伟的办公室……)

张兰：曾总，销售部今天有一笔应收业务，请您审核一下发票。

曾志伟：好的，我现在就审核。

(曾志伟审核应收发票……)

(张兰进行应收制单和销售成本结转……)

8.3.3　操作指导

1. 操作流程

有报价和折扣的开票直接发货业务的操作流程如图 8-17 所示。

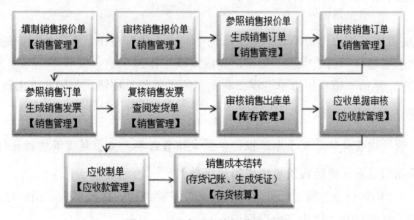

图 8-17　业务 8.3 的操作流程图

请确认系统日期和业务日期为 2016 年 4 月 12 号。

2. 场景一的操作步骤

任务说明：销售部职员夏于填制销售报价单，主管赵飞审核。

【销售部职员夏于填制销售报价单】

(1) 打开"销售报价单"窗口。在"企业应用平台"的"业务工作"页签中，依次单击"供应链/销售管理/销售报价/销售报价单"菜单项，系统打开"销售报价单"窗口。

(2) 编辑销售报价单。单击工具栏中的"增加"按钮，新增一张销售报价单，然后做如下编辑。

① 编辑表头的"客户简称"为"雪亮公司"，"销售部门"为"批发部"，"业务员"为"夏于"，其他项默认。

② 在表体的"存货名称"参照生成"亮康眼镜"，"数量"栏输入"5000"，确认"报价"为"200"元，其他项默认。

(3) 保存。单击工具栏中的"保存"按钮，保存该单据，结果如图 8-18 所示。

(4) 退出。单击"销售报价单"窗口右上角的"关闭"按钮，关闭并退出该窗口。

图 8-18 业务 8.3 的销售报价单

【销售部主管赵飞审核销售报价单】

(1) 打开"销售报价单"窗口。

(2) 查阅并审核销售报价单。单击工具栏中的"上张"按钮，查阅到相应的销售报价单，然后单击工具栏中的"审核"按钮，完成审核工作。

(3) 退出。单击"销售报价单"窗口右上角的"关闭"按钮，关闭并退出该窗口。

3. 场景二的操作步骤

任务说明：销售部职员夏于参照报价单生成销售订单，主管赵飞审核销售订单。

【销售部职员夏于参照报价单生成销售订单】

(1) 打开"销售订单"窗口。在"销售管理"子系统中，依次单击"销售订货/销售订单"菜单项，系统打开"销售订单"窗口。

(2) 参照生成销售订单：

① 打开"参照生单"窗口。单击工具栏中的"增加"按钮，新增一张销售订单，再单击工具栏中的"生单/报价"命令，系统打开"查询条件选择-订单参照报价单"对话框，直接单击其"确定"按钮，系统打开"参照生单"窗口。

② 拷贝信息。在"参照生单"窗口的上窗格中，双击要选择的销售报价单所对应的"选择"栏，然后单击工具栏中的"OK 确定"按钮，系统返回"销售订单"窗口。

(3) 编辑销售订单：

① 编辑表头的"订单号"为"XS003"，"付款条件"为"4/10,2/20,n/30"，"备注"为"销售亮康眼镜 5 千副有折扣"。

② 在表体录入"折扣额"为"4000"，结果如图 8-19 所示。

(4) 保存。单击工具栏中的"保存"按钮，保存该单据。

(5) 退出。单击"销售订单"窗口右上角的"关闭"按钮，关闭并退出该窗口。

图 8-19　业务 8.3 的销售订单

【销售部主管赵飞审核销售订单】

(1) 打开"销售订单"窗口。

(2) 查阅并审核销售订单。单击工具栏中的"上张"按钮，查阅到相应的销售订单，然后单击工具栏中的"审核"按钮，完成审核工作。

(3) 退出。单击"销售订单"窗口右上角的"关闭"按钮，关闭并退出该窗口。

4．场景三的操作步骤

任务说明：批发部职员夏于参照销售订单生成销售专用发票，销售部主管赵飞复核发票，再查阅自动生成和审核的发货单。

【批发部职员夏于参照生成销售专用发票】

(1) 打开"销售专用发票"窗口。在"销售管理"子系统中，依次单击"销售开票/销售专用发票"菜单项，系统打开"销售专用发票"窗口。

(2) 参照销售订单生成销售专用发票：

① 单击工具栏中的"增加"按钮，系统弹出"查询条件选择-发票参照发货单"对话框，直接单击"取消"按钮系统返回"销售专用发票"窗口。

② 单击工具栏中的"生单/参照订单"命令，系统弹出"查询条件选择-参照订单"对话框，直接单击"确定"按钮，系统打开"参照生单"窗口。

③ 在"参照生单"窗口的上窗格中，选中相应的销售订单(订单号：XS003)，然后单击工具栏中的"OK 确定"按钮，返回"销售专用发票"窗口，此时销售发票上已经有系统默认的信息。

(3) 编辑销售专用发票。在"销售专用发票"窗口中，编辑表头的"发票号"为"XS3067"，其他项默认。

(4) 保存。单击工具栏中的"保存"按钮,结果如图 8-20 所示。

(5) 退出。单击"销售专用发票"窗口右上角的"关闭"按钮,关闭并退出该窗口。

图 8-20　业务 8.3 的销售专用发票

【销售部主管赵飞复核销售专用发票】

(1) 打开"销售专用发票"窗口。

(2) 查阅并复核销售专用发票。单击工具栏中的"上张"按钮,查阅到相应的销售专用发票,然后单击工具栏中的"复核"按钮,完成复核工作。

请注意,此时系统将自动生成并审核发货单,然后自动生成出库单,因为开票直接发货模式,发货单将由系统自动生成并审核,而且根据本公司的账套初始设置,系统将根据审核的发货单自动生成销售出库单。

(3) 退出。单击"销售专用发票"窗口右上角的"关闭"按钮,关闭并退出该窗口。

【销售部主管赵飞查阅发货单】

(1) 打开"发货单"窗口。在"销售管理"子系统中,依次单击"销售发货/发货单"菜单项,系统打开"发货单"窗口。

(2) 查阅发货单。单击工具栏中的"上张"按钮,查阅到相应的发货单,可见其已经是审核状态。

(3) 退出。单击"发货单"窗口右上角的"关闭"按钮,关闭并退出该窗口。

5. 场景四的操作步骤

任务说明:仓管部主管李莉审核出库单。

(1) 打开"销售出库单"窗口。在"企业应用平台"的"业务工作"页签中,依次单击"供应链/库存管理/出库业务/销售出库单"菜单项,系统打开"销售出库单"窗口。

(2) 查阅并审核销售出库单。单击工具栏中的"末张"按钮,查阅到相应的销售出库单,然后单击工具栏中的"审核"按钮,系统弹出信息框提示审核成功,单击"确定"按钮,完成审核工作。

(3) 退出。单击"销售出库单"窗口右上角的"关闭"按钮,关闭并退出该窗口。

6. 场景五的操作步骤

任务说明：财务部主管曾志伟进行应收审核，会计张兰对销售业务进行应收制单和销售成本结转。

【财务部主管曾志伟进行销售专用发票的应收审核】

(1) 打开"单据处理"窗口。在"企业应用平台"的"业务工作"页签下，依次单击"财务会计/应收款管理/应收单据处理/应收单据审核"菜单项，系统弹出"应收单查询条件"对话框，直接单击其"确定"按钮，系统打开应收"单据处理"窗口。

(2) 审核应收单据。在"单据处理"窗口中，系统已列出本业务的销售专用发票，选中该单据，然后单击工具栏中的"审核"按钮，系统提示审核成功，单击"确定"按钮，退出信息提示框，返回"单据处理"窗口。

(3) 退出。单击"单据处理"窗口右上角的"关闭"按钮，退出该窗口。

【财务部会计张兰进行销售专用发票的应收制单】

(1) 打开应收"制单"窗口。在"应收款管理"子系统中，双击"制单处理"菜单项，在系统弹出的"制单查询"对话框中，确认已选中"发票制单"，然后单击"确定"按钮，系统打开应收"制单"窗口。

(2) 编辑并保存应收款的记账凭证。具体的操作步骤如下。

① 选中本业务填制的销售专业发票，然后单击工具栏中的"制单"按钮，系统打开"填制凭证"窗口，并默认显示凭证的信息为"借记：应收账款，贷记：主营业务收入、销项税额"。

② 设置"主营业务收入"科目的辅助项的"项目名称"为"亮康眼镜"，然后单击"保存"按钮，结果如图 8-21 所示。

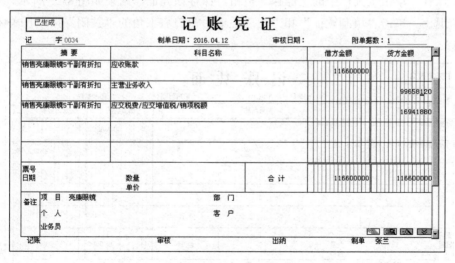

图 8-21 业务 8.3 的销售专用发票制单结果

(3) 退出。单击"填制凭证"和"制单"窗口右上角的"关闭"按钮，关闭并退出窗口。

【财务部会计张兰进行销售出库记账】

(1) 打开"未记账单据一览表"窗口。在"企业应用平台"的"业务工作"页签下，依次单击"供应链/存货核算/业务核算/正常单据记账"菜单项，系统弹出"查询条件选择"对话框，直接单击该对话框中的"确定"按钮，系统打开"未记账单据一览表"窗口。

(2) 销售出库记账。在"未记账单据一览表"窗口中，选中本业务生成的销售发票，然后单击工具栏中的"记账"按钮，系统弹出信息框提示记账成功，单击"确定"按钮，完成记账工作。

(3) 退出。单击"未记账单据一览表"窗口右上角的"关闭"按钮，退出当前窗口。

【财务部会计张兰进行销售出库制单】

(1) 打开"生成凭证"窗口。在"存货核算"子系统中，依次单击"财务核算/生成凭证"菜单项，系统打开"生成凭证"窗口。

(2) 打开"选择单据"窗口。单击工具栏中的"选择"按钮，在系统弹出的"查询条件"对话框中，直接单击"确定"按钮，系统退出对话框并打开"选择单据"窗口。

(3) 生成存货凭证。

① 选择销售发票。在"选择单据"窗口中，选中本业务生成的销售发票，然后单击工具栏中的"确定"按钮，系统返回"生成凭证"窗口。

② 生成并保存凭证。单击工具栏中的"生成"按钮，系统打开"填制凭证"窗口，并默认显示了本业务销售的存货相关信息(借记：主营业务成本，贷记：库存商品)。

(4) 编辑存货凭证。在"填制凭证"窗口中，修改"主营业务成本"和"库存商品"的辅助项的"项目名称"为"亮康眼镜"，其他项默认。

(5) 保存。单击工具栏中的"保存"按钮，保存该凭证，结果如图 8-22 所示。

(6) 退出。单击"填制凭证"和"生成凭证"窗口右上角的"关闭"按钮，关闭并退出该窗口。

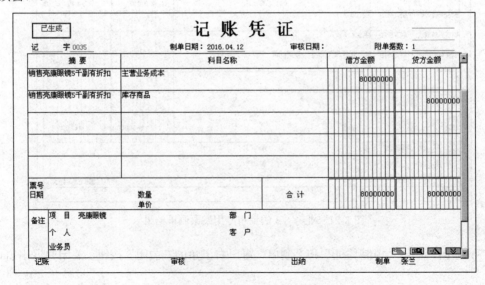

图 8-22 业务 8.3 的存货出库凭证

8.4 分期收款业务

分期收款业务是指商品已经售出,但货款分期收回的一种销售方式。分期收款业务只能先发货后开票,不能开票直接发货。在用友 ERP-U8 中,该业务需要在填制销售报价单、销售订单时,选择"业务类型"为"分期收款"。

8.4.1 业务概述与分析

4 月 12 日,光明公司向批发部订购亮康眼镜 10000 副,要求分期收款,批发部与其签订销售合同(合同编号 XS004),以 200 元/副(无税单价)成交,税率为 17%。合同规定当日发货、分两次收款。本公司当日全部发出货物,并开具 6000 副的增值税发票(票号为 XS3068),价税合计 1404000 元。

4 月 13 日,本公司依据 XS004 合同,开具 4000 副亮康眼镜的增值税发票(票号为 XS3070),价税合计 936000 元。

本笔业务是分期收款业务,即先全部发货、再分期开票和确认收入、成本,需要填制并审核销售订单和发货单,审核出库单;填制并复核第一期的销售发票,第一期的应收确认,发出商品成本结转,以及第一期的销售成本结转;填制并复核第二期的销售发票,第二期的应收确认与销售成本结转。

8.4.2 虚拟业务场景

人物:赵飞——销售部主管
夏于——批发部职员
孙婷——光明公司采购部
李莉——仓管部主管
张兰——财务部会计
曾志伟——财务部主管

场景一　签订销售合同并审核

孙婷:您好!我是光明公司的采购员孙婷。
夏于:孙女士您好!
孙婷:我们今天需要 1 万副亮康眼镜,有货吗?
夏于:我先看看存货(查询现存量……),有现货,还是给您最低价 200 元每副吧。
孙婷:好的。但能分期开票吗?我们希望今天只开具 6 千的,明天再开具剩余 4 千的就好了。
夏于:没问题。那我们把合同签了,我安排仓管部尽快给您发货。

孙婷：好的。

(夏于填制销售订单)

夏于：赵总，今天光明公司订货1万副亮康眼镜，要求分期确认销售，订单我填好了，请您审核。

赵飞：好的，你辛苦了。(审核……)要求今天就发货？那你尽快填制发货单吧。

夏于：好的。

场景二　夏于填制发货单，赵飞审核

(夏于填制当天的销售发货单)

夏于：赵总，光明公司今天需要的发货单我填好了，请您审核。

赵飞：好的。(审核……)麻烦你通知仓管部尽快发货。

夏于：没问题。

场景三　夏于发站内信通知仓管部发货，李莉审核出库单

夏于：光明公司的发货单已经准备好，请尽快发出1万副亮康眼镜。

李莉：好的，我们马上准备。

(仓管部出库完成后，李莉审核出库单……)

场景四　销售部夏于填制第一期的增值税发票，主管赵飞复核

(夏于填制销售专业发票……)

夏于：赵总，我已经按照要求填制了6千副亮康眼镜的销售发票，请您复核。

赵飞：好的。(复核完成)

场景五　赵飞请财务部对本笔业务进行应收确认和销售成本结转

赵飞：小张，今天销售给光明公司亮康眼镜的业务已经完成了，麻烦进行一下应收确认和发出商品、销售成本结转。

张兰：好的，没问题。

(张兰来到财务部主管曾志伟的办公室……)

张兰：曾总，销售部今天有一笔应收业务，请您审核一下销售发票。

曾志伟：好的，我现在就审核。

(曾志伟审核销售发票……)

(张兰进行应收制单和发出商品、销售成本结转……)

4月13日……

场景六　销售部完成第二期的开票

(夏于填制第二期4千副眼镜的销售专业发票……)

(赵飞复核第二期的销售专业发票……)

场景七 财务部完成第二期的应收确认和销售成本结转

(曾志伟审核第二期的销售发票……)

(张兰进行第二期的应收制单和销售成本结转……)

8.4.3 操作指导

1. 操作流程

分期收款业务的操作流程如图 8-23 所示。

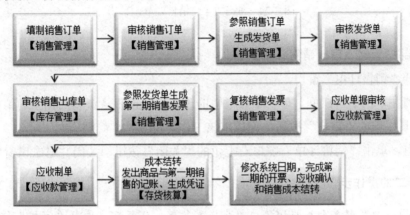

图 8-23 业务 8.4 的操作流程图

请确认系统日期和业务日期为 2016 年 4 月 12 号。

2. 场景一的操作步骤

任务说明：销售批发部职员夏于填制销售订单，销售部主管赵飞审核销售订单。

【批发部职员夏于填制销售订单】

(1) 打开"销售订单"窗口。在"企业应用平台"的"业务工作"页签中，依次单击"供应链/销售管理/销售订货/销售订单"菜单项，系统打开"销售订单"窗口。

(2) 编辑销售订单。单击工具栏中的"增加"按钮，新增一张销售订单，然后做如下编辑。

① 编辑表头。修改"订单号"为"XS004"，选择"业务类型"为"分期收款"，参照生成"客户简称"为"光明公司"，"销售部门"为"批发部"，"业务员"为"夏于"，"备注"为"销售亮康眼镜 1 万副分期收款"，其他项默认。

② 编辑表体。参照生成"存货名称"为"亮康眼镜"，"数量"为"10000"，修改"报价"为"0"，"无税单价"为"200"，其他项默认。

(3) 保存。单击工具栏中的"保存"按钮，保存该单据，结果如图 8-24 所示。

(4) 退出。单击"销售订单"窗口右上角的"关闭"按钮，关闭并退出该窗口。

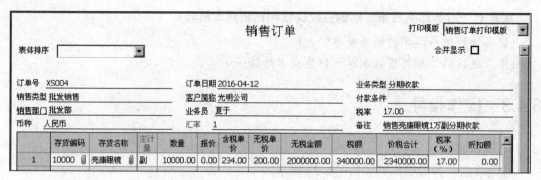

图 8-24 业务 8.4 的销售订单

【销售部主管赵飞审核销售订单】

(1) 打开"销售订单"窗口。

(2) 查阅并审核销售订单。单击工具栏中的"上张"按钮,查阅到相应的销售订单,然后单击工具栏中的"审核"按钮,完成审核工作。

(3) 退出。单击"销售订单"窗口右上角的"关闭"按钮,关闭并退出该窗口。

3. 场景二的操作步骤

任务说明:批发部夏于参照销售订单生成发货单,销售部主管赵飞审核发货单。

【批发部职员夏于参照订单生成发货单】

(1) 打开"发货单"窗口。在"销售管理"子系统中,依次单击"销售发货/发货单"菜单项,系统打开"发货单"窗口。

(2) 参照销售订单生成发货单:

① 打开"参照生单"窗口。单击工具栏中"增加"按钮,系统弹出"查询条件选择-参照订单"对话框,此时其"业务类型"为"普通销售",单击其"取消"按钮,系统返回"发货单"窗口,然后编辑发货单表头的"业务类型"为"分期收款",再单击工具栏中的"订单"按钮,系统再次弹出"查询条件选择-参照订单"对话框,此时其"业务类型"为"分期收款";然后单击对话框中的"确定"按钮,系统打开"参照生单"窗口。

② 拷贝信息。在"参照生单"窗口的上窗格中,双击要选择的销售订单(订单编号为XS004)所对应的"选择"栏,再单击工具栏中的"OK确定"按钮,系统返回"发货单"窗口,此时相关的信息已经有默认值。

(3) 保存。单击工具栏中的"保存"按钮,保存该发货单,结果如图 8-25 所示。

(4) 退出。单击"发货单"窗口右上角的"关闭"按钮,关闭并退出该窗口。

图 8-25　业务 8.4 的发货单

【销售部主管赵飞审核发货单】

(1) 打开"发货单"窗口。

(2) 查阅并审核发货单。单击工具栏中的"上张"按钮，查阅到相应的发货单，然后单击工具栏中的"审核"按钮，完成审核工作(根据本公司的账套初始设置，系统将自动生成销售出库单)。

(3) 退出。单击"发货单"窗口右上角的"关闭"按钮，关闭并退出该窗口。

4. 场景三的操作步骤

任务说明：仓管部主管李莉审核出库单。

(1) 打开"销售出库单"窗口。在"企业应用平台"的"业务工作"页签中，依次单击"供应链/库存管理/出库业务/销售出库单"菜单项，系统打开"销售出库单"窗口。

(2) 查阅并审核销售出库单。单击工具栏中的"末张"按钮，查阅到相应的销售出库单，然后单击工具栏中的"审核"按钮，系统弹出信息框提示审核成功，单击"确定"按钮，完成审核工作。

(3) 退出。单击"销售出库单"窗口右上角的"关闭"按钮，关闭并退出该窗口。

5. 场景四的操作步骤

任务说明：批发部夏于参照发货单生成第一期的销售专用发票，销售部主管赵飞复核。

【批发部职员夏于参照生成销售专用发票】

(1) 打开"销售专用发票"窗口。在"销售管理"子系统中，依次单击"销售开票/销售专用发票"菜单项，系统打开"销售专用发票"窗口。

(2) 参照发货单生成销售专用发票。

① 打开"参照生单"窗口。单击工具栏中的"增加"按钮，系统弹出"查询条件选择-发票参照发货单"对话框，选择其"业务类型"为"分期收款"，然后单击"确定"按钮，系统打开"参照生单"窗口。

② 拷贝信息。在"参照生单"窗口的上窗格中，选中相应的发货单，然后单击工具栏中的"OK 确定"按钮，返回"销售专用发票"窗口。

(3) 编辑销售专用发票。编辑表头的"发票号"为"XS3068"、"备注"为"销售亮康眼镜1万副收款6千副",修改表体"数量"为"6000",其他项默认。

(4) 保存。单击工具栏中的"保存"按钮,保存该发票,结果如图8-26所示。

(5) 退出。单击"销售专用发票"窗口右上角的"关闭"按钮,关闭并退出该窗口。

图 8-26 业务 8.4 的第一期销售专用发票

【销售部主管赵飞复核销售专用发票】

(1) 打开"销售专用发票"窗口。

(2) 查阅并复核销售专用发票。单击工具栏中的"上张"按钮,查阅到相应的销售专用发票,然后单击工具栏中的"复核"按钮,完成复核工作。

(3) 退出。单击"销售专用发票"窗口右上角的"关闭"按钮,关闭并退出该窗口。

6. 场景五的操作步骤

任务说明:财务部主管曾志伟进行第一期的应收审核,会计张兰对第一期的发票进行应收制单,并对发出商品和第一期的销售发货进行成本结转。

【财务部主管曾志伟进行应收审核】

(1) 打开应收"单据处理"窗口。在"企业应用平台"的"业务工作"页签下,依次单击"财务会计/应收款管理/应收单据处理/应收单据审核"菜单项,系统弹出"应收单查询条件"对话框,直接单击该对话框中的"确定"按钮,系统打开应收"单据处理"窗口。

(2) 审核应收单据。在应收"单据处理"窗口中,系统已列出本业务的销售专用发票,选中该单据并单击工具栏中的"审核"按钮,完成审核工作。

(3) 退出。单击应收"单据处理"窗口右上角的"关闭"按钮,退出该窗口。

【财务部会计张兰进行应收制单】

(1) 打开应收"制单"窗口。在"应收款管理"子系统中,双击"制单处理"菜单项,在系统弹出的"制单查询"对话框中,确认已选中"发票制单",然后单击"确定"按钮,系统打开"制单"窗口。

(2) 编辑销售专用发票的应收凭证。具体的操作步骤如下。

① 在"制单"窗口中,选中本业务中填制的销售专业发票,再单击工具栏中的"制单"按钮,系统打开"填制凭证"窗口,并默认显示凭证的信息为"借记:应收账款,贷记:主营业务收入、销项税额"。

② 设置"主营业务收入"科目的辅助项的"项目名称"为"亮康眼镜",其他项默认。

(3) 保存。单击工具栏中的"保存"按钮,保存该凭证,结果如图 8-27 所示。

(4) 退出。单击"填制凭证"和"制单"窗口右上角的"关闭"按钮,关闭并退出该窗口。

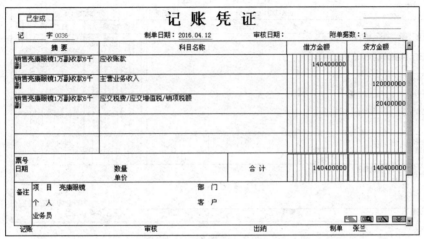

图 8-27 业务 8.4 的第一期销售专用发票制单结果

【财务部会计张兰进行发出商品和销售出库记账】

(1) 打开"未记账单据一览表"窗口。在"企业应用平台"的"业务工作"页签下,依次单击"供应链/存货核算/业务核算/发出商品记账"菜单项,系统弹出"查询条件选择"对话框,直接单击该对话框中的"确定"按钮,系统打开"未记账单据一览表"窗口。

(2) 出库记账。在"未记账单据一览表"窗口中,选中本业务生成的销售发货单和销售发票,然后单击工具栏中的"记账"按钮,系统弹出信息框提示记账成功,单击"确定"按钮,完成记账工作。

(3) 退出。单击"未记账单据一览表"窗口右上角的"关闭"按钮,退出当前窗口。

【财务部会计张兰进行发出商品和销售出库制单】

(1) 打开"生成凭证"窗口。在"存货核算"子系统中,依次单击"财务核算/生成凭证"菜单项,系统打开"生成凭证"窗口。

(2) 打开"选择单据"窗口。单击工具栏中的"选择"按钮,在系统弹出的"查询条件"对话框中,直接单击"确定"按钮,系统打开"选择单据"窗口。

(3) 生成记账凭证。

① 在"选择单据"窗口中,选中本业务生成的发货单和销售发票,然后单击工具栏中的"确定"按钮,系统退出"选择单据"窗口返回"生成凭证"窗口。

② 在"生成凭证"窗口,分别将发货单和专用发票的"科目类型"为"发出商品"

的"科目编码"设置为"1406"(发出商品)。

③ 单击工具栏中的"生成"按钮,系统打开"填制凭证"窗口,并默认显示了第一张(本业务发货单上的相关信息)凭证(借记:发出商品,贷记:库存商品)。

(4) 编辑和保存发货的记账凭证。在"填制凭证"窗口中,修改"摘要"为"发货1万亮康眼镜分期收款",设置"库存商品"的辅助项的"项目名称"为"亮康眼镜",然后单击"保存"按钮,结果如图8-28所示。

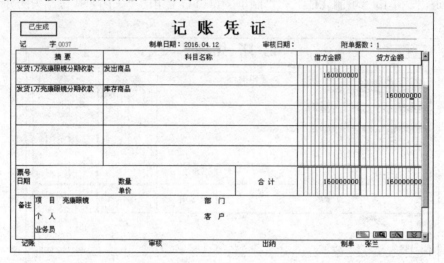

图 8-28 业务 8.4 的发出商品凭证

(5) 编辑和保存发票的记账凭证。单击工具栏中的"下张凭证"按钮,系统默认显示本业务销售专业发票上的相关信息(借记:主营业务成本,贷记:发出商品),修改"主营业务成本"辅助项的"项目名称"为"亮康眼镜",然后单击"保存"按钮,结果如图 8-29 所示。

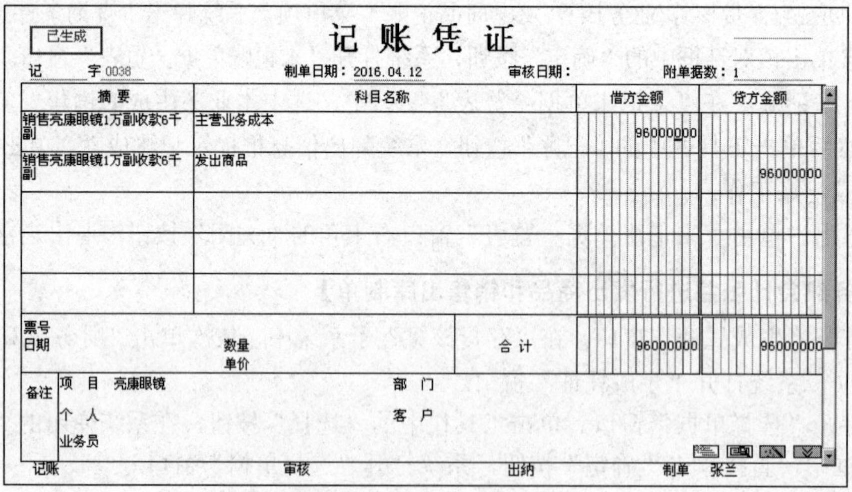

图 8-29 业务 8.4 的第一期销售出库凭证

(6) 退出。单击"填制凭证"和"生成凭证"窗口右上角的"关闭"按钮,退出窗口。请确认系统日期和业务日期为 2016 年 4 月 13 号。

7. 场景六的操作步骤

任务说明：批发部夏于参照发货单生成第二期的销售专用发票，销售部主管赵飞复核。

本场景中相关任务的操作步骤，请参见本节的"5. 场景四的操作步骤"（请注意修改"发票号"为"XS3070"、"备注"为"销售亮康眼镜1万副收款4千副"，并确认发票表体的"数量"为"4000"，其余的完成相同），在此不再赘述，结果如图 8-30 所示。

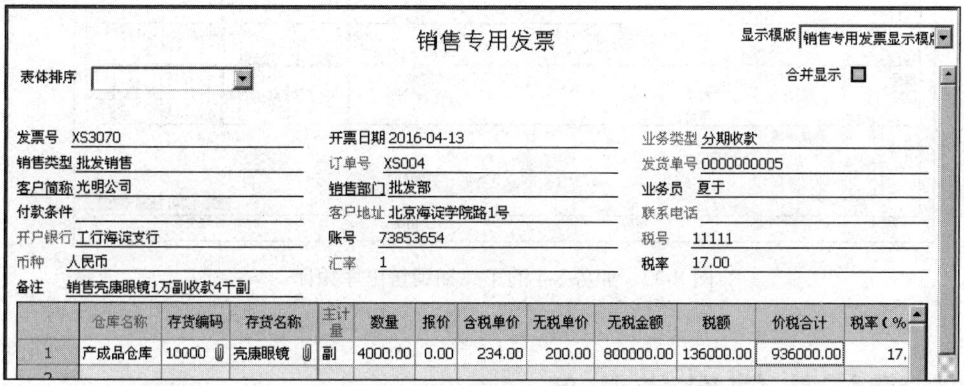

图 8-30　业务 8.4 的第二期销售发票

8. 场景七的操作步骤

任务说明：财务部主管曾志伟进行第二期的应收审核，会计张兰对其进行应收制单和销售成本结转。

本场景中相关任务的操作步骤，请参见本节的"6. 场景五的操作步骤"，结果如图 8-31 和图 8-32 所示(发出商品记账时，只有第二期的销售发票需要记账，所以只有一条记录)。

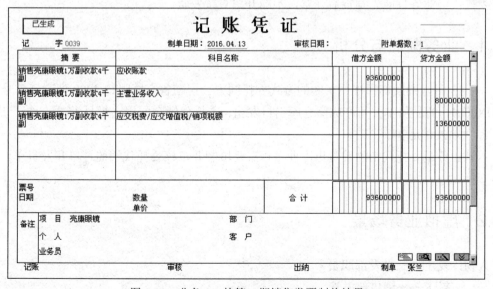

图 8-31　业务 8.4 的第二期销售发票制单结果

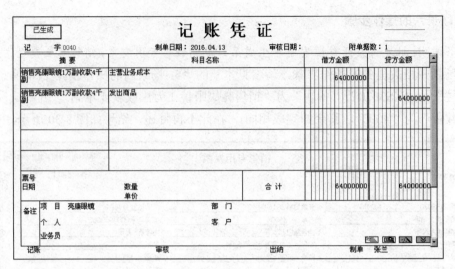

图 8-32 业务 8.4 的第二期销售出库凭证

8.5 委托代销发货业务

委托代销业务，指企业将商品委托他人进行销售但商品所有权仍归本企业的销售方式。委托代销的特点是受托方只是一个代理商，委托方将商品发出后，所有权并未转移给受托方，因此商品所有权上的主要风险和报酬仍在委托方。只有在受托方将商品售出后，商品所有权上的主要风险和报酬才转移出委托方。所以，企业采用委托代销方式销售商品时，应在受托方售出商品并取得受托方提供的代销清单时，才确认销售收入。

委托代销业务只能先发货后开票，不能开票直接发货。

8.5.1 业务概述与分析

4 月 13 日，批发部用视同买断的方式委托同方公司销售亮康眼镜 4000 副，订单号为 WTDX0001，商品从本公司产成品仓库当日发出，委托代销合同规定每月 15 号清算一次，统一售价为 200 元/副。

本笔业务是委托代销的发货出库业务，需要填制并审核委托代销的订单和发货单，审核出库单。

8.5.2 虚拟业务场景

人物：夏于——批发部职员
　　　赵飞——销售部主管
　　　李莉——仓管部主管

场景一　赵飞让批发部夏于填制委托销售订单，然后审核

赵飞：小夏，同方公司要求委托代销我们的亮康眼镜 4000 副，约定按统一售价 200 元每副销售，今天发出。

夏于：好的，我尽快填制完成该订单。

(夏于填制委托代销订单完毕)

夏于：赵总，同方公司的委托代销订单我已经填制好，麻烦您审核。

赵飞：好的，没问题。

场景二　夏于填制发货单，赵飞审核

夏于：赵总，委托代销发货单我已经填制好，麻烦您审核。

赵飞：好的，没问题。

场景三　夏于请仓管部发货，仓管部发货并审核出库单

夏于：李总您好，请仓管部发 4000 副亮康眼镜给咱们的受托方——同方公司，今天能完成吗？

李莉：没问题，我们马上准备。

(仓管部出库完成后，李莉审核出库单……)

8.5.3　操作指导

1. 操作流程图

委托代销发货业务的操作流程如图 8-33 所示。

图 8-33　业务 8.5 的操作流程图

请确认系统日期和业务日期为 2016 年 4 月 13 号。

2. 场景一的操作步骤

任务说明：销售部职员夏于填制委托代销订单，销售部主管赵飞审核。

【批发部职员夏于填制委托代销订单】

(1) 打开"销售订单"窗口。在"企业应用平台"的"业务工作"页签中，依次单击"供应链/销售管理/销售订货/销售订单"菜单项，系统打开"销售订单"窗口。

(2) 编辑委托代销订单。单击工具栏中的"增加"按钮，新增一张销售订单，然后做如下编辑。

① 编辑表头。修改"订单号"为"WTDX0001"，选择"业务类型"为"委托代销"，参照生成"客户简称"为"同方公司"，"销售部门"为"批发部"，"业务员"为"夏于"，

"备注"为"委托代销亮康眼镜4千副",其他项默认。

② 编辑表体。参照生成"存货名称"为"亮康眼镜","数量"为"4000",修改"报价"为"0","无税单价"为"200",其他项默认。

(3) 保存。单击工具栏中的"保存"按钮,保存该单据,结果如图8-34所示。

(4) 退出。单击"销售订单"窗口右上角的"关闭"按钮,关闭并退出该窗口。

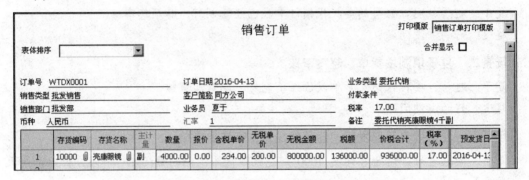

图8-34 业务8.5的委托代销订单

【销售部主管赵飞审核销售订单】

(1) 打开"销售订单"窗口。

(2) 查阅并审核销售订单。单击工具栏中的"上张"按钮,查阅到相应的销售订单,然后单击工具栏中的"审核"按钮,完成审核工作。

(3) 退出。单击"销售订单"窗口右上角的"关闭"按钮,关闭并退出该窗口。

3. 场景二的操作步骤

任务说明:批发部夏于参照委托代销订单生成发货单,销售部主管赵飞审核发货单。

【批发部职员夏于参照生成发货单】

(1) 打开"委托代销发货单"窗口。在"销售管理"子系统中,依次单击"委托代销/委托代销发货单"菜单项,系统打开"委托代销发货单"窗口。

(2) 参照订单生成发货单。单击工具栏中的"增加"按钮,系统弹出"查询条件选择-参照订单"对话框,其"业务类型"已经默认为"委托代销",所以直接单击其"确定"按钮,并在系统打开的"参照生单"窗口的上窗格中,双击要选择的订单(编号为WTDX0001)所对应的"选择"栏,再单击工具栏中的"OK确定"按钮,系统返回"委托代销发货单"窗口,此时相关的信息已经有默认值。

(3) 编辑发货单。在"委托代销发货单"窗口中,确认表体的"仓库名称"为"产成品仓库"、"数量"为"4000",其他项默认。

(4) 保存。单击工具栏中的"保存"按钮,保存该单据,结果如图8-35所示。

(5) 退出。单击"委托代销发货单"窗口右上角的"关闭"按钮,关闭并退出该窗口。

图 8-35 业务 8.5 的发货单

【销售部主管赵飞审核委托代销发货单】

(1) 打开"委托代销发货单"窗口。

(2) 查阅并审核委托代销发货单。单击工具栏中的"上张"按钮,查阅到相应的委托代销发货单,然后单击工具栏中的"审核"按钮,完成审核工作(根据本公司的账套初始设置,系统将自动生成销售出库单)。

(3) 退出。单击"委托代销发货单"窗口右上角的"关闭"按钮,关闭并退出该窗口。

4. 场景三的操作步骤

任务说明: 仓管部主管李莉审核出库单。

(1) 打开"销售出库单"窗口。在"企业应用平台"的"业务工作"页签中,依次单击"供应链/库存管理/出库业务/销售出库单"菜单项,系统打开"销售出库单"窗口。

(2) 查阅并审核销售出库单。单击工具栏中的"末张"按钮,查阅到相应的销售出库单,然后单击工具栏中的"审核"按钮,系统弹出信息框提示审核成功,单击"确定"按钮,完成审核工作。

(3) 退出。单击"销售出库单"窗口右上角的"关闭"按钮,关闭并退出该窗口。

8.6 委托代销结算业务

委托代销商品销售后,受托方与企业进行结算,并开具正式的销售发票,形成销售收入。在用友 ERP-U8 系统中,委托代销结算单审核之后,系统自动生成发票。

8.6.1 业务概述与分析

4 月 15 日,本公司根据同方公司发来的代销售出清单,开具销售专用发票(票号为WT0401),发票上载明已销售亮康眼镜 2000 副,结算价 200 元/副,税率为 17%。

本笔业务是委托代销的结算业务,需要填制并审核委托代销的结算单,复核销售发票;销售的应收确认和成本结转。

8.6.2 虚拟业务场景

人物：赵飞——销售部主管
夏于——批发部职员
张兰——财务部会计
曾志伟——财务部主管

场景一 销售部夏于填制委托代销结算单，主管赵飞审核结算单并复核发票

(夏于根据同方公司发过来的售出清单，填制委托代销结算单……)

夏于：赵总，我已经根据同方公司发过来的售出清单，填制了委托代销结算单，请您审核结算单，并复核发票。

赵飞：好的。(审核结算单、复核发票完毕)

场景二 赵飞请财务部对本笔委托代销结算业务进行应收确认和销售成本结转

赵飞：小张，今天我们已经根据同方公司发来的售出清单，完成了业务处理，麻烦进行一下应收确认和销售成本结转。

张兰：好的，没问题。

(张兰来到财务部主管曾志伟的办公室……)

张兰：曾总，销售部今天有一笔应收业务，请您审核一下销售发票。

曾志伟：好的，我现在就审核。

(曾志伟审核销售发票……)

(张兰进行应收制单和销售成本结转……)

8.6.3 操作指导

1. 操作流程

委托代销结算业务的操作流程如图8-36所示。

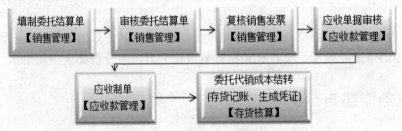

图 8-36 业务 8.6 的操作流程图

请确认系统日期和业务日期为 2016 年 4 月 15 号。

2. 场景一的操作步骤

任务说明：批发部夏于填制委托代销结算单，主管赵飞审核结算单并复核发票。

【批发部职员夏于参照生成委托代销结算单】

(1) 打开"委托代销结算单"窗口。在"销售管理"子系统中，依次单击"委托代销/委托代销结算单"菜单项，系统打开"委托代销结算单"窗口。

(2) 参照订单生成结算单：

① 打开"参照生单"窗口。单击工具栏中的"增加"按钮，新增一张委托代销结算单，系统弹出"查询条件选择-委托结算参照发货单"对话框，直接单击其"确定"按钮，系统打开"参照生单"窗口。

② 拷贝信息。在"参照生单"窗口的上窗格中，双击要选择的订单(订单号为WTDX0001)所对应的"选择"栏，然后单击工具栏中的"OK确定"按钮，系统返回"委托代销结算单"窗口，此时相关的信息已经有默认值。

(3) 编辑结算单。在"委托代销结算单"窗口中，修改表头的"发票号"为"WT0401"、"备注"为"委托结算亮康眼镜2千副"，编辑表体的"数量"为"2000"，其他项默认。

(4) 保存。单击工具栏中的"保存"按钮，保存该结算单，结果如图8-37所示。

(5) 退出。单击"委托代销结算单"窗口右上角的"关闭"按钮，关闭并退出该窗口。

图 8-37 业务 8.6 的结算单

【销售部主管赵飞审核委托代销结算单】

(1) 打开"委托代销结算单"窗口。

(2) 查阅并审核结算单。单击工具栏中的"上张"按钮，查阅到相应的结算单，然后单击工具栏中的"审核"按钮，系统弹出"请选择发票类型"提示框，选中"专用发票"单选按钮后单击"确定"按钮，系统返回"委托代销结算单"窗口，完成审核工作(委托代销结算单审核时，ERP-U8系统将自动生成销售专业发票)。

(3) 退出。单击"委托代销结算单"窗口右上角的"关闭"按钮，关闭并退出该窗口。

【销售部主管赵飞复核委托代销结算的销售专业发票】

(1) 打开"销售专用发票"窗口。在"销售管理"子系统中，依次单击"销售开票/销售专用发票"菜单项，系统打开"销售专用发票"窗口。

(2) 查阅并复核销售专用发票。单击工具栏中的"上张"按钮，查阅到委托代销的销售专用发票，然后单击工具栏中的"复核"按钮，完成复核工作，结果如图 8-38 所示。

(3) 退出。单击"销售专用发票"窗口右上角的"关闭"按钮，关闭并退出该窗口。

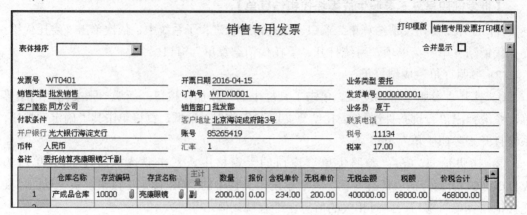

图 8-38 业务 8.6 的销售专用发票

3. 场景二的操作步骤

任务说明：财务部主管曾志伟进行委托代销结算的应收审核，会计张兰对其进行应收制单和销售成本结转。

【财务部主管曾志伟进行应收审核】

(1) 打开"单据处理"窗口。在"企业应用平台"的"业务工作"页签下，依次单击"财务会计/应收款管理/应收单据处理/应收单据审核"菜单项，系统弹出"应收单查询条件"对话框，直接单击其"确定"按钮，系统打开应收"单据处理"窗口。

(2) 审核应收单据。在"单据处理"窗口中，系统已列出本业务的销售专用发票，选中该单据并单击工具栏中的"审核"按钮，系统提示审核成功，单击"确定"按钮，退出信息提示框，返回"单据处理"窗口。

(3) 退出。单击"单据处理"窗口右上角的"关闭"按钮，退出该窗口。

【财务部会计张兰进行应收制单】

(1) 打开"制单"窗口。在"应收款管理"子系统中，双击"制单处理"菜单项，在系统弹出的"制单查询"对话框中，确认已选中"发票制单"，然后单击"确定"按钮，系统打开"制单"窗口。

(2) 编辑销售专用发票的应收凭证。具体的操作步骤如下。

① 在"制单"窗口中，选中本业务中填制的销售专业发票，再单击工具栏中的"制单"按钮，系统打开"填制凭证"窗口，并默认显示凭证的信息为"借记：应收账款；贷记：主营业务收入，销项税额"。

② 设置"主营业务收入"科目的辅助项的"项目名称"为"亮康眼镜"。

(3) 保存。单击工具栏中的"保存"按钮，保存该凭证，结果如图 8-39 所示。

(4) 退出。单击"填制凭证"和"制单"窗口右上角的"关闭"按钮,关闭并退出该窗口。

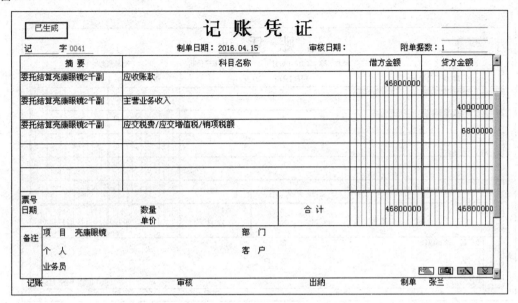

图 8-39　业务 8.6 的销售发票制单结果

【财务部会计张兰进行委托代销发票的存货记账】

(1) 打开"未记账单据一览表"窗口。在"企业应用平台"的"业务工作"页签下,依次单击"供应链/存货核算/业务核算/正常单据记账"菜单项,系统弹出"查询条件选择"对话框,直接单击其"确定"按钮,系统打开"未记账单据一览表"窗口。

(2) 销售发票记账。在"未记账单据一览表"窗口中,选中本业务生成的销售发票,然后单击工具栏中的"记账"按钮,系统弹出信息框提示记账成功,单击"确定"按钮,完成记账工作。

(3) 退出。单击"未记账单据一览表"窗口右上角的"关闭"按钮,退出当前窗口。

【财务部会计张兰进行委托代销的存货制单】

(1) 打开"生成凭证"窗口。在"存货核算"子系统中,依次单击"财务核算/生成凭证"菜单项,系统打开"生成凭证"窗口。

(2) 打开"单据选择"窗口。单击工具栏中的"选择"按钮,在系统弹出的"查询条件"对话框中,直接单击"确定"按钮,系统退出对话框并打开"选择单据"窗口。

(3) 生成记账凭证:

① 在"选择单据"窗口中,选中本业务生成的销售发票,然后单击工具栏中的"确定"按钮,系统退出"选择单据"窗口返回"生成凭证"窗口。

② 在"生成凭证"窗口,单击工具栏中的"生成"按钮,系统打开"填制凭证"窗口,并默认显示凭证的信息(借记:主营业务成本,贷记:库存商品)。

(4) 编辑与保存凭证。修改"主营业务成本"和"库存商品"辅助项的"项目名称"

为"亮康眼镜",其他项默认,单击工具栏中的"保存"按钮,结果如图 8-40 所示。

(5) 退出。单击"填制凭证"和"生成凭证"窗口右上角的"关闭"按钮,退出窗口。

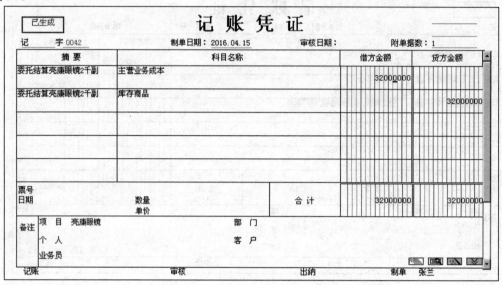

图 8-40　业务 8.6 的委托代销结算的存货凭证

8.7　直运业务

直运商品销售是指企业将商品直接由供货单位调运给购货单位,不经过企业仓库的销售。采用直运商品销售方式,可以减少商品出入库手续,有利于加速商品流转,节约商品流通费用。结算时,由购销双方分别与企业结算,本案例企业使用"材料采购"科目进行结算,不通过"库存商品"科目。

8.7.1　业务概述与分析

4 月 15 日,雪亮公司向批发部订购男士高端太阳镜 500 副,无税单价 420 元,增值税税率为 17%,批发部与其签订销售合同(合同编号 XS005),并开具专用发票(XS3072),价税合计 245700 元;采购部向大运公司订购男士高端太阳镜 500 副,价格 350 元/副,增值税税率为 17%,合同编号为 CG0005;大运公司承诺当日将货直接发给雪亮公司,并将增值税发票送达本公司,票号为 CG7891,价税合计 204750 元。

本笔是直运业务,需要填制并审核直运销售订单、直运采购订单;填制并复核销售发票;填制采购发票;销售的应收确认和成本结转;采购的应付确认与成本结转。

8.7.2 虚拟业务场景

人物：夏于——批发部职员
　　　王强——雪亮公司采购部
　　　赵飞——销售部主管
　　　刘静——采购部主管
　　　张新海——采购部职员
　　　刘小雨——大运公司销售部
　　　张兰——财务部会计
　　　曾志伟——财务部主管

场景一　与雪亮公司签订销售合同，并审核订单

王强：您好！请问是亮康公司批发部吗？
夏于：对，您是雪亮公司的王强吧？
王强：是的。我们今天需要进500副男士高端太阳镜，最近行情如何？
夏于：价格还是每副420元，质量绝对保证。
王强：那好，今天能发货吗？
夏于：没问题。(填制销售订单完毕)
夏于：赵总，请您审核一下和雪亮公司刚刚签订的销售订单。
赵飞：好的。(查阅现存量，并审核完毕)请尽快通知采购部做直运采购吧，库存不足了。
夏于：好的。

场景二　批发部通知采购部订货，采购部和大运公司签订直运采购合同

(批发部夏于电话通知采购部张新海……)
夏于：小张，雪亮公司今天订购了500副男士高端太阳镜，但咱们的库存不足了，赵总决定采用直运业务，麻烦您联系一下订货的事情吧。
张新海：好的。
(采购部张新海电话询问大运公司……)
刘小雨：您好！这里是大运公司销售部。
张新海：您好，我是亮康公司的采购员。请问你们公司的男士高端太阳镜，今天能出货500副吗？
刘小雨：有现货，数量和质量都能保证。价格最低每副350元，能接受吗？
张新海：行，那请今天直接发货至雪亮公司，并把增值税发票发给我们公司吧。
刘小雨：好的，我们马上发货和开票。
张新海：好的，合作愉快！

刘小雨：合作愉快！

(采购部张新海填制直运采购订单……)

(采购部刘静审核直运采购订单……)

场景三　销售部填制并复核直运专用发票

(批发部夏于填制直运销售发票……)

夏于：赵总，请您审核一下给雪亮公司的直运销售专用发票。

赵飞：好的。(复核完毕)

场景四　采购部填制直运专用发票

刘静：小张，大运公司的直运采购业务的发票到了，你在ERP系统中填制一下吧。

张新海：好的，我马上填。(填制直运采购发票……)

场景五　财务部张兰对本笔的直运销售业务进行应收确认和成本结转

赵飞：小张，雪亮公司的直运销售业务已经完成，麻烦做一下应收确认和成本结转吧。

张兰：好的，没问题。

(张兰来到财务部主管曾志伟的办公室……)

张兰：曾总，销售部今天有一笔应收业务，请您审核一下销售发票。

曾志伟：好的，我现在就审核。

(曾志伟审核销售发票……)

(张兰进行应收制单和销售成本结转……)

场景六　财务部张兰对本笔的直运采购业务进行应付确认和成本结转

刘静：小张，大运公司的直运采购业务已经完成，麻烦进行一下应付确认和采购成本确认吧。

张兰：好的，没问题。

(张兰来到财务部主管曾志伟的办公室……)

张兰：曾总，采购部今天有一笔应付业务，请您审核一下采购发票。

曾志伟：好的，我现在就审核。

(曾志伟审核采购发票……)

(张兰进行应付制单和采购成本确认……)

8.7.3　操作指导

1. 操作流程

直运业务的操作流程如图 8-41 所示。

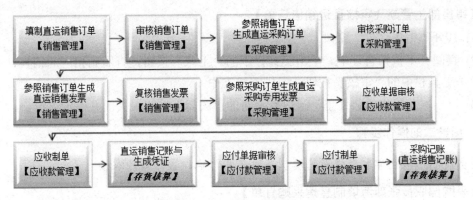

图 8-41　业务 8.7 的操作流程图

请确认系统日期和业务日期为 2016 年 4 月 15 号。

2．场景一的操作步骤

任务说明：批发部职员夏于填制直运销售订单，销售部主管赵飞审核直运销售订单。

【批发部职员夏于填制直运销售订单】

(1) 打开"销售订单"窗口。在"企业应用平台"的"业务工作"页签中，依次单击"供应链/销售管理/销售订货/销售订单"菜单项，系统打开"销售订单"窗口。

(2) 编辑直运销售订单。单击工具栏中的"增加"按钮，新增一张销售订单，然后做如下编辑。

① 编辑表头。修改"订单号"为"XS005"，选择"业务类型"为"直运销售"，参照生成"客户简称"为"雪亮公司"，"销售部门"为"批发部"，"业务员"为"夏于"，"备注"为"直运销售男士高端 500 副"，其他项默认。

② 编辑表体。参照生成"存货名称"为"男士高端太阳镜"，编辑"数量"为"500"，修改"无税单价"为"420"，确认"预发货日期"为当日"4 月 15 号"。

(3) 保存。单击工具栏中的"保存"按钮，保存该单据，结果如图 8-42 所示。

图 8-42　业务 8.7 的直运销售订单

(4) 退出。单击"销售订单"窗口右上角的"关闭"按钮，关闭并退出该窗口。

【销售部主管赵飞审核直运销售订单】

(1) 打开"销售订单"窗口。

(2) 查阅并审核销售订单。单击工具栏中的"上张"按钮,查阅到相应的销售订单,然后单击工具栏中的"审核"按钮,完成审核工作。

(3) 退出。单击"销售订单"窗口右上角的"关闭"按钮,关闭并退出该窗口。

3. 场景二的操作步骤

任务说明:采购部职员张新海填制直运采购订单,主管刘静审核。

【采购部职员张新海填制直运采购订单】

(1) 打开"采购订单"窗口。在"采购管理"子系统中,依次单击"采购订货/采购订单"菜单项,系统打开"采购订单"窗口。

(2) 生成直运采购订单。首先单击工具栏中的"增加"按钮,新增一张采购订单,然后做如下操作。

① 打开"拷贝并执行"窗口。在"采购订单"窗口的表头,选择"业务类型"为"直运采购",再单击工具栏中的"生单/销售订单"命令,并在系统弹出的"查询条件选择-销售订单列表过滤"对话框中,直接单击"确定"按钮,系统退出对话框并打开"拷贝并执行"窗口。

② 拷贝信息。选择"拷贝并执行"窗口上窗格中相应的销售订单(订单号为XS005),再单击其工具栏中的"OK确定"按钮,系统返回"采购订单"窗口,此时采购订单上已经有系统默认的信息。

(3) 编辑直运采购订单。

① 编辑表头。修改"订单号"为"CG0005","供应商"为"大运公司","部门"为"采购部","业务员"为"张新海",其他项默认。

② 确认表体的"原币单价"为"350",其他项默认。

(4) 保存。单击工具栏中的"保存"按钮,保存该单据,结果如图8-43所示。

(5) 退出。单击"采购订单"窗口右上角的"关闭"按钮,关闭并退出该窗口。

图8-43 业务8.7的直运采购订单

【采购部主管刘静审核采购订单】

(1) 打开"采购订单"窗口。

(2) 查阅并审核采购订单。单击工具栏中的"上张"按钮,查阅到相应的采购订单,然后单击工具栏中的"审核"按钮,完成审核工作。

(3) 退出。单击"采购订单"窗口右上角的"关闭"按钮,关闭并退出该窗口。

4. 场景三的操作步骤

任务说明:批发部职员夏于参照直运销售订单生成直运销售专用发票,销售部主管赵飞复核发票。

【批发部职员夏于参照生成直运销售专用发票】

(1) 打开"销售专用发票"窗口。在"销售管理"子系统中,依次单击"销售开票/销售专用发票"菜单项,系统打开"销售专用发票"窗口。

(2) 参照销售订单生成直运销售专用发票。

① 单击工具栏中的"增加"按钮,新增一张销售专用发票,系统弹出"查询条件选择-发票参照发货单"对话框,因其"业务类型"默认为"普通销售",且不能修改为"直运销售",所以直接单击"取消"按钮系统返回"销售专用发票"窗口。

② 选择销售发票的"业务类型"为"直运销售",然后单击工具栏中的"生单/参照订单"命令,系统弹出"查询条件选择-参照订单"对话框,默认其"业务类型"为"直运销售",直接单击"确定"按钮,系统打开"参照生单"窗口。

③ 在"参照生单"窗口中选中相应的销售订单(订单号为 XS005),单击工具栏中的"OK确定"按钮,返回"销售专用发票"窗口,此时销售发票上已经有系统默认的信息。

(3) 在"销售专用发票"窗口中,编辑表头的"发票号"为"XS3072",其他项默认。

(4) 保存。单击工具栏中的"保存"按钮,结果如图 8-44 所示。

(5) 退出。单击"销售专用发票"窗口右上角的"关闭"按钮,关闭并退出该窗口。

图 8-44　业务 8.7 的直运销售专用发票

【销售部主管赵飞复核销售专用发票】

(1) 打开"销售专用发票"窗口。

(2) 查阅并复核销售专用发票。单击工具栏中的"上张"按钮,查阅到相应的销售专用发票,然后单击工具栏中的"复核"按钮。

(3) 退出。单击"销售专用发票"窗口右上角的"关闭"按钮，关闭并退出该窗口。

5. 场景四的操作步骤

任务说明：采购部职员张新海参照直运采购订单生成直运采购专用发票。

(1) 打开采购"专用发票"窗口。在"采购管理"子系统中，依次单击"采购发票/专用采购发票"菜单项，系统打开"专用发票"窗口。

(2) 参照直运采购订单生成直运采购专用发票。先单击工具栏中的"增加"按钮，新增一张采购专用发票，然后做如下操作。

① 打开"拷贝并执行"窗口。修改发票表头的"业务类型"为"直运采购"，然后单击工具栏中的"生单/采购订单"命令，系统弹出"查询条件选择-采购订单列表过滤"对话框，直接单击其"确定"按钮，系统打开"拷贝并执行"窗口。

② 拷贝信息。在"拷贝并执行"窗口的上窗格中，双击要选择的采购订单(订单号为CG0005)所对应的"选择"栏，再单击其工具栏中的"OK 确定"按钮，系统返回"专用发票"窗口，此时发票上已经有系统默认的信息。

(3) 在"专用发票"窗口中，编辑表头的"发票号"为"CG7891"，其他项默认。

(4) 保存。单击工具栏中的"保存"按钮，结果如图 8-45 所示。

(5) 退出。单击"专用发票"窗口右上角的"关闭"按钮，关闭并退出该窗口。

图 8-45　业务 8.7 的直运采购专用发票

6. 场景五的操作步骤

任务说明：财务部主管曾志伟进行应收审核，会计张兰对销售业务进行应收制单和销售成本结转。

【财务部主管曾志伟进行销售专用发票的应收审核】

(1) 打开应收"单据处理"窗口。在"企业应用平台"的"业务工作"页签下，依次单击"财务会计/应收款管理/应收单据处理/应收单据审核"菜单项，系统弹出"应收单查询条件"对话框，直接单击其"确定"按钮，系统打开应收"单据处理"窗口。

(2) 审核应收单据。在"单据处理"窗口中，系统已列出本业务的销售专用发票，选中该单据并单击工具栏中的"审核"按钮，系统提示审核成功，单击"确定"按钮，退出信息提示框，返回应收"单据处理"窗口。

(3) 退出。单击"单据处理"窗口右上角的"关闭"按钮，退出该窗口。

【财务部会计张兰进行销售专用发票的应收制单】

(1) 打开"制单"窗口。在"应收款管理"子系统中，双击"制单处理"菜单项，在系统弹出的"制单查询"对话框中，确认已选中"发票制单"，然后单击"确定"按钮，系统打开应收"制单"窗口。

(2) 生成与编辑销售专用发票的应收凭证。具体的操作步骤如下。

① 在"制单"窗口中，选中本业务填制的销售专业发票，再单击工具栏中的"制单"按钮，系统打开"填制凭证"窗口，并默认显示凭证(销售专用发票对应的凭证)的信息为"借记：应收账款，贷记：主营业务收入、销项税额"。

② 设置"主营业务收入"科目的辅助项的"项目名称"为"男士高端"，其他项默认。

(3) 保存。单击工具栏中的"保存"按钮，结果如图 8-46 所示。

(4) 退出。单击"填制凭证"和"制单"窗口右上角的"关闭"按钮，关闭并退出窗口。

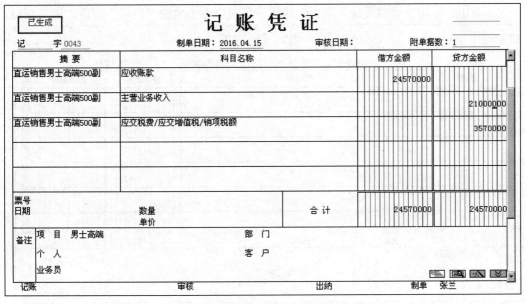

图 8-46　业务 8.7 的销售专用发票制单结果

【财务部会计张兰进行销售记账】

(1) 打开"未记账单据一览表"窗口。在"企业应用平台"的"业务工作"页签下，依次单击"供应链/存货核算/业务核算/直运销售记账"菜单项，系统弹出"直运采购发票核算查询条件"对话框，直接单击其"确定"按钮，系统打开"未记账单据一览表"(直运销售记账)窗口。

(2) 销售发票记账。在"未记账单据一览表"窗口中，选中本业务生成的销售专用发票(注意：不选取采购发票)，然后单击工具栏中的"记账"按钮，系统弹出信息框提示记账成功，单击"确定"按钮，完成记账工作。

(3) 退出。单击"未记账单据一览表"窗口右上角的"关闭"按钮,退出当前窗口。

【财务部会计张兰进行直运销售制单】

(1) 打开"生成凭证"窗口。在"存货核算"子系统中,依次单击"财务核算/生成凭证"菜单项,系统打开"生成凭证"窗口。

(2) 打开"选择单据"窗口。单击工具栏中的"选择"按钮,在系统弹出的"查询条件"对话框中,直接单击"确定"按钮,系统打开"选择单据"窗口。

(3) 生成销售凭证。在"选择单据"窗口中,选中本业务生成的销售发票,然后单击工具栏中的"确定"按钮,系统返回"生成凭证"窗口,修改"科目类型"为"存货"的"科目编码"为"1401"(材料采购);单击工具栏中的"生成"按钮,系统打开"填制凭证"窗口,并默认显示了本业务发票上的相关信息(借记:主营业务成本,贷记:材料采购)。

(4) 编辑销售凭证。在"填制凭证"窗口中,修改"主营业务成本"的辅助项的"项目名称"为"男士高端",其他项默认。

(5) 保存。单击工具栏中的"保存"按钮,结果如图 8-47 所示。

(6) 退出。单击"填制凭证"和"生成凭证"窗口右上角的"关闭"按钮,退出窗口。

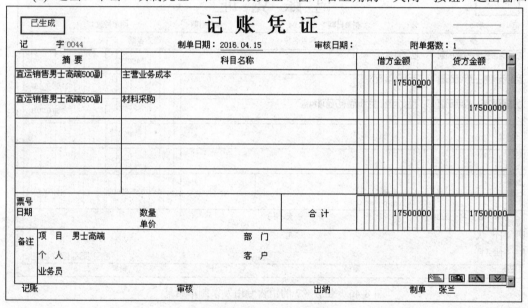

图 8-47 业务 8.7 的销售凭证

7. 场景六的操作步骤

任务说明:财务部主管曾志伟进行应付审核,会计张兰进行应付制单和采购成本确认。

【财务部主管曾志伟进行应付审核】

(1) 打开应付"单据处理"窗口。在"企业应用平台"的"业务工作"页签下,依次单击"财务会计/应付款管理/应付单据处理/应付单据审核"菜单项，系统弹出"应付单查询条件"对话框，直接单击其"确定"按钮，系统打开"单据处理"窗口。

(2) 审核应付单据。在"单据处理"窗口中，系统已列出本业务的采购专用发票，选中该单据并单击工具栏中的"审核"按钮，系统提示审核成功，单击"确定"按钮，退出信息提示框，返回"单据处理"窗口。

(3) 退出。单击"单据处理"窗口右上角的"关闭"按钮，退出该窗口。

【财务部会计张兰进行应付制单】

(1) 打开应付"制单"窗口。在"应付款管理"子系统中，双击"制单处理"菜单项，在系统弹出的"制单查询"对话框中，确认已选中"发票制单"，然后单击"确定"按钮，系统打开"制单"窗口。

(2) 生成并保存采购专用发票的应付凭证。先选中本业务中的采购专业发票，再单击"制单"按钮，系统打开"填制凭证"窗口，并默认显示的信息为"借记：材料采购，进项税额；贷记：一般应付账款"，直接单击"保存"按钮，结果如图 8-48 所示。

(3) 退出。单击"填制凭证"和"制单"窗口右上角的"关闭"按钮，关闭并退出该窗口。

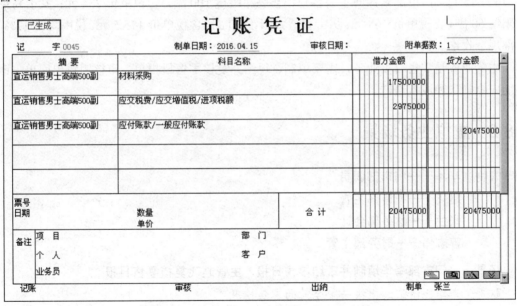

图 8-48　业务 8.7 的直运采购专用发票制单结果

【财务部会计张兰进行采购记账】

(1) 打开"未记账单据一览表"窗口。在"企业应用平台"的"业务工作"页签下，依次单击"供应链/存货核算/业务核算/直运销售记账"菜单项，系统弹出"直运采购发票核算查询条件"对话框，直接单击其"确定"按钮，系统打开"未记账单据一览表"窗口。

(2) 采购发票的存货记账。在"未记账单据一览表"窗口中，选中本业务生成的采购发票，然后单击工具栏中的"记账"按钮，系统弹出信息框提示记账成功，单击"确定"

按钮,完成记账工作。

(3) 退出。单击"未记账单据一览表"窗口右上角的"关闭"按钮,退出当前窗口。

提示:

直运业务中,直运采购成本的确认不需要生成凭证。

8.8 零售日报业务

零售业务是一种特殊的销售业务种类。零售日报不是原始的销售单据,是零售业务数据的日汇总。零售日报可以用来处理企业比较零散客户的销售,对于这部分客户,企业可以用一个公共客户代替(如零散客户),然后将零散客户的销售凭单先按日汇总,再录入零售日报进行管理。

8.8.1 业务概述与分析

4月15日,门市部累计向零售客户销售亮康眼镜100副,含税单价234元;女士高端太阳镜50副,含税单价468元;男士普通太阳镜80副,含税单价175.5元。税率均为17%,全部现金收讫。

本笔业务是零售日报业务,需要填制、现结并复核零售日报单,审核销售出库单;销售的应收确认和成本结转。

8.8.2 虚拟业务场景

人物:李华——门市部职员
  赵飞——销售部主管
  张兰——财务部会计
  曾志伟——财务部主管

场景一 门市部李华填制并现结零售日报,主管赵飞复核零售日报

赵飞:李华,请汇总上报一下今天的零售情况。

李华:好的。(填制零售日报……)

李华:赵总,今天的零售日报填制完成了,麻烦您复核一下。

赵飞:好的,我知道了。(复核……)

场景二 门市部李华提醒仓管部做出库审核

李华:李总,今天的零售日报我们已经上报,请您关注零售货物的出库情况。

李莉:好的。(审核出库单……)

场景三 赵飞通知财务部张兰进行本笔业务的应收确认和销售成本结转

赵飞：小张，我们门市部的零售日报已经上报并现结了，请做一下收款确认。

张兰：好的，没问题。(张兰来到财务部主管曾志伟的办公室……)

张兰：曾总，门市部今天有一笔应收业务，请您审核一下销售发票。

曾志伟：好的，我现在就审核。

(曾志伟审核销售发票……)

(张兰进行应收制单和销售成本结转……)

8.8.3 操作指导

1. 操作流程图

零售日报的操作流程如图 8-49 所示。

图 8-49 业务 8.8 的操作流程图

请确认系统日期和业务日期为 2016 年 4 月 15 号。

2. 场景一的操作步骤

任务说明：门市部职员李华填制并现结零售日报(3 张)，主管赵飞逐一复核。

【门市部职员李华填制并现结零售日报】

提示：

因为当日的 3 种零售货物，在进行应收确认和成本结转的制单处理时，都涉及"主营业务收入"、"主营业务成本"等项目核算类的科目，所以在填制零售日报时需要分开填制，否则之后的凭证无法录入相应科目的辅助项目名称。

(1) 打开"零售日报"窗口。在"企业应用平台"的"业务工作"页签中，依次单击"供应链/销售管理/零售日报/零售日报"菜单项，系统打开"零售日报"窗口。

(2) 编辑亮康眼镜的零售日报。单击工具栏中的"增加"按钮，新增一张零售日报单，然后做如下编辑。

① 编辑表头。修改"销售类型"为"门市零售"，"客户简称"为"零散客户"，"销售部门"为"门市部"，"业务员"为"李华"，"税率"为"17"，"备注"为"零售亮康眼镜 100 副"，其他项默认。

② 编辑表体。参照生成“存货名称”为“亮康眼镜”,“数量”栏输入“100”,“含税单价”为“234”元，其他数据项默认。

(3) 保存。单击工具栏中的“保存”按钮，保存该单据，结果可参见图 8-50。

(4) 现结零售日报。单击工具栏中的“现结”按钮，然后在系统打开的“现结”对话框中参照生成“结算方式”为“现金”,“原币金额”为表头的“应收金额”，再单击“确定”按钮，返回“零售日报”窗口，结果如图 8-50 所示。

(5) 重复步骤(2)～(4)，完成零售女士高端 50 副(含税单价 468 元)和零售男士普通 80 副(含税单价 175.5 元)的零售日报单填制与现结工作，结果可参见图 8-51 和图 8-52。

(6) 退出。单击“零售日报”窗口右上角的“关闭”按钮，关闭并退出该窗口。

现结 零售日报 打印模版 销售零售日报打印模版

表体排序 合并显示

日报号 0000000001 日报日期 2016-04-15 销售类型 门市零售

客户简称 零散客户 销售部门 门市部 业务员 李华

客户地址 税率 17.00 备注 零售亮康眼镜100副

	仓库名称	存货编码	存货名称	规...	主计量	数量	报价	含税单价	无税单价	无税金额	税额	价税合计	税率(%)
1	产成品仓库	10000	亮康眼镜		副	100.00	0.00	234.00	200.00	20000.00	3400.00	23400.00	17.00

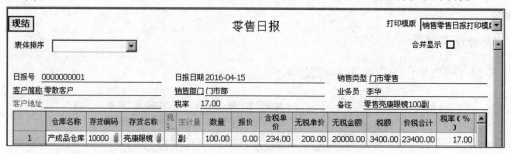

图 8-50 业务 8.8 的亮康眼镜的零售日报

现结 零售日报 打印模版 销售零售日报打印模版

表体排序 合并显示

日报号 0000000002 日报日期 2016-04-15 销售类型 门市零售

客户简称 零散客户 销售部门 门市部 业务员 李华

客户地址 税率 17.00 备注 零售女士高端50副

	仓库名称	存货编码	存货名称	规...	主计量	数量	报价	含税单价	无税单价	无税金额	税额	价税合计	税率(%)
1	大运仓库	00002	女士高...		副	50.00	0.00	468.00	400.00	20000.00	3400.00	23400.00	17.00

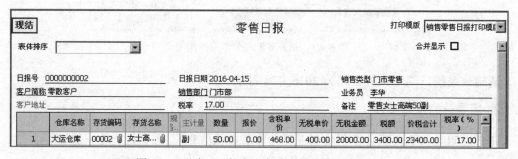

图 8-51 业务 8.8 的女士高端太阳镜的零售日报

现结 零售日报 打印模版 销售零售日报打印模版

表体排序 合并显示

日报号 0000000003 日报日期 2016-04-15 销售类型 门市零售

客户简称 零散客户 销售部门 门市部 业务员 李华

客户地址 税率 17.00 备注 零售男士普通80副

	仓库名称	存货编码	存货名称	规...	主计量	数量	报价	含税单价	无税单价	无税金额	税额	价税合计	税率(%)
1	大运仓库	00003	男士普...		副	80.00	0.00	175.50	150.00	12000.00	2040.00	14040.00	17.00

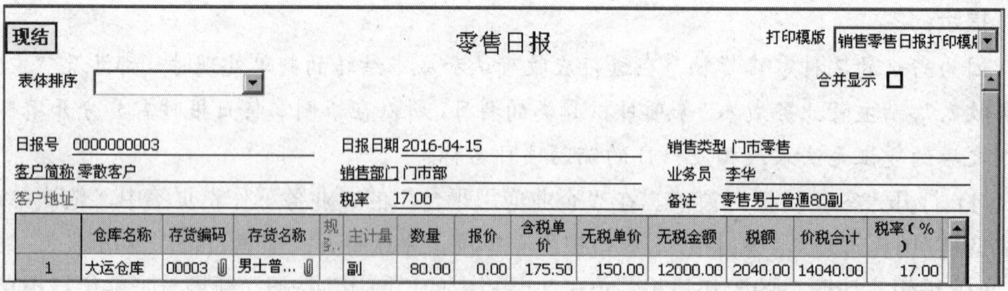

图 8-52 业务 8.8 的男士普通太阳镜的零售日报

【销售部主管赵飞复核零售日报单】

(1) 打开“零售日报”窗口。

(2) 查阅并复核零售日报。单击工具栏中的"上张"或"下张"按钮，查阅到相应的零售日报，然后在需要复核的零售日报单窗口中，单击工具栏中的"复核"按钮，分别复核以上3张零售日报单。

(3) 退出。单击"零售日报"窗口右上角的"关闭"按钮，关闭并退出该窗口。

提示：

一张零售日报复核时自动生成发货单，一张发货单可以分仓库生成多张销售出库单。根据本公司账套的初始设置和以上零售日报的特点，在此每张零售日报复核时将自动生成一张发货单和一张出库单。

3．场景二的操作步骤

任务说明：仓管部主管李莉审核出库单。

(1) 打开"销售出库单"窗口。在"企业应用平台"的"业务工作"页签中，依次单击"供应链/库存管理/出库业务/销售出库单"菜单项，系统打开"销售出库单"窗口。

(2) 查阅并审核销售出库单。单击工具栏中的"末张"、"上张"或"下张"按钮，查阅到相应的销售出库单，然后在需要审核的销售出库单窗口中，单击工具栏中的"审核"按钮逐一审核3张零售日报单复核时自动生成的3张出库单，完成审核工作。

(3) 退出。单击"销售出库单"窗口右上角的"关闭"按钮，关闭并退出该窗口。

4．场景三的操作步骤

任务说明：财务部主管曾志伟进行应收现结审核，会计张兰对销售业务进行现结制单和销售成本结转。

【财务部主管曾志伟进行销售普通发票的应收审核】

(1) 打开"单据处理"窗口。在"企业应用平台"的"业务工作"页签下，依次单击"财务会计/应收款管理/应收单据处理/应收单据审核"菜单项，系统弹出"应收单查询条件"对话框，增加勾选"包括已现结发票"，然后单击其"确定"按钮，系统打开"单据处理"窗口。

(2) 审核应收单据。在"单据处理"窗口中，系统已列出本业务的3张零售日报单，选中相应的单据并单击工具栏中的"审核"按钮，系统提示审核成功，单击"确定"按钮，退出信息提示框，返回"单据处理"窗口。

(3) 退出。单击"单据处理"窗口右上角的"关闭"按钮，退出该窗口。

【财务部会计张兰进行应收制单】

(1) 打开"制单"窗口。在"应收款管理"子系统中，双击"制单处理"菜单项，在系统弹出的"制单查询"对话框中，增加选中"现结制单"复选框，然后单击"确定"按钮，系统打开"制单"窗口。

(2) 打开"填制凭证"窗口。选中本业务填制的3张零售日报单，然后单击工具栏中的"制单"按钮，系统打开"填制凭证"窗口。

(3) 编辑并保存亮康眼镜的应收凭证。在"填制凭证"窗口中,系统默认相关信息,通过单击工具栏中的"上张凭证"、"下张凭证"按钮,查阅到亮康眼镜的记账凭证,具体的内容与编辑步骤如下。

① 其默认显示的凭证信息为"借记:库存现金;贷记:主营业务收入、销项税额"。
② 设置其"主营业务收入"科目的辅助项的"项目名称"为"亮康眼镜",其他项默认。
③ 单击工具栏中的"保存"按钮,结果如图 8-53 所示。

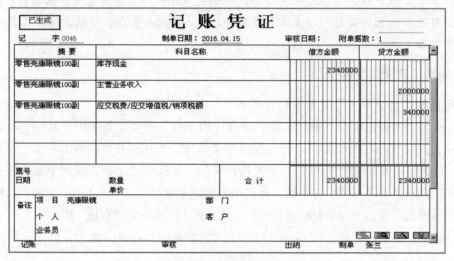

图 8-53 业务 8.8 的亮康眼镜的现结制单结果

(4) 重复步骤(3),完成女士高端和男士普通太阳镜的收款凭证的编辑与保存,结果如图 8-54 和图 8-55 所示。

(5) 退出。单击"填制凭证"和"制单"窗口右上角的"关闭"按钮,关闭并退出该窗口。

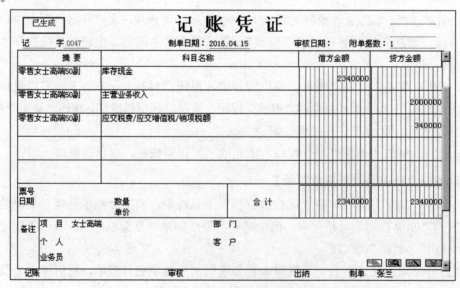

图 8-54 业务 8.8 的女士高端太阳镜的现结制单结果

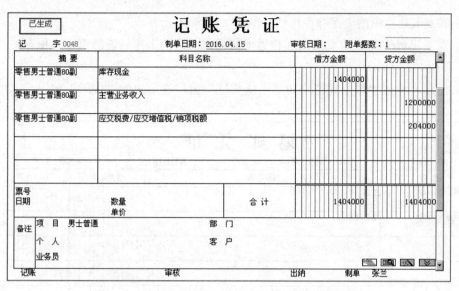

图 8-55　业务 8.8 的男士普通太阳镜的现结制单结果

【财务部会计张兰进行销售出库记账】

(1) 打开"未记账单据一览表"窗口。在"企业应用平台"的"业务工作"页签下，依次单击"供应链/存货核算/业务核算/正常单据记账"菜单项，系统弹出"查询条件选择"对话框，直接单击其"确定"按钮，系统打开"未记账单据一览表"窗口。

(2) 出库记账。在"未记账单据一览表"窗口中，选中本业务生成的 3 张零售日报单，然后单击工具栏中的"记账"按钮，系统弹出信息框提示记账成功，单击"确定"按钮，完成记账工作。

(3) 退出。单击"未记账单据一览表"窗口右上角的"关闭"按钮，退出当前窗口。

【财务部会计张兰进行出库制单】

(1) 打开"生成凭证"窗口。在"存货核算"子系统中，依次单击"财务核算/生成凭证"菜单项，系统打开"生成凭证"窗口。

(2) 打开"选择单据"窗口。单击工具栏中的"选择"按钮，在系统弹出的"查询条件"对话框中，直接单击"确定"按钮，系统打开"选择单据"窗口。

(3) 打开"填制凭证"窗口。在"选择单据"窗口中，选中本业务生成的 3 张零售日报单，然后单击工具栏中的"确定"按钮，系统返回"生成凭证"窗口，此时单击工具栏中的"生成"按钮，系统打开"填制凭证"窗口。

(4) 编辑并保存亮康眼镜的出库凭证。在"填制凭证"窗口中，系统默认相关信息，通过单击工具栏中的"上张凭证"、"下张凭证"按钮，查阅到亮康眼镜的出库凭证，具体的内容与编辑步骤如下。

① 其默认显示的凭证信息为"借记：主营业务成本，贷记：库存商品"。

② 设置"主营业务成本"和"库存商品"的辅助项的"项目名称"为"亮康眼镜"，其他项默认。

③ 单击工具栏中的"保存"按钮,结果如图 8-56 所示。

(5) 重复步骤(4),完成女士高端和男士普通太阳镜的出库凭证的编辑与保存,结果如图 8-57 和图 8-58 所示。

(6) 退出。单击"填制凭证"和"生成凭证"窗口右上角的"关闭"按钮,退出当前窗口。

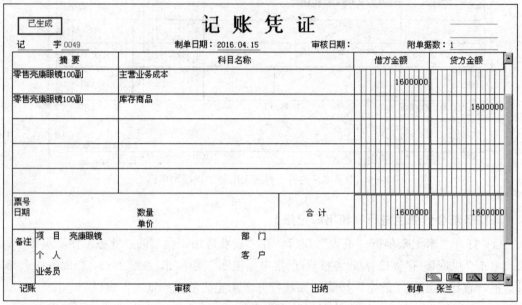

图 8-56 业务 8.8 的亮康眼镜出库凭证

图 8-57 业务 8.8 的女士高端太阳镜出库凭证

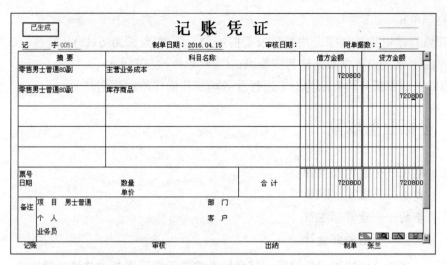

图 8-58 业务 8.8 的男士普通太阳镜出库凭证

8.9 有现结的销售退货业务

销售退货业务是指客户因货物质量、品种、数量不符合要求或者其他原因，而将已购货物退回给本单位的业务。销售退货与正常销售的流程基本相同，若销售退货时未开票未出库，则可直接修改或作废发货单；若销售退货时已开票，则需要先填写退货单，审核退货单时系统自动生成红字销售出库单，到库房办理入库手续，再根据退货单开具红字销售发票。

销售退货单是发货单的红字单据，可以处理客户的退货业务，退货数量≤0。退货单也可以处理换货业务，货物发出后客户要求换货，则可以先按照客户要求退货的货物开退货单，然后再按照客户所换的货物开发货单。

8.9.1 业务概述与分析

4 月 15 日，光明公司要求退货，退回依据合同 XS002 购买的男士普通太阳镜 50 副(在此假设该笔业务已经完成应收款的收款工作，相应的收款操作详见本教程的 9.4 节)，本公司同意退货和退款。当日收到退回的眼镜(入大运仓库)并开具相应的红字专用发票(发票号 XS886954)，同时办理退款手续，按无税单价 108 元、税率 17%进行电汇(单号为 DH0010)，汇出金额为 6318 元。

本笔业务是已完成开票和收款工作，同时收货和退款的退货业务，其操作可先退货后开票，也可开票直接退货，相应的业务流程和操作说明如下：

- 先退货后开票：退货单的填制、审核(数量为-50)；红字出库单审核；红字专用销售发票的填制、现结(金额为-6318)、复核；销售成本结转和应收确认(应收单审核

与制单);
- 开票直接退货:红字专用销售发票的填制、现结(金额为-6318)、复核;红字出库单的审核;销售成本结转和应收确认(应收单审核与制单)。

下面以先退货后开票方法为例,进行业务场景和操作流程说明。

8.9.2 虚拟业务场景

人物: 赵飞——销售部主管
　　　夏于——批发部职员
　　　李莉——仓管部主管
　　　张兰——财务部会计

场景一　光明公司咨询退货问题,销售批发部夏于填写退货单并请主管审核

(光明公司采购部打来电话)

夏于:喂,您好,这里是亮康公司销售批发部。

刘欣:您好!我是光明公司采购部的采购员。我们本月 12 号订购了男士普通太阳镜 4000 副,刚发现有 50 副有质量问题,今天能办退货吗?

夏于:没问题。

刘欣:好的,我们马上把退货发给您,请注意查收。

夏于:好的。

(夏于填制销售退货单完毕)

夏于:赵总,光明公司于本月 12 号订购的男士普通太阳镜 4000 副,今天发现有 50 副有质量问题,我已经填好退货单了,请您审核一下。

赵飞:好的。(审核完毕,系统自动生成红字出库单)

场景二　销售部发站内信通知仓管部审核红字出库单

夏于:李总您好,光明公司今天退回了 50 副男士普通太阳镜,请您注意接收货物并审核红字出库单。

李莉:好的。

(仓管部收到货物,李莉审核红字出库单)

场景三　夏于填写红字专用销售发票并请销售部主管复核

(夏于填制红字销售专用发票完毕)

夏于:赵总,光明公司的退货发票填制完毕了,并且已经现结,请您复核。

赵飞:好的。(复核……)

场景四　赵飞请财务部对本笔业务进行退货的应收确认和销售成本结转

赵飞:小张,今天光明公司的退货业务已经完成了,麻烦进行一下应收确认和销售成本结转。

张兰：好的，没问题。

(张兰来到财务部主管曾志伟的办公室……)

张兰：曾总，销售部今天有一笔退货的应收业务，请您审核一下销售发票。

曾志伟：好的，我现在就审核。

(曾志伟审核销售发票……)

(张兰进行应收制单和销售成本结转……)

8.9.3 操作指导

1. 操作流程

有现结的销售退货业务的操作流程如图 8-59 所示。

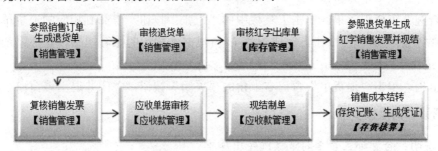

图 8-59　业务 8.9 的操作流程图

请确认系统日期和业务日期为 2016 年 4 月 15 号。

2. 场景一的操作步骤

任务说明：批发部夏于参照销售订单生成退货单，销售部主管赵飞审核退货单。

【批发部职员夏于参照生成退货单】

(1) 打开"退货单"窗口。在"企业应用平台"的"业务工作"页签中，依次单击"供应链/销售管理/销售发货/退货单"菜单项，系统打开"退货单"窗口。

(2) 参照销售订单生成退货单：

① 打开"参照生单"窗口。单击工具栏中的"增加"按钮，系统打开"查询条件选择-参照订单"对话框，直接单击对话框中的"确定"按钮，系统打开"参照生单"窗口。

② 拷贝信息。在"参照生单"窗口的上窗格中，双击要选择的销售订单(订单编号为 XS002)所对应的"选择"栏，再单击工具栏中的"OK 确定"按钮，系统返回"退货单"窗口，此时相关的信息已经有默认值。

(3) 编辑退货单。修改表头的"备注"为"销售退货男士普通 50 副"，表体的"数量"为"-50"，其他项默认。

(4) 保存。单击工具栏中的"保存"按钮，保存该退货单，结果如图 8-60 所示。

(5) 退出。单击"发货单"窗口右上角的"关闭"按钮,关闭并退出该窗口。

					退货单				打印模版	退货单打印模版	
表体排序										合并显示 □	
退货单号 0000000009				退货日期 2016-04-15			业务类型 普通销售				
销售类型 批发销售				订单号 XS002			发票号				
客户简称 光明公司				销售部门 批发部			业务员 夏于				
发运方式				币种 人民币			汇率 1				
税率 17.00				备注 销售退货男士普通50副							
仓库名称	货物编码		存货名称	规格型号	主计量	数量	报价	含税单价	无税单价	无税金额	税额	价税合计	税率(%)
大运仓库	00003		男士普通太阳镜		副	-50.00	0.00	126.36	108.00	-5400.00	-918.00	-6318.00	17.0

图 8-60 业务 8.9 的退货单

【销售部主管赵飞审核退货单】

(1) 打开"退货单"窗口。

(2) 查阅并审核退货单。单击工具栏中的"上张"按钮,查阅到相应的退货单,然后单击工具栏中的"审核"按钮,完成审核工作(根据本公司的账套初始设置,系统将自动生成红字销售出库单)。

(3) 退出。单击"退货单"窗口右上角的"关闭"按钮,关闭并退出该窗口。

3. 场景二的操作步骤

任务说明:仓管部主管李莉审核红字出库单。

(1) 打开"销售出库单"窗口。在"企业应用平台"的"业务工作"页签中,依次单击"供应链/库存管理/出库业务/销售出库单"菜单项,系统打开"销售出库单"窗口。

(2) 查阅并审核红字销售出库单。在"销售出库单"窗口中,单击工具栏中的"末张"按钮,查阅到本业务生成的红字销售出库单,然后单击"审核"按钮,系统弹出信息框提示审核成功,单击"确定"按钮,完成审核工作。

(3) 退出。单击"销售出库单"窗口右上角的"关闭"按钮,关闭并退出该窗口。

4. 场景三的操作步骤

任务说明:批发部职员夏于参照退货单生成红字销售专用发票并现结,销售部主管赵飞复核。

【批发部职员夏于参照生成红字销售专用发票并现结】

(1) 打开红字的"销售专用发票"窗口。在"销售管理"子系统中,依次单击"销售开票/红字专用销售发票"菜单项,系统打开红字的"销售专用发票"窗口。

(2) 参照退货单生成红字销售专用发票:

① 打开"参照生单"窗口。单击工具栏中的"增加"按钮,系统弹出"查询条件选择-发票参照发货单"对话框,选择其"发货单类型"为"红字记录",然后单击"确定"按钮,系统打开"参照生单"窗口,并已经显示本业务的退货单。

② 拷贝信息。在"参照生单"窗口的上窗格中,选中相应的退货单("订单号"为

"XS002"),单击工具栏中的"OK确定"按钮,系统返回"销售专用发票"窗口。

(3) 编辑销售专用发票。编辑表头的"发票号"为"XS886954",其他项默认。

(4) 保存销售专用发票。单击工具栏中的"保存"按钮,保存该发票,结果可参见图 8-61。

(5) 现结销售专业发票。单击工具栏中的"现结"按钮,系统弹出"现结"对话框,选择其"结算方式"为"电汇",编辑其"原币金额"为"-6318"元、"票据号"为"DH0010",再单击其"确定"按钮,系统返回"销售专用发票"窗口,结果如图 8-61 所示。

(6) 退出。单击"销售专用发票"窗口右上角的"关闭"按钮,关闭并退出该窗口。

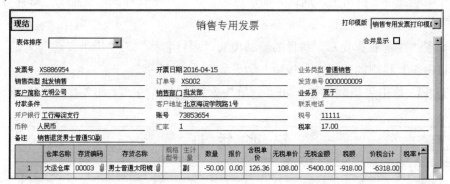

图 8-61 业务 8.9 的红字销售专用发票

【销售部主管赵飞复核销售专用发票】

(1) 打开红字的"销售专用发票"窗口。

(2) 查阅并复核红字销售专用发票。单击工具栏中的"上张"按钮,查阅到相应的红字销售专用发票,然后单击工具栏中的"复核"按钮,完成复核工作。

(3) 退出。单击"销售专用发票"窗口右上角的"关闭"按钮,关闭并退出窗口。

7. 场景六的操作步骤

任务说明:财务部主管曾志伟进行应收现结审核,会计张兰对销售业务进行现结制单和销售成本结转。

【财务部主管曾志伟进行现结的应收审核】

(1) 打开"单据处理"窗口。在"企业应用平台"的"业务工作"页签下,依次单击"财务会计/应收款管理/应收单据处理/应收单据审核"菜单项,系统弹出"应收单查询条件"对话框,增加勾选"包括已现结发票"复选框,然后单击其"确定"按钮,系统打开"单据处理"窗口。

(2) 审核应收单据。在"单据处理"窗口中,系统已列出本业务的红字销售发票,选中相应的单据并单击工具栏中的"审核"按钮,系统提示审核成功,单击"确定"按钮,退出信息提示框,返回"单据处理"窗口。

(3) 退出。单击"单据处理"窗口右上角的"关闭"按钮,退出当前窗口。

【财务部会计张兰进行红字销售发票的现结制单】

（1）打开"制单"窗口。在"应收款管理"子系统中，双击"制单处理"菜单项，在系统弹出的"制单查询"对话框中，增加选中"现结制单"复选框，然后单击"确定"按钮，系统打开"制单"窗口。

（2）打开"填制凭证"窗口。选中本业务填制的红字销售发票，然后单击工具栏中的"制单"按钮，系统打开"填制凭证"窗口。

（3）编辑并保存红字销售专用发票的应收凭证。具体的操作步骤如下。

① "填制凭证"窗口上，默认凭证信息为"借记：工行存款，贷记：主营业务收入、销项税额"，均为红字。

② 设置"主营业务收入"科目的辅助项的"项目名称"为"男士普通"。

③ 单击工具栏中的"保存"按钮，结果如图8-62所示。

（4）退出。单击"填制凭证"和"制单"窗口右上角的"关闭"按钮，关闭并退出窗口。

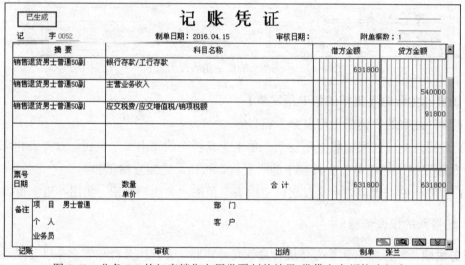

图8-62 业务8.9的红字销售专用发票制单结果(借贷方金额均为红字)

【财务部会计张兰进行销售出库记账】

（1）打开"未记账单据一览表"窗口。在"企业应用平台"的"业务工作"页签下，依次单击"供应链/存货核算/业务核算/正常单据记账"菜单项，系统弹出"查询条件选择"对话框，直接单击其"确定"按钮，系统打开"未记账单据一览表"窗口。

（2）出库记账。在"未记账单据一览表"窗口中，选中本业务生成的销售发票，然后单击工具栏中的"记账"按钮，系统弹出信息框提示记账成功，单击"确定"按钮，完成记账工作。

（3）退出。单击"未记账单据一览表"窗口右上角的"关闭"按钮，退出当前窗口。

【财务部会计张兰进行出库制单】

(1) 打开"生成凭证"窗口。在"存货核算"子系统中,依次单击"财务核算/生成凭证"菜单项,系统打开"生成凭证"窗口。

(2) 打开"选择单据"窗口。单击工具栏中的"选择"按钮,在系统弹出的"查询条件"对话框中,直接单击"确定"按钮,系统打开"选择单据"窗口。

(3) 打开"填制凭证"窗口。在"选择单据"窗口中,选中本业务生成的销售发票,然后单击工具栏中的"确定"按钮,系统返回"生成凭证"窗口,此时单击工具栏中的"生成"按钮,系统打开"填制凭证"窗口。

(4) 编辑并保存存货凭证。在"填制凭证"窗口中,系统已默认相关信息,具体的内容与编辑步骤如下。

① 其默认显示的凭证信息为"借记:主营业务成本,贷记:库存商品"。

② 设置"主营业务成本"和"库存商品"的辅助项目为"男士普通",其他项默认。

③ 单击工具栏中的"保存"按钮,结果如图 8-63 所示。

(5) 退出。单击"填制凭证"和"生成凭证"窗口右上角的"关闭"按钮,退出窗口。

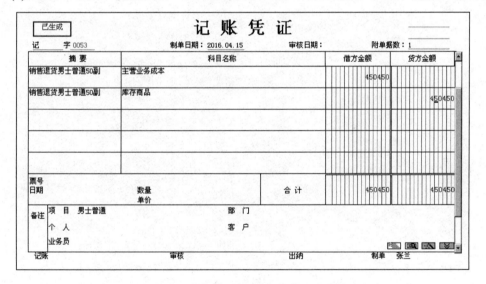

图 8-63　业务 8.9 的红字出库凭证(借贷方金额均为红字)

＃ 第三部分

财务会计

第 9 章

应收业务

用友 ERP-U8 的应收款管理,通过对发票、其他应收单、收款单等单据的管理,可及时、准确地提供客户的往来账款余额资料,提供各种分析报表,如账龄分析、周转分析、欠款分析、坏账分析、回款分析等,有利于企业合理地进行资金的调配,提高资金的利用效率。

应收管理的日常业务工作,包括企业日常的应收/收款的单据处理、应收/收款单据核销、应收转账、汇兑损益、坏账处理和制单处理等。

应收单据处理,是指用友 ERP-U8 的用户,可通过应收款管理系统进行单据的录入、查阅和分析等工作。由于本公司同时启用了应收款管理和销售管理系统,所以销售发票和代垫费用产生的应收单据由销售系统录入,在应收款管理系统中对这些单据进行审核、弃审、查询、核销、制单等处理,而且在应收款管理系统只需要录入应收单。相应的业务,可参见本教程的 8.1～8.4 节、8.6～8.9 节等。

收款单据处理主要是对结算单据(收款单、付款单即红字收款单)的录入与审核。相应的业务,可参见本教程的 9.2 节和 9.4 节。

单据核销,是指用收款来核销应收款的工作。单据核销的作用是建立收款与应收款的核销记录,加强往来款项的管理。相应的业务,可参见本教程的 9.2 节和 9.4 节。

应收转账,是进行应收冲应收(将一家客户的应收款转到另一家客户中)、预收冲应收(处理客户的预收款和该客户应收欠款的转账核销业务)、应收冲应付(用某客户的应收账款,冲抵某供应商的应付款项)、红票对冲(用某客户的红字发票与其蓝字发票进行冲抵)等操作,本教程以预收冲应收为例(详见 9.3 节),进行了相关业务的分析与操作说明。

坏账处理包括计提应收坏账准备处理、坏账发生后的处理、坏账收回后的处理等功能,其作用是系统自动计提应收款的坏账准备,当坏账发生时即可进行坏账核销,当被核销坏账又收回时,即可进行坏账收回处理。坏账计提业务,请参见本教程的 9.6 节;坏账发生与收回业务,请参见本教程的 9.1 节。

制单即生成凭证,并将凭证传递至总账,相应的业务可参见本教程的各个章节,比如 5.1 节中通过自定义转账生成凭证,5.3 节、6.2～6.4 节、8.1～8.4 节、8.6～8.9 节中通过手工制单生成应收、应付的记账凭证。

本章的操作,请按照业务描述中的系统日期(如 4 月 15 日)和操作员(如财务部会计张兰),在第 8 章完成的基础上,在应收款管理系统中进行。

如果读者没有完成第 8 章的销售业务的操作,可以到百度网盘空间(网盘地址:http://pan.baidu.com/s/1nuTA0WD,密码:ozr2)的"实验账套数据"文件夹中,将"08 销售业务.rar"下载到实验用机上,然后"引入"(操作步骤详见 2.2.5 节)到 ERP-U8 系统中。而且,本章完成的账套,其"输出"压缩的文件名为"09 应收业务.rar"。

需要注意的是,因网盘中的账套备份文件均为"压缩"文件,所以下载完成后引入前,需要用解压缩工具进行解压(建议用 WinRAR 3.42 或以上版本),得到相应可以引入的账套数据文件。

本章的所有业务实验操作,都有配套的微视频,读者可以通过扫描二维码,或者到指定的网页去观看。本教程配套的微视频,均存放在北京神州明灯教育科技有限公司和合一集团的网站上,相应的访问说明请参见网盘中的"微视频访问说明.doc"。

9.1 坏账发生与收回

本公司采用备抵法,设置了"坏账准备"账户,按期估计坏账损失,提取坏账准备并转作当期费用。在实际发生坏账时,直接冲减已计提坏账准备,同时转销相应的应收账款余额。

发生坏账时,借:坏账准备,贷:应收账款。

确认坏账收回,借:应收账款,贷:坏账准备;同时,借:银行存款,贷:应收账款。

9.1.1 业务概述与分析

4 月 15 日,有确切消息表明,华飞公司经营出现问题,赊销给华飞公司的全部货款(44928)已无法收回。因此,公司对相应的应收账款进行了注销。

4 月 20 日,经与华飞公司的多次交涉,华飞公司支付欠款总额的 50%,即 22464 元,用现金支票支付,票号 XJ010。摘要:收回华飞公司坏账的 50%。

本笔业务是坏账的发生与收回业务。在坏账发生时,记录坏账发生的金额并制单;在坏账收回时,填制与审核收款单(注意:收款单不能制单)、坏账制单。

9.1.2 虚拟业务场景

人物:夏于——销售部职员
 张兰——财务部会计
 罗迪——财务部出纳

曾志伟——财务部主管

系统日期：4月15号。

场景一　销售部通知财务发生坏账，财务部做坏账发生处理

夏于：喂，您好，我是销售部的夏于。华飞公司的经营出现了问题，领导同意将其应收款44928元做成坏账。

张兰：好的。

(张兰处理坏账发生完毕)

系统日期：4月20号。

场景二　坏账收回的收款单处理

(夏于带着22464元现金支票来到财务部)

夏于：小罗，我们和华飞公司进行了多次交涉，他们终于同意支付一半的欠款了，这是他们给付的现金支票。

罗迪：太好了，我马上入账。

(罗迪填制收款单完毕)

(罗迪来到财务部主管曾志伟的办公室……)

罗迪：曾总，刚才销售部送来现金支票，是华飞公司支付的咱们已经做了坏账处理的欠款，收款单我已经填制完成了。

曾志伟：好的，我知道了，你去通知张兰做坏账收回的处理吧。

罗迪：好的。

场景三　罗迪通知张兰做坏账收回的处理

罗迪：小张，华飞公司的坏账，今天收回了一半，收款单已经填制并审核了，请你做一下坏账收回的处理。

张兰：嗯，好的。

(张兰做坏账收回处理……)

9.1.3　操作指导

1. 操作流程

坏账发生与收回业务的操作流程如图9-1所示。

图9-1　业务9.1的操作流程图

请确认系统日期和业务日期为 2016 年 4 月 15 号。

2. 场景一的操作步骤

任务说明：财务部会计张兰记录发生的坏账并制单。

(1) 打开"发生坏账"对话框。在"企业应用平台"的"业务工作"页签中，依次单击"财务会计/应收款管理/坏账处理/坏账发生"菜单项，系统弹出"坏账发生"对话框。

(2) 打开"发生坏账损失"窗口。在"坏账发生"对话框中，参照生成"客户"为"华飞公司"，然后单击"确定"按钮，系统打开"发生坏账损失"窗口。

(3) 记录坏账发生的金额。在"发生坏账损失"窗口中，双击"余额"栏，使"本次发生坏账金额"栏的数字为"余额"数字(即 44928)，然后单击工具栏中的"OK 确认"按钮，系统记录该坏账损失，并弹出信息提示框，询问"是否立即制单？"，单击"是"按钮，系统打开"填制凭证"窗口。

(4) 保存凭证。在"填制凭证"窗口中，系统默认相关信息(借记：坏账准备，贷记：应收账款)，直接单击"保存"按钮，结果如图 9-2 所示。

(5) 退出。单击"填制凭证"和"发生坏账损失"窗口右上角的"关闭"按钮，关闭并退出该窗口。

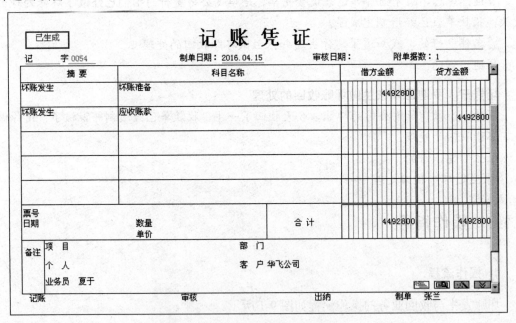

图 9-2 业务 9.1 的坏账发生制单结果

请确认系统日期和业务日期为 2016 年 4 月 20 号。

3. 场景二的操作步骤

任务说明：财务部出纳罗迪填制坏账收回的收款单。

提示：

当收回一笔坏账时，应该首先录入一张收款单，该收款单的金额即为收回的坏账的金额，该收款单不能审核。

(1) 打开"收付款单录入"窗口。在"应收款管理"子系统中，依次单击"收款单据处理/收款单据录入"菜单项，系统打开"收付款单录入"窗口。

(2) 编辑收款单。单击工具栏中的"增加"按钮，新增一张收款单，然后做如下编辑。

① 编辑表头的"客户"为"华飞公司"，"结算方式"为"现金支票"，"金额"为"22464"，"票据号"为"XJ010"，"部门"为"财务部"，"摘要"为"收回华飞公司坏账的50%"。

② 编辑表体。在表体区域单击，则表头的相关信息自动带入表体的第一行，确认"款项类型"为"应收款"，其余项默认。

(3) 保存。单击工具栏中的"保存"按钮，保存该单据，结果如图 9-3 所示。

(4) 退出。单击"收付款单录入"窗口右上角的"关闭"按钮，关闭并退出该窗口。

图 9-3　业务 9.1 的收款单

4. 场景三的操作步骤

任务说明： 财务部会计张兰做坏账收回的记录与制单。

(1) 打开"坏账收回"对话框。在"应收款管理"子系统中，依次单击"坏账处理/坏账收回"菜单项，系统弹出"坏账收回"对话框。

(2) 坏账收回记录。在"坏账收回"对话框中，参照生成"客户"为"华飞公司"，"结算单号"为本业务填制的收款单号，然后单击"确定"按钮，系统完成坏账收回的信息处理，并弹出"是否立即制单？"信息提示框。

(3) 坏账收回制单。单击信息提示框的"是"按钮，系统打开"填制凭证"窗口，其默认的信息为"借记：工行存款、应收账款，贷记：应收账款、坏账准备"，直接单击"保存"按钮，结果如图 9-4 所示。

(4) 退出。单击"填制凭证"窗口右上角的"关闭"按钮，退出当前窗口。

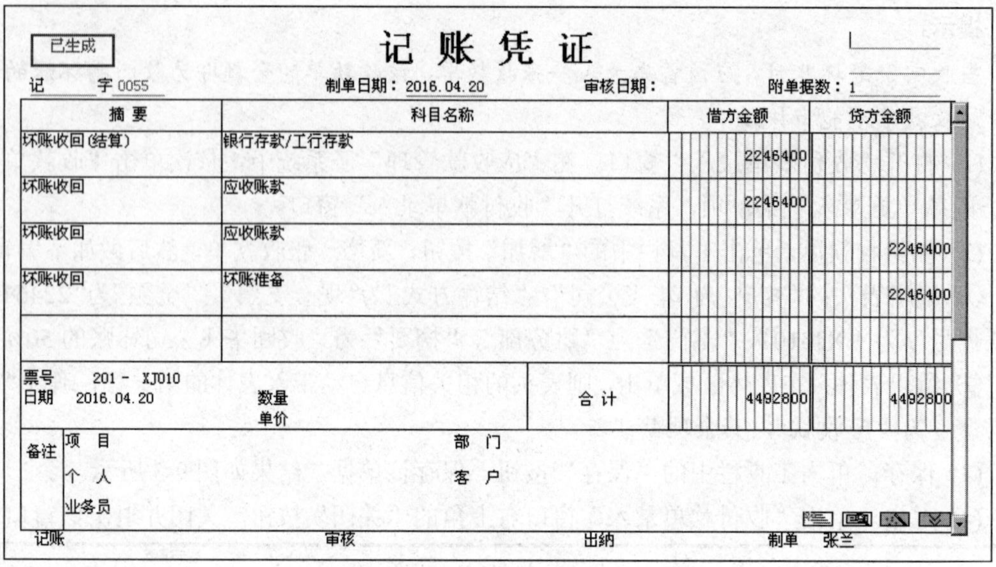

已生成

记账凭证

记 字 0055　　制单日期：2016.04.20　　审核日期：　　附单据数：1

摘要	科目名称	借方金额	贷方金额
坏账收回(结算)	银行存款/工行存款	2246400	
坏账收回	应收账款	2246400	
坏账收回	应收账款		2246400
坏账收回	坏账准备		2246400
票号 201 - XJ010 日期 2016.04.20	数量 单价	合计 4492800	4492800

备注　项目　　部门

个人　　客户

业务员

记账　　审核　　出纳　　制单 张兰

图 9-4　业务 9.1 的坏账收回制单结果

9.2 上月销售的到款及核销

核销是指对某项往来款项的清偿，它与冲销、转销不同。冲销是对错误的会计记录进行冲抵，如红字冲销法。而转销是按照一定的法规和会计政策，对某项会计记录予以撤销，如对无法回收的应收账款予以转销。

9.2.1 业务概述与分析

4 月 20 日，收到光明公司的为期一个月的银行承兑汇票(票号为 854123，金额为 1965600 元)，用于支付上月从我公司购买男士高端太阳镜 4000 副的全部货款；收到雪亮公司的为期两个月的商业承兑汇票(票号为 858883，金额为 1263600 元)，用于支付上月向我公司购买女士高端太阳镜 3000 副的全部货款。

本笔业务是收款与应收核销业务，需要进行填制与审核收款单、收款单制单和应收核销。

9.2.2 虚拟业务场景

人物：夏于——批发部职员

罗迪——财务部出纳

张兰——财务部会计

曾志伟——财务部主管

场景一　夏于通知财务部职员处理收到的上月的货款，罗迪填好收款单

夏于：小罗，这是我们收到的光明公司的银行承兑汇票，用于支付上个月他们购买的男士高端太阳镜 4000 副；还有雪亮公司的商业承兑汇票，用于支付他们上个月购买的女士高端太阳镜 3000 副。

罗迪：好的，我马上处理。

(罗迪开始操作电脑)

场景二　罗迪请曾志伟审核收款单

罗迪：曾总，我已经为雪亮公司和光明公司支付的上月货款填制收款单了，请您审核一下。

曾志伟：好的。(开始收款单审核)

场景三　罗迪请张兰对收款单制单

罗迪：小张，雪亮公司和光明公司的收款单，曾总已经审核通过了。

张兰：好的，我马上做账务处理。(开始生成凭证)

场景四　曾志伟提醒张兰对应收账款进行核销

曾志伟：小张，雪亮公司和光明公司已经支付了本月货款，我已经审核通过了，请你进行核销。

张兰：好的，我马上做处理。

9.2.3　操作指导

1. 操作流程

上月销售的货款及核销的操作流程如图 9-5 所示。

图 9-5　业务 9.2 的操作流程图

请确认系统日期和业务日期为 2016 年 4 月 20 号。

2. 场景一的操作步骤

任务说明：财务部出纳罗迪填制收款单。

(1) 打开"收付款单录入"窗口。在"企业应用平台"的"业务工作"页签中，依次单击"财务会计/应收款管理/收款单据处理/收款单据录入"菜单项，打开"收付款单录入"窗口。

(2) 编辑并保存根据光明公司的银行承兑汇票填制的收款单。单击工具栏中的"增加"按钮，新增一张收款单，编辑其表头的"客户"为"光明公司"，"结算方式"为"银行承兑汇票","金额"为"1965600","票据号"为"854123","部门"为"财务部","摘要"为"光明公司上月货款",然后单击表体部分,系统将自动生成一条记录,注意确认"款项类型"为"应收款",然后单击工具栏中的"保存"按钮,结果如图9-6所示。

图9-6 业务9.2的光明眼镜公司的收款单

(3) 编辑并保存根据雪亮公司的商业承兑汇票填制的收款单。再单击工具栏中的"增加"按钮,以新增一张收款单,编辑其表头的"客户"为"雪亮公司","结算方式"为"商业承兑汇票","金额"为"1263600","票据号"为"858883","部门"为"财务部","摘要"为"雪亮公司上月货款",然后单击表体部分,系统将自动生成一条记录,注意确认"款项类型"为"应收款",然后单击工具栏中的"保存"按钮,结果如图9-7所示。

(4) 退出。单击"收付款单录入"窗口右上角的"关闭"按钮,关闭并退出该窗口。

图9-7 业务9.2的雪亮眼镜公司的收款单

3. 场景二的操作步骤

任务说明：财务部主管曾志伟审核收款单。

(1) 打开"收付款单列表"窗口。在"应收款管理"子系统中,依次单击"收款单据处理/收款单据审核"菜单项,系统弹出"收款单查询条件"对话框,直接单击"确定"按钮,系统退出该对话框并打开"收付款单列表"窗口。

(2) 查阅并审核收款单。在"收付款单列表"窗口中,选中本业务生成的2张单据,然后单击工具栏中的"审核"按钮,系统弹出信息框提示审核成功,单击"确定"按钮,完成审核工作。

(3) 退出。单击"收付款单列表"窗口右上角的"关闭"按钮,关闭并退出该窗口。

4. 场景三的操作步骤

任务说明：财务部会计张兰进行收款单制单。

(1) 打开应收"制单"窗口。在"应收款管理"子系统中,双击"制单处理"菜单项,在系统弹出的"制单查询"对话框中,增加勾选"收付款单制单"复选框,然后单击"确定"按钮,系统打开应收"制单"窗口。

(2) 编辑并保存收款凭证。具体的操作步骤如下。

① 在"制单"窗口中选中本业务填制的 2 张收款单,然后单击"制单"按钮,系统打开"填制凭证"窗口。

② 默认显示光明公司的凭证信息为"借记:银行承兑汇票,贷记:应收账款",直接单击工具栏中的"保存"按钮,结果如图 9-8 所示。

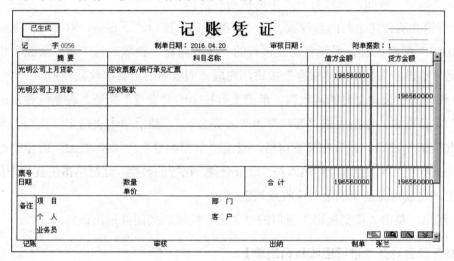

图 9-8 业务 9.2 的光明眼镜公司的收款单制单结果

③ 单击工具栏中的"下张凭证"按钮,默认显示雪亮公司的凭证信息为"借记:商业承兑汇票,贷记:应收账款",直接单击工具栏中的"保存"按钮,结果如图 9-9 所示。

(3) 退出。单击"填制凭证"和"制单"窗口右上角的"关闭"按钮,关闭并退出窗口。

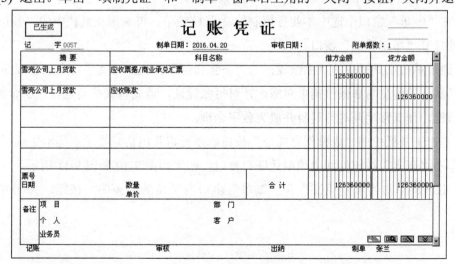

图 9-9 业务 9.2 的雪亮眼镜公司的收款单

5. 场景四的操作步骤

任务说明：财务部会计张兰进行应收核销与核销制单。

【财务部会计张兰进行应收核销】

(1) 打开"单据核销"窗口。在"应收款管理"子系统中，依次单击"核销处理/手工核销"菜单项，在系统弹出的"核销条件"对话框中，参照生成"客户"为"光明公司"，然后单击"确定"按钮，系统打开"单据核销"窗口。

(2) 核销光明公司上月的应收款。在"单据核销"窗口的下窗格，双击"单据编号"为"XS0301"所在的行，系统自动在该行的"本次结算"栏填入与"原币余额"相等的数字，此时单击工具栏中的"保存"按钮，完成光明公司的上月应收款核销。

(3) 核销雪亮公司上月的应收款。单击工具栏中的"查询"按钮，在系统弹出的"核销条件"对话框中，参照生成"客户"为"雪亮公司"，然后单击"确定"按钮，系统返回"单据核销"窗口，然后在其下窗格，双击"单据编号"为"XS0302"所在的行，系统自动在该行的"本次结算"栏填入与"原币余额"相等的数字，此时单击工具栏中的"保存"按钮，完成雪亮公司的上月应收款核销。

(4) 退出。单击"单据核销"窗口的"关闭"按钮，关闭并退出该窗口。

【财务部会计张兰进行应收核销制单】

(1) 打开"制单"窗口。在"应收款管理"子系统中，双击"制单处理"菜单项，在系统弹出的"制单查询"对话框中，增加选中"核销制单"复选框，然后单击"确定"按钮，系统打开"制单"窗口。

(2) 编辑并保存核销凭证。具体的操作步骤如下。

① 在"制单"窗口中选中本业务填制的 2 张核销单，再单击工具栏中的"制单"按钮，系统打开"填制凭证"窗口。

② 通过单击工具栏中的"上张凭证"、"下张凭证"按钮，查阅系统自动生成的 2 张凭证，其默认的信息与 2 张核销单对应，针对每张凭证，请先将鼠标定位在红字金额上，再按空格键，使其移动到对方科目并成为蓝字金额。

③ 单击工具栏中的"成批保存凭证"按钮，系统将弹出信息提示框提示生成了 2 张凭证，单击"确定"按钮返回"填制凭证"窗口，结果如图 9-10 和图 9-11 所示。

(3) 退出。单击"填制凭证"和"制单"窗口右上角的"关闭"按钮，关闭并退出该窗口。

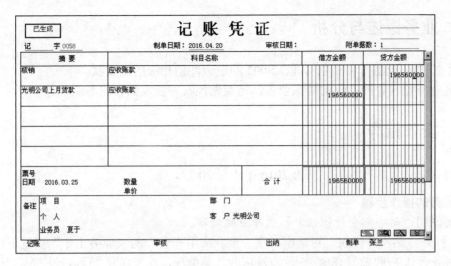

图 9-10 业务 9.2 的光明眼镜公司的上月货款核销凭证

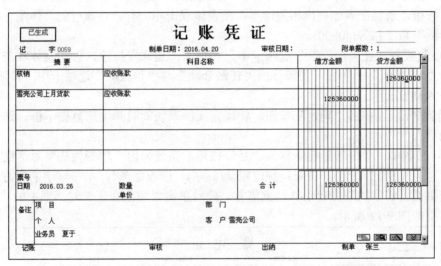

图 9-11 业务 9.2 的雪亮眼镜公司的上月货款核销凭证

9.3 预收冲应收

企业的预收账款科目，用来核算企业按照合同规定或交易双方之约定，而向购买单位或接受劳务的单位在未发出商品或提供劳务时预收的款项。一般包括预收的货款、预收购货定金等。企业在收到这笔钱时，商品或劳务的销售合同尚未履行，因而不能作为收入入账，只能确认为一项负债，即贷记"预收账款"账户。企业按合同规定提供商品或劳务后，再根据合同的履行情况，逐期将未实现收入转成已实现收入，即借记"预收账款"账户，贷记有关收入账户。

9.3.1 业务概述与分析

4月20日，财务部将销售订单XS002的定金冲销相应的应收款。

本笔业务是预收冲应收的转账业务，需要做预收冲应收的转账与制单。

9.3.2 操作指导

请确认系统日期和业务日期为2016年4月20号。

本业务的操作步骤

任务说明：财务部会计张兰做预收冲应收处理。

(1) 打开"预收冲应收"对话框。在"企业应用平台"的"业务工作"页签下，依次单击"财务会计/应收款管理/转账/预收冲应收"菜单项，系统打开"预收冲应收"对话框。

(2) 预收设置。在"预收款"选项卡中，参照生成"客户"为"光明公司"，然后单击"过滤"按钮，系统在表体列出相关信息；在表体双击相应行，使该行的"转账金额"与"原币余额"数字相等(40000)。

(3) 应收设置。在"应收款"选项卡中，先单击"过滤"按钮，再在表体双击"单据编号"为"XS3066"所在行，使该行的"转账金额"与"预收款"选项卡中"转账金额"数字相等(40000)。

(4) 转账完成。单击"确定"按钮，转账完成；系统同时弹出信息提示框，询问"是否立即制单"。

(5) 转账制单。单击信息提示框的"是"按钮，系统弹出"填制凭证"对话框，默认的凭证信息为"借记：(无)，贷记：预收账款(红字)、应收账款"；单击红字的贷方金额，然后按空格键，红字的贷方自动移动到借方，此时单击"填制凭证"对话框中的"保存"按钮，结果如图9-12所示。

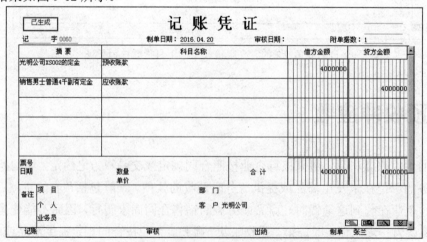

图9-12 业务9.3的光明眼镜公司的预收冲应收制单结果

(6) 退出。单击"填制凭证"对话框中的"退出"按钮和"预收冲应收"对话框中的

"取消"按钮,退出窗口。

9.4 本月销售的到款及核销

9.4.1 业务概述与分析

4月20日,收到雪亮眼镜公司依据XS001合同,向本公司以转账支票的方式(支票号为ZZ2583)支付的价税款379080元。

4月20日,收到光明眼镜公司依据XS004合同,向本公司以转账支票的方式(支票号为ZZ2586)支付的第一批价税款1404000元。

4月20日,收到光明眼镜公司依据XS004合同,向本公司以转账支票的方式(支票号为ZZ2588)支付的第二批价税款936000元。

4月20日,收到雪亮眼镜公司依据XS005合同,向本公司以转账支票的方式(支票号为ZZ2596)支付的价税款245700元。

4月20日,收到光明眼镜公司的银行承兑汇票CDHP0030,用于支付依据XS002合同的价税款和代垫运费共466640元,备注中表明已付定金40000元。

说明:

依据WTDX0001合同,同方公司应支付委托代销结算款468000元,本月没有到款。

本笔业务是收款与应收核销业务,需要填制与审核收款单、收款单制单,以及应收核销。

9.4.2 虚拟业务场景

人物:罗迪——财务部出纳
　　　张兰——财务部会计
　　　曾志伟——财务部主管

场景一　罗迪收到本月的部分货款,填制收款单并请主管审核

(罗迪填制收款单完毕,来到曾志伟的办公室)

罗迪:曾总,我已经为雪亮公司和光明公司支付的本月货款填制收款单了,请您审核一下。

曾志伟:好的。(开始收款单审核)

场景二　罗迪请张兰对收款单制单

罗迪:小张,雪亮公司和光明公司的收款单,曾总已经审核通过了。

张兰:好的,我马上做账务处理。(开始生成凭证)

场景三 曾志伟提醒张兰对应收账款进行核销

曾志伟：小张，雪亮公司和光明公司支付了本月的货款，该做应收核销了。

张兰：好的，我马上做处理。

9.4.3 操作指导

1. 操作流程

本月销售的货款及核销操作流程如图 9-13 所示。

图 9-13 业务 9.4 的操作流程图

请确认系统日期和业务日期为 2016 年 4 月 20 号。

2. 场景一的操作步骤

任务说明：财务部出纳罗迪填制收款单，主管曾志伟审核。

【财务部出纳罗迪填制收款单】

（1）打开"收付款单录入"窗口。在"企业应用平台"的"业务工作"页签中，依次单击"财务会计/应收款管理/收款单据处理/收款单据录入"菜单项，打开"收付款单录入"窗口。

（2）编辑并保存根据雪亮公司的 ZZ2583 填制的收款单。单击工具栏中的"增加"按钮，新增一张收款单，编辑其表头的"客户"为"雪亮公司"，"结算方式"为"转账支票"，"金额"为"379080"，"票据号"为"ZZ2583"，"部门"为"财务部"，"摘要"为"收到 XS001 货款"，然后单击表体部分，系统将自动生成一条记录，注意确认"款项类型"为"应收款"，然后单击工具栏中的"保存"按钮，结果如图 9-14 所示。

图 9-14 业务 9.4 的雪亮公司 ZZ2583 的收款单

（3）编辑并保存根据光明公司的 ZZ2586 填制的收款单。单击工具栏中的"增加"按钮，再新增一张收款单，编辑其表头的"客户"为"光明公司"，"结算方式"为"转账支票"、"金额"为"1404000"、"票据号"为"ZZ2586"、"部门"为"财务部"、"摘要"为"收到 XS004 第一批货款",然后单击表体部分,系统将自动生成一条记录,注意确认"款项类型"为"应收款",然后单击工具栏中的"保存"按钮,结果如图 9-15 所示。

图 9-15　业务 9.4 的光明公司 ZZ2586 的收款单

(4) 编辑并保存根据光明公司的 ZZ2588 填制的收款单。单击工具栏中的"增加"按钮,再新增一张收款单,编辑其表头的"客户"为"光明公司"、"结算方式"为"转账支票"、"金额"为"936000"、"票据号"为"ZZ2588"、"部门"为"财务部"、"摘要"为"收到 XS004 第二批货款",然后单击表体部分,系统将自动生成一条记录,注意确认"款项类型"为"应收款",然后单击工具栏中的"保存"按钮,结果如图 9-16 所示。

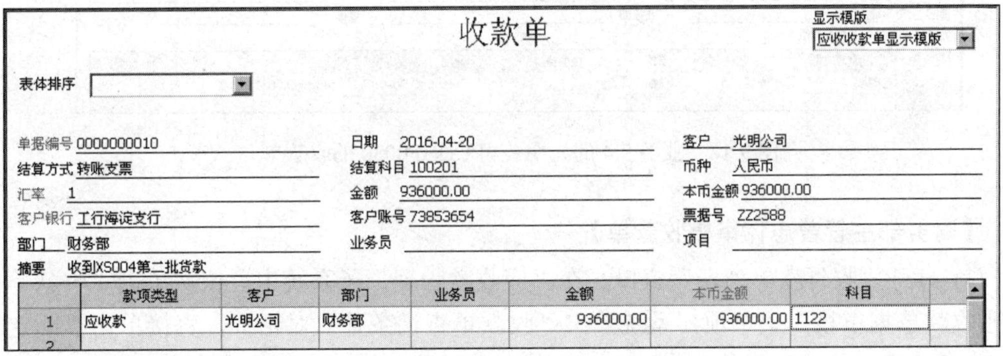

图 9-16　业务 9.4 的光明公司 ZZ2588 的收款单

(5) 编辑并保存根据雪亮公司的 ZZ2596 填制的收款单。单击工具栏中的"增加"按钮,再新增一张收款单,编辑其表头的"客户"为"雪亮公司"、"结算方式"为"转账支票"、"金额"为"245700"、"票据号"为"ZZ2596"、"部门"为"财务部"、"摘要"为"收到 XS005 货款",然后单击表体部分,系统将自动生成一条记录,注意确认"款项类型"为"应收款",然后单击工具栏中的"保存"按钮,结果如图 9-17 所示。

图 9-17 业务 9.4 的雪亮公司 ZZ2596 的收款单

(6) 编辑并保存根据光明公司的 CDHP0030 填制的收款单。再单击工具栏中的"增加"按钮，新增一张收款单，编辑其表头的"客户"为"光明公司"，"结算方式"为"银行承兑汇票"，"金额"为"466640"，"票据号"为"CDHP0030"，"部门"为"财务部"，"摘要"为"收到 XS002 货款与运费"，然后单击表体部分，系统将自动生成一条记录，注意确认"款项类型"为"应收款"，然后单击工具栏中的"保存"按钮，结果如图 9-18 所示。

(7) 退出。单击"收付款单录入"窗口右上角的"关闭"按钮，关闭并退出该窗口。

图 9-18 业务 9.4 的光明公司 CDHP0030 的收款单

【财务部主管曾志伟审核收款单】

(1) 打开"收付款单列表"窗口。在"应收款管理"子系统中，依次单击"收款单据处理/收款单据审核"菜单项，系统弹出"收款单查询条件"对话框，直接单击"确定"按钮，系统退出该对话框并打开"收付款单列表"窗口。

(2) 查阅并审核收款单。选中本业务中填制的 5 张收款单单据，然后单击工具栏中的"审核"按钮，完成审核工作。

(3) 退出。单击"收付款单列表"窗口右上角的"关闭"按钮，关闭并退出该窗口。

3. 场景二的操作步骤

任务说明：财务部会计张兰进行收款单制单。

(1) 打开"制单"窗口。在"应收款管理"子系统中，双击"制单处理"菜单项，在系统弹出的"制单查询"对话框中，增加选中"收付款单制单"复选框，然后单击"确定"按钮，系统打开"制单"窗口。

(2) 编辑并保存收款凭证。具体的操作步骤如下。

① 在"制单"窗口中选中本业务填制的 5 张收款单，再单击工具栏中的"制单"按钮，系统打开"填制凭证"窗口。

② 通过单击工具栏中的"上张凭证"、"下张凭证"按钮，查阅系统自动生成的 5 张凭证，其默认的信息与 5 张收款单对应。

③ 单击工具栏中的"批处理/成批保存凭证"按钮，生成的凭证结果如图 9-19～图 9-23 所示。

(3) 退出。单击"填制凭证"和"制单"窗口右上角的"关闭"按钮，关闭并退出该窗口。

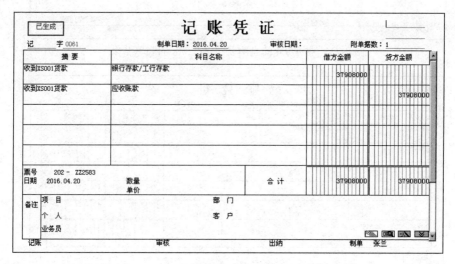

图 9-19 业务 9.4 的雪亮公司 ZZ2583 的制单结果

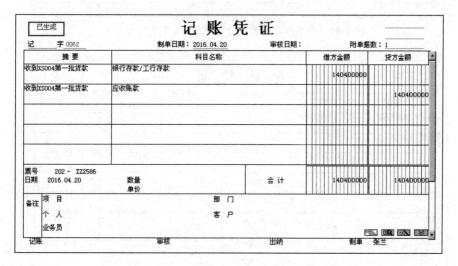

图 9-20 业务 9.4 的光明公司 ZZ2586 的制单结果

已生成

记 账 凭 证

记 字 0063　　制单日期：2016.04.20　　审核日期：　　附单据数：1

摘要	科目名称	借方金额	贷方金额
收到XS004第二批货款	银行存款/工行存款	93600000	
收到XS004第二批货款	应收账款		93600000
票号 202 - ZZ2588 日期 2016.04.20　数量 单价	合计	93600000	93600000

备注　项目　　部门
　　　个人　　客户
　　　业务员

记账　　审核　　出纳　　制单 张兰

图 9-21　业务 9.4 的光明公司 ZZ2588 的制单结果

已生成

记 账 凭 证

记 字 0064　　制单日期：2016.04.20　　审核日期：　　附单据数：1

摘要	科目名称	借方金额	贷方金额
收到XS005货款	银行存款/工行存款	24570000	
收到XS005货款	应收账款		24570000
票号 202 - ZZ2596 日期 2016.04.20　数量 单价	合计	24570000	24570000

备注　项目　　部门
　　　个人　　客户
　　　业务员

记账　　审核　　出纳　　制单 张兰

图 9-22　业务 9.4 的雪亮公司 ZZ2596 的制单结果

已生成

记 账 凭 证

记 字 0065　　制单日期：2016.04.20　　审核日期：　　附单据数：1

摘要	科目名称	借方金额	贷方金额
收到XS002货款与运费	应收票据/银行承兑汇票	46664000	
收到XS002货款与运费	应收账款		46664000
票号 - 日期　数量 单价	合计	46664000	46664000

备注　项目　　部门
　　　个人　　客户
　　　业务员

记账　　审核　　出纳　　制单 张兰

图 9-23　业务 9.4 的光明公司 CDHP0030 的制单结果

4. 场景三的操作步骤

任务说明：财务部会计张兰进行应收款核销与核销制单。

【财务部会计张兰进行应收款核销】

(1) 打开"单据核销"窗口。在"应收款管理"子系统中，依次单击"核销处理/手工核销"菜单项，在系统弹出的"核销条件"对话框中，参照生成"客户"为"光明公司"，然后单击"确定"按钮，系统打开"单据核销"窗口。

(2) 核销光明公司 XS002 的货款。系统默认上窗格的"本次结算金额"与其"原币余额"一致；首先双击"结算方式"为转账支票的 2 行，使其"本次结算金额"为空，然后在下窗格双击"单据编号"为"0000000001"和"XS3066"所在的行，使其"本次结算"金额与同行的"原币余额"一致(结果如图 9-24 所示)，然后单击工具栏中的"保存"按钮，完成光明公司 XS002 货款和运费的核销。

单据日期	单据...	单据编号	客户	款项类型	结算方式	币种	汇率	原币金额	原币余额	本次结算金额	订单...
2016-04-22	收款单	0000000009	光明公司	应收款	转账支票	人民币	1.00000000	1,404,000.00	1,404,000.00	1,404,000.00	
2016-04-22	收款单	0000000010	光明公司	应收款	转账支票	人民币	1.00000000	936,000.00	936,000.00	936,000.00	
2016-04-22	收款单	0000000012	光明公司	应收款	银行承...	人民币	1.00000000	466,640.00	466,640.00	466,640.00	
合计									2,806,640.00	2,806,640.00	2,806,640.00

单据日期	单据类型	单据编号	到期日	客户	币种	原币金额	原币余额	可享...	本次折扣	本次结算	订单号
2016-04-12	其他应收单	0000000001	2016-04-12	光明公司	人民币	1,200.00	1,200.00	0.00		1,200.00	
2016-04-12	销售专...	XS3066	2016-04-12	光明公司	人民币	505,440.00	465,440.00	0.00		465,440.00	XS002
2016-04-12	销售专...	XS3068	2016-04-12	光明公司	人民币	1,404,000.00	1,404,000.00	0.00		1,404,000.00	XS004
2016-04-13	销售专...	XS3070	2016-04-13	光明公司	人民币	936,000.00	936,000.00	0.00		936,000.00	XS004
合计						2,846,640.00	2,806,640.00	0.00		2,806,640.00	

图 9-24　业务 9.4 的光明眼镜公司的应收核销设置

(3) 核销光明公司 XS004 的货款。首先双击上窗格的"原币余额"为"1404000"所在行，使其"本次结算金额"与同行的"原币余额"一致，然后双击下窗格的"原币余额"为"1404000"所在行，使其"本次结算"金额与同行的"原币余额"一致，从而使上下窗格本次结算金额相对应；重复以上操作，使上下窗格本次结算金额为"936000"的行也对应起来，最后单击工具栏中的"保存"按钮，完成光明公司的 XS004 货款的核销。

提示：

如果直接核销光明公司的所有应收款，则会出现核销明细与实际业务不符，比如图 9-24 中上窗格的第 1 行，将与下窗格的前 3 行核销，而且第 3 行是部分核销。为保证核销明细与实际业务对应，需要按照步骤(2)和(3)逐一对应单据进行核销。

(4) 核销雪亮公司本月的应收款。单击工具栏中的"查询"按钮，在系统弹出的"核销条件"对话框中，参照生成"客户"为"雪亮公司"，然后单击"确定"按钮，系统返回"单据核销"窗口，然后在其下窗格，双击"单据编号"为"XS3064"和"XS3072"所在的行，以设置下窗格的"本次结算"金额，与上窗格"款项类型"为"应收款"的"本次结算金额"相对应，然后单击工具栏中的"保存"按钮，完成雪亮公司的本月应收款核销。

(5) 退出。单击"单据核销"窗口的"关闭"按钮，关闭并退出该窗口。

【财务部会计张兰进行应收核销制单】

(1) 打开核销"制单"窗口。在"应收款管理"子系统中,双击"制单处理"菜单项,在系统弹出的"制单查询"对话框中,增加选中"核销制单"复选框,然后单击"确定"按钮,系统打开核销"制单"窗口。

(2) 编辑并保存核销凭证。具体的操作步骤如下。

① 在"制单"窗口中选中本业务生成的 5 张核销单,再单击工具栏中的"制单"按钮,系统打开"填制凭证"窗口。

② 通过单击工具栏中的"上张凭证"、"下张凭证"按钮,查阅系统自动生成的 5 张凭证,其默认的信息与 5 张核销单对应,针对每张凭证,请先将鼠标定位在红字金额上,再按空格键,使其移动到对方科目并成为蓝字金额。

③ 单击工具栏中的"成批保存凭证"按钮,保存核销制单结果,结果如图 9-25~图 9-29 所示。

(3) 退出。单击"填制凭证"和"制单"窗口右上角的"关闭"按钮,关闭并退出该窗口。

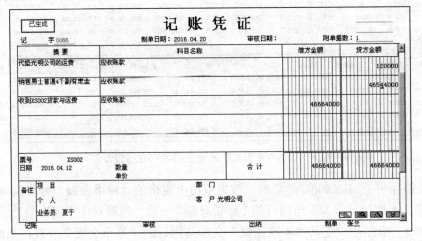

图 9-25 XS002 货款与运费的应收核销制单结果

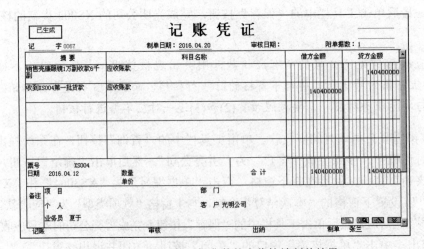

图 9-26 XS004 第一批货款的应收核销制单结果

已生成

记 账 凭 证

记 字 0068 制单日期：2016.04.20 审核日期： 附单据数：1

摘要	科目名称	借方金额	贷方金额
销售亮康眼镜1万副收款4千副	应收账款		93600000
收到XS004第二批货款	应收账款	93600000	
票号 XS004 日期 2016.04.13	数量 单价 合 计	93600000	93600000

备注 项目 部门
个人 客户 光明公司
业务员 夏于

记账 审核 出纳 制单 张兰

图 9-27 XS004 第二批货款的应收核销制单结果

已生成

记 账 凭 证

记 字 0069 制单日期：2016.04.20 审核日期： 附单据数：1

摘要	科目名称	借方金额	贷方金额
销售女士高端9千副分批发货	应收账款		37908000
收到XS001货款	应收账款	37908000	
票号 日期 2016.04.20	数量 单价 合 计	37908000	37908000

备注 项目 部门
个人 客户 雪亮公司
业务员

记账 审核 出纳 制单 张兰

图 9-28 XS001 货款的应收核销制单结果

已生成

记 账 凭 证

记 字 0070 制单日期：2016.04.20 审核日期： 附单据数：1

摘要	科目名称	借方金额	贷方金额
直运销售男士高端500副	应收账款		24570000
收到XS005货款	应收账款	24570000	
票号 日期 2016.04.20	数量 单价 合 计	24570000	24570000

备注 项目 部门
个人 客户 雪亮公司
业务员

记账 审核 出纳 制单 张兰

图 9-29 XS005 货款的应收核销制单结果

9.5 现金折扣处理

通常，核算现金折扣的方法有3种：总价法、净价法和备抵法。我国新企业会计准则要求采用总价法入账，即在销售商品时以发票价格同时记录应收账款和销售收入，不考虑现金折扣。如购货企业享受现金折扣，则以"销售折扣"账户或在"财务费用"账户中反映现金折扣。案例企业规定在"财务费用"账户中反映现金折扣。

9.5.1 业务概述与分析

4月25日，雪亮公司依据合同XS003，以转账支票(支票号为：ZZ7885)向本公司支付98%的价款1142680元(按合同的付款条件，给予对方2%的现金折扣)。

本笔业务是有现金折扣的收款业务，需要通过"选择收款"进行收款单的填制和应收核销，然后制单。"选择收款"功能，可以一次对多个客户、多笔款项进行收款与核销的业务处理，而且收款单不需要审核和核销(已经自动完成核销处理)。

9.5.2 虚拟业务场景

人物：夏于——批发部职员
　　　罗迪——财务部出纳
　　　张兰——财务部会计
　　　曾志伟——财务部主管

场景一　夏于把收到的转账支票，送给财务部的罗迪；罗迪填制收款单

夏于：小罗，我们收到了雪亮公司的转账支票，用于支付合同XS003的货款，他们按合同约定享受了2%的现金折扣。

罗迪：知道了，我们马上入账。

(罗迪填制有现金折扣的收款单完毕)

场景二　罗迪请张兰对收款制单

罗迪：小张，今天有一张雪亮公司的收款单，请你进行制单处理。

张兰：好的，我马上制单。(制单完成)

9.5.3 操作指导

请确认系统日期和业务日期为2016年4月25号。

1. 场景一的操作步骤

任务说明：财务部出纳罗迪填制选择收款单。

【财务部出纳罗迪填制选择收款单】

(1) 打开"选择收款-单据"对话框。在"企业应用平台"的"业务工作"页签中，依次单击"财务会计/应收款管理/选择收款"菜单项，系统弹出"选择收款-条件"对话框；参照生成"客户"为"雪亮公司"，并勾选"可享受折扣"复选框，然后单击"确定"按钮，系统退出对话框打开"选择收款-单据"窗口。

(2) 编辑收款单。在"选择收款-单据"窗口的单据列表中，双击"单据编号"为"XS3067"所在行，则其"收款金额"栏自动填入 1142680(系统自动生成)，结果如图 9-30 所示。

(3) 保存收款单。单击工具栏中的"OK 确认"按钮，系统打开"选择收款-收款单"对话框，选择"结算方式"为"转账支票"，"票据号"为"ZZ7885"，单击其"确定"按钮，系统完成收款与核销处理，并返回"选择收款-单据"窗口。

(4) 退出。单击"选择收款-单据"窗口右上角的"关闭"按钮，关闭并退出该窗口。

选择收款列表									
收款总计	1142680.00								
客...	单据类型	单据编号	摘要	单据日期	到期日	原币金额	原币余额	可享受折扣	本次...	收款金额
002	销售专...	XS3067	销售专用发票	2016-04-12	2016-05-12	1,166,000.00	1,166,000.00	23,320.00		1,142,680
						1,166,000.00	1,166,000.00	23,320.00		1,142,6...

图 9-30　业务 9.5 的雪亮公司的"选择收款-单据"窗口

2. 场景二的操作步骤

任务说明：财务部会计张兰进行选择收款单和核销制单。

(1) 打开"制单"窗口。在"应收款管理"子系统中，双击"制单处理"菜单项，在系统弹出的"制单查询"对话框中，增加选中"收付款单制单"和"核销制单"，然后单击"确定"按钮，系统打开"制单"窗口。

(2) 生成凭证。在"制单"窗口的单据列表中，选中本业务填制生成的收款单和核销单，再单击工具栏中的"制单"按钮，系统打开"填制凭证"窗口，默认已生成 2 张凭证。

(3) 编辑与保存收款凭证。首先查阅到收款单凭证，确认或修改其"摘要"为"销售亮康眼镜 5 千副有折扣"，然后单击工具栏中的"保存"按钮，结果如图 9-31 所示。

(4) 编辑与保存核销凭证。再查阅到核销单，将鼠标定位在红字金额上按空格键，使其移动到对方科目并成为蓝字金额，然后单击工具栏中的"保存"按钮，结果如图 9-32 所示。

(5) 退出。单击"填制凭证"和"制单"窗口右上角的"关闭"按钮，关闭并退出该窗口。

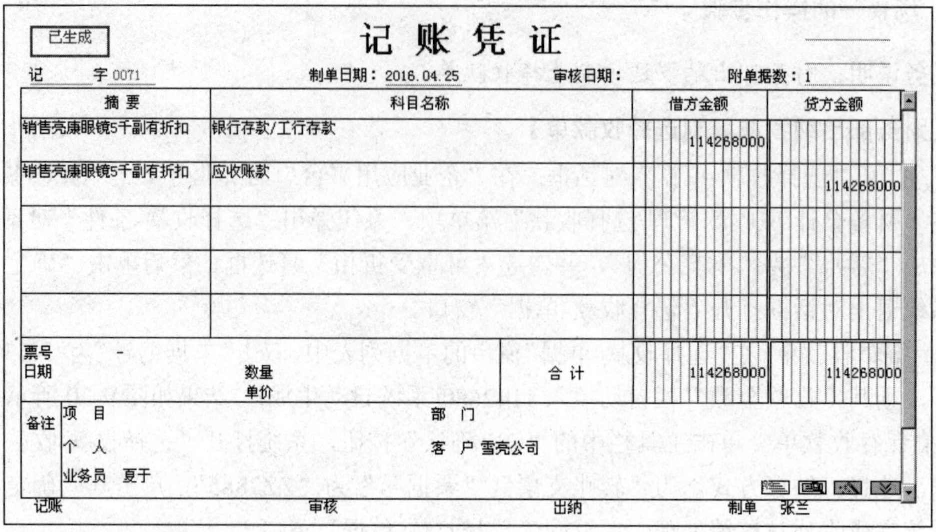

已生成

记账凭证

记 字 0071　制单日期：2016.04.25　审核日期：　附单据数：1

摘要	科目名称	借方金额	贷方金额
销售亮康眼镜5千副有折扣	银行存款/工行存款	114268000	
销售亮康眼镜5千副有折扣	应收账款		114268000
票号 - 日期　数量　单价	合计	114268000	114268000

备注　项目　部门

个人　客户 雪亮公司

业务员 夏于

记账　审核　出纳　制单 张兰

图 9-31　业务 9.5 的收款制单结果

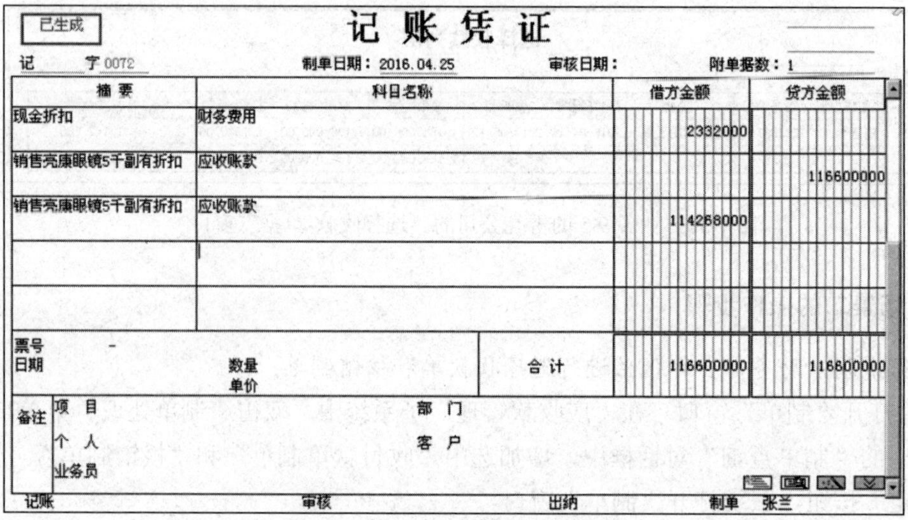

已生成

记账凭证

记 字 0072　制单日期：2016.04.25　审核日期：　附单据数：1

摘要	科目名称	借方金额	贷方金额
现金折扣	财务费用	2332000	
销售亮康眼镜5千副有折扣	应收账款		116600000
销售亮康眼镜5千副有折扣	应收账款	114268000	
票号 - 日期　数量　单价	合计	116600000	116600000

备注　项目　部门

个人　客户

业务员

记账　审核　出纳　制单 张兰

图 9-32　业务 9.5 的核销制单结果

9.6　计提坏账准备金

坏账计提是指对坏账准备科目的计提。计提坏账准备的会计分录是“借记：资产减值损失，贷记：坏账准备”。

9.6.1　业务概述

4 月 25 日，进行本月的坏账准备金计提。

9.6.2 操作指导

请确认系统日期和业务日期为 2016 年 4 月 25 号。

本业务的操作步骤

任务说明：财务部会计张兰计提本月的坏账准备金并制单。

(1) 计提坏账准备金。在"企业应用平台"的"业务工作"页签下，依次单击"财务会计/应收款管理/坏账处理/计提坏账准备"菜单项，系统完成计提并打开"应收账款百分比法"窗口，显示本月的计提结果，结果如图 9-33 所示。

应收账款...	计提比率	坏账准备	坏账准备余额	本次计提
468,000.00	1.000%	4,680.00	10,277.28	-5,597.28

图 9-33 业务 9.6 的坏账准备金计提结果

(2) 计提坏账制单。单击工具栏中的"OK 确认"按钮，系统弹出"是否立即制单？"的信息提示框，单击其"是"按钮，系统打开"填制凭证"窗口，默认的凭证信息与本业务对应，直接单击工具栏中的"保存"按钮，结果如图 9-34 所示。

(3) 退出。单击"填制凭证"和"应收账款百分比法"窗口右上角的"关闭"按钮，退出当前窗口。

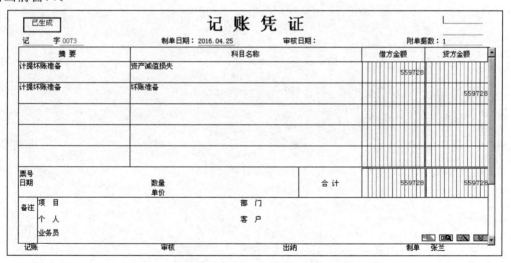

图 9-34 业务 9.6 的坏账准备金计提制单结果(借贷方金额为红字)

第10章 应付业务

用友 ERP-U8 的应付款管理，通过对应付发票、其他应付单、付款单等单据的管理，可及时、准确地提供供应商的往来账款余额资料，有利于企业合理地进行资金的调配，提高资金的利用效率。

应付管理的日常业务工作，包括企业日常的应付/付款的单据处理、应付/付款单据核销、应付转账等。

应付单据处理，是指用友 ERP-U8 的用户，可通过应付款管理系统进行单据的录入、查阅和分析等工作。由于本公司同时启用了应付款管理和采购管理系统，所以采购发票由采购系统录入(相应的业务，可参见本教程的 6.2～6.7 节)，在应付款管理系统中对这些单据进行审核、弃审、查询、核销、制单等处理，而且在应付款管理系统只需要录入应付单。

付款单据处理主要是对结算单据(付款单、收款单即红字付款单)的录入与审核。相应的业务，可参见本教程的 10.1 节和 10.3 节。

单据核销，是指用付款来核销应付款的工作。单据核销的作用是建立付款与应付款的核销记录，加强往来款项的管理。相应的业务，可参见本教程的 10.1 节和 10.3 节。

应付转账，是进行应付冲应付(将一家供应商的应付款转到另一家供应商或把一个部门或业务员的应付款转到另一个部门或业务员中)、预付冲应付(将预付给供应商的款项与所欠供应商的货款进行转账核销处理)、应付冲应收(是用对某供应商的应付账款，冲抵对某客户的应收账款)、红票对冲(将同一供应商的红票和其蓝字发票进行冲销)等操作，本教程以预付冲应付为例(详见 10.2 节)，进行了相关业务的分析与操作说明。

本章的操作，请按照业务描述中的系统日期(如 4 月 25 日)和操作员(如财务部会计张兰)，在第 9 章完成的基础上，在应付款管理系统中进行。

如果读者没有完成第 9 章的应收业务的操作，则可以到百度网盘空间(网盘地址：http://pan.baidu.com/s/1nuTA0WD，密码：ozr2)的"实验账套数据"文件夹中，将"09 应收业务.rar"下载到实验用机上，然后"引入"(操作步骤详见 2.2.5 节)到 ERP-U8 系统中。而且，本章完成的账套，其"输出"压缩的文件名为"10 应付业务.rar"。

需要注意的是，因网盘中的账套备份文件均为"压缩"文件，所以下载完成后引入前，需要用解压缩工具进行解压(建议用 WinRAR 3.42 或以上版本)，得到相应可以引入的账套数据文件。

本章的所有业务实验操作，都有配套的微视频，读者可以通过扫描二维码，或者到指定的网页去观看。本教程配套的微视频，均存放在北京神州明灯教育科技有限公司和合一集团的网站上，相应的访问说明请参见网盘中的"微视频访问说明.doc"。

10.1 上月采购的付款及核销

本公司的采购，采用的是赊购方式，即公司凭借自身的信用，采用分期付款或延期付款方式购买商品，是"赊销"的对称。赊购将形成应付款，到期付款后应该与相应的应付款核销，以利于账龄分析等相关报表的及时、准确。

10.1.1 业务概述与分析

4月25日，开出转账支票(支票号为：ZZ9995)，向大运公司支付上月采购男士高端太阳镜 4000 副的全部价款 1638000 元；开出现金支票(支票号为：XJ8559)，向大运公司支付上月采购女士高端太阳镜 3000 副的全部价款 1053000 元。

本笔业务是付款与应付核销业务，需要填制与审核付款单、付款单制单和应付核销。

10.1.2 虚拟业务场景

人物： 罗迪——财务部出纳
　　　　张兰——财务部会计
　　　　曾志伟——财务部主管

场景一 罗迪支付了上月的货款，填制完付款单并请主管审核
(罗迪填制付款单完毕，来到曾志伟的办公室)
罗迪：曾总，我支付了大运公司上月的应付款并填制了付款单，请您审核一下。
曾志伟：好的。(开始付款单审核)

场景二 罗迪请张兰对付款单制单
罗迪：小张，大运公司的付款单，曾总已经审核通过了。
张兰：好的，我马上做账务处理。(开始生成凭证)

场景三 曾志伟提醒张兰对应付账款进行核销
曾志伟：小张，我们支付了上月大运公司的货款，别忘了做应付核销。
张兰：好的，我马上做处理。

10.1.3 操作指导

1. 操作流程

上月采购的付款及核销业务的操作流程如图 10-1 所示。

图 10-1　业务 10.1 的操作流程图

请确认系统日期和业务日期为 2016 年 4 月 25 号。

2. 场景一的操作步骤

任务说明：财务部出纳罗迪填制付款单，主管曾志伟审核。

【财务部出纳罗迪填制付款单】

（1）打开"收付款单录入"窗口。在"企业应用平台"的"业务工作"页签中，依次单击"财务会计/应付款管理/付款单据处理/付款单据录入"菜单项，打开"收付款单录入"窗口。

（2）编辑并保存用转账支票支付大运公司的付款单。单击工具栏中的"增加"按钮，新增一张付款单，编辑其表头的"供应商"为"大运公司"，"结算方式"为"转账支票"，"金额"为"1638000"，"票据号"为"ZZ9995"，"部门"为"财务部"，"摘要"为"支付大运公司上月男士高端的货款"，然后单击表体部分，系统将自动生成一条记录，注意确认"款项类型"为"应付款"，然后单击工具栏中的"保存"按钮，结果如图 10-2 所示。

图 10-2　业务 10.1 的大运公司 ZZ9995 的付款单

（3）编辑并保存用现金支票支付大运公司的付款单。再单击工具栏中的"增加"按钮，再新增一张付款单，编辑其表头的"供应商"为"大运公司"，"结算方式"为"现金支票"，"金额"为"1053000"，"票据号"为"XJ8559"，"部门"为"财务部"，"摘要"为"支付大运公司上月女士高端的货款"，然后单击表体部分，系统将自动生成一条记录，注意确认"款项类型"为"应付款",然后单击工具栏中的"保存"按钮,结果如图10-3所示。

(4) 退出。单击"收付款单录入"窗口右上角的"关闭"按钮,关闭并退出该窗口。

图10-3　业务10.1的大运公司XJ8559的付款单

【财务部主管曾志伟审核付款单】

(1) 打开"收付款单列表"窗口。在"应付款管理"子系统中,依次单击"付款单据处理/付款单据审核"菜单项,系统弹出"付款单查询条件"对话框,直接单击"确定"按钮,系统退出该对话框并打开"收付款单列表"窗口。

(2) 查阅并审核付款单。在"收付款单列表"窗口中,选中本业务中填制的2张付款单,然后单击工具栏中的"审核"按钮,完成审核工作。

(3) 退出。单击"收付款单列表"窗口右上角的"关闭"按钮,关闭并退出该窗口。

3. 场景二的操作步骤

任务说明:财务部会计张兰进行付款单制单。

(1) 打开"制单"窗口。在"应付款管理"子系统中,双击"制单处理"菜单项,在系统弹出的"制单查询"对话框中,增加选中"收付款单制单"复选框,然后单击"确定"按钮,系统打开"制单"窗口。

(2) 编辑并保存付款凭证。具体的操作步骤如下。

① 在"制单"窗口中选中本业务填制的2张付款单,然后单击工具栏中的"制单"按钮,系统打开"填制凭证"窗口。

② 在"填制凭证"窗口中,通过单击工具栏中的"上张凭证"、"下张凭证"按钮,查阅系统自动生成的2张凭证,其默认的信息与2张付款单对应。

③ 直接单击工具栏中的"成批保存凭证"按钮,保存凭证,结果如图10-4和图10-5所示。

(3) 退出。单击"填制凭证"和"制单"窗口右上角的"关闭"按钮,关闭并退出该窗口。

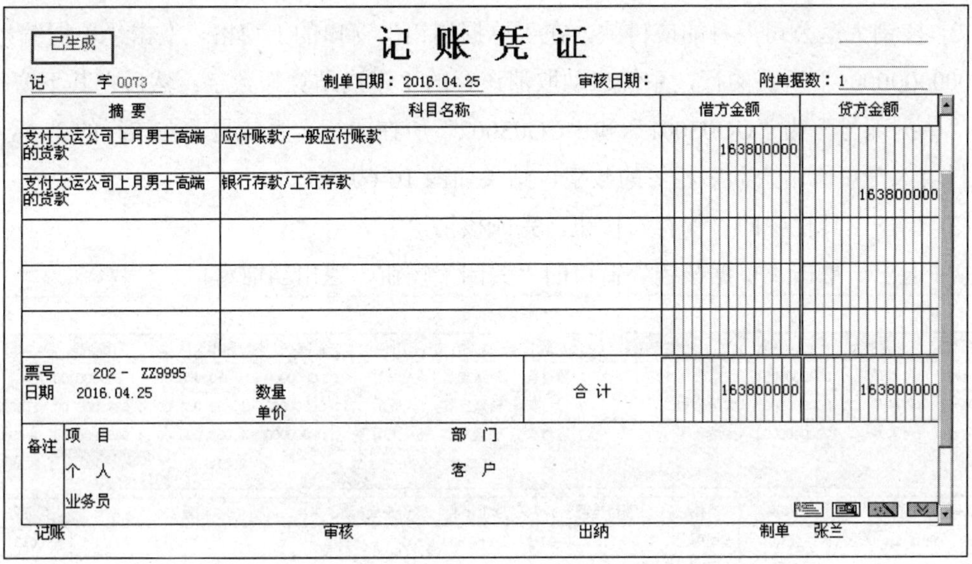

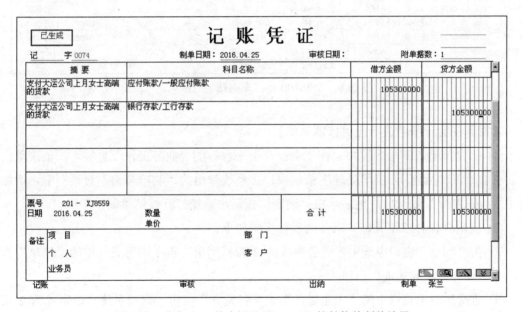

图 10-4　业务 10.1 的大运公司 ZZ9995 的付款单制单结果

图 10-5　业务 10.1 的大运公司 XJ8559 的付款单制单结果

4. 场景三的操作步骤

任务说明：财务部会计张兰进行应付核销与核销制单。

【财务部会计张兰进行应付核销】

(1) 打开"单据核销"窗口。在"应付款管理"子系统中，依次单击"核销处理/手工核销"菜单项，在系统弹出的"核销条件"对话框中，参照生成"供应商"为"大运公司"，然后单击"确定"按钮，系统打开"单据核销"窗口。

(2) 核销大运公司上月的应付款。在"单据核销"窗口的上窗格，双击"单据编号"为"0000000001"所在的行，系统自动取消该行的"本次结算"数字；然后在其下窗格，双击"单据编号"为"CG03001"和"CG03002"所在的行，系统自动在该行的"本次结算"栏填入与"原币余额"相等的数字，结果如图10-6所示。

(3) 单击工具栏中的"保存"按钮，完成核销。

(4) 退出。单击"单据核销"窗口的"关闭"按钮，退出当前窗口。

单据日期	单据类型	单据编号	供应商	款项	结算方式	币种	汇率	原币金额	原币余额	本次结算
2016-04-01	付款单	0000000001	大运公司	预付款	转账支票	人民币	1.00000000	50,000.00	50,000.00	
2016-04-26	付款单	0000000003	大运公司	应付款	转账支票	人民币	1.00000000	1,638,000.00	1,638,000.00	1,638,000
2016-04-26	付款单	0000000004	大运公司	应付款	现金支票	人民币	1.00000000	1,053,000.00	1,053,000.00	1,053,000
合计								2,741,000.00	2,741,000.00	2,691,000

单据编号	到期日	供应商	币种	原币金额	原币余额	可享受折扣	本次...	本次结算	订单号	凭证号
CG0066	2016-04-05	大运公司	人民币	175,500.00	175,500.00	0.00				记-0013
CG03001	2016-03-17	大运公司	人民币	1,638,000.00	1,638,000.00	0.00	0.00	1,638,000.00		
CG03002	2016-03-20	大运公司	人民币	1,053,000.00	1,053,000.00	0.00	0.00	1,053,000.00		
YF0001	2016-04-01	大运公司	人民币	1,000.00	1,000.00	0.00				记-0009
CG00101	2016-04-07	大运公司	人民币	347,490.00	347,490.00	0.00			CG0002	记-0016
CG0578	2016-04-01	大运公司	人民币	421,200.00	421,200.00	0.00			CG0003	记-0008
CG7891	2016-04-15	大运公司	人民币	204,750.00	204,750.00	0.00			CG0005	记-0045
				3,840,940.00	3,840,940.00	0.00		2,691,000.00		

图10-6 业务10.1的"单据核销"窗口

【财务部会计张兰进行应付核销制单】

(1) 打开核销"制单"窗口。在"企业应用平台"的"业务工作"页签下，依次单击"财务会计/应付款管理/制单处理"菜单项，在系统弹出的"制单查询"对话框中，增加选中"核销制单"复选框，然后单击"确定"按钮，系统打开核销"制单"窗口。

(2) 编辑并保存核销凭证。具体的操作步骤如下。

① 在"制单"窗口中选中本业务生成的2张核销单，再单击工具栏中的"制单"按钮，系统打开"填制凭证"窗口。

② 通过单击工具栏中的"上张凭证"、"下张凭证"按钮，查阅系统自动生成的2张凭证，其默认的信息与2张核销单对应，针对每张凭证，请先将鼠标定位在红字金额上，再按空格键，使其移动到对方科目并成为蓝字金额。

③ 单击工具栏中的"成批保存凭证"按钮，保存凭证，其结果如图10-7和图10-8所示。

(3) 退出。单击"填制凭证"和"制单"窗口右上角的"关闭"按钮，关闭并退出该窗口。

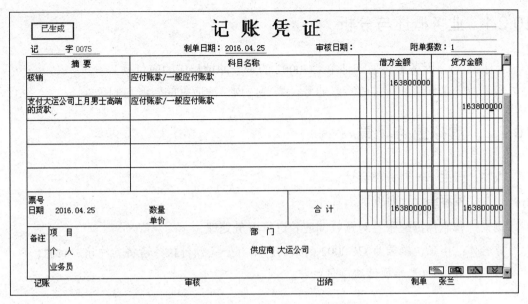

图 10-7 支付大运公司上月男士高端货款的核销制单结果

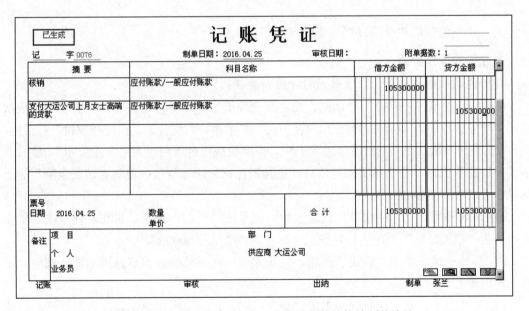

图 10-8 支付大运公司上月女士高端货款的核销制单结果

10.2 预付冲应付

预付账款指企业按照购货合同的规定，预先以货币资金或货币等价物支付供应单位的款项。在日常核算中，预付账款按实际付出的金额入账，预付冲应付时，将预付给供应商的款项与所欠供应商的货款进行转账核销。

10.2.1 业务概述与分析

4月25日,财务部将采购订单CG0002的定金冲销相应的应付款。
本笔业务是预付冲应付的转账业务,需要做预付冲应付的转账与制单。

10.2.2 虚拟业务场景

人物:张兰——财务部会计
曾志伟——财务部主管

场景 曾志伟提醒张兰对预收冲应收进行财务处理
曾志伟:小张,编号为CG0002的采购订单有一笔预付款,请将其冲销应付款。
张兰:好的。(开始预付冲应付)

10.2.3 操作指导

请确认系统日期和业务日期为2016年4月25号。

本业务的操作步骤
任务说明:财务部会计张兰做预付冲应付处理。

(1) 打开"预付冲应付"对话框。在"企业应用平台"的"业务工作"页签下,依次单击"财务会计/应付款管理/转账/预付冲应付"菜单项,系统打开"预付冲应付"对话框。

(2) 预付设置。在"预付款"选项卡中,参照生成"供应商"为"大运公司",然后单击其"过滤"按钮,系统列出相关信息,在其表体相应的行双击,使其"转账金额"等于其"原币余额"(50000)。

(3) 应付设置。在"应付款"选项卡中,先单击"过滤"按钮,再在表体双击"单据编号"为"CG00101"所在的行,使其"转账金额"为"50000"。

(4) 转账完成。单击"确定"按钮,转账完成;此时系统弹出信息提示框,询问"是否立即制单"。

(5) 转账制单。单击信息提示框的"是"按钮,系统弹出"填制凭证"对话框,默认的凭证信息为"借记:预付账款(红字)、一般应付账款,贷记:(无)";单击红字的借方金额,然后按空格键,红字的借方自动移动到贷方,此时单击"填制凭证"对话框中的"保存"按钮,结果如图10-9所示。

(6) 退出。单击"填制凭证"对话框中的"退出"按钮和"预付冲应付"对话框中的"取消"按钮,退出窗口。

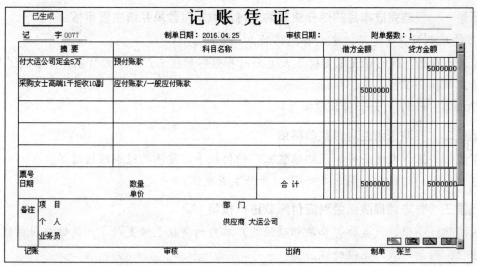

图 10-9 业务 10.2 的大运公司的预付冲应付制单结果

10.3 本月采购的付款及核销

10.3.1 业务概述与分析

4 月 27 日,向大运公司支付 CG0002 的尾款 297490 元,开出转账支票(支票号为 ZZ7771)。

4 月 27 日,向大运公司支付 CG0003 全部货款 421200 元和运费 1032.3 元(共计 422232.3 元),开出转账支票(支票号为 ZZ8541)。

4 月 27 日,向燕郊硅胶三厂支付 CG0004(有采购退货)的全部货款 7488 元,开出转账支票(支票号为:ZZ8589)。

4 月 27 日,向大运公司支付暂估业务全部货款 187200 元(发票号为 CG0066),开出转账支票(支票号为 ZZ8593)。

说明:

依据 CG0005 合同,本公司应该向大运公司支付 204750 元,本月没有付款。

本笔业务是付款与应付核销业务,需要填制与审核付款单、付款单制单,以及应付核销。

10.3.2 虚拟业务场景

人物:罗迪——财务部出纳
　　　张兰——财务部会计
　　　曾志伟——财务部主管

场景一 罗迪完成本月的部分货款的支付，填制付款单并请主管审核

(罗迪填制付款单完毕，来到曾志伟的办公室)

罗迪：曾总，我已经逐笔支付了大运公司和燕郊硅胶三厂的本月货款，并填制了付款单，请您审核一下。

曾志伟：好的。(开始付款单审核)

场景二 罗迪请张兰对付款单制单

罗迪：小张，大运公司和燕郊硅胶三厂的付款单，曾总已经审核通过了。

张兰：好的，我马上做账务处理。(开始生成凭证)

场景三 曾志伟提醒张兰对应付账款进行核销

曾志伟：小张，大运公司和燕郊硅胶三厂本月的货款已经支付了，请做应付核销。

张兰：好的，我马上做处理。

10.3.3 操作指导

1. 操作流程

本月采购的付款及核销业务的操作流程如图 10-10 所示。

图 10-10 业务 10.3 的操作流程图

请确认系统日期和业务日期为 2016 年 4 月 27 号。

2. 场景一的操作步骤

任务说明：财务部出纳罗迪填制付款单，主管曾志伟审核。

【财务部出纳罗迪填制付款单】

(1) 打开"收付款单录入"窗口。在"企业应用平台"的"业务工作"页签中，依次单击"财务会计/应付款管理/付款单据处理/付款单据录入"菜单项，打开"收付款单录入"窗口。

(2) 编辑并保存用转账支票 ZZ7771 支付大运公司的付款单。单击工具栏中的"增加"按钮，新增一张付款单，编辑其表头的"供应商"为"大运公司"，"结算方式"为"转账支票"，"金额"为"297490"，"票据号"为"ZZ7771"，"部门"为"财务部"，"摘要"为"支付大运公司 CG0002 的尾款"，然后单击表体部分，系统将自动生成一条记录，注意确认"款项类型"为"应付款"，然后单击工具栏中的"保存"按钮，结果如图 10-11 所示。

图 10-11　业务 10.3 的大运公司 ZZ7771 的付款单

(3) 编辑并保存用转账支票 ZZ8541 支付大运公司的付款单。单击工具栏中的"增加"按钮，新增一张付款单，编辑其表头的"供应商"为"大运公司"，"结算方式"为"转账支票"，"金额"为"422232.3"，"票据号"为"ZZ8541"，"部门"为"财务部"，"摘要"为"支付大运公司 CG0003 的货款和运费"，然后单击表体部分，系统将自动生成一条记录，再单击工具栏中的"保存"按钮，结果如图 10-12 所示。

图 10-12　业务 10.3 的大运公司 ZZ8541 的付款单

(4) 编辑并保存用转账支票 ZZ8589 支付硅胶三厂的付款单。单击工具栏中的"增加"按钮，新增一张付款单，编辑其表头的"供应商"为"硅胶三厂"，"结算方式"为"转账支票"，"金额"为 7488，"票据号"为"ZZ8589"，"部门"为"财务部"，"摘要"为"支付硅胶三厂 CG0004 的货款(有退货)"，然后单击表体部分，系统将自动生成一条记录，注意确认"款项类型"为"应付款"，然后单击工具栏中的"保存"按钮，结果如图 10-13 所示。

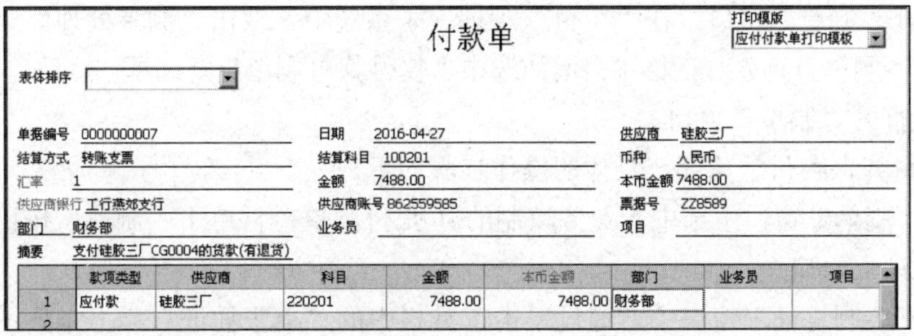

图 10-13　业务 10.3 的燕郊硅胶三厂 ZZ8589 的付款单

(5) 编辑并保存用转账支票 ZZ8593 支付大运公司的付款单。单击工具栏中的"增加"

按钮，新增一张付款单，编辑其表头的"供应商"为"大运公司"，"结算方式"为"转账支票"，"金额"为"187200"，"票据号"为"ZZ8593"，"部门"为"财务部"，"摘要"为"支付大运公司上月暂估本月结算的货款"，然后单击表体部分，系统将自动生成一条记录，注意确认"款项类型"为"应付款"，然后单击工具栏中的"保存"按钮，结果如图 10-14 所示。

(6) 退出。单击"收付款单录入"窗口右上角的"关闭"按钮，关闭并退出该窗口。

付款单							打印模版 应付付款单打印模板	
表体排序								
单据编号	0000000008		日期	2016-04-27		供应商	大运公司	
结算方式	转账支票		结算科目	100201		币种	人民币	
汇率	1.00000000		金额	187200.00		本币金额	187200.00	
供应商银行	工行朝阳支行		供应商账号	48723367		票据号	ZZ8593	
部门	财务部		业务员			项目		
摘要	支付大运公司上月暂估本月结算的货							
	款项类型	供应商	科目	金额	本币金额	部门	业务员	
1	应付款	大运公司	220201	187200.00	187200.00	财务部		

图 10-14 业务 10.3 的大运公司 ZZ8593 的付款单

【财务部主管曾志伟审核付款单】

(1) 打开"收付款单列表"窗口。在"应付款管理"子系统中，依次单击"付款单据处理/付款单据审核"菜单项，系统弹出"收款单查询条件"对话框，直接单击"确定"按钮，系统退出该对话框并打开"收付款单列表"窗口。

(2) 查阅并审核付款单。在"收付款单列表"窗口中，选中本业务中填制的 4 张付款单单据，然后单击工具栏中的"审核"按钮，系统弹出信息框提示审核成功，单击"确定"按钮，完成审核工作。

(3) 退出。单击"收付款单列表"窗口右上角的"关闭"按钮，关闭并退出该窗口。

3. 场景二的操作步骤

任务说明：财务部会计张兰进行付款单制单。

(1) 打开"制单"窗口。在"应付款管理"子系统中，双击"制单处理"菜单项，在系统弹出的"制单查询"对话框中，增加选中"收付款单制单"复选框，然后单击"确定"按钮，系统打开"制单"窗口。

(2) 编辑并保存付款凭证。具体的操作步骤如下。

① 在"制单"窗口中选中本业务填制的 4 张付款单，再单击"制单"按钮，系统打开"填制凭证"窗口。

② 在"填制凭证"窗口中，通过单击工具栏中的"上张凭证"、"下张凭证"按钮，查阅系统自动生成的 4 张凭证，其默认的信息与 4 张付款单对应。

③ 在"填制凭证"窗口中，直接单击工具栏中的"成批保存凭证"按钮，保存凭证，

结果如图 10-15～图 10-18 所示。

(3) 退出。单击"填制凭证"窗口工具栏中的"退出"按钮，退出"填制凭证"窗口并返回"应付制单"窗口，再单击"应付制单"窗口右上角的"关闭"按钮，关闭并退出该窗口。

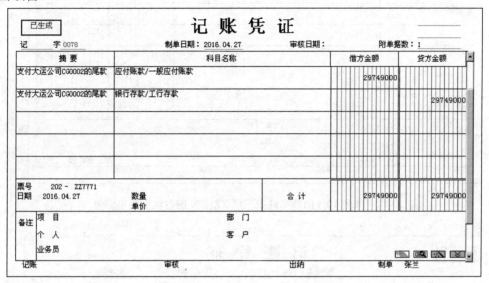

图 10-15　业务 10.3 的大运公司 ZZ7771 的付款单制单结果

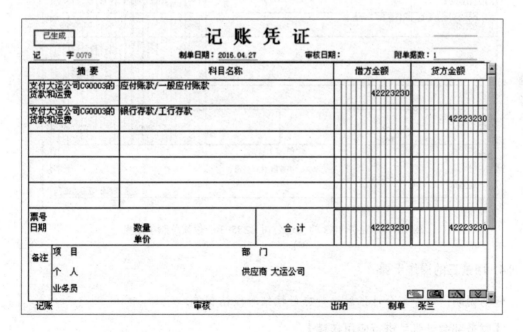

图 10-16　业务 10.3 的大运公司 ZZ8541 的付款单制单结果

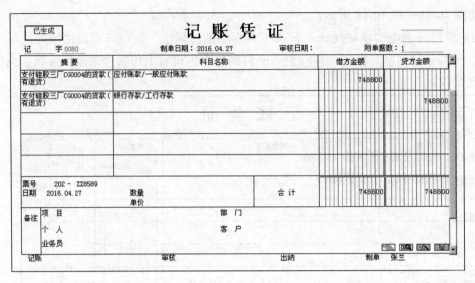

图 10-17　业务 10.3 的燕郊硅胶三厂 ZZ8589 的付款单制单结果

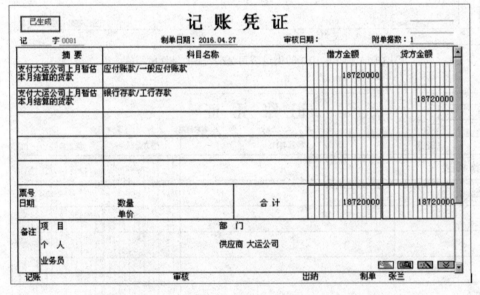

图 10-18　业务 10.3 的大运公司 ZZ8593 的付款单制单结果

4. 场景三的操作步骤

任务说明：财务部会计张兰进行应付核销和核销制单。

【财务部会计张兰进行应付核销】

(1) 打开"单据核销"窗口。在"应付款管理"子系统中，依次单击"核销处理/手工核销"菜单项，在系统弹出的"核销条件"对话框中，参照生成"供应商"为"大运公司"，然后单击"确定"按钮，系统打开"单据核销"窗口。

(2) 核销大运公司本月的部分应付款。先在"单据核销"窗口的上窗格中，双击"单据编号"为"0000000006"所在的行，系统取消该行的"本次结算"的数字；然后在"单据核销"窗口的下窗体中，双击"单据编号"为"CG00101"和"CG066"所在的行，系统自动在该行的"本次结算"栏填入与"原币余额"相等的数字；单击工具栏中的"保存"按钮，完成大运公司本月应付款的核销。

(3) 核销大运公司本月的其他应付款。先在"单据核销"窗口的上窗格中，双击"单据编号"为"0000000006"所在的行，系统自动在该行的"本次结算"栏填入与"原币余额"相等的数字；在"单据核销"窗口的下窗体中，双击"单据编号"为"CG0578"和"YF0001"所在的行，系统自动在该行的"本次结算"栏填入与"原币余额"相等的数字；单击工具栏中的"保存"按钮，完成大运公司本月应付款的核销。

(4) 核销燕郊硅胶三厂本月的应付款。单击工具栏中的"查询"按钮，在系统弹出的"核销条件"对话框中，参照生成"供应商"为"硅胶三厂"，然后单击"确定"按钮，系统打开"单据核销"窗口；在"单据核销"窗口的下窗格中的，双击"单据编号"为"CG2345"所在的行，系统自动在该行的"本次结算"栏填入"7488"(与上窗格的"本次结算"栏数字一致)，然后单击工具栏中的"保存"按钮，完成燕郊硅胶三厂的本月应付款核销。

(5) 退出。单击"单据核销"窗口的"关闭"按钮，退出当前窗口。

【财务部会计张兰进行应付核销制单】

(1) 打开核销"制单"窗口。在"应付款管理"子系统中，双击"制单处理"菜单项，在系统弹出的"制单查询"对话框中，增加选中"核销制单"复选框，然后单击"确定"按钮，系统打开核销"制单"窗口。

(2) 编辑并保存核销凭证。具体的操作步骤如下。

① 在"制单"窗口中，选中本业务生成的 4 张核销单，再单击工具栏中的"制单"按钮，系统打开"填制凭证"窗口。

② 通过单击工具栏中的"上张凭证"、"下张凭证"按钮，查阅系统自动生成的 4 张凭证，其默认的信息与 4 张核销单对应，针对每张凭证，请先将鼠标定位在红字金额上，再按空格键，使其移动到对方科目并成为蓝字金额。

③ 单击工具栏中的"成批保存凭证"按钮，保存凭证，结果如图 10-19～图 10-22 所示。

(3) 退出。单击"填制凭证"和"制单"窗口右上角的"关闭"按钮，关闭并退出该窗口。

已生成

记账凭证

记 字 0082 制单日期：2016.04.27 审核日期： 附单据数：1

摘要	科目名称	借方金额	贷方金额
采购女士高端1千拒收10副	应付账款/一般应付账款	29749000	
支付大运公司CG0002的尾款	应付账款/一般应付账款		29749000
票号 CG0002 日期 2016.04.07	数量 单价 合计	29749000	29749000

备注 项目 部门

个人 供应商 大运公司

业务员 张新海

记账 审核 出纳 制单 张兰

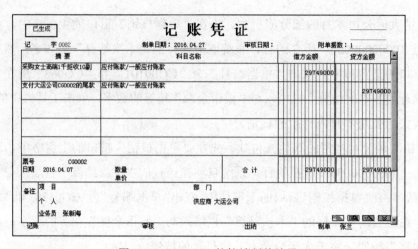

图 10-19 CG0002 的核销制单结果

已生成

记账凭证

记 字 0083 制单日期：2016.04.27 审核日期： 附单据数：1

摘要	科目名称	借方金额	贷方金额
暂估票到女士高端500副	应付账款/一般应付账款	18720000	
支付大运公司上月暂估本月结算的货款	应付账款/一般应付账款		18720000
票号 日期 2016.04.05	数量 单价 合计	18720000	18720000

备注 项目 部门

个人 供应商 大运公司

业务员

记账 审核 出纳 制单 张兰

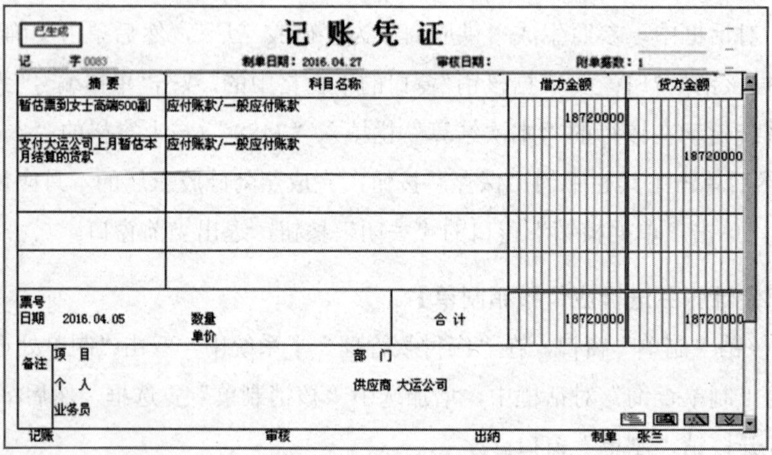

图 10-20 上月暂估入库本月结算的核销制单结果

已生成

记账凭证

记 字 0084 制单日期：2016.04.27 审核日期： 附单据数：1

摘要	科目名称	借方金额	贷方金额
采购男士普通4千副	应付账款/一般应付账款	42120000	
采购男士普通4千副的运费	应付账款/一般应付账款	103230	
支付大运公司CG0003的货款和运费	应付账款/一般应付账款		42223230
票号 CG0003 日期 2016.04.01	数量 单价 合计	42223230	42223230

备注 项目 部门

个人 供应商 大运公司

业务员 张新海

记账 审核 出纳 制单 张兰

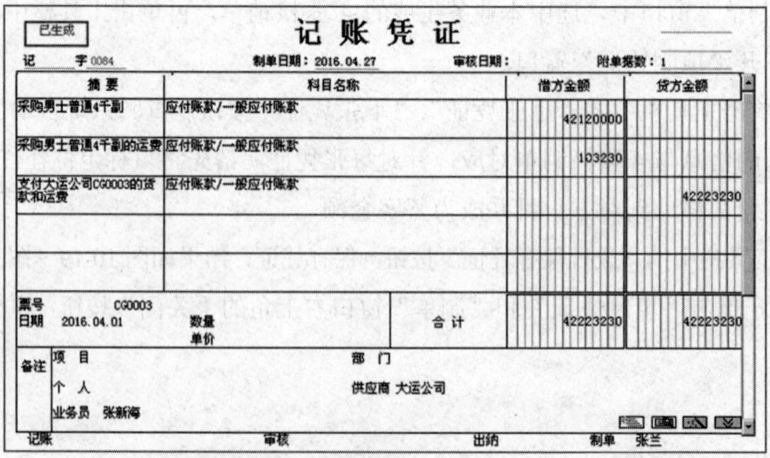

图 10-21 CG0003 的核销制单结果

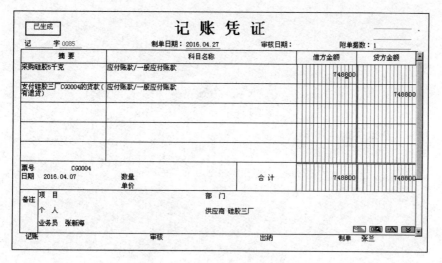

图 10-22　CG0004 的核销制单结果

第 11 章 薪资业务

用友 ERP-U8 的薪资管理系统，可进行各类企事业单位的工资基本数据管理、工资核算、工资发放、工资费用分摊、工资统计分析和个人所得税核算等。

本章的操作，请按照业务描述中的系统日期(如 4 月 27 日)和操作员(如人力资源部主管王军)，在第 10 章完成的基础上，在薪资管理和总账系统中进行。

如果读者没有完成第 10 章的应付业务的操作，可以到百度网盘空间(网盘地址：http://pan.baidu.com/s/1nuTA0WD，密码：ozr2)的"实验账套数据"文件夹中，将"10 应付业务.rar"下载到实验用机上，然后"引入"(操作步骤详见 2.2.5 节)到 ERP-U8 系统中。而且，本章完成的账套，其"输出"压缩的文件名为"11 薪资管理.rar"。

需要注意的是，因网盘中的账套备份文件均为"压缩"文件，所以下载完成后引入前，需要用解压缩工具进行解压(建议用 WinRAR 3.42 或以上版本)，得到相应可以引入的账套数据文件。

本章的所有业务实验操作，都有配套的微视频，读者可以通过扫描二维码，或者到指定的网页去观看。本教程配套的微视频，均存放在北京神州明灯教育科技有限公司和合一集团的网站上，相应的访问说明请参见网盘中的"微视频访问说明.doc"。

11.1 新员工的薪资处理

11.1.1 业务概述与分析

4 月 27 日，招聘林意(编号：0402，性别：女)到采购部作采购人员，本月为试用期且月末报到，所以仅发工资 2000 的一半(1000 元)，交通补助 50 元，银行代发工资账号为 11022033018。

本笔业务是新员工的薪资处理业务，需要新增人员档案、新增在职人员和进行工资变动操作。在操作时，需要在基础档案的人员档案和薪资管理模块分别添加。

11.1.2 操作指导

1. 操作流程

新员工的薪资处理业务的操作流程如图 11-1 所示。

图 11-1　业务 11.1 的操作流程图

请确认系统日期和业务日期为 2016 年 4 月 27 号。

2. 本业务的操作步骤

任务说明：人力资源部主管王军，在基础档案的人员档案新增人员档案、在薪资管理中新增在职人员和进行工资变动。

【人力资源部主管王军新增人员档案】

(1) 打开基础档案的"人员档案"窗口。在"企业应用平台"的"基础设置"页签中，依次单击"基础档案/机构人员/人员档案"菜单项，系统打开"人员档案"窗口。

(2) 编辑新增人员档案。单击工具栏中的"增加"按钮，在系统弹出的"人员档案"对话框中，做如下编辑：在"人员编码"栏输入"0402"，"人员姓名"栏输入"林意"，"性别"选择为"女"，"行政部门"参照生成"采购部"，"雇佣状态"选择"在职"，"人员类别"参照生成"采购人员"，在"银行名称"栏中选择"中国工商银行"，在"账号"栏输入"11022033018"，选中"是否业务员"复选框。

(3) 保存新增人员档案。单击"保存"按钮，保存该人员档案，系统自动增加下一个单据。

(4) 退出。单击"人员列表"窗口工具栏中的"退出"按钮，系统提示"是否保存对当前单据的编辑？"，单击"否"按钮；再单击"人员档案"窗口右上角的"关闭"按钮，关闭并退出该窗口。

【人力资源部主管王军新增在职人员】

(1) 打开薪资管理的"人员档案"窗口。在"企业应用平台"的"业务工作"页签中，依次单击"人力资源/薪资管理/设置/人员档案"菜单项，系统打开"人员档案"窗口。

(2) 编辑并保存在职人员信息。单击工具栏中的"增加"按钮，系统打开"人员档案明细"对话框，参照生成"人员姓名"为"林意"，然后单击"确定"按钮，返回"人员档案明细"对话框；再单击对话框中的"取消"按钮，系统返回"人员档案"窗口，结果如图 11-2 所示。

(3) 退出。单击"人员档案"窗口右上角的"关闭"按钮，关闭并退出该窗口。

选择	薪资部门名称	工号	人员编号	人员姓名	人员类别	账号	中方人员	是否计税	工资停发	核算计件
	经理办公室	0100		李吉棕	企管人员	11022033001	是	是	否	否
	行政办公室	1010		陈虹	企管人员	11022033002	是	是	否	否
	财务部	0200		曾志伟	企管人员	11022033003	是	是	否	否
	财务部	0201		张兰	企管人员	11022033004	是	是	否	否
	财务部	0202		罗迪	企管人员	11022033005	是	是	否	否
	批发部	0300		赵飞	销售人员	11022033006	是	是	否	否
	批发部	0301		夏于	销售人员	11022033007	是	是	否	否
	门市部	0302		李华	销售人员	11022033008	是	是	否	否
	采购部	0400		刘静	采购人员	11022033009	是	是	否	否
	采购部	0401		张新海	采购人员	11022033010	是	是	否	否
	采购部	0402		林意	采购人员	11022033018	是	是	否	否
	仓管部	0500		李莉	企管人员	11022033011	是	是	否	否
	仓管部	0501		赵林	企管人员	11022033012	是	是	否	否
	仓管部	0502		李东	企管人员	11022033013	是	是	否	否
	人力资源部	0600		王军	企管人员	11022033014	是	是	否	否
	人力资源部	0601		梁京	企管人员	11022033015	是	是	否	否
	生产部	0700		刘正	生产人员	11022033016	是	是	否	否
	生产部	0701		李江	生产人员	11022453017	是	是	否	否

人员档案 总人数：18

图 11-2 业务 11.1 的新增人员后的人员档案列表

【人力资源部主管王军做工资变动操作】

(1) 打开薪资管理的"人员档案"窗口。

(2) 打开"人员档案明细"对话框。双击"林意"所在行，系统打开"人员档案明细"对话框。

(3) 编辑"林意"的工资信息。单击对话框中的"数据档案"按钮，系统弹出"工资数据录入-页编辑"对话框，编辑其"基本工资"为"1000"，"交通补助"为"50"，然后单击对话框中的"保存"按钮，系统返回"人员档案明细"对话框。

(4) 保存"林意"的工资信息。单击对话框中的"确定"按钮，在系统弹出的"写入该人员档案信息吗？"提示框中，再单击"确定"按钮完成录入，系统返回"人员档案明细"对话框。

(5) 单击"人员档案明细"对话框中的"取消"按钮，返回"人员档案"窗口。

(6) 退出。单击"人员档案"窗口右上角的"关闭"按钮，关闭并退出该窗口。

11.2 工资数据变动与计算工资

11.2.1 业务概述与分析

4 月 28 日，设置本月的职工工资数据。经过人力资源部绩效考核，总经理李吉棕批准：

4月份对销售部每人增加绩效工资500元，其他人按上月标准发放；自4月份开始给每位职工发放交通补助，标准为"企管人员"和"销售人员"补助100元/月，其他人员50元/月。

本笔业务是设置工资项目公式和变更本月职工工资数据的业务，需要首先进行工资项目公式编辑(交通补助的公式设置)，然后进行工资数据变动，最后计算与汇总工资。

11.2.2 操作指导

1. 操作流程

工资数据变动与计算工资业务的操作流程如图11-3所示。

图11-3 业务11.2的操作流程图

请确认系统日期和业务日期为2016年4月28号。

2. 本业务的操作步骤

任务说明：人力资源部主管王军进行工资项目公式设置，做工资数据变动和工资计算。

【人力资源部主管王军进行工资项目公式设置】

(1) 打开"工资项目设置"对话框。在"企业应用平台"的"业务工作"页签中，依次单击"人力资源/薪资管理/设置/工资项目设置"菜单项，系统打开"工资项目设置"对话框。

(2) 设置"交通补助"工资项目的公式。首先选择"工资项目设置"对话框中的"公式设置"选项卡，然后单击"增加"按钮，并选中"工资项目"列表中的"交通补助"选项，做如下公式设置操作。

① 单击"函数公式导入"按钮，打开"函数向导——步骤之1"对话框，单击"函数名"列表中的"iff"函数。

② 单击"下一步"按钮，打开"函数向导——步骤之2"对话框，单击"逻辑表达式"栏的参照按钮，打开"参照"对话框，选择"参照列表"栏的"人员类别"选项，并选中"企管人员"复选框，单击"确定"按钮，返回"函数向导——步骤之2"对话框，在"算术表达式1"文本框中输入"100"，单击"完成"按钮，返回"工资项目设置"对话框。

③ 将光标置于右括号前面，再单击"函数公式导入"按钮，打开"函数向导——步骤之1"对话框，然后单击"函数名"列表中的"iff"函数。

④ 单击"下一步"按钮，打开"函数向导——步骤之2"对话框，单击"逻辑表达式"栏的"参照"按钮，打开"参照"对话框，选择"参照列表"栏的"人员类别"选项，并选中"销售人员"复选框，单击"确定"按钮，返回"函数向导——步骤之2"对话框，

在"算术表达式1"文本框中输入"100",在"算术表达式2"文本框中输入"50"。

⑤ 单击"完成"按钮,返回"工资项目设置"对话框,此时"交通补助定义公式"为"iff(人员类别="企管人员",100,iff(人员类别="销售人员",100,50))"(结果如图11-4所示),单击"公式确认"按钮,完成"交通补助"的公式定义。

(3) 退出。在"工资项目设置"对话框中,单击"确定"按钮,退出该对话框。

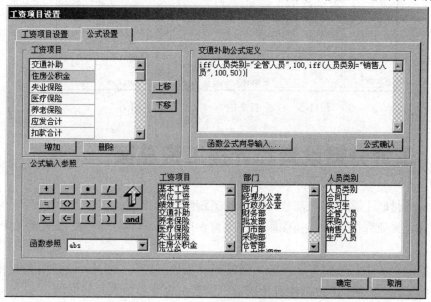

图11-4 业务11.2的工资项目公式设置的结果

【人力资源部主管王军做工资数据变动与计算工资】

(1) 打开"工资变动"窗口。在"薪资管理"子系统中,依次单击"业务处理/工资变动"菜单项,系统打开"工资变动"窗口。

(2) 打开"工资项数据更替"对话框。单击工具栏中的"全选"按钮,选择所有员工,然后单击"替换"按钮,系统弹出"工资项数据更替"对话框。

(3) 编辑工资数据。在"工资项数据更替"对话框中,选中"将工资项目"下拉列表中的"绩效工资"选项,并在"替换成"栏输入"绩效工资+500",设置"替换条件"为"部门""=""销售部";再单击"确定"按钮,系统弹出"数据更替后将不可恢复,是否继续?"信息提示框,单击"是"按钮,系统弹出"3条记录被替换,是否重新计算?"信息提示框,单击"是"按钮,返回"工资变动"窗口。

(4) 计算工资。再单击工具栏中的"全选"和"汇总"按钮,完成全部工资项内容的计算与汇总,结果如图11-5所示。

(5) 退出。单击"工资变动"窗口右上角的"关闭"按钮,关闭并退出该窗口。

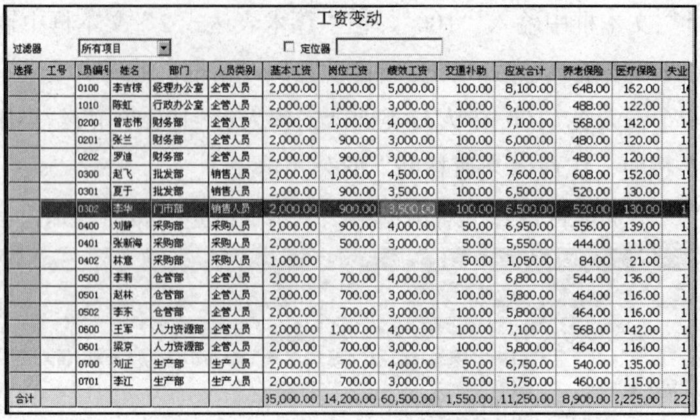

工资变动

过滤器 所有项目 定位器

选择	工号	人员编号	姓名	部门	人员类别	基本工资	岗位工资	绩效工资	交通补助	应发合计	养老保险	医疗保险	失业
		0100	李吉棕	经理办公室	企管人员	2,000.00	1,000.00	5,000.00	100.00	8,100.00	648.00	162.00	16
		1010	陈虹	行政办公室	企管人员	2,000.00	1,000.00	3,000.00	100.00	6,100.00	488.00	122.00	1
		0200	曾志伟	财务部	企管人员	2,000.00	1,000.00	4,000.00	100.00	7,100.00	568.00	142.00	1
		0201	张兰	财务部	企管人员	2,000.00	900.00	3,000.00	100.00	6,000.00	480.00	120.00	1
		0202	罗迪	财务部	企管人员	2,000.00	900.00	3,000.00	100.00	6,000.00	480.00	120.00	1
		0300	赵飞	批发部	销售人员	2,000.00	1,000.00	4,500.00	100.00	7,600.00	608.00	152.00	1
		0301	夏于	批发部	销售人员	2,000.00	900.00	3,500.00	100.00	6,500.00	520.00	130.00	1
		0302	李华	门市部	销售人员	2,000.00	900.00	3,500.00	100.00	6,500.00	520.00	130.00	1
		0400	刘静	采购部	采购人员	2,000.00	900.00	4,000.00	50.00	6,950.00	556.00	139.00	1
		0401	张新海	采购部	采购人员	2,000.00	500.00	3,000.00	50.00	5,550.00	444.00	111.00	1
		0402	林意	采购部	采购人员	1,000.00			50.00	1,050.00	84.00	21.00	
		0500	李莉	仓管部	企管人员	2,000.00	700.00	4,000.00	100.00	6,800.00	544.00	136.00	1
		0501	赵林	仓管部	企管人员	2,000.00	700.00	3,000.00	100.00	5,800.00	464.00	116.00	1
		0502	李东	仓管部	企管人员	2,000.00	700.00	3,000.00	100.00	5,800.00	464.00	116.00	1
		0600	王军	人力资源部	企管人员	2,000.00	1,000.00	4,000.00	100.00	7,100.00	568.00	142.00	1
		0601	梁京	人力资源部	企管人员	2,000.00	700.00	3,000.00	100.00	5,800.00	464.00	116.00	1
		0700	刘正	生产部	生产人员	2,000.00	700.00	4,000.00	50.00	6,750.00	540.00	135.00	1
		0701	李江	生产部	生产人员	2,000.00	700.00	3,000.00	50.00	5,750.00	460.00	115.00	1
合计						35,000.00	14,200.00	60,500.00	1,550.00	111,250.00	8,900.00	2,225.00	22

图 11-5 业务 11.2 的本月工资变动的结果

11.3 工资分摊设置和计提工资总额

工资是应付职工薪酬的一部分，应付职工薪酬包括工资、奖金、社保(医疗保险费、养老保险费、失业保险费、工伤保险费和生育保险费)、住房公积金、工会经费和职工教育经费等。

医疗保险、养老保险和失业保险，通常简称为“三险”，这三种险是由企业和个人共同缴纳的保费；“一金”通常指住房公积金，也是由企业和个人共同缴纳。

工资分配时，职工的应付工资(即工资总额)，包括职工的实发工资，以及个人承担的“三险一金”。本公司规定，职工个人承担的养老保险、医疗保险、失业保险分别按照本人本月应发工资总额的 8%、2%、0.2%计算，住房公积金按照本人本月应发工资总额的 12%计算。

11.3.1 业务概述与分析

4 月 28 日，分配和计提本月职工工资。计提工资的设置如表 11-1 所示。

表 11-1 “工资总额”中每个工资项目的分配科目设置

<table>
<tr><th colspan="2" rowspan="2">工资分摊
部门与人员类别</th><th colspan="2">工资总额 100%</th></tr>
<tr><th>借方科目</th><th>贷方科目</th></tr>
<tr><td>经理办公室
行政办公室
财务部
仓管部
人力资源部</td><td>企管人员</td><td>660201 管理费用—职工薪酬</td><td rowspan="4">221101 应付职工薪酬—工资</td></tr>
<tr><td>采购部</td><td>采购人员</td><td>660201 管理费用—职工薪酬</td></tr>
<tr><td>批发部
门市部</td><td>销售人员</td><td>660101 销售费用—职工薪酬</td></tr>
<tr><td>生产部</td><td>生产人员</td><td>50010101 直接人工</td></tr>
</table>

备注：“工资总额”中，需要设置的工资项目为实发合计、养老保险、医疗保险、失业保险、住房公积金。

本笔业务是职工工资的分摊设置，以及本月职工工资的计提业务，需要进行工资费用分摊科目设置，以及对职工实发工资与个人承担的"三险一金"的归集与制单。

需要说明的是，个人承担的"三险一金"计提比例，是在账套初始设置时，通过工资项目公式设置实现的，详见本教程的4.1.8节。

11.3.2 操作指导

请确认系统日期和业务日期为2016年4月28号。

本业务的操作步骤

任务说明：财务部会计张兰进行工资分摊设置，归集职工实发工资与个人承担的"三险一金"，并制单。

【财务部会计张兰进行工资分摊科目设置】

(1) 打开"工资分摊"对话框。在"企业应用平台"的"业务工作"页签中，依次单击"人力资源/薪资管理/业务处理/工资分摊"菜单项，系统打开"工资分摊"对话框。

(2) 工资总额分摊计提比例设置。在"工资分摊"对话框中，单击"工资分摊设置"按钮，系统打开"分摊类型设置"对话框，再单击对话框中的"增加"按钮，系统打开"分摊计提比例设置"对话框，在"计提类型名称"栏录入"工资总额"，"分摊计提比例"为100%。

(3) 工资总额分摊构成设置。单击"下一步"按钮，系统打开"分摊构成设置"对话框，在该对话框中，根据表11-1逐一编辑"部门名称"、"人员类别"、"工资项目"(分别为：实发合计、养老保险、医疗保险、失业保险、住房公积金)、"借方科目"、"贷方科目"，结果参见图11-6。

(4) 退出。单击"分摊构成设置"对话框中的"完成"按钮，系统返回到"分摊类型设置"对话框，单击其"返回"按钮，返回"工资分摊"对话框。

部门名称	人员类别	工资项目	借方科目	借方项目大类	借方项目	贷方科目
经理办公室,行政办公室,财务部,仓储部,人力资源部	企管人员	实发合计	660201			221101
采购部	采购人员	实发合计	660201			221101
批发部,门市部	销售人员	实发合计	660101			221101
生产部	生产人员	实发合计	50010101			221101
经理办公室,行政办公室,财务部,仓储部,人力资源部	企管人员	养老保险	660201			221101
采购部	采购人员	养老保险	660201			221101
批发部,门市部	销售人员	养老保险	660101			221101
生产部	生产人员	养老保险	50010101			221101
经理办公室,行政办公室,财务部,仓储部,人力资源部	企管人员	医疗保险	660201			221101
采购部	采购人员	医疗保险	660201			221101

图11-6 业务11.3的工资总额分摊构成设置的结果

【财务部会计张兰进行工资分配与制单】

(1) 打开"工资分摊"对话框。

(2) 本月职工工资的分配归集。在"工资分摊"对话框中,选中"计提费用类型"选项区的"工资总额"复选框,并且选中所有的核算部门,确认勾选"明细到工资项目"复选框,然后单击"确定"按钮,完成本月职工工资的分配归集工作,系统打开"工资分摊明细"窗口,在其中显示"工资总额一览表",结果如图11-7所示。

工资总额一览表

☐ 合并科目相同、辅助项相同的分录
类型 工资总额   计提会计月份 4月

部门名称	人员类别	实发合计			养老保险			医...
		实发合计						
		分配金额	借方科目	贷方科目	分配金额	借方科目	贷方科目	分配
经理办公室	企管人员	6120.00	660201	221101	648.00	660201	221101	
行政办公室		4700.00	660201	221101	488.00	660201	221101	
财务部		14680.00	660201	221101	1528.00	660201	221101	
批发部	销售人员	10770.00	660101	221101	1128.00	660101	221101	
门市部		5000.00	660101	221101	520.00	660101	221101	
采购部	采购人员	10420.00	660201	221101	1084.00	660201	221101	
仓管部	企管人员	14170.00	660201	221101	1472.00	660201	221101	
人力资源部		9900.00	660201	221101	1032.00	660201	221101	
生产部	生产人员	9620.00	50010101	221101	1000.00	50010101	221101	

图11-7 业务11.3的工资总额一览表

(3) 工资分配的制单。在"工资总额一览表"窗口中,选中"合并科目相同、辅助项相同的分录"复选框,再单击工具栏中的"制单"按钮,系统打开"填制凭证"窗口;选择凭证分类为"记账凭证",单击工具栏中的"保存"按钮,结果如图11-8所示。

(4) 退出。单击"填制凭证"和"工资分摊明细"窗口右上角的"关闭"按钮,关闭并退出该窗口。

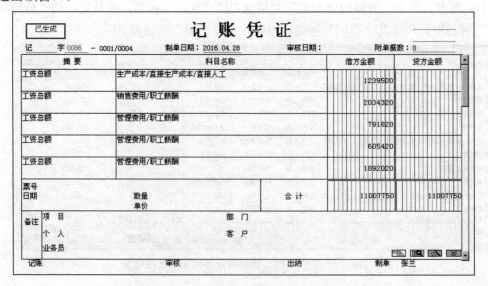

图11-8 业务11.3的工资总额制单结果

11.4 计提单位承担的五险一金

五险一金：包括养老保险、医疗保险、失业保险、工伤保险和生育保险；"一金"指的是住房公积金。其中养老保险、医疗保险和失业保险，这三种险是由企业和个人共同缴纳的保费，工伤保险和生育保险完全是由企业承担的，个人不需要缴纳。

本公司规定，由单位承担并缴纳的养老保险、医疗保险、失业保险、工伤保险、生育保险，分别按照职工本月应发工资的20%、10%、1%、1%、0.8%计算；由单位承担并缴纳的住房公积金，按照职工本月应发的12%计算。

11.4.1 业务概述与分析

4月28日，计提单位承担的社会保险(应发合计的32.8%，包括养老保险20%、医疗保险10%、失业保险1%、工伤保险1%、生育保险0.8%)和住房公积金(应发合计的12%)。单位承担社会保险和住房公积金的分摊科目如表11-2所示。

表11-2 单位承担社会保险和住房公积金的分摊科目设置

部门与人员类别	工资分摊	单位承担社会保险(32.8%)		单位承担住房公积金(12%)	
		借方科目	贷方科目	借方科目	贷方科目
经理办公室 行政办公室 人力资源部 财务部 仓管部	企管人员	660201 管理费用—职工薪酬	221102 应付职工薪酬—社会保险费	660201 管理费用—职工薪酬	221103 应付职工薪酬—住房公积金
采购部	采购人员	660201 管理费用—职工薪酬		660201 管理费用—职工薪酬	
销售部(批发部和门市部)	销售人员	660101 销售费用—职工薪酬		660101 销售费用—职工薪酬	
生产部	生产人员	50010101 直接人工		50010101 直接人工	

本笔业务是单位承担社会保险费和住房公积金的设置、分摊与制单，需要进行单位承担社会保险和住房公积金费用分摊科目设置、工资费用分摊与制单。

11.4.2 操作指导

请确认系统日期和业务日期为2016年4月28号。

本业务的操作步骤

任务说明：财务部会计张兰进行单位承担社会保险费和住房公积金的科目设置、计提与制单。

【财务部会计张兰进行单位承担社会保险费和住房公积金的分摊科目设置】

(1) 打开"工资分摊"对话框。在"企业应用平台"的"业务工作"页签中,依次单击"人力资源/薪资管理/业务处理/工资分摊"菜单项,系统打开"工资分摊"对话框。

(2) 打开"分摊类型设置"对话框。在"工资分摊"对话框中,单击其"工资分摊设置"按钮,系统打开"分摊类型设置"对话框。

(3) 单位承担社会保险计提比例设置。在"分摊类型设置"对话框中,单击对话框中的"增加"按钮,系统打开"分摊计提比例设置"对话框,在"计提类型名称"栏录入"单位承担社会保险费","分摊计提比例"为"32.8%"。

(4) 单位承担社会保险费分摊构成设置。单击"下一步"按钮,系统打开"分摊构成设置"对话框,在该对话框中,根据表11-2逐一编辑"部门名称"、"人员类别"、"工资项目"(应发合计)、"借方科目"、"贷方科目",录入完成的结果如图11-9所示。

(5) 单击"完成"按钮,保存该分摊构成设置,系统返回"分摊类型设置"对话框。

部门名称	人员类别	工资项目	借方科目	借方项目...	借方项目	贷方科目	贷方项目大
经理办公室,行政办公室,财务部,仓管部,人力资源部	企管人员	应发合计	660201			221102	
采购部	采购人员	应发合计	660201			221102	
批发部,门市部	销售人员	应发合计	660111			221102	
生产部	生产人员	应发合计	50010101			221102	

图 11-9 业务 11.4 的单位承担社会保险费分摊科目设置的结果

(6) 重复步骤(3)~(5),完成"单位承担住房公积金"分摊设置,"分摊比例"为"12%"。

(7) 退出。单击"分摊构成设置"对话框中的"返回"按钮,系统返回"工资分摊"对话框。

【财务部会计张兰进行单位承担社会保险费和住房公积金的计提与制单】

(1) 打开"工资分摊"对话框。

(2) 计提单位承担的五险。在"工资分摊"窗口中,仅选中"单位承担社会保险费"选项,并选中所有的核算部门,确认勾选"明细到工资项目",然后单击"确定"按钮以完成计提工作,系统打开"工资分摊明细"窗口,显示"单位承担社会保险费一览表",结果如图 11-10 所示。

单位承担社会保险费一览表

☐ 合并科目相同、辅助项相同的分录
类型 单位承担社会保险费 ▼   计提会计月份 4月

部门名称	人员类别	应发合计				
		计提基数	计提比例	计提金额	借方科目	贷方科目
经理办公室	企管人员	8100.00	32.80%	2656.80	660201	221102
行政办公室		6100.00	32.80%	2000.80	660201	221102
财务部		19100.00	32.80%	6264.80	660201	221102
批发部	销售人员	14100.00	32.80%	4624.80	660102	221102
门市部		6500.00	32.80%	2132.00	660102	221102
采购部	采购人员	13550.00	32.80%	4444.40	660201	221102
仓管部	企管人员	18400.00	32.80%	6035.20	660201	221102
人力资源部		12900.00	32.80%	4231.20	660201	221102
生产部	生产人员	12500.00	32.80%	4100.00	50010101	221102

图 11-10 业务 11.4 的单位承担社会保险费一览表

(3) 单位承担五险的分摊制单。在"单位承担社会保险费一览表"窗口中，选中"合并科目相同、辅助项相同的分录"复选框，再单击工具栏中的"制单"按钮，系统打开"填制凭证"窗口，选择凭证分类为"记账凭证"，单击"保存"按钮，结果如图 11-11 所示。

(4) 退出。单击"填制凭证"和"工资分摊明细"窗口中的"关闭"按钮，退出当前窗口。

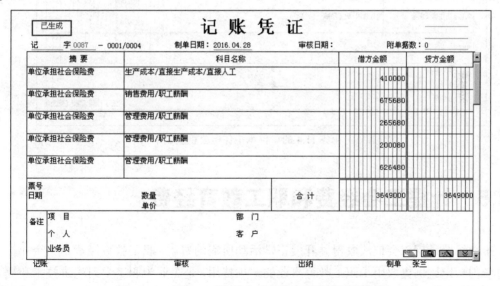

图 11-11 业务 11.4 的单位承担社会保险费制单结果

(5) 计提单位承担的一金。重复步骤(1)～(4)，完成单位承担住房公积金的计提和制单，结果如图 11-12 和图 11-13 所示。

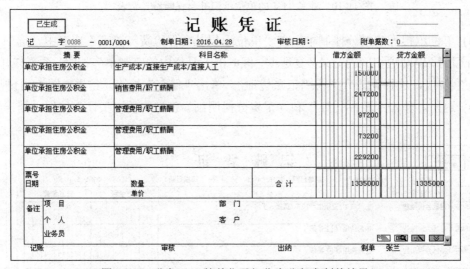

图 11-12 业务 11.4 的单位承担住房公积金一览表

图 11-13 业务 11.4 的单位承担住房公积金制单结果

11.5 计提工会经费和职工教育经费

工会经费是指工会依法取得并开展正常活动所需的费用，职工教育经费是指企业按工资总额的一定比例提取用于职工教育事业的一项费用，是企业为职工学习先进技术和提高文化水平而支付的费用。

本公司规定，按应发工资总额的 2%计提工会经费，2.5%计提职工教育经费。

11.5.1 业务概述与分析

4 月 28 日，计提本月工会经费(应发合计的 2%)、职工教育经费(应发合计的 2.5%)，单位计提工会经费和职工教育经费的分摊科目如表 11-3 所示。

表 11-3　单位计提工会会费和职工教育经费的分摊科目

部门与人员类别	工资分摊	工会经费(2%)		职工教育经费(2.5%)	
		借方科目	贷方科目	借方科目	贷方科目
经理办公室 行政办公室 财务部 仓管部 人力资源部	企管人员	660201 管理费用—职工薪酬	221104 应付职工薪酬—工会经费	660201 管理费用—职工薪酬	221105 应付职工薪酬—职工教育经费
采购部	采购人员	660201 管理费用—职工薪酬		660201 管理费用—职工薪酬	
销售部	销售人员	660101 销售费用—职工薪酬		660101 销售费用—职工薪酬	
生产部	生产人员	50010101 直接人工		50010101 直接人工	

本笔业务是单位计提工会经费和职工教育经费的设置、分摊与制单，需要进行计提工会经费和职工教育经费的科目设置、工资费用分摊与制单。

11.5.2　操作指导

请确认系统日期和业务日期为 2016 年 4 月 28 号。

本业务的操作步骤

任务说明：财务部会计张兰进行单位承担工会会费和职工教育经费的科目设置，计提与制单。

【财务部会计张兰进行工会会费和职工教育经费的分摊科目设置】

(1) 打开"工资分摊"对话框。在"企业应用平台"的"业务工作"页签中，依次单击"人力资源/薪资管理/业务处理/工资分摊"菜单项，系统打开"工资分摊"对话框。

(2) 打开"分摊类型设置"对话框。在"工资分摊"对话框中，单击其"工资分摊设置"按钮，系统打开"分摊类型设置"对话框。

(3) 工会会费的计提比例设置。在"分摊类型设置"对话框中，单击对话框中的"增加"按钮，系统打开"分摊计提比例设置"对话框，在"计提类型名称"栏录入"工会会费"，"分摊计提比例"为"2%"。

(4) 工会会费的分摊构成设置。单击"下一步"按钮，系统打开"分摊构成设置"对话框，在该对话框中，根据表 11-3 逐一编辑"部门名称"、"人员类别"、"工资项目"(应发合计)、"借方科目"、"贷方科目"，录入完成的结果如图 11-14 所示。

(5) 单击"完成"按钮，保存该分摊构成设置，系统返回"分摊类型设置"对话框。

(6) 重复步骤(3)～(5)，完成"职工教育经费"分摊设置，"分摊比例"为"2.5%"。

(7) 退出。单击"分摊构成设置"对话框中的"返回"按钮，系统返回"工资分摊"对话框。

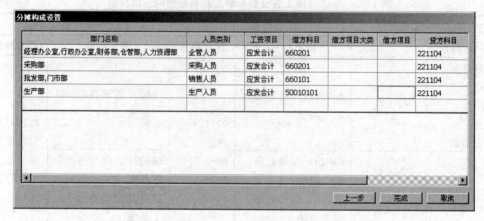

图 11-14 业务 11.5 的工会会费分摊科目设置的结果

【财务部会计张兰进行工会会费和职工教育经费的计提与制单】

(1) 打开"工资分摊"对话框。

(2) 计提工会会费。在"工资分摊"对话框中，仅选中"工会会费"选项，并选中所有的核算部门，确认勾选"明细到工资项目"复选框，单击"确定"按钮以完成计提工作，系统打开"工资分摊明细"窗口，显示"工会会费一览表"，结果如图 11-15 所示。

部门名称	人员类别	应发合计				
		计提基数	计提比例	计提金额	借方科目	贷方科目
经理办公室	企管人员	8100.00	2.00%	162.00	660201	221104
行政办公室		6100.00	2.00%	122.00	660201	221104
财务部		19100.00	2.00%	382.00	660201	221104
批发部	销售人员	14100.00	2.00%	282.00	660101	221104
门市部		6500.00	2.00%	130.00	660101	221104
采购部	采购人员	13550.00	2.00%	271.00	660201	221104
仓管部	企管人员	18400.00	2.00%	368.00	660201	221104
人力资源部		12900.00	2.00%	258.00	660201	221104
生产部	生产人员	12500.00	2.00%	250.00	50010101	221104

图 11-15 业务 11.5 的工会会费一览表

(3) 工会会费的分摊制单。在"工会会费一览表"窗口中，选中"合并科目相同、辅助项相同的分录"复选框，再单击工具栏中的"制单"按钮，系统打开"填制凭证"窗口，选择凭证分类为"记账凭证"，单击"保存"按钮，结果如图 11-16 所示。

(4) 退出。单击"填制凭证"和"工资分摊明细"窗口中的"关闭"按钮，退出当前窗口。

图 11-16　业务 11.5 的工会会费制单结果

(5) 计提职工教育经费。重复步骤(1)~(4)，完成职工教育经费的计提和制单，结果如图 11-17 和图 11-18 所示。

(6) 退出。单击"填制凭证"和"工资分摊明细"窗口的"关闭"按钮，退出当前窗口。

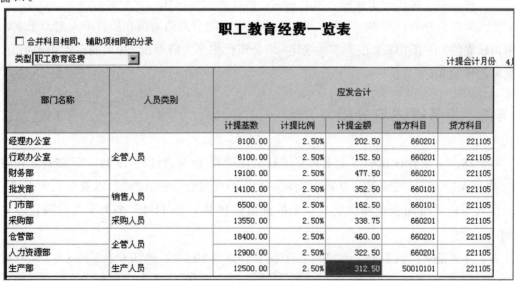

图 11-17　业务 11.5 的职工教育经费一览表

已生成		记 账 凭 证		
记 字 0090 - 0001/0004	制单日期：2016.04.28		审核日期：	附单据数：0
摘 要	科目名称		借方金额	贷方金额
职工教育经费	生产成本/直接生产成本/直接人工		31250	
职工教育经费	销售费用/职工薪酬		51500	
职工教育经费	管理费用/职工薪酬		20250	
职工教育经费	管理费用/职工薪酬		15250	
职工教育经费	管理费用/职工薪酬		47750	
票号 日期	数量 单价	合 计	278125	278125
备注	项 目 个 人 业务员	部 门 经理办公室 客 户		
记账	审核	出纳	制单	张兰

图 11-18　业务 11.5 的职工教育经费制单结果

11.6　结转代扣个人三险一金和所得税

"三险一金"是指养老保险、失业保险、医疗保险以及住房公积金。

个人所得税是国家对本国公民、居住在本国境内的个人的所得和境外个人来源于本国的所得征收的一种所得税。根据有关规定，本公司代扣个人所得税，相关的设置和初始值，参见本教程的 4.1.8 节。

11.6.1　业务概述与分析

4 月 28 日，结转代扣职工个人负担的社会保险费(应发合计的 10.2%，包括养老保险 8%、医疗保险 2%、失业保险 0.2%)、住房公积金(应发合计的 12%)，以及个人所得税。职工个人承担社会保险费和住房公积金的分摊科目参见表 11-4，个人所得税科目参见表 11-5。

本笔业务是代扣职工个人承担的三险(应发合计的 10.2%，包括养老保险 8%、医疗保险 2%、失业保险 0.2%)一金(住房公积金，应发合计的 12%)、个人所得税，以及委托银行代发工资，需要进行计提个人承担的三险一金的科目设置、分摊与制单，以及凭证的主管签字、审核与记账；代扣个人所得税申报与制单操作。

表 11-4　职工个人承担社会保险和住房公积金的分摊科目

部门与人员类别	工资分摊	个人承担社会保险费(10.2%)		个人承担住房公积金(12%)	
		借方科目	贷方科目	借方科目	贷方科目
经理办公室 行政办公室 人力资源部 财务部 仓管部	企管人员	221101 应付职工薪酬—工资	224101 其他应付款—应付社会保险费	221101 应付职工薪酬—工资	224102 其他应付款—应付住房公积金
采购部	采购人员				
销售部	销售人员				
生产部	生产人员				

表 11-5　个人所得税科目

部门与人员类别	工资分摊	代扣个人所得税(100%扣税合计)	
		借方科目	贷方科目
经理办公室 行政办公室 财务部 仓管部 人力资源部	企管人员	660201 管理费用—职工薪酬	222104 应交税费—应交个人所得税
采购部	采购人员	660201 管理费用—职工薪酬	
销售部	销售人员	660101 销售费用—职工薪酬	
生产部	生产人员	50010101 直接人工	

11.6.2　虚拟业务场景

人物：张兰——财务部会计

　　　罗迪——财务部出纳

　　　曾志伟——财务部主管

　　场景一　财务部主管曾志伟提醒会计张兰进行个人承担的社会保险费和住房公积金分摊设置、计提与制单

　　曾志伟：小张，月末了，请你设置个人承担的社会保险费和住房公积金的分摊科目，并计提与制单本月职工个人承担的社会保险费和住房公积金吧，辛苦了！

　　张兰：应该的，曾总，我马上办。

　　(张兰做分摊科目设置、计提与制单)

　　场景二　曾志伟提醒会计张兰进行个人所得税的制表与制单

　　曾志伟：小张，人力资源部已经完成本月的职工个人变动，请你进行代扣个人所得税的制表与制单吧。

　　张兰：好的。(对代扣个人所得税进行制表、分摊设置、计算与制单)

11.6.3 操作指导

1. 操作流程

结转代扣个人三险一金和所得税业务的操作流程，如图 11-19 所示。

图 11-19　业务 11.6 的操作流程图

请确认系统日期和业务日期为 2016 年 4 月 28 号。

2. 场景一的操作步骤

任务说明：财务部会计张兰进行个人承担的社会保险费和住房公积金分摊设置、计提与制单。

【财务部会计张兰进行个人承担社会保险费和住房公积金的分摊科目设置】

(1) 打开"工资分摊"对话框。在"企业应用平台"的"业务工作"页签中，依次单击"人力资源/薪资管理/业务处理/工资分摊"菜单项，系统打开"工资分摊"对话框。

(2) 打开"分摊类型设置"对话框。在"工资分摊"对话框中，单击其"工资分摊设置"按钮，系统打开"分摊类型设置"对话框。

(3) 个人承担社会保险费的计提比例设置。在"分摊类型设置"对话框中，单击对话框中的"增加"按钮，系统打开"分摊计提比例设置"对话框，在"计提类型名称"栏录入"个人承担社会保险费"，"分摊计提比例"为"10.2%"。

(4) 个人承担社会保险费的分摊构成设置。单击"下一步"按钮，系统打开"分摊构成设置"对话框，在该对话框中，根据表11-4 逐一编辑"部门名称"、"人员类别"、"工资项目"(应发合计)、"借方科目"、"贷方科目"，录入完成的结果如图 11-20 所示。

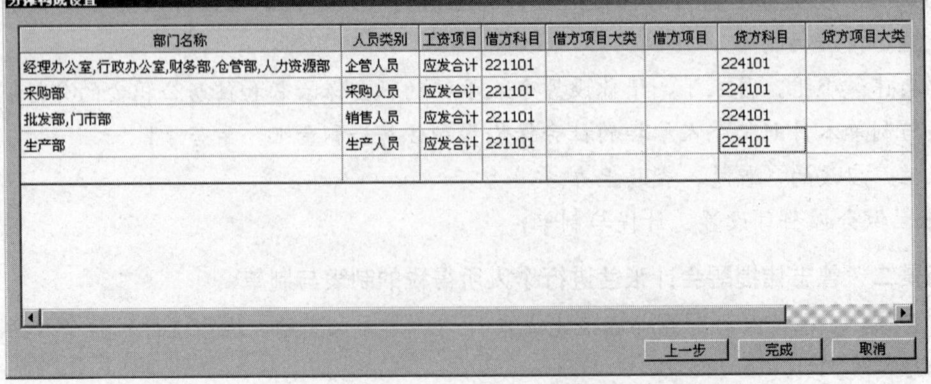

部门名称	人员类别	工资项目	借方科目	借方项目大类	借方项目	贷方科目	贷方项目大类
经理办公室,行政办公室,财务部,仓管部,人力资源部	企管人员	应发合计	221101			224101	
采购部	采购人员	应发合计	221101			224101	
批发部,门市部	销售人员	应发合计	221101			224101	
生产部	生产人员	应发合计	221101			224101	

图 11-20　业务 11.6 的个人承担社会保险费分摊科目设置的结果

(5) 单击"完成"按钮，保存该分摊构成设置，系统返回"分摊类型设置"对话框。

(6) 重复步骤(3)~(5)，完成"个人承担住房公积金"分摊设置，"分摊比例"为"12%"。

(7) 退出。单击"分摊构成设置"对话框中的"返回"按钮，系统返回"工资分摊"对话框。

【财务部会计张兰进行个人承担社会保险费和住房公积金的计提与制单】

(1) 打开"工资分摊"对话框。

(2) 计提个人承担的三险。在"工资分摊"对话框中，仅选中"个人承担社会保险费"选项，并选中所有的核算部门，确认勾选"明细到工资项目"复选框，单击"确定"按钮以完成计提工作，系统打开"工资分摊明细"窗口，显示"个人承担社会保险费一览表"，结果如图11-21所示。

(3) 个人承担的三险的分摊制单。在"个人承担社会保险费一览表"窗口中，选中"合并科目相同、辅助项相同的分录"复选框，再单击工具栏中的"制单"按钮，系统打开"填制凭证"窗口，选择"凭证分类"为"记账凭证"，单击"保存"按钮，结果如图11-22所示。

(4) 退出。单击"填制凭证"和"工资分摊明细"窗口中的"关闭"按钮，退出当前窗口。

图 11-21 业务 11.6 的个人承担社会保险费一览表

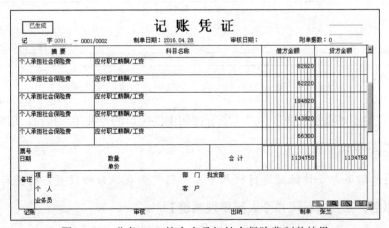

图 11-22 业务 11.6 的个人承担社会保险费制单结果

(5) 计提个人承担住房公积金。重复步骤(1)~(4)，完成个人承担住房公积金的计提和制单，结果如图 11-23 和图 11-24 所示。

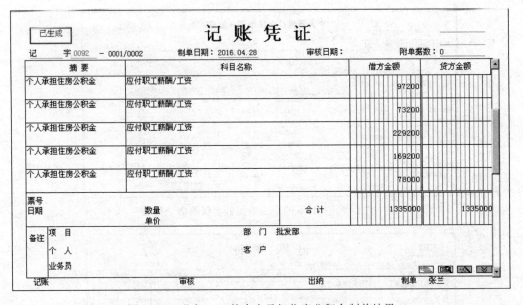

部门名称	人员类别	计提基数	计提比例	计提金额	借方科目	贷方科目
经理办公室	企管人员	8100.00	12.00%	972.00	221101	224102
行政办公室		6100.00	12.00%	732.00	221101	224102
财务部		19100.00	12.00%	2292.00	221101	224102
批发部	销售人员	14100.00	12.00%	1692.00	221101	224102
门市部		6500.00	12.00%	780.00	221101	224102
采购部	采购人员	13550.00	12.00%	1626.00	221101	224102
仓管部	企管人员	18400.00	12.00%	2208.00	221101	224102
人力资源部		12900.00	12.00%	1548.00	221101	224102
生产部	生产人员	12500.00	12.00%	1500.00	221101	224102

图 11-23　业务 11.6 的个人承担住房公积金一览表

图 11-24　业务 11.6 的个人承担住房公积金制单结果

(6) 退出。单击"填制凭证"和"工资分摊明细"窗口的"关闭"按钮，退出当前窗口。

3. 场景二的操作步骤

任务说明：财务部会计张兰进行代扣个人所得税制表、分摊设置、计提与制单。

【财务部会计张兰进行代扣个人所得税制表】

(1) 打开"个人所得税申报模板"对话框。在"薪资管理"子系统中，依次单击"业务处理/扣缴所得税"菜单项，系统打开"个人所得税申报模板"对话框。

(2) 所得税申报。在"个人所得税申报模板"对话框中，在"请选择所在地区名"中选择"北京"，并在其表体中选中"北京扣缴个人所得税报表"，然后单击该对话框中的"打开"按钮，系统打开"所得税申报"对话框；单击其中的"确定"按钮，系统打开"所得税申报"窗口，显示"北京扣缴个人所得税报表"，结果如图11-25所示。

北京扣缴个人所得税报表
2016年4月 -- 2016年4月

总人数：18

序号	纳税人姓名	身份证照…	身份证照…	所得项目	所得期间	收入额	费用扣除…	准予扣除…	应纳税所…	税率	应扣税额	已扣税额	备注
1	李吉棕	身份证		工资	4	8100.00	3500.00		2801.80	10	175.18	175.18	
2	陈虹	身份证		工资	4	6100.00	3500.00		1245.80	3	37.37	37.37	
3	曾志伟	身份证		工资	4	7100.00	3500.00		2023.80	10	97.38	97.38	
4	张兰	身份证		工资	4	6000.00	3500.00		1168.00	3	35.04	35.04	
5	罗迪	身份证		工资	4	6000.00	3500.00		1168.00	3	35.04	35.04	
6	赵飞	身份证		工资	4	7600.00	3500.00		2412.80	10	136.28	136.28	
7	夏于	身份证		工资	4	6500.00	3500.00		1557.00	10	50.70	50.70	
8	李华	身份证		工资	4	6500.00	3500.00		1557.00	10	50.70	50.70	
9	刘静	身份证		工资	4	6950.00	3500.00		1907.10	10	85.71	85.71	
10	张新海	身份证		工资	4	5550.00	3500.00		817.90	3	24.54	24.54	
11	林意	身份证		工资	4	1050.00			0.00	0	0.00	0.00	
12	李莉	身份证		工资	4	6800.00	3500.00		1790.40	10	74.04	74.04	
13	赵林	身份证		工资	4	5800.00	3500.00		1012.40	3	30.37	30.37	
14	李东	身份证		工资	4	5800.00	3500.00		1012.40	3	30.37	30.37	
15	王军	身份证		工资	4	7100.00	3500.00		2023.80	10	97.38	97.38	
16	梁京	身份证		工资	4	5800.00	3500.00		1012.40	3	30.37	30.37	
17	刘正	身份证		工资	4	6750.00	3500.00		1751.50	10	70.15	70.15	
18	李江	身份证		工资	4	5750.00	3500.00		973.50	3	29.21	29.21	
合计						111250.00	63000.00		26235.60		1089.83	1089.83	

图11-25　业务11.6的北京扣缴个人所得税报表

(3) 退出。单击"所得税申报"窗口工具栏中的"退出"按钮，退出该窗口；再单击"个人所得税申报模板"对话框中的"取消"按钮，返回企业应用平台。

【财务部会计张兰进行代扣个人所得税的分摊科目设置】

(1) 打开"工资分摊"对话框。在"薪资管理"子系统中，依次单击"业务处理/工资分摊"菜单项，系统打开"工资分摊"对话框。

(2) 打开"分摊类型设置"对话框。在"工资分摊"对话框中，单击其"工资分摊设置"按钮，系统打开"分摊类型设置"对话框。

(3) 代扣个人所得税的计提比例设置。在"分摊类型设置"对话框中，单击对话框中的"增加"按钮，系统打开"分摊计提比例设置"对话框，在"计提类型名称"栏录入"代扣个人所得税"，"分摊计提比例"为"100%"。

(4) 代扣个人所得税的分摊构成设置。单击"下一步"按钮，系统打开"分摊构成设置"对话框，在该对话框中，根据表11-5逐一编辑"部门名称"、"人员类别"、"工资项目"(扣税合计)、"借方科目"、"贷方科目"，录入完成的结果如图11-26所示。

(5) 单击"完成"按钮，保存该分摊构成设置，系统返回"分摊类型设置"对话框。

(6) 退出。单击"分摊构成设置"对话框中的"返回"按钮，系统返回"工资分摊"对话框。

分摊构成设置						
部门名称	人员类别	工资项目	借方科目	借方项目大类	借方项目	贷方科目
经理办公室,行政办公室,财务部,仓管部,人力资源部	企管人员	扣税合计	660201			222104
采购部	采购人员	扣税合计	660201			222104
批发部,门市部	销售人员	扣税合计	660101			222104
生产部	生产人员	扣税合计	50010101			222104

图 11-26 业务 11.6 的个人所得税分摊科目设置的结果

【财务部会计张兰进行个人所得税的查阅与制单】

(1) 打开"工资分摊"对话框。

(2) 查阅个人所得税。在"工资分摊"对话框中，仅选中"代扣个人所得税"选项，并选中所有的核算部门，确认勾选了"明细到工资项目"复选框，单击工具栏中的"确定"按钮以完成计提工作，系统打开"工资分摊明细"窗口，显示"代扣个人所得税一览表"，结果如图 11-27 所示。

代扣个人所得税一览表

☐ 合并科目相同、辅助项相同的分录
类型 代扣个人所得税　　　　　　　　　　　　计提会计月份 4月

部门名称	人员类别	扣税合计		
		分配金额	借方科目	贷方科目
经理办公室	企管人员	175.18	660201	222104
行政办公室		37.37	660201	222104
财务部		167.46	660201	222104
批发部	销售人员	186.98	660101	222104
门市部		50.70	660101	222104
采购部	采购人员	110.25	660201	222104
仓管部	企管人员	134.78	660201	222104
人力资源部		127.75	660201	222104
生产部	生产人员	99.36	50010101	222104

图 11-27 业务 11.6 的个人所得税一览表

(3) 代扣个人所得税制单。在"代扣个人所得税一览表"窗口中，选中"合并科目相同、辅助项相同的分录"，再单击工具栏中的"制单"按钮，系统打开"填制凭证"窗口，选择凭证分类为"记账凭证"，单击"保存"按钮，结果如图 11-28 所示。

(4) 退出。单击"填制凭证"和"工资分摊明细"窗口中的"关闭"按钮，退出当前窗口。

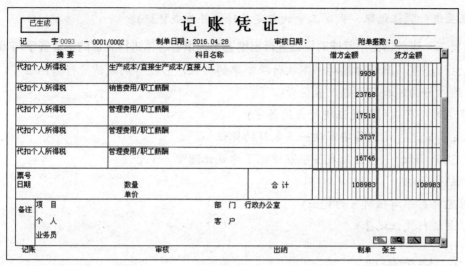

图 11-28　业务 11.6 的个人所得税制单结果

11.7　委托银行代发工资

11.7.1　业务概述与分析

4 月 28 日，财务部开出转账支票，委托银行代发本月工资(票号为 ZZ1201)和上月工资(票号为 ZZ1202)。

本笔业务是委托银行代发本月工资的转账设置与制单(即自定义转账并生成凭证)，以及补发上月工资。

11.7.2　虚拟业务场景

人物：张兰——财务部会计
　　　罗迪——财务部出纳
　　　曾志伟——财务部主管

场景一　曾志伟提醒张兰进行委托银行代发工资操作，并进行凭证的主管签字审核

曾志伟：小张，你尽快完成委托银行代发工资的信息处理吧。

张兰：没问题，我马上办。只是咱们已经计提的工资总额、个人承担的三险一金等凭证，您还没有签字审核吧？

曾志伟：谢谢提醒，我现在就办。(签字审核完毕)你现在可以记账了，然后就可以做委托银行代发工资的制单了。

张兰：好的，谢谢曾总！

(张兰进行凭证记账、代发工资的自定义转账并生成凭证)

场景二 张兰请出纳罗迪对凭证进行出纳签字、请曾志伟进行凭证的主管签字与审核

张兰：小罗，麻烦你核对一下收付款制单的结果，若没有问题请进行出纳签字。

罗迪：好的，我马上办，劳您费心了。

(罗迪对所有收付款凭证进行出纳签字)

张兰：曾总，请您签字审核一下本月的凭证。

曾志伟：好的，等会儿我签字审核完了你就记账吧，辛苦了。

张兰：好的。

(曾志伟签字审核所有的凭证)

(张兰进行凭证记账)

11.7.3 操作指导

1. 操作流程

委托银行代发工资业务的操作流程如图 11-29 所示。

图 11-29　业务 11.7 的操作流程图

请确认系统日期和业务日期为 2016 年 4 月 28 号。

2. 场景一的操作步骤

任务说明：财务部主管曾志伟签字审核工资总额和个人承担三险一金的凭证，会计张兰记账，并进行委托银行代发工资的制单。

【财务部主管曾志伟对凭证进行主管签字】

(1) 打开"主管签字列表"窗口。在"企业运用平台"的"业务工作"页签中，依次单击"财务会计/总账/凭证/主管签字"菜单项，打开"主管签字"过滤条件对话框，单击"确定"按钮，打开"主管签字列表"窗口。

(2) 会计主管签字。在"主管签字列表"窗口中。

① 双击工资总额凭证所在的行，进入该凭证的"主管签字"窗口，查阅信息无误后单击工具栏中的"签字"按钮，即在凭证右上方出现"曾志伟"的红字印章，表示该张凭证主管签字完成。

② 单击工具栏中的"下张凭证"或"上张凭证"按钮，查阅到个人承担社会保险费和个人承担住房公积金的凭证，审核信息无误后，逐一"签字"。

(3) 退出。单击"主管签字"和"主管签字列表"窗口的"关闭"按钮，关闭并退出该窗口。

【财务部主管曾志伟对凭证进行主管审核】

(1) 打开"凭证审核列表"窗口。在"总账"子系统中，依次单击"凭证/审核凭证"菜单项，进入"凭证审核"过滤条件窗口，单击"确定"按钮，系统打开"凭证审核列表"窗口。

(2) 会计主管审核。在"凭证审核列表"窗口中。

① 双击工资总额凭证所在的行，进入该凭证的"审核凭证"窗口，查阅信息无误后单击工具栏中的"审核"按钮，即在凭证下方"审核"处显示"曾志伟"的名字，表示该张凭证审核完成，系统自动打开下一张凭证。

② 单击工具栏中的"下张凭证"或"上张凭证"按钮，查阅到个人承担社会保险费和个人承担住房公积金的凭证，审核信息无误后，逐一"审核"。

(3) 退出。单击"审核凭证"和"凭证审核列表"窗口的"关闭"按钮，关闭并退出该窗口。

【财务部会计张兰在总账中记账】

(1) 打开"记账"对话框。在"总账"子系统中，依次单击"凭证/记账"菜单项，系统打开"记账"对话框。

(2) 记账。在"记账"对话框中，选择"2016.04月份凭证"选项，单击"全选"按钮，记账范围自动显示为所有已签字审核的待记账凭证，然后单击"记账"按钮，系统自动对所有已审核未记账凭证进行记账，并弹出信息提示框和记账报告，单击"确定"按钮，退出信息提示框返回"记账"对话框，结果如图11-30所示。

(3) 退出。单击"记账"对话框中的"退出"按钮，退出该对话框。

图11-30 业务11.7的记账结果

【财务部会计张兰做代发本月职工工资的自定义转账】

(1) 打开"自定义转账设置"窗口。在"总账"子系统中,依次单击"期末/转账定义/自定义转账"菜单项。

(2) 定义"代发本月职工工资"转账项目。单击工具栏中的"增加"按钮,在打开的对话框中编辑"转账序号"为"0007","转账说明"为"代发本月职工工资",然后单击"确定"按钮返回"自定义转账设置"窗口。

(3) 定义"代发本月职工工资"公式。在"自定义转账设置"窗口中。

① 提取经理办公室的工资。单击工具栏的"增行"按钮,然后在表体部分参照生成或直接输入"科目编码"为"221101"(应付职工薪酬/工资),"部门"选择"经理办公室","方向"为"借";单击"金额公式"参照按钮,在弹出的"公式向导"对话框中,选择"公式名称"为"期末余额",单击"下一步"按钮,确认"科目"为"221101"、"部门"为"经理办公室",选中"继续输入公式"复选框,选择"-(减)"单选按钮,其他选项默认,单击"下一步"按钮,返回"公式向导"对话框中,再选择"公式名称"为"期初余额",单击"下一步"按钮,确认"科目"为"221101"、"部门"为"经理办公室",其他选项默认,单击"完成"按钮,返回"自定义转账设置"窗口,此时"金额公式"为"QM(221101,月,,101)- QC(221101,月,,101)"。

② 提取其他部门的工资。重复步骤①,以提取其他部门的工资,其"科目编码"均为"221101","方向"均为"借","金额公式"分别为"QM(221101,月,,102)- QC(221101,月,,102)"、"QM(221101,月,,2)-QC(221101,月,,2)"、"QM(221101,月,,301)-QC(221101,月,,301)"、"QM(221101,月,,302)-QC(221101,月,,302)"、"QM(221101,月,,4)-QC(221101,月,,4)"、"QM(221101,月,,5)-QC(221101,月,,5)"、"QM(221101,月,,6)-QC(221101,月,,6)"、"QM(221101,月,,7)-QC(221101,月,,7)"。

③ 设置结算方式。单击工具栏中的"增行"按钮,输入"科目编码"为"100201"(工行存款),"方向"为"贷",参照生成或输入"金额公式"为"JG()"(取对方科目计算结果)。

(4) 保存。单击工具栏中的"保存"按钮以保存"代发本月职工工资"的公式定义,结果如图11-31所示。

(5) 退出。单击"自定义转账设置"窗口工具栏中的"退出"按钮。

转账序号	0007		转账说明	代发本月职工工资			凭证类别	记账凭证
摘要	科目编码	部门	个人	客户	供应商	项目	方向	金额公式
代发本月职工工资	221101	经理办公室					借	QM(221101,月,,101)-QC(221101,月,,101)
代发本月职工工资	221101	行政办公室					借	QM(221101,月,,102)-QC(221101,月,,102)
代发本月职工工资	221101	财务部					借	QM(221101,月,,2)-QC(221101,月,,2)
代发本月职工工资	221101	批发部					借	QM(221101,月,,301)-QC(221101,月,,301)
代发本月职工工资	221101	门市部					借	QM(221101,月,,302)-QC(221101,月,,302)
代发本月职工工资	221101	采购部					借	QM(221101,月,,4)-QC(221101,月,,4)
代发本月职工工资	221101	仓管部					借	QM(221101,月,,5)-QC(221101,月,,5)
代发本月职工工资	221101	人力资源部					借	QM(221101,月,,6)-QC(221101,月,,6)
代发本月职工工资	221101	生产部					借	QM(221101,月,,7)-QC(221101,月,,7)
代发本月职工工资	100201						贷	JG()

图11-31 代发本月职工工资的转账公式定义结果

【财务部会计张兰做代发上月职工工资的自定义转账】

(1) 打开"自定义转账设置"窗口。

(2) 定义"代发上月职工工资"转账项目。单击工具栏中的"增加"按钮,在打开的对话框中编辑"转账序号"为"0008","转账说明"为"代发上月职工工资",然后单击"确定"按钮返回"自定义转账设置"窗口。

(3) 定义"代发上月职工工资"公式。在"自定义转账设置"窗口中:

① 提取经理办公室的工资。单击工具栏中的"增行"按钮,然后在表体部分参照生成或直接输入"科目编码"为"221101"(应付职工薪酬/工资),"部门"选择"经理办公室","方向"为"借";单击"金额公式"参照按钮,在弹出的"公式向导"对话框中,选择"公式名称"为"期初余额",单击"下一步"按钮,确认"科目"为"221101"、"部门"为"经理办公室",单击"完成"按钮,返回"自定义转账设置"窗口,此时"金额公式"为"QC(221101,月,,101)"。

② 提取其他部门的工资。重复步骤①,或通过单击工具栏中的"复制行"、"粘贴行"按钮,复制并修改,以提取其他部门的工资,其"科目编码"均为"221101","方向"均为"借","金额公式"分别为"QC(221101,月,,101)、QC(221101,月,,102)、QC(221101,月,,2)、QC(221101,月,,301)、QC(221101,月,,302)、QC(221101,月,,4)、QC(221101,月,,5)、QC(221101,月,,6)、QC(221101,月,,7)"。

③ 设置结算方式。单击工具栏中的"增行"按钮,输入"科目编码"为"100201"(工行存款),"方向"为"贷",参照生成或输入"金额公式"为"JG( )"(取对方科目计算结果)。

(4) 保存。单击工具栏中的"保存"按钮以保存"代发上月职工工资"的公式定义,结果如图 11-32 所示。

(5) 退出。单击"自定义转账设置"窗口工具栏中的"退出"按钮。

转账序号	0008		转账说明	代发上月职工工资			凭证类别	记账凭证	
摘要	科目编码	部门	个人	客户	供应商	项目	方向	金额公式	
代发上月职工工资	221101	经理办公室					借	QC(221101,月,,101)	
代发上月职工工资	221101	行政办公室					借	QC(221101,月,,102)	
代发上月职工工资	221101	财务部					借	QC(221101,月,,2)	
代发上月职工工资	221101	批发部					借	QC(221101,月,,301)	
代发上月职工工资	221101	门市部					借	QC(221101,月,,302)	
代发上月职工工资	221101	采购部					借	QC(221101,月,,4)	
代发上月职工工资	221101	仓管部					借	QC(221101,月,,5)	
代发上月职工工资	221101	人力资源部					借	QC(221101,月,,6)	
代发上月职工工资	221101	生产部					借	QC(221101,月,,7)	
代发上月职工工资	100201						贷	JG()	

图 11-32 代发上月职工工资的转账公式定义结果

【财务部会计张兰对代发职工工资制单】

任务说明:财务部会计张兰进行代发职工工资的凭证生成。

(1) 打开"转账生成"对话框。在"总账"子系统中,依次单击"期末/转账生成"菜单项,系统打开"转账生成"对话框。

(2) 转账生成并保存凭证。选中“自定义转账”选项，双击“编号”为“0007”、“0008”的记录行(“是否结转”栏出现“Y”)，然后单击“确定”按钮，系统弹出有未记账凭证的信息提示框，单击“是”按钮，打开“转账”窗口(此时显示了第一张记账凭证)。

(3) 登录结算方式。单击“工行存款”分录，然后将鼠标移动到“票号”区域，待鼠标显示为“笔尖”图标时双击，系统打开“辅助项”对话框，将其“结算方式”选择转账支票，“票号”为“ZZ1201”，单击其“确定”按钮，返回“转账”窗口；单击工具栏中的“保存”按钮，保存该凭证，结果如图 11-33 所示。

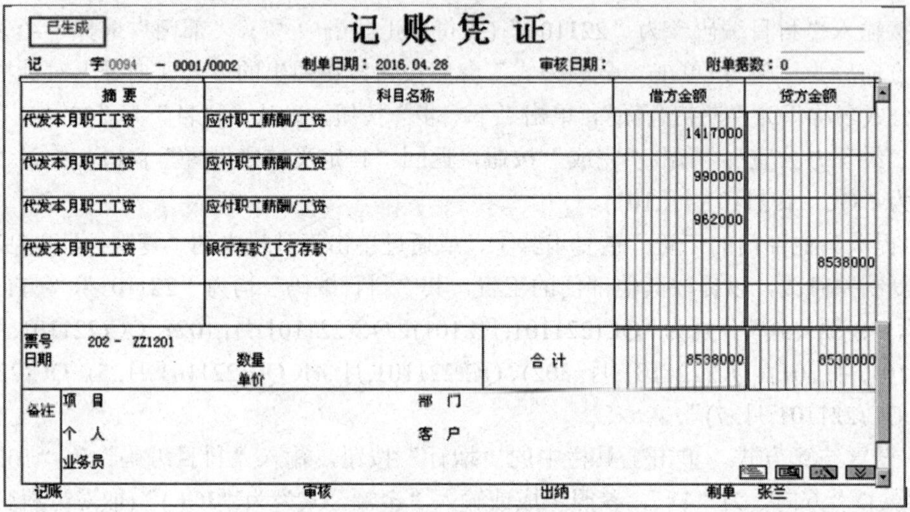

已生成

记账凭证

记 字 0094 - 0001/0002 制单日期：2016.04.28 审核日期： 附单据数：0

摘要	科目名称	借方金额	贷方金额
代发本月职工工资	应付职工薪酬/工资	1417000	
代发本月职工工资	应付职工薪酬/工资	990000	
代发本月职工工资	应付职工薪酬/工资	962000	
代发本月职工工资	银行存款/工行存款		8538000
票号 202 - ZZ1201 日期 数量 单价	合计	8538000	8500000

备注	项目	部门
	个人	客户
	业务员	

记账 审核 出纳 制单 张兰

图 11-33 代发本月职工工资的制单结果

(4) 在“转账”窗口中，单击“下张凭证”按钮，此时显示了第二张记账凭证，参照步骤(3)登录结算方式(转账支票，票号为ZZ1202)，然后单击工具栏中的“保存”按钮，保存该凭证，结果如图 11-34 所示。

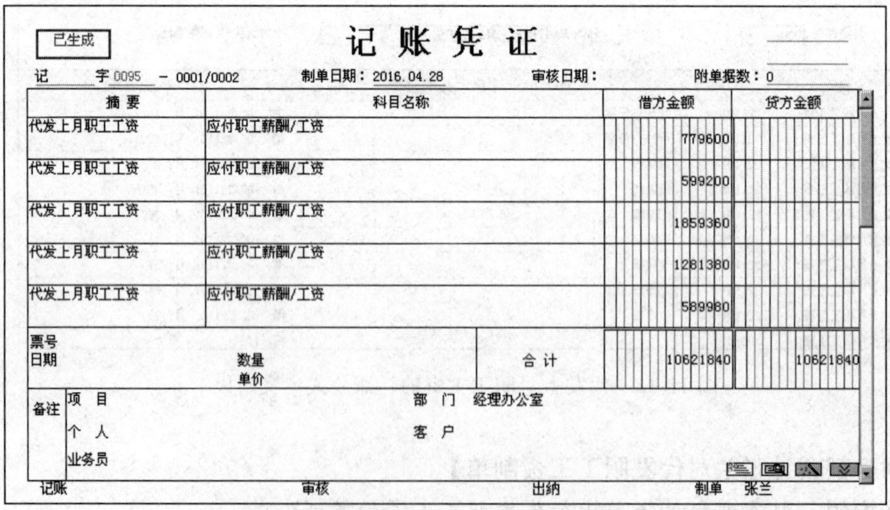

已生成

记账凭证

记 字 0095 - 0001/0002 制单日期：2016.04.28 审核日期： 附单据数：0

摘要	科目名称	借方金额	贷方金额
代发上月职工工资	应付职工薪酬/工资	779600	
代发上月职工工资	应付职工薪酬/工资	599200	
代发上月职工工资	应付职工薪酬/工资	1859360	
代发上月职工工资	应付职工薪酬/工资	1281380	
代发上月职工工资	应付职工薪酬/工资	589980	
票号 日期 数量 单价	合计	10621840	10621840

备注	项目	部门 经理办公室
	个人	客户
	业务员	

记账 审核 出纳 制单 张兰

图 11-34 代发上月职工工资的制单结果

(5) 退出。单击"转账"窗口中的"退出"按钮,退出该窗口;再单击"转账生成"对话框中的"取消"按钮,退出窗口。

3. 场景二的操作步骤

任务说明:财务部出纳罗迪,对所有收付款制单进行出纳签字,主管曾志伟签证审核所有凭证,会计张兰记账。

【财务部出纳罗迪对凭证进行出纳签字】

(1) 打开"出纳签字列表"窗口。在"总账"子系统中,依次单击"凭证/出纳签字"菜单项,系统弹出"出纳签字"过滤条件对话框,单击"确定"按钮,系统打开"出纳签字列表"窗口。

(2) 出纳签字。在"出纳签字列表"窗口中:

① 单张签字。双击任意凭证所在的行,进入该凭证的"出纳签字"窗口,查阅信息无误后单击工具栏中的"签字"按钮,即在凭证下方"出纳"处显示"罗迪"的名字,表示出纳签字完成。

② 成批签字。单击工具栏中的"下张凭证"或"上张凭证"按钮,查阅到其他凭证;审核信息无误后,单击工具栏中的"批处理/成批出纳签字"菜单项,以完成对所有未签字凭证的出纳签字工作。

(3) 退出。单击"出纳签字"和"出纳签字列表"窗口中的"关闭"按钮,关闭并退出该窗口。

【财务部主管曾志伟对凭证进行主管签字】

(1) 打开"主管签字列表"窗口。在"总账"子系统中,依次单击"凭证/主管签字"菜单项,打开"主管签字"过滤条件对话框,单击"确定"按钮,打开"主管签字列表"窗口。

(2) 会计主管签字。在"主管签字列表"窗口中:

① 单张签字。双击任意凭证所在的行,进入该凭证的"主管签字"窗口,查阅信息无误后单击工具栏中的"签字"按钮,即在凭证右上方出现"曾志伟"的红字印章,表示该张凭证主管签字完成。

② 成批签字。单击工具栏中的"下张凭证"或"上张凭证"按钮,查阅到其他凭证;审核信息无误后,单击工具栏中的"批处理/成批主管签字"菜单项,以完成对所有未签字凭证的主管签字工作。

(3) 退出。单击"主管签字"和"主管签字列表"窗口中的"关闭"按钮,关闭并退出该窗口。

【财务部主管曾志伟对凭证进行主管审核】

(1) 打开"凭证审核列表"窗口。在"总账"子系统中,依次单击"凭证/审核凭证"菜单项,进入"凭证审核"过滤条件对话框,单击"确定"按钮,系统打开"凭证审核列表"窗口。

(2) 会计主管审核。在"凭证审核列表"窗口中：

① 单张审核。双击任意凭证所在的行，进入该凭证的"审核凭证"窗口，查阅信息无误后单击工具栏中的"审核"按钮，即在凭证下方"审核"处显示"曾志伟"的名字，并自动跳转到下一张凭证。

② 成批审核。单击工具栏中的"下张凭证"或"上张凭证"按钮，查阅到其他凭证；审核信息无误后，单击"批处理/成批审核凭证"菜单项，以完成对所有未审核凭证的审核工作。

(3) 退出。单击"审核凭证"和"凭证审核列表"窗口中的"关闭"按钮，关闭并退出窗口。

【财务部会计张兰在总账中记账】

(1) 打开"记账"对话框。在"总账"子系统中，依次单击"凭证/记账"菜单项，系统打开"记账"对话框。

(2) 记账。在"记账"对话框中，选择"2016.04月份凭证"，单击"全选"按钮，记账范围自动显示为所有已审核的待记账凭证，然后单击"记账"按钮，系统自动对所有已审核未记账凭证的记账工作，并弹出信息提示框和记账报告，单击"确定"按钮，退出信息提示框返回"记账"对话框，结果如图11-35所示。

(3) 退出。单击"记账"对话框的"退出"按钮，退出该对话框。

科目编码	科目名称	外币名称	数量单位	金额合计 借方	金额合计 贷方
1001	库存现金			60,840.00	
1002	银行存款			4,163,606.00	3,848,208.70
100201	工行存款			4,163,606.00	3,848,208.70
1121	应收票据			3,695,840.00	
112101	银行承兑汇票			2,432,240.00	
112102	商业承兑汇票			1,263,600.00	
1122	应收账款			12,931,184.00	15,737,312.00
1123	预付账款			50,000.00	50,000.00
1231	坏账准备			44,928.00	16,866.72
1401	材料采购			1,008,330.00	1,008,330.00
1403	原材料			82,200.00	74,800.00

凭证张数：85

图11-35 业务11.7的记账结果

11.8 查询并输出工资信息

11.8.1 业务概述与分析

4月28日,人力资源部主管王军查看薪资发放条、部门工资汇总表等,输出为"薪资发放条.xls"、"部门工资汇总表.xls"。

本笔业务是查询与输出工资统计信息,需要进行账表查询,并以 Excel 文件格式输出。

11.8.2 操作指导

请确认系统日期和业务日期为 2016 年 4 月 28 号。

本业务的操作步骤

任务说明:人力资源部主管王军查看并输出薪资发放条和部门工资汇总表。

【人力资源部主管王军查看并输出薪资发放条】

(1) 打开"工资表"对话框。在"企业应用平台"的"业务工作"页签中,依次单击"人力资源/薪资管理/统计分析/账表/工资表"菜单项,系统打开"工资表"对话框。

(2) 打开"工资发放条"窗口。在"工资表"对话框中,选中"工资发放条",然后单击"查看"按钮,系统打开"工资发放条"对话框,选中所有部门和"选定下级部门",单击"确定"按钮,系统打开"工资发放条"窗口,结果如图 11-36 所示。

人员编号	姓名	基本工资	岗位工资	绩效工资	交通补助	应发合计	养老保险	医疗保险	失业保险	住房公积金	扣款合计	实发合计	本月扣零	代扣税
0100	李吉樑	2,000.00	1,000.00	5,000.00	100.00	8,100.00	648.00	162.00	16.20	972.00	1,973.38	6,120.00	6.62	175.18
0101	陈虹	2,000.00	1,000.00	3,000.00	100.00	6,100.00	488.00	122.00	12.20	732.00	1,391.57	4,700.00	8.43	37.37
0200	曾志伟	2,000.00	1,000.00	4,000.00	100.00	7,100.00	568.00	142.00	14.20	852.00	1,673.58	5,420.00	6.42	97.38
0201	张兰	2,000.00	900.00	3,000.00	100.00	6,000.00	480.00	120.00	12.00	720.00	1,367.04	4,630.00	2.96	35.04
0202	罗迪	2,000.00	900.00	3,000.00	100.00	6,000.00	480.00	120.00	12.00	720.00	1,367.04	4,630.00	2.96	35.04
0300	赵飞	2,000.00	1,000.00	4,500.00	100.00	7,600.00	608.00	152.00	15.20	912.00	1,823.48	5,770.00	6.52	136.28
0301	夏于	2,000.00	900.00	3,500.00	100.00	6,500.00	520.00	130.00	13.00	780.00	1,493.70	5,000.00	6.30	50.70
0302	李华	2,000.00	900.00	3,500.00	100.00	6,500.00	520.00	130.00	13.00	780.00	1,493.70	5,000.00	6.30	50.70
0400	刘静	2,000.00	900.00	4,000.00	50.00	6,950.00	556.00	139.00	13.90	834.00	1,628.61	5,320.00	1.39	85.71
0401	张新海	2,000.00	500.00	3,000.00	50.00	5,550.00	444.00	111.00	11.10	666.00	1,256.64	4,290.00	3.36	24.54
0402	林意	1,000.00			50.00	1,050.00	84.00	21.00	2.10	126.00	233.10	810.00	6.90	
0500	李莉	2,000.00	700.00	4,000.00	100.00	6,800.00	544.00	136.00	13.60	816.00	1,583.64	5,210.00	6.36	74.04
0501	赵林	2,000.00	700.00	3,000.00	100.00	5,800.00	464.00	116.00	11.60	696.00	1,317.97	4,480.00	2.03	30.37
0502	李东	2,000.00	700.00	3,000.00	100.00	5,800.00	464.00	116.00	11.60	696.00	1,317.97	4,480.00	2.03	30.37
0600	王军	2,000.00	1,000.00	4,000.00	100.00	7,100.00	568.00	142.00	14.20	852.00	1,673.58	5,420.00	6.42	97.38
0601	梁京	2,000.00	700.00	3,000.00	100.00	5,800.00	464.00	116.00	11.60	696.00	1,317.97	4,480.00	2.03	30.37
0700	刘正	2,000.00	700.00	4,000.00	50.00	6,750.00	540.00	135.00	13.50	810.00	1,568.65	5,180.00	1.35	70.15
0701	李江	2,000.00	700.00	3,000.00	50.00	5,750.00	460.00	115.00	11.50	690.00	1,305.83	4,440.00	4.29	29.21
合计		35,000.00	14,200.00	60,500.00	1,550.00	111,250.00	8,900.00	2,225.00	222.50	13,350.00	25,787.33	85,380.00	82.67	1,089.83

图 11-36 工资发放条

(3) 输出"工资发放条"。在"工资表"对话框中,单击"输出"按钮,系统打开"另存为"对话框;在该对话框中,选择输出的路径,编辑"文件名"为"薪资发放条","文件类型"为".xls",然后单击"保存"按钮,系统打开"请输入表/工作单名"对话框,直接单击"确认"按钮,完成工资条的输出。

(4) 退出。单击"工资发放条"窗口的"退出"按钮。

【人力资源部主管王军查看并输出部门工资汇总表】

(1) 打开"工资表"对话框。

(2) 打开"部门工资汇总表"窗口。在"工资表"对话框中,选中"部门工资汇总表",然后单击"查看"按钮,系统打开"部门工资汇总表-选择部门范围"对话框,选中所有部门和"选定下级部门",单击"确定"按钮,系统打开"部门工资汇总表"窗口,结果如图11-37所示。

部门工资汇总表
2016年4月

部门	人数	基本工资	岗位工资	绩效工资	交通补助	应发合计	养老保险	医疗保险	失业保险	住房公积金	扣款合计	实发合计	本月扣零	代扣税
公司总部	2	4,000.00	2,000.00	8,000.00	200.00	14,200.00	1,136.00	284.00	28.40	1,704.00	3,364.95	10,820.00	15.05	212.55
经理办公室	1	2,000.00	1,000.00	5,000.00	100.00	8,100.00	648.00	162.00	16.20	972.00	1,973.38	6,120.00	6.62	175.18
行政办公室	1	2,000.00	1,000.00	3,000.00	100.00	6,100.00	488.00	122.00	12.20	732.00	1,391.57	4,700.00	8.43	37.37
财务部	3	6,000.00	2,800.00	10,000.00	300.00	19,100.00	1,528.00	382.00	38.20	2,292.00	4,407.66	14,690.00	12.34	167.46
销售部	3	6,000.00	2,800.00	11,500.00	300.00	20,600.00	1,648.00	412.00	41.20	2,472.00	4,810.88	15,770.00	19.12	207.60
批发部	2	4,000.00	1,900.00	8,000.00	200.00	14,100.00	1,128.00	282.00	28.20	1,692.00	3,317.18	10,770.00	12.82	186.98
门市部	1		900.00	3,500.00	100.00	6,500.00	520.00	130.00	13.00	780.00	1,493.70	5,000.00	6.30	50.70
采购部	2	5,000.00	1,400.00	7,000.00	150.00	13,550.00	1,084.00	271.00	27.10	1,626.00	3,118.35	10,420.00	11.65	110.25
仓管部	3	6,000.00	2,100.00	10,000.00	300.00	18,400.00	1,472.00	368.00	36.80	2,208.00	4,219.58	14,170.00	10.42	134.78
人力资源部	2	4,000.00	1,700.00	7,000.00	200.00	12,900.00	1,032.00	258.00	25.80	1,548.00	2,991.55	9,900.00	8.45	127.75
生产部	2	4,000.00	1,400.00	7,000.00	100.00	12,500.00	1,000.00	250.00	25.00	1,500.00	2,874.36	9,620.00	5.64	99.36
合计	18	35,000.00	14,200.00	30,500.00	1,550.00	111,250.00	8,900.00	2,225.00	222.50	13,350.00	25,787.33	85,380.00	82.46	1,089.83

图11-37 部门工资汇总表

(3) 输出"部门工资汇总表"。在"部门工资汇总表"对话框中,单击"输出"按钮,系统打开"另存为"对话框;在该对话框中,选择输出的路径,编辑"文件名"为"部门工资汇总表","文件类型"为".xls",然后单击"保存"按钮,系统打开"请输入表/工作单名"对话框,直接单击"确认"按钮,完成部门工资汇总表的输出。

(4) 退出。单击"部门工资汇总表"窗口的"退出"按钮。

第 12 章

固定资产业务

　　固定资产是企业为生产产品、提供劳务、出租或者经营管理而持有的、使用时间超过 12 个月的，价值达到一定标准的非货币性资产，包括房屋、建筑物、机器、机械、运输工具以及其他与生产经营活动有关的设备、器具、工具等。

　　用友 ERP-U8 的固定资产系统，可以处理资产购置、资产变动和计提折旧等日常业务，以及各种账表查询。资产变动包括原值变动、部门转移、使用状况变动、使用年限调整、折旧方法调整、净残值(率)调整、工作总量调整、累计折旧调整、资产类别调整等；计提折旧功能提供折旧公式的自定义，并按分配表自动生成记账凭证。

　　本章设计了购置固定资产、固定资产调配、固定资产报废业务，以及计提固定资产折旧。

　　本章的操作，请按照业务描述中的系统日期(如 4 月 28 日)和操作员(如财务部会计张兰)，在第 11 章完成的基础上，在固定资产和总账系统中进行。

　　如果读者没有完成第 11 章的薪资业务的操作，可以到百度网盘空间(网盘地址：http://pan.baidu.com/s/1nuTA0WD，密码：ozr2)的"实验账套数据"文件夹中，将"11 薪资业务.rar"下载到实验用机上，然后"引入"(操作步骤详见 2.2.5 节)到 ERP-U8 系统中。而且，本章完成的账套，其"输出"压缩的文件名为"12 固定资产.rar"。

　　需要注意的是，因网盘中的账套备份文件均为"压缩"文件，所以下载完成后引入前，需要用解压缩工具进行解压(建议用 WinRAR 3.42 或以上版本)，得到相应可以引入的账套数据文件。

　　本章的所有业务实验操作，都有配套的微视频，读者可以通过扫描二维码，或者到指定的网页去观看。本教程配套的微视频，均存放在北京神州明灯教育科技有限公司和合一集团的网站上，相应的访问说明请参见网盘中的"微视频访问说明.doc"。

12.1　购置固定资产业务

12.1.1　业务概述与分析

4月28日，公司批发部向吉祥公司购置一台联想电脑，购价6000元，收到增值税发票(票号：00756950)，税率为17%，价税合计7020元，以转账支票(票号：ZZ1204560)支付。增加方式为直接购入，使用情况为在用，使用部门为批发部，使用年限5年，折旧方法为平均年限法(一)，开始使用日期为今天，净残值率为5%，对应折旧科目为销售费用。

本笔业务是固定资产购置业务，购置的固定资产将于当月使用，所以在用友ERP-U8的固定资产系统中，可以通过"资产增加"将该固定资产的卡片录入系统。本笔业务需要新增固定资产卡片和对新增固定资产制单。

12.1.2　虚拟业务场景

人物：张新海——采购部职员
　　　夏于——批发部职员
　　　齐飞——吉祥公司销售部
　　　张兰——财务部会计

场景一　业务员打电话到吉祥公司询问联想电脑价格并签订合同。销售部验货完毕，夏于将发票交给财务部，张兰填制固定资产卡片

张新海：您好！吉祥公司吗？
齐飞：对，您是？
张新海：我是亮康公司的采购员。
齐飞：您好！
张新海：我们最近需要一台电脑，你们公司的联想电脑的价格和质量怎么样？
齐飞：电脑的质量能保证，每台6000元。
张新海：那好，我们订购一台。
齐飞：好的，发票我们会随电脑送过去！
张新海：好的，再见！
(销售部验收货物完毕，夏于到财务部)
夏于：小张，这是我们部购置的联想电脑的发票。
张兰：行，我知道了。
(张兰开始填制固定资产卡片)

场景二 销售部验货完毕，夏于请张兰制单

(销售部验收货物完毕)

夏于：张兰，我们部门申请购买的电脑已经到货了，您可以做财务处理了。

张兰：好的。

12.1.3 操作指导

请确认系统日期和业务日期为 2016 年 4 月 28 号。

1．场景一的操作步骤

任务说明：财务部会计张兰填制固定资产卡片。

(1) 打开"固定资产卡片"窗口。在"企业应用平台"的"业务工作"页签中，依次单击"财务会计/固定资产/卡片/资产增加"菜单项，系统弹出"固定资产类别档案"窗口，选择"资产类别"为"办公设备"，然后单击其工具栏中的"确定"按钮，系统打开"固定资产卡片"窗口。

(2) 编辑卡片。在"固定资产卡片录入"窗口，编辑"固定资产名称"为"联想电脑"，"使用部门"为"单部门使用"下的"批发部"，"增加方式"为"直接购入"，"使用状况"为"在用"，"原值"为"6000"，"净残值率"为"5%"，确认"使用年限"为"5 年(60 个月)"，"对应折旧科目"为"660102"(销售费用/折旧费)，结果如图 12-1 所示。

图 12-1 新增固定资产卡片的结果

(3) 保存。单击工具栏中的"保存"按钮，保存该卡片，系统自动新增下一张卡片。

(4) 退出。单击"固定资产卡片"窗口的"关闭"按钮，系统询问是否保存卡片，单击"否"按钮，退出。

2. 场景二的操作步骤

任务说明：财务部会计张兰对新增的固定资产制单。

(1) 打开"批量制单"窗口。在"固定资产"子系统中，依次单击"处理/批量制单"菜单项，系统弹出"查询条件选择-批量制单"对话框，直接单击"确定"按钮，系统打开"批量制单"窗口。

(2) 选择需要制单的业务。在"制单选择"选项卡中，双击其第1行的"选择"栏，出现"Y"字样，表明选中了要制单的业务。

(3) 科目设置。在"制单设置"选项卡中，设置或确认科目为：借记1601(固定资产)，贷记100201(工行存款)。

(4) 生成凭证。单击工具栏中的"凭证"按钮，系统生成凭证并打开"填制凭证"窗口。

(5) 编辑凭证。先将"凭证类型"设置为"记账凭证"，然后做如下操作。

① 在第2笔分录上，单击工具栏中的"插分"按钮，在插入的分录中设置"科目名称"为"应交税费/应交增值税/进项税额"(22210101)并按Enter键，输入"借方金额"为"1020"。

② 设置科目为"银行存款/工行存款"的"项目"辅助项：单击"工行存款"分录，然后将鼠标移至"票号"区域，待鼠标显示为"笔尖"图标时双击，系统打开"辅助项"对话框，将其"结算方式"选择为"转账支票"，"票号"为"ZZ1204560"，"发生日期"为"当日"，然后单击"确定"按钮，返回"填制凭证"窗口。

③ 设置"工行存款"的"贷方金额"为"7020"(直接单击"="，系统自动填充)。

(6) 保存。单击工具栏中的"保存"按钮，保存该凭证，结果参见图12-2。

(7) 退出。单击"填制凭证"和"批量制单"窗口的"关闭"按钮，关闭并退出该窗口。

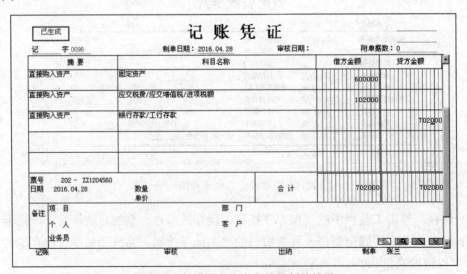

图12-2 新增固定资产卡片的制单结果

12.2 固定资产调配业务

12.2.1 业务概述与分析

4月29日，公司领导陈虹批复将批发部的联想T4202电脑转给经理办公室使用，变动原因是公司统一调配资源。

本笔业务是公司固定资产变动业务，需要填制部门转移的固定资产变动单。

需要注意的是，进行部门转移变动的资产，在变动当月就按变动后的部门计提折旧。

12.2.2 操作指导

请确认系统日期和业务日期为2016年4月29号。

本业务的操作步骤

任务说明：财务部会计张兰填制固定资产变动单。

(1) 打开"固定资产变动单"窗口。在"企业应用平台"的"业务工作"页签中，依次单击"财务会计/固定资产/卡片/变动单/部门转移"菜单项，系统打开"固定资产变动单"窗口。

(2) 编辑变动单。在"固定资产变动单"窗口中，做如下编辑。

① 参照生成或直接录入"卡片编号"为"00003"（联想T4202电脑）。
② 设置"变动后部门"为"单部门使用"下的"经理办公室"。
③ 在"变动原因"栏输入"公司统一调配资源"。
④ 其他数据项默认。

(3) 保存。单击工具栏中的"保存"按钮，系统提示"数据成功保存！部门已改变，请检查资产对应折旧科目是否正确！"信息框，直接单击"确定"按钮退出该对话框，系统返回"固定资产变动单"窗口，结果如图12-3所示。

```
                       固定资产变动单
                        — 部门转移 —
   变动单编号    00001                    变动日期    2016-04-29
   卡片编号      00003      资产编号   02200003   开始使用日期  2014-11-01
   资产名称                           联想T4202电脑   规格型号
   变动前部门                  批发部   变动后部门            经理办公室
   存放地点                           新存放地点
   变动原因                                        公司统一调配资源
                                              经手人          张兰
```

图12-3 固定资产变动单编辑结果

(4) 退出。单击"固定资产变动单"窗口的"关闭"按钮,关闭并退出该窗口。

12.3 计提本月固定资产折旧

固定资产折旧是指在固定资产使用寿命内,按照确定的方法对应计折旧额进行系统分摊。常见的固定资产计提折旧的方法有平均年限法、工作量法、双倍余额递减法以及年数总和法。

12.3.1 业务概述与分析

4月29日,会计对各部门的固定资产计提本月折旧。
本笔业务是计提当月的固定资产折旧业务,需要进行本月的折旧计提与制单。

12.3.2 操作指南

请确认系统日期和业务日期为2016年4月29号。

本业务的操作步骤

任务说明:财务部会计张兰计提折旧并制单。

(1) 打开"折旧清单"窗口。

① 在"企业应用平台"的"业务工作"页签中,依次单击"财务会计/固定资产/处理/计提本月折旧"菜单项,系统弹出"是否要查看折旧清单?"信息提示框。

② 单击"是"按钮,系统提示"本操作将计提本月折旧,并花费一定时间,是否继续?"。

③ 单击"是"按钮,系统打开"折旧清单"窗口,结果如图12-4所示。

卡片编号	资产编号	资产名称	原值	计提原值	本月计提折旧	累计折旧	本年计提折旧	减值准备	净值	净残值	折旧率	单位折旧	本月工作量
00001	02200001	华硕A8电脑	000.00	20,000.00	324.00	14,904.00	324.00	0.00	096.00	600.00	0.0162		0.000
00002	02200002	IBMX60电脑	000.00	20,000.00	324.00	5,508.00	324.00	0.00	492.00	600.00	0.0162		0.000
00003	02200003	联想T4202H	000.00	10,000.00	162.00	2,754.00	162.00	0.00	246.00	300.00	0.0162		0.000
00004	01200001	厂房	000.00	720,000.00	1,944.00	165,240.00	1,944.00	0.00	760.00	4,400.00	0.0027		0.000
合计			000.00	770,000.00	2,754.00	188,406.00	2,754.00	0.00	594.00	5,900.00			0.000

图 12-4 4月份固定资产折旧清单

(2) 打开"折旧分配表"窗口。单击"折旧清单"窗口中的"退出"按钮,系统提示计提折旧完成,单击"确定"按钮,系统打开"折旧分配表"窗口,结果如图12-5所示。

部门编号	部门名称	项目编号	项目名称	科目编号	科目名称	折旧额
101	经理办公室			660202	折旧费	486.00
2	财务部			660202	折旧费	324.00
7	生产部			5101	制造费用	1,944.00
合计						2,754.00

图 12-5　4月份固定资产部门折旧分配表

(3) 折旧制单。单击工具栏中的"凭证"按钮，系统打开"填制凭证"窗口，即显示出会计分录，修改"凭证类别"为"记账凭证"、贷方"科目名称"为"累计折旧"(1602)，然后单击工具栏中的"保存"按钮，保存该凭证，结果如图 12-6 所示。

(4) 退出。单击"填制凭证"和"折旧分配表"窗口的"关闭"按钮，关闭并退出该窗口。

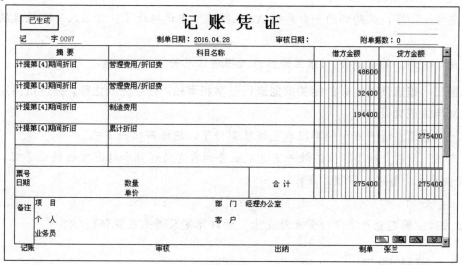

图 12-6　4月份计提固定资产折旧的记账凭证

12.4　固定资产报废处理

固定资产报废是固定资产清理的一种，是固定资产减少业务。因为本账套设置了计提折旧，所以需在计提折旧后才可执行资产减少。

12.4.1　业务概述与分析

4月29日，公司对固定资产进行清理，账实相符。采购部的一台华硕 A8 电脑申请报废，总经理李吉棕同意报废。

本笔业务是公司固定资产减少业务，需要进行固定资产减少单据的录入与制单；相关凭证的主管签字与审核、会计记账；自定义转账公式定义与转账生成凭证。

12.4.2 虚拟业务场景

人物：李吉棕——总经理
　　　曾志伟——财务部主管
　　　张　兰——财务部会计
　　　罗　迪——财务部出纳

场景一 李吉棕打电话通知财务部处理固定资产报废，张兰填制相关表单

李吉棕：小曾啊，采购部申请一台华硕 A8 电脑的报废，你们财务部给处理一下吧。

曾志伟：好的，李总。

(曾志伟站内信通知张兰)

曾志伟：小张，采购部的一台华硕 A8 电脑已经申请报废了。你录入一下报废的相关信息吧。

张兰：收到．马上就去。(张兰开始录入报废信息并制单)

场景二 曾志伟对生成的相关单据进行签字和审核，张兰完成记账，并进行自定义转成的定义与生成凭证

张兰：曾总，资产减少的单据我已经填制好了，您给审核一下吧。

曾志伟：好的。对了，你再做一下这笔业务的自定义转账和转账生成的业务吧，辛苦了。(凭证的主管签字、审核完成)

张兰：好的。

(张兰做"固定资产清理转营业外支出"的转账定义并生成凭证)

12.4.3 操作指导

1. 操作流程

固定资产报废处理业务的操作流程如图 12-7 所示。

图 12-7　业务 12.4 的操作流程图

请确认系统日期和业务日期为 2016 年 4 月 29 号。

2. 场景一的操作步骤

任务说明：财务部会计张兰填制固定资产减少单据并制单。

【财务部会计张兰填制固定资产减少单】

(1) 打开"资产减少"窗口。在"企业应用平台"的"业务工作"页签中，依次单击"财务会计/固定资产/卡片/资产减少"菜单项，系统打开"资产减少"窗口。

(2) 编辑资产减少单。在"资产减少"窗口中，做如下编辑。

① 在表头的"卡片编号"栏中录入或参照生成"00001"(华硕 A8 电脑)。

② 单击"资产减少"窗口的"增加"按钮，在其表体增加一条记录。

③ 在表体，参照生成"减少方式"为"报废"，"清理原因"为"报废"，结果如图 12-8 所示。

(3) 保存与退出。单击"资产减少"窗口中的"确定"按钮，系统提示"所选卡片已经减少成功"，单击"确定"按钮退出。

图 12-8 业务 12.4 的资产减少单结果

【财务部会计张兰对报废的固定资产制单】

(1) 打开"批量制单"窗口。在"企业应用平台"的"业务工作"页签中，依次单击"财务会计/固定资产/处理/批量制单"菜单项，系统弹出"查询条件选择-批量制单"对话框，直接单击"确定"按钮，系统打开"批量制单"窗口。

(2) 选择需要制单的业务。在"制单选择"选项卡中，双击其"业务类型"为"资产减少"所在行的"选择"栏，出现"Y"标志，表明选中了要制单的业务。

(3) 科目设置。在"制单设置"页签下，确认第 1 行科目为 1602(累计折旧)，第 2 行科目为 1606(固定资产清理)，在第 3 行科目为 1601(固定资产)。

(4) 生成与编辑凭证。单击工具栏中的"凭证"按钮，系统生成凭证并打开"填制凭证"窗口，设置或确认其凭证类别为"记账凭证"。

(5) 保存。单击工具栏中的"保存"按钮，保存该凭证，结果如图 12-9 所示。

(6) 退出。单击"填制凭证"和"批量制单"窗口的"关闭"按钮，关闭并退出该窗口。

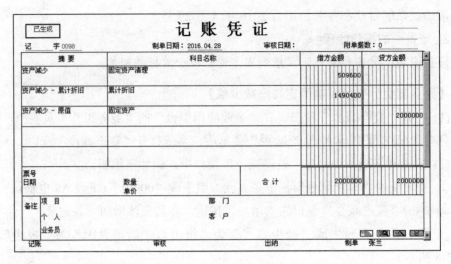

图 12-9 固定资产清理的制单结果

3. 场景二的操作步骤

任务说明：曾志伟对生成的相关单据进行签字和审核，然后张兰完成记账，并进行自定义转账的定义以及报废业务的凭证生成。

【财务部主管曾志伟对凭证进行主管签字】

(1) 打开"主管签字列表"窗口。在"企业运用平台"的"业务工作"页签中，依次单击"财务会计/总账/凭证/主管签字"菜单项，系统弹出"主管签字"过滤条件对话框，直接单击"确定"按钮，系统打开"主管签字列表"窗口。

(2) 会计主管签字。在"主管签字列表"窗口中，双击摘要为"资产减少"凭证所在的行，进入该凭证的"主管签字"窗口，查阅信息无误后单击工具栏中的"签字"按钮，即在凭证右上方显示"曾志伟"的红字印章，表示主管签字完成。

(3) 退出。单击"主管签字"和"主管签字列表"窗口右上角的"关闭"按钮。

【财务部主管曾志伟对凭证进行主管审核】

(1) 打开"凭证审核列表"窗口。在"总账"子系统中，依次单击"凭证/审核凭证"菜单项，系统弹出"凭证审核"过滤条件对话框，单击"确定"按钮，系统打开"凭证审核列表"窗口。

(2) 会计主管审核。在"凭证审核列表"窗口中，双击摘要为"资产减少"的凭证所在的行，进入该凭证的"审核凭证"窗口，审核信息无误后单击工具栏中的"审核"按钮，即在凭证下方"审核"处显示"曾志伟"的名字，表示主管审核工作完成。

(3) 退出。单击"审核凭证"和"凭证审核列表"窗口的"关闭"按钮。

【财务部会计张兰进行凭证记账】

(1) 打开"记账"对话框。在"总账"子系统中，依次单击"凭证/记账"菜单项，系统打开"记账"对话框。

(2) 会计记账。单击对话框中的"全选"、"记账"按钮，系统自动完成记账工作，并给出信息提示框和记账报告，单击提示框中的"确定"按钮，系统返回"记账"对话框。

(3) 退出。单击对话框中的"退出"按钮，退出该对话框。

【财务部会计张兰对报废的资产进行自定义转账】

(1) 打开"自定义转账设置"窗口。在"总账"子系统中，依次单击"期末/转账定义/自定义转账"菜单项，系统打开"自定义转账设置"窗口。

(2) 增加"固定资产清理转营业外支出"转账公式。单击工具栏中的"增加"按钮，在打开的对话框中编辑"转账序号"为"0009"，"转账说明"为"固定资产清理转营业外支出"，单击"确定"按钮，返回"自定义转账设置"窗口。

(3) 编辑"固定资产清理转营业外支出"转账公式。编辑2行，具体如下。

① 单击工具栏中的"增行"按钮，在"科目编码"栏输入"6711"(营业外支出)，"方向"为"借"，"金额公式"录入"JG()"(取对方科目计算结果)。

② 再单击"增行"按钮，然后参照生成或直接录入"科目编码"为"1606"(固定资产清理)，"方向"为"贷"，在"金额公式"一栏中输入"QM(1606,月)"(期末余额)。

(4) 单击工具栏中的"保存"按钮，以保存"固定资产清理转营业外支出"的公式定义，结果如图12-10所示。

(5) 退出。单击"自定义转账设置"窗口的"退出"按钮。

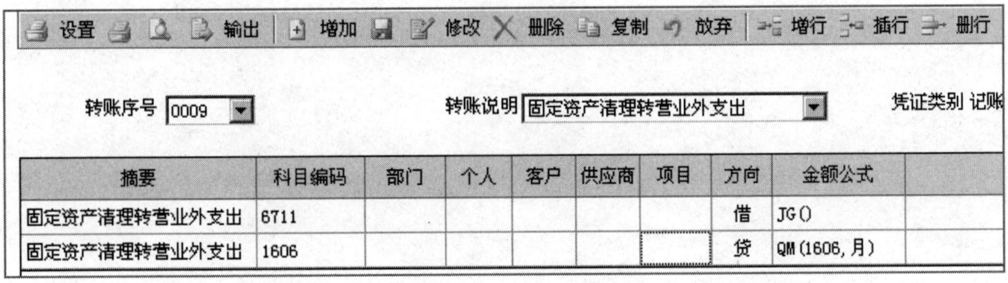

图12-10　业务12.4的资产报废转营业外支出公式定义结果图

【财务部会计张兰通过转账生成凭证】

(1) 打开"转账生成"对话框并选中相应的行。在"总账"子系统中，依次单击"期末/转账生成"菜单项，打开"转账生成"对话框，选中"自定义转账"选项，双击"编号"为"0009"的记录行，使其"是否结转"栏出现"Y"字样。

(2) 生成并保存转账凭证。单击"转账生成"对话框中的"确定"按钮，系统提示"2016.04月之前有未记账凭证，是否继续结转？"，单击"是"按钮，系统打开"转账"窗口，默认显示"固定资产清理转营业外支出"记账凭证，单击该窗口的"保存"按钮，保存该凭证，结果如图12-11所示。

(3) 退出。在"转账"窗口中，单击"退出"按钮，再在"转账生成"对话框中单击"取消"按钮。

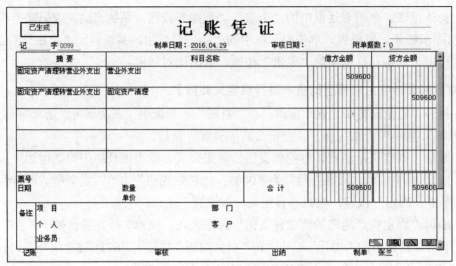

图 12-11 业务 12.4 的资产报废凭证

第 13 章

总账月末业务

总账的月末业务，一般有计算应交增值税及结转未缴增值税、计算并结转城市维护建设税及教育费附加费、期间损益结转处理、计算并结转本月企业所得税，以及所有凭证的出纳签字、会计主管签字与审核、会计记账。为保证业务的完整性，本教程在总账月末业务中，增加了报销差旅费和银行对账业务。

本章的操作，请按照业务描述中的系统日期(如 4 月 29 日)和操作员(如财务部会计张兰)，在第 12 章完成的基础上，在总账系统中进行。

如果读者没有完成第 12 章的固定资产业务的操作，可以到百度网盘空间(网盘地址：http://pan.baidu.com/s/1nuTA0WD，密码：ozr2)的"实验账套数据"文件夹中，将"12 固定资产.rar"下载到实验用机上，然后"引入"(操作步骤详见 2.2.5 节)到 ERP-U8 系统中。而且，本章完成的账套，其"输出"压缩的文件名为"13 总账月末.rar"。

需要注意的是，因网盘中的账套备份文件均为"压缩"文件，所以下载完成后引入前，需要用解压缩工具进行解压(建议用 WinRAR 3.42 或以上版本)，得到相应可以引入的账套数据文件。

本章的所有业务实验操作，都有配套的微视频，读者可以通过扫描二维码，或者到指定的网页去观看。本教程配套的微视频，均存放在北京神州明灯教育科技有限公司和合一集团的网站上，相应的访问说明请参见网盘中的"微视频访问说明.doc"。

13.1 报销差旅费

报销是指企业员工把领用款项或收支账目开列清单，报请上级核销。

13.1.1 业务概述与分析

4 月 29 日，销售部夏于出差回来报销差旅费 2800 元，因月初预支了 3000 元，故退回现金 200 元；采购部张新海报销差旅费 1500 元，之前预支差旅费 1000 元，财务部补齐差额。

本笔业务是员工报销有借款的差旅费,需要凭证的会计填制;凭证的出纳签字、会计主管的签字和审核;凭证的记账。

需要说明的是,为了对应结转等操作的顺利进行,我们在本节对之前的所有凭证都做了出纳签字(若需要)、会计主管签字、会计主管审核,以及记账操作。

13.1.2 虚拟业务场景

人物: 曾志伟——财务部主管
罗迪——财务部出纳
张兰——财务部会计
夏于——批发部职员
张新海——采购部职员

场景一 销售部夏于报销差旅费

夏于:您好,我是销售部的夏于,请帮我做一下差旅报销。(把报销单据递给张兰)

张兰:好的。(接过报销单据查看,并在 ERP 软件中核算之后,打印出一张单据……)你预支过 3000,差旅报销总额为 2800,你还需要退还 200 元,请你核对并签字……

夏于:没问题。

(张兰填制记账凭证)

场景二 采购部张新海报销差旅费

张新海:您好,我是采购部的业务员张新海,请帮我做一下差旅报销。(把报销单据递给张兰)

张兰:好的(接过报销单据查看,并在 ERP 软件中核算之后,打印出一张单据……)。你预支过 1000,差旅报销总额为 1500,请你核对。若没有问题,请签字并到出纳窗口领取 500 元……

夏于:没问题,谢谢。

(张兰填制记账凭证)

场景三 凭证的出纳签字、主管签字与审核,以及凭证记账

张兰:小罗,批发部夏于和采购部张新海报销差旅费的记账凭证已经做好了,你确认一下吧。

罗迪:嗯,好的。(凭证的出纳签字)

张兰:曾总,有 2 张报销差旅费的记账凭证已经做好了,请您签字审核。

曾志伟:好的。(凭证的主管签字与审核完成)

小张,我已经把修改凭证都签字审核,你做一下凭证记账吧。

张兰:好的。(凭证记账完成)

13.1.3 操作指导

1. 操作流程

报销差旅费业务的操作流程如图 13-1 所示。

图 13-1　业务 13.1 的操作流程图

请确认系统日期和业务日期为 2016 年 4 月 29 号。

2. 场景一的操作步骤

任务说明：财务部会计张兰填制夏于的差旅费报销凭证。

(1) 打开"填制凭证"窗口。在"企业应用平台"的"业务工作"页签中，依次单击"财务会计/总账/凭证/填制凭证"菜单项，系统打开"填制凭证"窗口。

(2) 填制销售部夏于报销差旅费的凭证。单击工具栏中的"增加"按钮（"+"标志），系统打开一张空白的记账凭证，然后做如下编辑。

① 在其"摘要"栏中填入"夏于报销差旅费"。

② 第 1 笔分录。在第 1 行的"科目名称"栏参照生成或录入"660105"(销售费用/差旅费)，"借方金额"中输入"2800"，然后按 Enter 键。

③ 第 2 笔分录。在第 2 行的"科目名称"栏参照生成或录入"1001"(库存现金)，在"借方金额"栏输入"200"，然后按 Enter 键。

④ 第 3 笔分录。在第 3 行的"科目名称"栏中参照生成或录入"122101"(其他应收款/个人往来)，单击其他区域，系统打开"辅助项"对话框，在"部门"编辑框中参照生成"批发部"，"个人"参照生成"夏于"，然后单击"确定"按钮，返回"填制凭证"窗口，再在"贷方金额"栏按"="键，系统自动填充贷方金额(3000)。

(3) 保存夏于报销差旅费的凭证。单击工具栏中的"保存"按钮，完成夏于预支差旅费凭证填制，结果如图 13-2 所示。

(4) 退出。单击"填制凭证"窗口右上角的"关闭"按钮，关闭并退出该窗口。

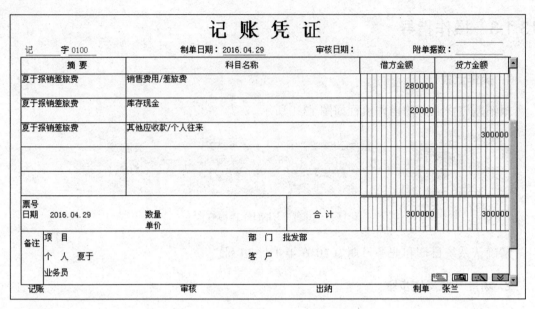

图 13-2 销售部夏于报销差旅费的记账凭证

3. 场景二的操作步骤

任务说明：财务部会计张兰填制张新海的差旅费报销凭证。

(1) 打开"填制凭证"窗口。

(2) 填制采购部张新海报销差旅费的凭证。单击工具栏中的"增加"按钮，系统打开一张空白的记账凭证，然后做如下编辑。

① 在其"摘要"栏中填入"张新海报销差旅费"。

② 第 1 笔分录。在第 1 行的"科目名称"栏参照生成或录入"660205"(管理费用/差旅费)，在凭证下方的"部门"处双击，并在弹出的对话框中选择"采购部"，然后单击"确定"按钮返回"填制凭证"窗口；在"借方金额"中输入"1500"，然后按 Enter 键。

③ 第 2 笔分录。在第 2 行的"科目名称"栏参照生成或录入"1001"(库存现金)，在"贷方金额"栏输入"500"，然后按 Enter 键。

④ 第 3 笔分录。在第 3 行的"科目名称"栏参照生成或录入"122101"(其他应收款/个人往来)，单击其他区域，系统打开"辅助项"对话框，在"部门"编辑框中参照生成"采购部"，"个人"参照生成"张新海"，然后单击"确定"按钮，返回"填制凭证"窗口，再在"贷方金额"栏按"="键，系统自动填充贷方金额(1000)。

(3) 保存张新海报销差旅费的凭证。单击工具栏中的"保存"按钮，完成夏于预支差旅费凭证填制，结果如图 13-3 所示。

(4) 退出。单击"填制凭证"窗口的"关闭"按钮，关闭并退出该窗口。

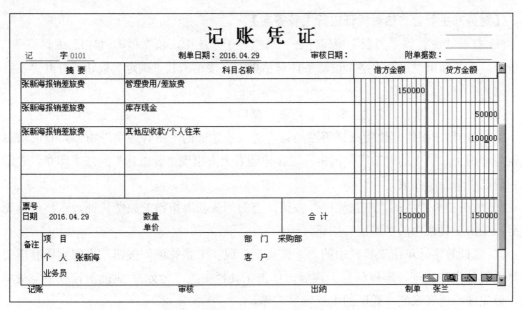

图 13-3　采购部张新海报销差旅费的记账凭证

4. 场景三的操作步骤

任务说明：报销差旅费凭证及其他凭证的出纳罗迪签字、主管曾志伟签字与审核，以及会计记账。

需要说明的是，为使13.2节对应结转生成凭证能够顺利进行，本节对相关的已有凭证都做出纳签字(若需要)、会计主管签字、会计主管审核，以及记账操作。

【**财务部出纳罗迪对凭证进行出纳签字**】

(1) 打开"出纳签字列表"窗口。在"总账"子系统中，依次单击"凭证/出纳签字"菜单项，系统弹出"出纳签字"对话框，单击"确定"按钮，系统打开"出纳签字列表"窗口。

(2) 出纳签字。在"出纳签字列表"窗口中。

① 双击夏于报销差旅费凭证所在的行，进入该凭证的"出纳签字"窗口，查阅信息无误后单击工具栏中的"签字"按钮，即在凭证下方"出纳"处显示"罗迪"的名字，表示该张凭证出纳签字完成。

② 单击工具栏中的"下张凭证"按钮，查阅到张新海报销差旅费凭证，审核信息无误后，单击工具栏中的"签字"按钮。

③ 成批签字。单击工具栏中的"下张凭证"或"上张凭证"按钮，查阅所有未出纳签字的收付款凭证，审核信息无误后，单击工具栏中的"批处理/成批出纳签字"菜单项，以完成对所有未签字凭证的出纳签字工作。

(3) 退出。单击"出纳签字"和"出纳签字列表"窗口的"关闭"按钮。

【财务部主管曾志伟对凭证进行主管签字】

(1) 打开"主管签字列表"窗口。在"总账"子系统中，依次单击"凭证/主管签字"菜单项，系统弹出"主管签字"过滤条件对话框，直接单击其"确定"按钮，打开"主管签字列表"窗口。

(2) 会计主管签字。在"主管签字列表"窗口中：

① 双击夏于报销差旅费凭证所在的行，进入该凭证的"主管签字"窗口，查阅信息无误后单击工具栏中的"签字"按钮，即在凭证右上方出现"曾志伟"的红字印章，表示该张凭证主管签字完成。

② 单击工具栏中的"下张凭证"按钮，查阅到张新海报销差旅费凭证，审核信息无误后，单击工具栏中的"签字"按钮。

③ 成批签字。单击工具栏中的"下张凭证"或"上张凭证"按钮，查阅到所有需要会计主管签字的凭证，审核信息无误后，单击工具栏中的"批处理/成批主管签字"菜单项，以完成对所有未签字凭证的主管签字工作。

(3) 退出。单击"主管签字"和"主管签字列表"窗口的"关闭"按钮。

【财务部主管曾志伟对凭证进行主管审核】

(1) 打开"凭证审核列表"窗口。在"总账"子系统中，依次单击"凭证/审核凭证"菜单项，系统弹出"凭证审核"过滤条件对话框，直接单击"确定"按钮，系统打开"凭证审核列表"窗口。

(2) 会计主管审核。在"凭证审核列表"窗口中：

① 双击夏于报销差旅费凭证所在的行，进入该凭证的"审核凭证"窗口，查阅信息无误后单击工具栏中的"审核"按钮，即在凭证下方"审核"处显示"曾志伟"的名字，表示该张凭证审核完成，并且自动打开下一张凭证。

② 查阅到张新海报销差旅费凭证，审核信息无误后，单击工具栏中的"审核"按钮。

③ 成批审核。单击工具栏中的"下张凭证"或"上张凭证"按钮，查阅到所有需要主管审核的凭证，审核信息无误后，单击工具栏中的"批处理/成批审核凭证"菜单项，以完成对所有未审核凭证的审核工作。

(3) 退出。单击"审核凭证"和"凭证审核列表"窗口的"关闭"按钮。

【财务部会计张兰进行凭证记账】

(1) 打开"记账"对话框。在"总账"子系统中，依次单击"凭证/记账"菜单项，系统打开"记账"对话框。

(2) 会计记账。单击对话框中的"全选"、"记账"按钮，系统自动完成记账工作，并给出信息提示框和记账报告，单击提示框的"确定"按钮，系统返回"记账"对话框。

(3) 退出。单击"记账"对话框中的"退出"按钮，退出该对话框。

13.2 结转未交增值税

增值税是对销售货物或者提供加工、修理修配劳务以及进口货物的单位和个人,就其实现的增值额征收的一个税种。企业的应交增值税是销项税额扣减进项税额后的数字,它专门用来核算未交或多交的增值税。

13.2.1 业务概述与分析

4月29日,结转本月未交增值税。

本笔业务是结转本月未交增值税业务,需要使用对应结转方式生成凭证并记账。对应结转时,将"应交税费/应交增值税/销项税额"、"应交税费/应交增值税/进项税额转出"和"应交税费/应交增值税/进项税额"转入"应交税费/转出未交增值税",生成凭证。进一步结转到"应交税费/未交增值税"。

需要说明的是,本节对应结转生成凭证之前,需要对相关的已有凭证做出纳签字(若需要)、会计主管签字、会计主管审核,以及记账操作(已经在13.1节中完成)。对应结转生成的凭证,还需要做会计主管签字、审核,以及凭证记账操作。

13.2.2 虚拟业务场景

人物:曾志伟——财务部主管
　　　张兰——财务部职员

场景一 财务主管分配下属进行"转出未交增值税"的对应结转设置和本月的对应结转制单

曾志伟:小张,月末了,你把本月的"转出未交增值税"对应结转尽快完成了。

张兰:没问题,我现在就做。

(张兰做"销项税额"、"进项税额转出"和"进项税额"转到"转出未交增值税"的对应结转设置和生成凭证)

场景二 对应结转凭证的主管签字审核及记账,以及结转转出未交增值税

张兰:曾总,"转出未交增值税"对应结转的凭证已经生成,请您签字审核。

曾志伟:好。(签字审核完成)没问题,你可以记账了,然后做一下"未交增值税"的对应结转吧。

张兰:好的。

(记账,然后进行"转出未交增值税"转到"未交增值税"的对应结转设置和生成凭证)

场景三 会计主管签字、审核转出未交增值税凭证,会计张兰记账

张兰:曾总,转出未交增值税的凭证已经生成好了,请您签字审核。

曾志伟：好的。(签字审核完成)凭证没问题，你去记账吧。
张兰：好的。(记账完成)

13.2.3 操作指导

1. 操作流程

计算应交增值税及结转未交增值税业务的操作流程如图 13-4 所示。

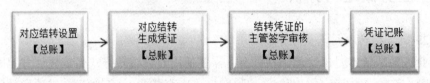

图 13-4　业务 13.2 的操作流程图

请确认系统日期和业务日期为 2016 年 4 月 29 号。

2. 场景一的操作步骤

任务说明：财务部会计张兰做"销项税额""进项税额转出"和"进项税额"转到"转出未交增值税"的对应结转设置和生成凭证。

【财务部会计张兰进行对应结转设置】

(1) 打开"对应结转设置"窗口。在"企业运用平台"的"业务工作"页签中，依次单击"财务会计/总账/期末/转账定义/对应结转"菜单项，系统打开"对应结转设置"窗口。

(2) 结转销项税额设置的编辑与保存。在"对应结转设置"窗口，做如下编辑。

① 编辑表头。录入"编号"为"0080"，"摘要"为"结转销项税额"，"转出科目"栏参照生成或直接输入"22210103"(应交税费/应交增值税/销项税额)。

② 单击"对应结转设置"窗口工具栏中的"增行"按钮，在表体新增一行。

③ 编辑表体。在"转入科目编码"栏参照生成或直接输入"22210105"(应交税费/应交增值税/转出未交增值税)。

④ 保存。单击"对应结转设置"窗口工具栏中的"保存"按钮，保存该对应结转设置。

(3) 结转进项税额转出设置的编辑与保存。在"对应结转设置"窗口，首先单击工具栏中的"增加"按钮，新增一张结转设置单据，然后做如下编辑。

① 编辑表头。录入"编号"为"0081"，"摘要"为"结转进项税额转出"，"转出科目"栏参照生成或直接输入"22210102"(应交税费/应交增值税/进项税额转出)。

② 单击"对应结转设置"窗口工具栏中的"增行"按钮，在表体新增一行；

③ 编辑表体。在"转入科目编码"栏参照生成或直接输入"22210105"(应交税费/应交增值税/转出未交增值税)。

④ 保存。单击"对应结转设置"窗口工具栏中的"保存"按钮，保存该对应结转设置。

(4) 结转进项税额设置的编辑与保存。在"对应结转设置"窗口，首先单击工具栏中的"增加"按钮，新增一张结转设置单据，然后做如下编辑：

① 编辑表头。录入"编号"为"0082"，"摘要"为"结转进项税额"，"转出科目"栏参照生成或直接输入"22210101"：(应交税费/应交增值税/进项税额)；

② 单击"对应结转设置"窗口工具栏中的"增行"按钮，在表体新增一行。

③ 编辑表体。在"转入科目编码"栏参照生成或直接输入"22210105"(应交税费/应交增值税/转出未交增值税)。

④ 保存。单击"对应结转设置"窗口工具栏中的"保存"按钮，保存该对应结转设置。

(5) 退出。单击"对应结转设置"窗口工具栏中的"退出"按钮，退出该窗口。

【财务部会计张兰进行对应结转凭证生成】

提示：

进行下列操作前，需要先对之前的凭证进行签字审核与记账。

(1) 打开"转账生成"对话框。在"总账"子系统中，依次单击"期末/转账生成"菜单项，系统打开"转账生成"对话框。

(2) 转账生成凭证。在"转账生成"对话框中，选中"对应结转"单选项，再单击"全选"按钮以选中"编号"为"0080"、"0081"和"0082"的记录行，使其"是否结转"栏出现"Y"标志，再单击"确定"按钮，系统弹出提示"第 0081 号凭证余额均为零，不能生成凭证"信息框，单击其"确定"按钮，系统弹出"转账"窗口(此时生成了 2 张记账凭证，默认显示结转销项税额的凭证)。

(3) 保存凭证。在"转账"窗口中，单击工具栏中的"保存"和"下张凭证"按钮，再"保存"该张凭证，结果如图 13-5 和图 13-6 所示。

图 13-5　业务 13.2 中结转销项税额凭证

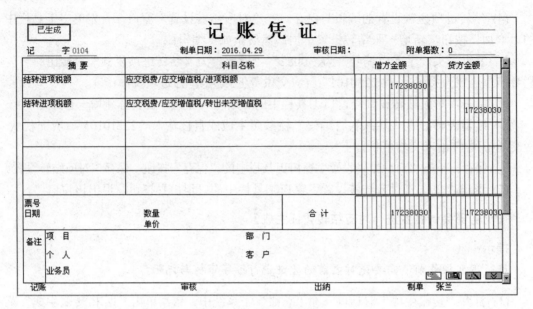

图 13-6　业务 13.2 中结转进项税额转出凭证(借贷方金额均为红字)

(4) 退出。单击"转账"窗口的"退出"按钮，退出该窗口；再单击"转账生成"对话框右上角的"关闭"按钮，关闭该对话框。

3. 场景二的操作步骤

任务说明：财务部主管曾志伟进行凭证的主管签字、审核，会计张兰记账；然后会计张兰做"转出未交增值税"转到"未交增值税"的对应结转设置和生成凭证。

【财务部主管曾志伟对凭证进行主管签字】

(1) 打开"主管签字列表"窗口。在"总账"子系统中，依次单击"凭证/主管签字"菜单项，系统弹出"主管签字"过滤条件对话框，直接单击"确定"按钮，打开"主管签字列表"窗口。

(2) 会计主管签字。在"主管签字列表"窗口中。

① 双击结转销项税额凭证所在的行，进入该凭证的"主管签字"窗口，单击工具栏中的"签字"按钮，完成该凭证的主管签字。

② 单击"主管签字"窗口工具栏中的"下张凭证"按钮，查阅到结转进项税额的凭证并"签字"，完成主管签字工作。

(3) 退出。单击"主管签字"和"主管签字列表"窗口的"关闭"按钮。

【财务部主管曾志伟对凭证进行主管审核】

(1) 打开"凭证审核列表"窗口。在"总账"子系统中，依次单击"凭证/审核凭证"菜单项，系统弹出"凭证审核"过滤条件对话框，直接单击"确定"按钮，系统打开"凭证审核列表"窗口。

(2) 会计主管审核。在"凭证审核列表"窗口中：

① 双击结转销项税额凭证所在的行，进入该凭证的"审核凭证"窗口，单击工具栏中的"审核"按钮，即在凭证下方"审核"处显示"曾志伟"的名字，表示该张凭证审核完成，系统自动进入下一张凭证；

② 审核信息无误后，逐一单击工具栏中的"审核"按钮，或者单击"主管/成批审核凭证"，完成审核。

(3) 退出。单击"审核凭证"和"凭证审核列表"窗口的"关闭"按钮。

【财务部会计张兰进行凭证记账】

(1) 打开"记账"对话框。在"总账"子系统中，依次单击"凭证/记账"菜单项，系统打开"记账"对话框。

(2) 会计记账。在"记账"对话框中，单击"全选"、"记账"按钮，系统自动记账，完成后弹出"记账完毕"提示框。

(3) 退出。单击提示框的"确定"按钮，系统返回"记账"对话框，再单击其中的"退出"按钮，退出该对话框。

【财务部会计张兰做"转出未交增值税"对应结转的设置】

(1) 打开"对应结转设置"窗口。

(2) 结转转出未交增值税设置的编辑。在"对应结转设置"窗口中，单击工具栏中的"增加"按钮，新增一张对应结转设置单据，然后做如下编辑。

① 编辑表头。录入"编号"为"0083"，"摘要"为"结转转出未交增值税"，"转出科目"栏参照生成或直接输入"22210105"(转出未交增值税)。

② 单击"对应结转设置"窗口工具栏中的"增行"按钮，在表体新增一行。

③ 编辑表体。在"转入科目编码"栏参照生成或直接输入"222102"(应交税费/未交增值税)。

(3) 保存。单击"对应结转设置"窗口工具栏中的"保存"按钮，保存该对应结转设置。

(4) 退出。单击"对应结转设置"窗口工具栏中的"退出"按钮，退出该窗口。

【财务部会计张兰进行"结转转出未交增值税"的凭证生成】

(1) 打开"转账生成"对话框。在"总账"子系统中，依次单击"期末/转账生成"菜单项，系统打开"转账生成"对话框。

(2) 转账生成凭证。在"转账生成"对话框中，选中"对应结转"单选项，再双击"编号"为"0083"的记录行，使其"是否结转"栏出现"Y"字样，再单击"确定"按钮，系统提示有未记账凭证，直接单击"是"按钮以继续，系统弹出"转账"窗口(此时已生成凭证)。

(3) 保存。在"转账"窗口中，单击工具栏中的"保存"按钮，凭证的左上角出现"已生成"资源，表明该凭证已保存，结果如图13-7所示。

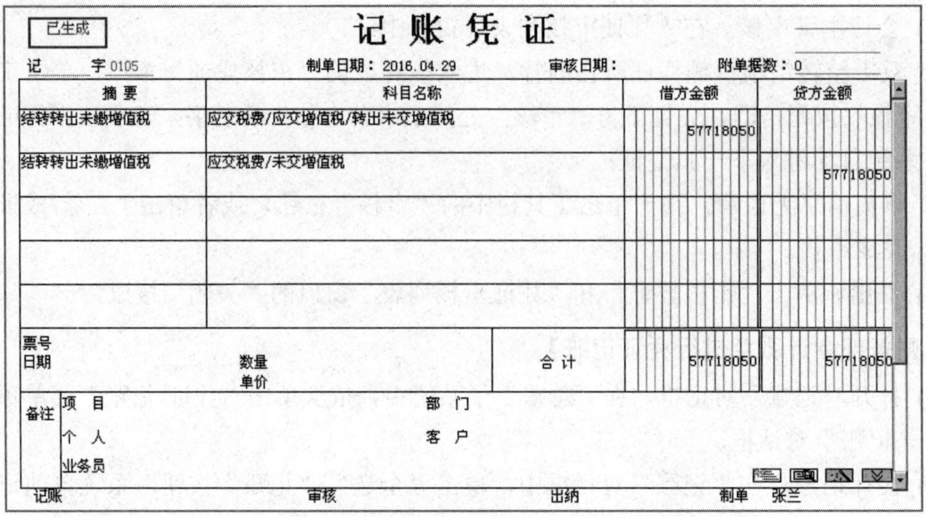
已生成

记账凭证

记 字 0105　　制单日期：2016.04.29　　审核日期：　　附单据数：0

摘要	科目名称	借方金额	贷方金额
结转转出未缴增值税	应交税费/应交增值税/转出未交增值税	57718050	
结转转出未缴增值税	应交税费/未交增值税		57718050
票号 日期	数量 单价　合计	57718050	57718050

备注　项目　部门　个人　客户　业务员

记账　审核　出纳　制单 张兰

图 13-7　业务 13.2 中结转转出未交增值税凭证

(4) 退出。单击“转账”窗口的“退出”按钮，退出该窗口；再单击“转账生成”对话框的右上角的“关闭”按钮，关闭该对话框。

4. 场景三的操作步骤

任务说明：财务部主管曾志伟进行凭证的主管签字、审核，会计张兰记账。

【财务部主管曾志伟对凭证进行主管签字】

本任务的操作步骤，请参见本节(本教程第13.2.3 节)的“3. 场景二的操作步骤”中的相关内容，在此从略。

【财务部主管曾志伟对凭证进行主管审核】

本任务的操作步骤，请参见本节(本教程第13.2.3 节)的“3. 场景二的操作步骤”中的相关内容，在此从略。

【财务部会计张兰进行凭证记账】

本任务的操作步骤，请参见本节(本教程第13.2.3 节)的“3. 场景二的操作步骤”中的相关内容，在此从略。

13.3　计算并结转城市维护建设税及教育费附加费

城市建设维护税是国家对缴纳增值税、消费税、营业税(以下简称“三税”)的单位和个人就其缴纳的“三税”税额为计税依据而征收的一种税。按规定，本公司的城市维护建设税税率为 7%。

教育费附加是对缴纳“三税”的单位和个人征收的一种附加费，征收率为 3%。

13.3.1 业务概述与分析

4月29日，计算本月应交的城市维护建设税及教育费附加费。

本笔业务是计算本月应交城市维护建设税及教育费附加费的业务，需要使用自定义转账方式生成凭证并记账，所以需要进行自定义转账设置并制单，凭证的主管签字、审核和会计记账。

13.3.2 操作指导

请确认系统日期和业务日期为2016年4月29号。

本业务的操作步骤

任务说明：财务部会计张兰进行自定义转账设置并生成凭证，财务部主管曾志伟进行凭证的主管签字、审核，会计张兰记账。

【财务部会计张兰进行自定义转账设置】

(1) 打开"自定义转账设置"窗口。在"企业运用平台"的"业务工作"页签中，依次单击"财务会计/总账/期末/转账定义/自定义转账"菜单项，系统打开"自定义转账设置"窗口。

(2) 进行"计算城市维护建设税教育费附加"转账设置。在"自定义转账设置"窗口中，单击工具栏中的"增加"按钮，系统弹出"转账目录"对话框，编辑"转账序号"为"0010"，"转账说明"为"计算城市维护建设税教育费附加"，单击"确定"按钮，返回"自定义转账设置"窗口。

(3) 转账公式的第1行设置。首先单击工具栏中的"增行"按钮，然后编辑其"科目编码"为"222105"(应交城市维护建设税)，"方向"设定为"贷"；再单击其"金额公式"的参照按钮，在弹出的"公式向导"对话框中，选择"公式名称"为"期末余额"，单击"下一步"按钮，编辑"科目"为"222102"(未交增值税)，其他项默认，单击"完成"按钮，公式带回"自定义转账设置"窗口，然后将光标移至公式末尾，输入"*0.07"，此时"金额公式"一栏中显示"QM(222102,月)*0.07"(期末余额的7%)；最后按Enter键完成第1行的编辑。

(4) 转账公式的第2行设置。再单击工具栏中的"增行"按钮，然后编辑其"科目编码"为"222106"(应交教育费附加)，"方向"设定为"贷"；再单击其"金额公式"的参照按钮，在弹出的"公式向导"对话框中，选择"公式名称"为"期末余额"，单击"下一步"按钮，编辑"科目"为"222102"(未交增值税)，其他项默认，单击"完成"按钮，公式带回"自定义转账设置"窗口，然后将光标移至公式末尾，输入"*0.03"，此时"金额公式"一栏中显示"QM(222102,月)*0.03"(期末余额的3%)，最后按Enter键，完成第2行的编辑。

(5) 转账公式的第3行设置。在"自定义转账设置"窗口中，单击工具栏中的"增行"

按钮,编辑"科目编码"为"6403"(营业税金及附加),方向设定为"借","金额公式"为"JG()"(取对方科目计算结果)。

(6) 保存。单击"自定义转账设置"窗口工具栏中的"保存"按钮,保存转账公式设置,其结果如图 13-8 所示。

(7) 退出。单击"自定义转账设置"窗口右上角的"关闭"按钮,关闭并退出该窗口。

摘要	科目编码	部门	个人	客户	供应商	项目	方向	金额公式
计算城市维护建设税教育费附加	222105						贷	QM (222102, 月)*0.07
计算城市维护建设税教育费附加	222106						贷	QM (222102, 月)*0.03
计算城市维护建设税教育费附加	6403						借	JG ()

图 13-8 "计算城市维护建设税教育费附加"转账公式定义结果图

【财务部会计张兰通过转账生成凭证】

(1) 打开"转账生成"对话框并选中相应的行。在"企业应用平台"的"业务工作"页签中,依次单击"财务会计/总账/期末/转账生成"菜单项,打开"转账生成"对话框,选中"自定义转账"选项,双击"编号"为"0010"的记录行的"是否结转"栏,出现"Y"字样。

(2) 生成并保存转账凭证。单击"转账生成"对话框中的"确定"按钮,系统提示有未记账的凭证,单击"是"按钮以继续,系统弹出"转账"窗口,默认显示"计算城市维护建设税教育费附加"记账凭证,单击"保存"按钮,结果如图 13-9 所示。

(3) 退出。在"转账"窗口中,单击"退出"按钮退出该窗口。

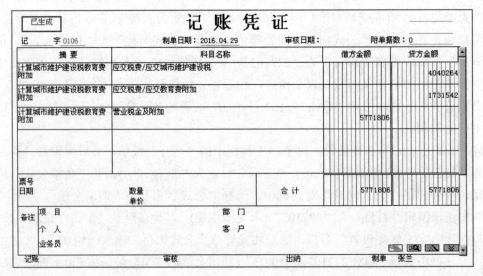

图 13-9 "计算城市维护建设税教育费附加"转账凭证

【财务部主管曾志伟对凭证进行主管签字】

本任务的操作步骤，请参见本教程第 13.2.3 节的"3. 场景二的操作步骤"中的相关内容，在此从略。

【财务部主管曾志伟对凭证进行主管审核】

本任务的操作步骤，请参见本教程第 13.2.3 节的"3. 场景二的操作步骤"中的相关内容，在此从略。

【财务部会计张兰进行凭证记账】

本任务的操作步骤，请参见本教程第 13.2.3 节的"3. 场景二的操作步骤"中的相关内容，在此从略。

13.4 期间损益结转处理

会计期末时，应将各损益类科目的余额转入"本年利润"科目，以反映企业在一个会计期间内实现的利润或亏损总额。

- 收入类科目：主营业务收入、其他业务收入、投资收益、补贴收入、营业外收入。
- 成本费用类科目：主营业务成本、营业税金及附加、其他业务成本、销售费用、管理费用、财务费用、营业外支出、所得税。

13.4.1 业务概述与分析

4月29日，利用期间损益结转方式进行期间损益结转。

本笔业务是月末期间损益结转业务，需要使用期间损益结转方式生成凭证，并进行凭证的主管签字、审核与记账。

13.4.2 操作指导

请确认系统日期和业务日期为 2016 年 4 月 29 号。

本业务的操作步骤

任务说明：财务部会计张兰进行期间损益结转设置并生成凭证，财务部主管曾志伟进行凭证的主管签字、审核，会计张兰记账。

【财务部会计张兰进行期间损益结转设置】

(1) 打开"期间损益结转设置"对话框。在"企业运用平台"的"业务工作"页签中，依次单击"财务会计/总账/期末/转账定义/期间损益"菜单项，系统打开"期间损益结转设置"对话框。

(2) 设置本年利润科目。在"期间损益结转设置"对话框中，参照生成或直接输入"本年利润科目"为"4103"(本年利润)，然后在对话框的列表区单击，结果如图 13-10 所示。

(3) 确定并退出。单击"期间损益结转设置"窗口的"确定"按钮，确定设置并退出该窗口。

损益科目编号	损益科目名称	损益科目账类	本年利润科目编码	本年利润科目名称	本年利润科目账类
6001	主营业务收入	项目核算	4103	本年利润	
6011	利息收入		4103	本年利润	
6021	手续费及佣金收入		4103	本年利润	
6031	保费收入		4103	本年利润	
6041	租赁收入		4103	本年利润	
6051	其他业务收入		4103	本年利润	
6061	汇兑损益		4103	本年利润	
6101	公允价值变动损益		4103	本年利润	
6111	投资收益		4103	本年利润	
6201	摊回保险责任准备金		4103	本年利润	
6202	摊回赔付支出		4103	本年利润	
6203	摊回分保费用		4103	本年利润	
6301	营业外收入		4100	本年利润	
6401	主营业务成本	项目核算	4103	本年利润	

图 13-10 期间损益结转设置结果图

【财务部会计张兰进行期间损益结转凭证生成】

(1) 打开"转账生成"对话框。在"总账"子系统中，依次单击"期末/转账生成"菜单项，打开"转账生成"对话框。

(2) 选中结转项。在"转账生成"对话框中，先选中"期间损益结转"单选项，再单击"全选"按钮，表体的所有记录行的"是否结转"栏，出现"Y"字样。

(3) 生成并保存转账凭证。单击"转账生成"对话框中的"确定"按钮，系统提示有未记账凭证，单击"是"按钮以继续，系统弹出"转账"窗口，默认显示"期间损益结转"记账凭证，单击"保存"按钮，结果如图 13-11 所示。

(4) 退出。在"转账"窗口中，单击"退出"按钮退出该窗口；再单击"转账生成"对话框的"取消"按钮。

已生成		记 账 凭 证		
记 字 0107 - 0001/0006	制单日期：2016.04.29	审核日期：	附单据数：0	
摘 要	科目名称		借方金额	贷方金额
期间损益结转	本年利润			60633870
期间损益结转	主营业务收入		21000000	
期间损益结转	主营业务收入		34400000	
期间损益结转	主营业务收入		43860000	
期间损益结转	主营业务收入		341658120	
票号 日期	数量 单价	合 计	440936120	440936120
备注	项 目	部 门		
	个 人	客 户		
	业务员			
记账	审核	出纳	制单 张 兰	

图 13-11 "期间损益结转"凭证

【财务部主管曾志伟对凭证进行主管签字】

本任务的操作步骤，请参见本教程第 13.2.3 节的"3. 场景二的操作步骤"中的相关内容，在此从略。

【财务部主管曾志伟对凭证进行主管审核】

本任务的操作步骤，请参见本教程第 13.2.3 节的"3. 场景二的操作步骤"中的相关内容，在此从略。

【财务部会计张兰进行凭证记账】

本任务的操作步骤，请参见本教程第 13.2.3 节的"3. 场景二的操作步骤"中的相关内容，在此从略。

13.5 计算并结转本月企业所得税

根据会计制度，本公司的企业所得税税率为 25%，按月预计，按季预缴，全年汇总清缴，其计算公式为"本年利润*0.25"。

13.5.1 业务概述与分析

4 月 29 日，计算并结转本月企业所得税。

本笔业务是计算并结转本月企业所得税业务，需要使用自定义转账方式和期间损益结转方式生成凭证，并进行凭证的主管签字、审核与记账，具体的包括自定义转账设置与制单、期间损益结转的凭证生成，凭证的主管签字与审核，以及凭证的会计记账。

13.5.2 虚拟业务场景

人物：曾志伟——财务部主管
张兰——财务部会计

场景一 财务主管分配下属计算本月企业所得税并制单
曾志伟：小张，月末了，你把本月的企业所得税尽快算出来吧。
张兰：没问题，我现在就做。
(张兰做"计算本月企业所得税"的自定义结转设置和生成凭证)

场景二 企业所得税费用凭证的主管签字审核及会计记账，以及结转所得税费用
张兰：曾总，企业所得税费用凭证已经生成了，请您签字审核。
曾志伟：好。(签字审核完成)没问题，你可以记账了，然后做一下费用结转吧。
张兰：好的。
(张兰记账，然后进行"所得税费用"的期间损益结转凭证生成)

场景三 会计主管签字、审核转出未交增值税凭证，会计张兰记账
张兰：曾总，"所得税费用"的期间损益结转凭证已经生成好了，请您签字审核。
曾志伟：好的。(签字审核完成)凭证没问题，你去记账吧。
张兰：好的。(记账完成)

13.5.3 操作指导

1. 操作流程

计算并结转本月企业所得税业务的操作流程，如图13-12所示。

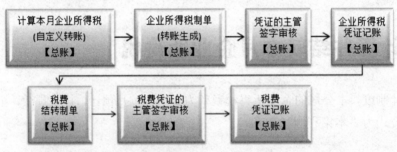

图13-12 业务13.5的操作流程图

请确认系统日期和业务日期为2016年4月29号。

2. 场景一的操作步骤

任务说明：财务部会计张兰进行自定义转账设置并生成凭证。

【财务部会计张兰进行自定义转账设置】

(1) 打开"自定义转账设置"窗口。在"企业运用平台"的"业务工作"页签中，依次单击"财务会计/总账/期末/转账定义/自定义转账"菜单项，系统打开"自定义转账设置"窗口。

(2) 进行"计算本月企业所得税"转账设置。在"自定义转账设置"窗口中，单击工具栏中的"增加"按钮，系统弹出"转账目录"对话框，编辑"转账序号"为"0099"，"转账说明"为"计算本月企业所得税"，单击"确定"按钮，返回"自定义转账设置"窗口。

(3) 转账公式的第1行设置。

① 增加并编辑第1行。单击工具栏中的"增行"按钮，系统在该窗口的增加1行，编辑其"科目编码"为"6801"(所得税费用)，"方向"设定为"借"，"金额公式"做如下设置。

- 在表体的第1行，单击"金额公式"的参照按钮，系统弹出"公式向导"对话框。
- 在"公式向导"对话框中，选择"公式名称"为"贷方发生额"，单击"下一步"按钮，编辑"科目"为"4103"(本年利润)，选中"继续输入公式"复选框，选择"-(减)"单选按钮，其他选项默认，单击"下一步"按钮，返回"公式向导"对话框中。
- 再在"公式向导"对话框中，选择"公式名称"为"借方发生额"，单击"下一步"按钮，编辑"科目"为"4103"(本年利润)，其他选项默认，单击"完成"按钮，公式带回"自定义转账设置"窗口。

② 设置征税税率。在"自定义转账设置"窗口表体的第1行，将公式用"()"括起来，并在公式末尾输入"*0.25"，此时"金额公式"一栏中显示"(FS(4103,月,贷)- FS(4103,月,借))*0.25"。

③ 按Enter键，完成第1行的编辑。

(4) 转账公式的第2行设置。单击工具栏中的"增行"按钮，编辑"科目编码"为"222103"(应交所得税)，"方向"设定为"贷"，"金额公式"为"JG( )"(取对方科目计算结果)。

(5) 保存。单击工具栏中的"保存"按钮，保存转账公式设置，其结果如图13-13所示。

(6) 退出。单击"自定义转账设置"窗口右上角的"关闭"按钮，关闭并退出该窗口。

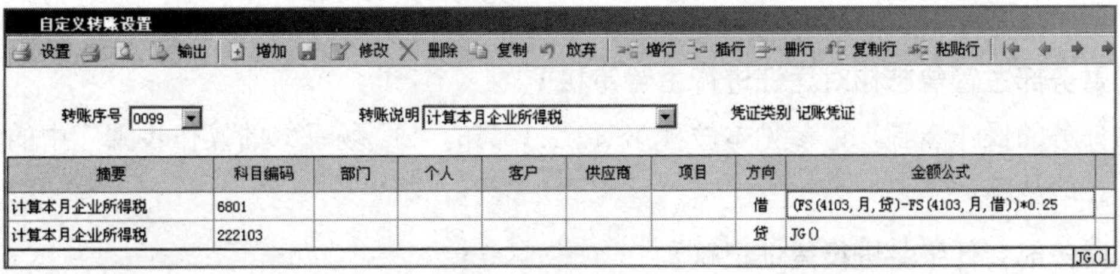

图13-13 "计算本月企业所得税"转账公式定义结果图

【财务部会计张兰通过转账生成凭证】

(1) 打开"转账生成"对话框并选中相应的行。在"总账"子系统中,依次单击"期末/转账生成"菜单项,打开"转账生成"对话框,选中"自定义转账"选项,双击"编号"为"0099"的记录行的"是否结转"栏,出现"Y"字样。

(2) 生成并保存转账凭证。单击"转账生成"对话框中的"确定"按钮,系统提示有未记账凭证,单击"是"按钮以继续,系统弹出"转账"窗口,默认显示本月企业所得税凭证,单击"保存"按钮,结果如图 13-14 所示。

(3) 退出。在"转账"窗口中,单击"退出"按钮退出该窗口;再单击"转账生成"对话框中的"取消"按钮。

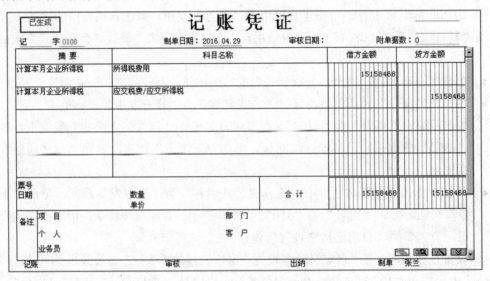

图 13-14 "计算本月企业所得税"凭证

3. 场景二的操作步骤

任务说明:财务部主管曾志伟对本月企业所得税凭证进行凭证的主管签字、审核,会计张兰记账;会计张兰进行"所得税费用"的期间损益结转凭证生成。

【财务部主管曾志伟对凭证进行主管签字】

本任务的操作步骤,请参见本教程第 13.2.3 节的"3. 场景二的操作步骤"中的相关内容,在此从略。

【财务部主管曾志伟对凭证进行主管审核】

本任务的操作步骤,请参见本教程第 13.2.3 节的"3. 场景二的操作步骤"中的相关内容,在此从略。

【财务部会计张兰进行凭证记账】

本任务的操作步骤,请参见本教程第 13.2.3 节的"3. 场景二的操作步骤"中的相关内容,在此从略。

【财务部会计张兰进行期间损益结转凭证生成】

(1) 打开"转账生成"对话框并选中相应的行。在"总账"子系统中,依次单击"期末/转账生成"菜单项,打开"转账生成"对话框,选中"期间损益结转"选项,双击"所得税费用"科目所在的记录行,该行的"是否结转"栏,出现"Y"字样。

(2) 生成并保存转账凭证。单击"转账生成"对话框中的"确定"按钮,系统弹出"转账"窗口,默认显示"期间损益结转"记账凭证,修改其"摘要"为"所得税费用结转",然后单击"保存"按钮,结果如图 13-15 所示。

(3) 退出。在"转账"窗口中,单击"退出"按钮退出该窗口;再单击"转账生成"对话框中的"取消"按钮。

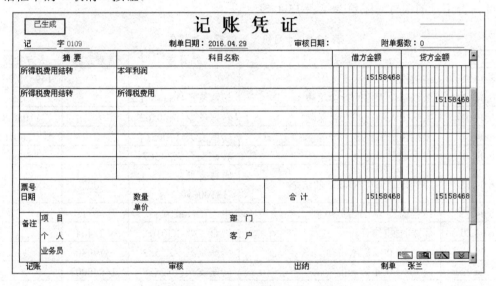

图 13-15 "所得税费用结转"凭证

4. 场景三的操作步骤

任务说明:财务部主管曾志伟对所得税费用结转凭证进行凭证的主管签字、审核,会计张兰记账。

【财务部主管曾志伟对凭证进行主管签字】

本任务的操作步骤,请参见本教程第 13.2.3 节的"3. 场景二的操作步骤"中的相关内容,在此从略。

【财务部主管曾志伟对凭证进行主管审核】

本任务的操作步骤,请参见本教程第 13.2.3 节的"3. 场景二的操作步骤"中的相关内容,在此从略。

【财务部会计张兰进行凭证记账】

本任务的操作步骤,请参见本教程第 13.2.3 节的"3. 场景二的操作步骤"中的相关内容,在此从略。

13.6 银行对账处理

13.6.1 业务概述与分析

4月29日,由出纳进行银行对账,编制银行存款余额调节表。本公司银行账的启用日期为 2016 年 4 月 1 日,工行存款企业日记账调整前余额为 472650.14 元,银行对账单调整前余额为 468650.14 元,有一笔 4000 元的,2016.03.25 企业已收但银行未记账。

4月份工行的银行对账单参见表 13-1。

表13-1 4月份工行的银行对账单

日期	摘要	结算号	借方金额	贷方金额
2016.04.01	缴纳税费			149530.96
2016.04.01	缴纳单位承担的社会保险	转账支票-1847561		35555.2
2016.04.01	缴纳个人承担的社会保险	转账支票-1400562		11056.8
2016.04.01	缴纳住房公积金	转账支票-1200514		26016
2016.04.01	付大运公司定金	转账支票-ZZ4567		50000
2016.04.12	收到光明公司 XS002 的定金	转账支票-13100650	40000	
2016.04.15	销售退货男士普通 50 副	电汇-DH0010	-6318	
2016.04.20	坏账收回(结算)	现金支票-XJ010	22464	
2016.04.22	收到 XS001 货款	转账支票-ZZ2583	379080	
2016.04.22	收到 XS004 第一批货款	转账支票-ZZ2586	1404000	
2016.04.22	收到 XS004 第二批货款	转账支票-ZZ2588	936000	
2016.04.25	销售亮康眼镜 5 千副	转账支票-ZZ7885	1142680	
2016.04.25	支付大运公司上月男士高端的货款	转账支票-ZZ9995		1638000
2016.04.25	支付大运公司上月女士高端的货款	现金支票-XJ8559		1053000
2016.04.27	支付大运公司 CG0002 的尾款	转账支票-ZZ7771		297490
2016.04.27	支付大运公司 CG0003 的货款和运费	转账支票-ZZ8541		422232.3
2016.04.27	支付大运公司上月暂估本月结算货款	转账支票-ZZ8593		187200
2016.04.28	代发本月职工工资	转账支票-ZZ1201		85380
2016.04.28	代发上月职工工资	转账支票-ZZ1202		106218.4
2016.04.28	直接购入资产	转账支票-ZZ1204560		7020

本笔业务是公司银行对账业务,需要进行银行对账期初设置、银行对账单录入,以及自动或手动地银行对账。

13.6.2 操作指导

请确认系统日期和业务日期为 2016 年 4 月 29 号。

本业务的操作步骤

任务说明：财务部出纳罗迪进行银行对账期初设置、银行对账单录入、银行对账、查询银行存款余额调节表。

【财务出纳罗迪进行银行对账期初设置】

(1) 打开"银行对账期初"对话框。在"企业运用平台"的"业务工作"页签中，依次单击"财务会计/总账/出纳/银行对账/银行对账期初录入"菜单项，系统弹出"银行科目选择"对话框，默认"科目"为"工行存款(100201)"；直接单击"确定"按钮，系统打开"银行对账期初"对话框。

(2) 设置余额。在"银行对账期初"对话框中，确认"启用日期"为"2016.04.01"，录入单位日记账的"调整前余额"为"472650.14"元，银行对账单的"调整前余额"为"468650.14"元，结果如图 13-16 所示。

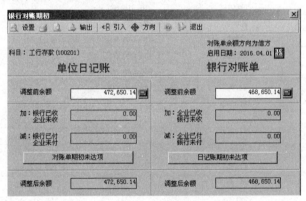

图 13-16 "银行对账期初"对话框

(3) 设置日记期初未达项。在"银行对账期初"对话框中，单击"日记期初未达项"按钮，系统打开"企业方期初"窗口；单击其工具栏中的"增加"按钮，输入"凭证日期"为"2016.03.25"，"借方金额"为"4000"，然后单击"保存"按钮，结果如图 13-17 所示。

(4) 退出。单击"企业方期初"窗口工具栏中的"退出"按钮，系统返回"银行对账期初"对话框；单击对话框中的"退出"按钮，退出该对话框。

图 13-17 "企业方期初"窗口

【财务出纳罗迪录入银行对账单】

(1) 打开"银行对账单"窗口。在"总账"子系统中,依次单击"出纳/银行对账/银行对账单"菜单项,系统弹出"银行科目选择"对话框,默认"科目"为"工行存款(100201)",确认或设置"月份"为"2016.04-2016.04",然后单击"确定"按钮,系统打开"银行对账单"窗口。

(2) 录入。单击工具栏中的"增加"按钮,参照表 13-1 依次输入银行对账单数据,包括"日期"、"结算方式"、"票号"、"借方金额"或"贷方金额",完成之后单击"保存"按钮,结果如图 13-18 所示。

(3) 退出。单击"银行对账单"窗口中的"关闭"按钮,关闭并退出该窗口。

科目:工行存款(100201)

日期	结算方式	票号	借方金额	贷方金额	余额
2016.04.01				149,530.96	319,119.18
2016.04.01	202	1847561		35,555.20	283,563.98
2016.04.01	202	1400562		11,056.80	272,507.18
2016.04.01	202	1200514		26,016.00	246,491.18
2016.04.01	202	ZZ4567		50,000.00	196,491.18
2016.04.12	202	13100650	40,000.00		236,491.10
2016.04.15	4	DH0010	-6,318.00		230,173.18
2016.04.20	201	XJ010	22,464.00		252,637.18
2016.04.22	202	ZZ2583	379,080.00		631,717.18
2016.04.22	202	ZZ2586	1,404,000.00		2,035,717.18
2016.04.22	202	ZZ2588	936,000.00		2,971,717.18
2016.04.25	202	ZZ7885	1,142,680.00		4,114,397.18
2016.04.25	202	ZZ9995		1,638,000.00	2,476,397.18
2016.04.25	201	XJ8559		1,053,000.00	1,423,397.18
2016.04.27	202	ZZ7771		297,490.00	1,125,907.18
2016.04.27	202	ZZ8541		422,232.30	703,674.88
2016.04.27	202	ZZ8593		187,200.00	516,474.88
2016.04.28	202	ZZ1201		85,380.00	431,094.88
2016.04.28	202	ZZ1202		106,218.40	324,876.48
2016.04.28	202	ZZ1204560		7,020.00	317,856.48

图 13-18 "银行对账单"窗口

【财务出纳罗迪进行银行对账】

(1) 打开"银行对账"窗口。在"总账"子系统中,依次单击"出纳/银行对账/银行对账"菜单项,系统弹出"银行科目选择"对话框,默认"科目"为"工行存款(100201)",确认或设置"月份"为"2016.04-2016.04",然后单击"确定"按钮,系统打开"银行对账"窗口。

(2) 自动对账。单击工具栏中的"对账"按钮,打开"自动对账"对话框,设置"截止日期"为"2016.04.29",默认系统提供的其他对账条件,单击"确定"按钮,系统显示自动对账结果,结果可参见图 13-19。

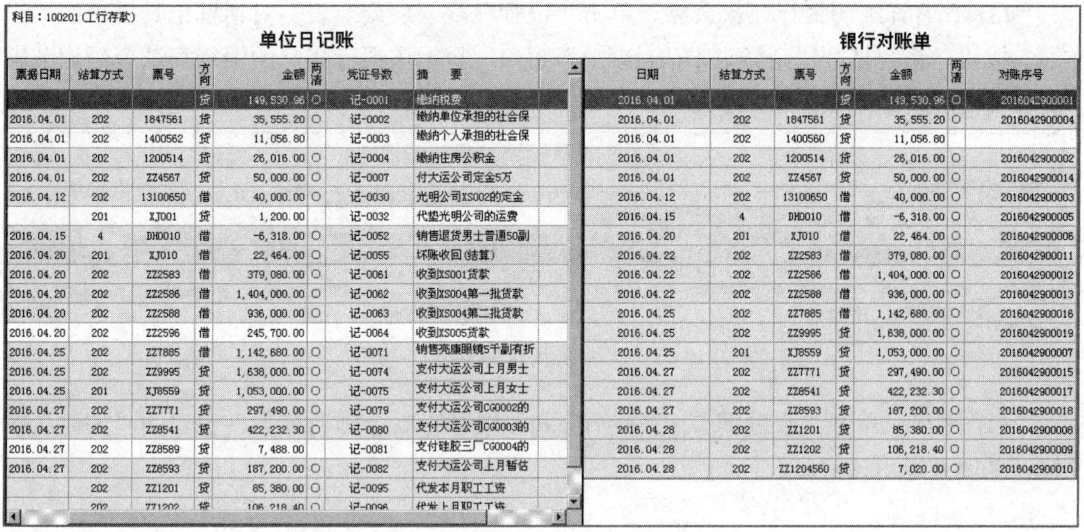

第13章 总账月末业务

图 13-19 "银行对账"窗口

提示:

对于已达账项,系统自动在单位日记账和银行对账单双方的"两清"栏画上"○"标志。在自动对账窗口中,对于一些应勾对而未勾对上的账项,可分别双击"两清"栏,直接进行手工调整。

(3) 所有数据对账完毕后,单击"检查"按钮,检查结果平衡,单击"确定"按钮。

(4) 保存。单击工具栏中的"保存"按钮,保存对账结果(如果不保存会弹出保存提示信息框)。

(5) 退出。单击"银行对账"窗口中的"关闭"按钮,关闭并退出该窗口。

【财务出纳罗迪查询余额调节表】

(1) 打开"银行存款余额调节表"窗口。在"总账"子系统中,依次单击"出纳/银行对账/余额调节表查询"菜单项,系统打开"银行存款余额调节表"窗口。

(2) 查看总的银行存款余额。双击表体中"银行科目(账号)"栏的"工行存款(100201)"所在行,系统弹出"银行存款余额调节表"对话框,结果如图13-20所示。

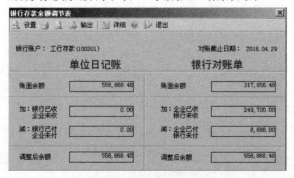

图 13-20 "银行存款余额调节表"窗口

(3) 查看详细的银行存款余额。单击"银行存款余额调节表"对话框工具栏中的"详细"按钮，系统打开"余额调节表(详细)"窗口，显示该银行账户的银行存款余额调节表的详细情况，结果如图 13-21 所示。

余额调节表(详细)												
科目：工行存款(100201)											对账截止日期:2016.04.29	
企业账面存款余额:558,868.48							银行账面存款余额:317,856.48					
加：银行已收企业未收			减：银行已付企业未付			加：企业已收银行未收			减：企业已付银行未付				
日期	票号	金额	日期	票号	金额	凭证日期	凭证号	票据日期	票号	摘要	金额	凭证日期	凭证号	票据日期	票号	摘要	金额
						2016.03.25	-0000				4,000.00	2016.04.12	记-0030		XJ001	代垫光明公司的运费	1,200.00
						2016.04.20	记-0063	2016.04.20	ZZ2596	收到XS005货款	245,700.00	2016.04.27	记-0081	2016.04.27	ZZ8589	支付硅胶三厂CG0004的其	7,488.00
	合计	0.00		合计	0.00				合计		249,700.00				合计		8,688.00
			业账面存款余		558,868.48					整后银行账面存款余:					合计		558,868.48

图 13-21 "余额调节表(详细)"窗口

(4) 退出。单击"余额调节表(详细)"和"银行存款余额调节表"窗口的"关闭"按钮，关闭并退出该窗口。

# 第四部分

月末处理与报表

第14章

企业业务活动月末处理

企业业务活动的月末处理，是指在月末时对各个模块进行结转处理，把一定时期内应记入账簿的经济业务全部登记入账后，计算和记录本期发生额及期末余额，并将本月余额结转至下期或新的账簿。

在用友ERP-U8系统中，各个业务模块的月末结账，需要遵循以下顺序：

- 采购管理系统月末结账后，才能进行应付款管理系统的月末结账；
- 销售管理系统月末结账后，才能进行应收款管理系统的月末结账；
- 采购与销售管理系统月末结账后，才能进行库存管理与存货核算系统的月末结账；
- 库存管理系统月末结账后，才能进行存货核算系统的月末结账。
- 总账系统必须是最后进行月末结转。

在月末结账时，需要注意以下几点：

- 在月末结账前，一定要进行账套数据的备份，否则一旦数据发生错误，损失将无法挽回；
- 只有在当前会计月的所有工作全部完成后才能进行月末结账，否则会遗漏某些业务，导致业务数据不全面；
- 若没有期初记账，则不能进行月末结账；
- 若上月尚未结账，则本月业务不能记账；不允许跳月取消月末结账，只能从最后一个月逐月取消；
- 在月末结账后，该月的单据将不能修改和删除，该月末录入的单据将视为下个会计月的单据。

本账套的业务模块，包括采购管理、销售管理、库存管理、存货核算、固定资产和薪资管理，月末结账是对以上6个模块的经济业务进行月末处理和月末结账。

本章的操作，请按照业务描述中的系统日期(如4月30日)和操作员(如财务部会计张兰)，在第13章完成的基础上，在供应链和财务会计的各个子系统中进行。

如果读者没有完成第 13 章的总账月末业务的操作，可以到百度网盘空间(网盘地址：http://pan.baidu.com/s/1nuTA0WD，密码：ozr2)的"实验账套数据"文件夹中，将"13 总账月末.rar"下载到实验用机上，然后"引入"(操作步骤详见 2.2.5 节)到 ERP-U8 系统中。而且，本章完成的账套，其"输出"压缩的文件名为"14 月末结账.rar"。

需要注意的是，因网盘中的账套备份文件均为"压缩"文件，所以下载完成后引入前，需要用解压缩工具进行解压(建议用 WinRAR 3.42 或以上版本)，得到相应可以引入的账套数据文件。

本章的所有业务实验操作，都有配套的微视频，读者可以通过扫描二维码，或者到指定的网页去观看。本教程配套的微视频，均存放在北京神州明灯教育科技有限公司和合一集团的网站上，相应的访问说明请参见网盘中的"微视频访问说明.doc"。

14.1 各业务模块的月末处理

本账套的业务模块，包括采购管理、销售管理、库存管理、存货核算和薪资管理，月末结账是对以上 5 个模块的经济业务进行月末处理和月末结账。

14.1.1 业务概述与分析

4 月 30 日，对公司账套的各个业务模块中的经济业务进行月末结账处理。

本笔业务是对采购、销售、库存、存货、固定资产和薪资管理模块的经济业务进行期末处理的业务。

需要说明的是，存货核算系统的期末处理，需要首先进行仓库和存货的期末处理，然后才能进行月末结账处理。

14.1.2 操作指导

请确认系统日期和业务日期为 2016 年 4 月 30 号。

本业务的操作步骤

任务说明：

- 采购部主管刘静进行采购管理系统的月末结账；
- 销售部主管赵飞进行销售管理系统的月末结账；
- 仓管部主管李莉进行库存管理系统的月末结账；
- 财务部会计张兰做仓库和存货的期末处理；
- 财务部会计张兰做存货核算系统的月末结账；
- 人力资源部主管王军做薪资管理的月末结账。

【采购部主管刘静进行采购管理系统的月末结账】

(1) 打开采购"结账"对话框。在"企业运用平台"的"业务工作"页签中,依次单击"供应链/采购管理/月末结账"菜单项,系统打开"结账"对话框,结果可参见图14-1。

(2) 关闭所有的采购订单。

① 在"结账"对话框中,系统已经默认选择会计月份"4",单击"结账"按钮,系统弹出"月末结账"信息提示框(结果如图14-2所示),提示"是否关闭订单?"

图14-1 "结账"对话框　　　　图14-2 "是否关闭订单?"信息提示框

② 单击"是"按钮,系统弹出"查询条件选择"对话框,默认"订单执行情况"是"入库完成"且"是否关闭"为"否",即采购货物已经入库但订单没有关闭,直接单击"确定"按钮,并在系统打开的"订单列表"窗口中,"全选"所有未关闭的采购订单并"批关",系统弹出操作成功的提示框。

③ 直接单击"确定"按钮,系统返回"订单列表"窗口,单击其"关闭"按钮,关闭该窗口。

(3) 再次打开采购"结账"对话框,并再次针对4月份"结账",系统再次弹出"月末结账"信息提示框,提示"是否关闭订单?",单击"否"按钮,系统自动进行月末结账,将所选月份采购单据按会计期间分月记入有关账表中。

(4) 退出。单击"结账"对话框中的"退出"按钮,退出该对话框。

提示:
- 采购管理系统的月末结账,可以对多个月的单据一次性结账,但不允许跨月结账。
- 只有对采购管理系统进行月末处理了,才能对库存管理、存货核算和应付款管理系统进行月末处理。
- 若采购管理系统要取消月末结账,必须先取消库存管理、存货核算和应付款管理的月末结账,若它们中的任何一个系统不能取消月末结账,则采购管理系统的月末结账也不能取消。

【销售部主管赵飞进行销售管理系统的月末结账】

(1) 打开销售"结账"对话框。在"企业运用平台"的"业务工作"页签中,依次单击"供应链/销售管理/月末结账"菜单项,系统打开"结账"对话框,结果可参见图 14-1。

(2) 关闭除了"委托代销"订单外的其他销售订单。

① 在"结账"对话框中,系统已经默认选择会计月份"4",单击"结账"按钮,系统弹出"销售管理"信息提示框,提示"是否关闭订单?",结果可参见图 14-2。

② 单击"是"按钮,系统弹出"查询条件选择"对话框,默认"订单执行情况"是"出库已完成"且"是否关闭"为"否",即销售货物已经出库但订单没有关闭,直接单击"确定"按钮,系统打开"销售订单列表"窗口。

③ 在"销售订单列表"窗口中,通过双击"选择"栏,选中除了"业务类型"为"委托代销"所在行的其他行,然后单击工具栏中的"批关"按钮,系统弹出操作成功的提示框,直接单击"确定"按钮,系统返回"销售订单列表"窗口,单击其"关闭"按钮,关闭该窗口。

(3) 再次打开销售"结账"对话框,并再次针对 4 月份"结账",系统再次弹出信息提示框,提示"是否关闭订单?",单击"否"按钮,系统自动进行月末结账,将所选月份销售单据按会计期间分月记入有关账表中。

(4) 退出。单击"结账"对话框中的"退出"按钮,退出该对话框。

提示:

- 只有对销售管理系统进行月末处理了,才能对库存管理、存货核算和应收款管理系统进行月末处理。
- 若销售管理系统要取消月末结账,必须先取消库存管理、存货核算和应收款管理的月末结账;若它们中的任何一个系统不能取消月末结账,则销售管理系统的月末结账也不能取消。

【仓管部主管李莉进行库存管理系统的月末结账】

(1) 打开库存"结账"对话框。在"企业运用平台"的"业务工作"页签中,依次单击"供应链/库存管理/月末结账"菜单项,系统打开库存"结账"对话框。

(2) 在"结账"对话框中,系统已经默认选择会计月份"4",直接单击"结账"按钮,系统提出"库存管理"信息提示框,提示结账后将不能修改期初数据,是否继续结账。

(3) 单击"是"按钮,系统自动完成月末结账。

(4) 退出。单击"结账"对话框中的"退出"按钮,退出该对话框。

提示:

- 只有对采购和销售管理系统进行月末结账之后,才能对库存管理系统进行月末处理。
- 只有在存货核算系统当月末结账或取消结账后,库存管理系统才能取消结账。

【财务部会计张兰做仓库和存货的期末处理】

(1) 打开"期末处理"对话框。在"企业运用平台"的"业务工作"页签中,依次单击"供应链/存货核算/业务核算/期末处理"菜单项,系统打开"期末处理"对话框,结果如图14-3所示。

(2) 在"期末处理"对话框中,系统已经默认选中了所有的仓库,单击左侧的"处理"按钮,系统自动完成各个仓库的期末处理任务,并弹出信息框提示期末处理完毕,单击"确定"按钮返回。

(3) 退出"期末处理"对话框。单击"期末处理"对话框右上角的"关闭"按钮,关闭并退出该对话框。

提示:
- 只有采购和销售系统作结账处理后,才能进行月末处理。
- 恢复期末处理的功能,在总账结账后将不可用。

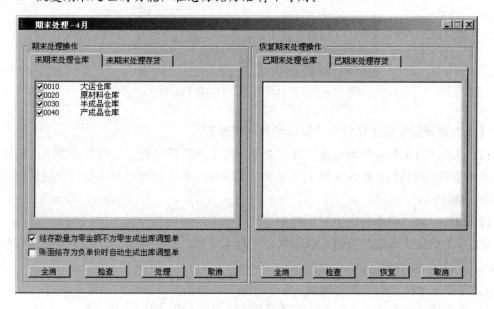

图14-3 存货核算的期末处理对话框

【财务部会计张兰做存货核算的月末结账】

(1) 打开存货核算"结账"对话框。在"存货核算"子系统中,依次单击"业务核算/月末结账"菜单项,系统打开存货核算的"结账"对话框,结果如图14-4所示。

(2) 月结检查。单击"结账"对话框中的"月结检查"按钮,系统开始进行合法性检查;若检查通过,系统弹出"检测成功!"的信息提示框,单击"确定"按钮退出信息提示框。

(3) 月结结账。在"结账"对话框中,单击"结账"按钮,系统完成月末结账并弹出"月末结账完成!"的信息提示框,单击"确定"按钮退出信息提示框和"结账"对话框。

提示：
- 只有对采购、销售和库存管理系统进行月末结账之后，才能对存货核算系统进行月末结账处理。
- 在进行存货核算系统月末结账后，只有以下一个会计期间时间登录 ERP-U8 系统，才能恢复月末结账。

图 14-4　存货核算系统月末处理对话框

【人力资源部主管王军做薪资管理的月末结账】

（1）打开"月末处理"对话框。在"企业运用平台"的"业务工作"页签中，依次单击"人力资源/薪资管理/业务处理/月末处理"菜单项，系统打开"月末处理"对话框，结果如图 14-5 所示。

（2）结账。在"月末处理"对话框中：

① 直接单击"确定"按钮，系统弹出"月末处理之后，本月工资将不许变动！继续月末处理吗？"提示框。

② 单击提示框中的"是"按钮，系统弹出"是否选择清零项？"提示框。

③ 单击提示框中的"否"按钮，系统弹出"月末处理完毕！"提示框。

（3）完成。单击提示框中的"确定"按钮，即完成薪资管理系统的月末结账。

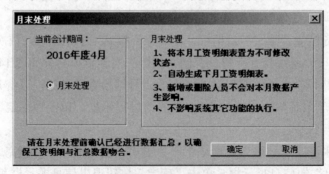

图 14-5　薪资管理系统月末处理对话框

14.2 各财务模块的月末处理

本账套的财务模块,包括应收款管理、应付款管理、固定资产和总账管理,月末结账是对以上4个模块的经济业务进行月末处理和月末结账。

14.2.1 业务概述与分析

4月30日,对公司账套的各个财务模块中的经济业务进行月末结账处理。

本笔业务是对应收款管理、应付款管理、固定资产和总账管理模块的经济业务进行期末处理的业务。

需要说明的是,总账系统的月末结账,需要首先对账,然后才能进行月末结账处理。

14.2.2 操作指导

请确认系统日期和业务日期为2016年4月30号。

本业务的操作步骤

任务说明:

- 财务部会计张兰进行应收款管理系统的月末结账;
- 财务部会计张兰进行应付款管理系统的月末结账;
- 财务部会计张兰做固定资产模块的月末结账;
- 财务部主管曾志伟进行总账系统的月末对账;
- 财务部主管曾志伟进行总账系统的月末结账。

【财务部会计张兰做应收款管理系统的月末结账】

(1) 打开"月末结账"对话框。在"企业运用平台"的"业务工作"页签中,依次单击"财务会计/应收款管理/期末处理/月末结账"菜单项,系统打开"月末处理"对话框,结果可见图14-5。

(2) 结账。在"月末处理"对话框中,双击"四月"的"结账标志"栏,出现"Y"字样(结果如图14-6所示),然后单击"下一步"按钮,在系统弹出的对话框中单击"完成"按钮,系统弹出"4月份结账成功"提示框,表示系统已经自动结账完成。

(3) 退出。单击提示框中的"确定"按钮,完成月末结账。

提示:

- 只有在销售管理系统结账后,才能对应收系统进行结账处理。
- 因为本账套设置的审核日期为单据日期,所以本月的单据(发票和应收单)在结账前需要全部审核。但若设置的审核日期为业务日期,则截止到本月末还有未审核单据(发票和应收单),照样可以进行月结处理。

- 如果本月的收款单还有未审核的，不能结账。

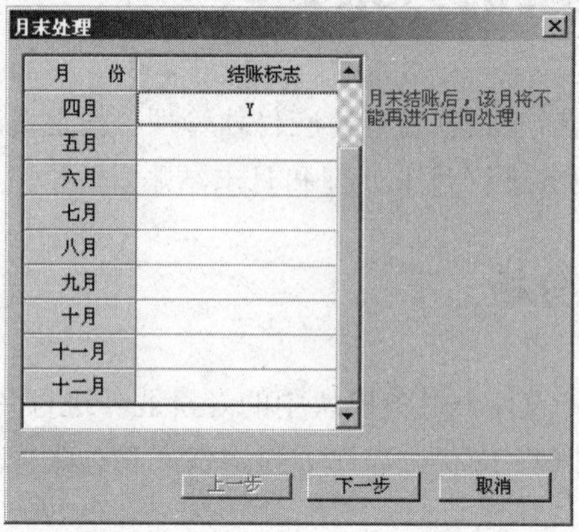

图 14-6 应收款管理系统月末处理对话框

【财务部会计张兰做应付款管理系统的月末结账】

(1) 打开"月末结账"对话框。在"企业运用平台"的"业务工作"页签中，依次单击"财务会计/应付款管理/期末处理/月末结账"菜单项，系统打开"月末结账"对话框，结果可参见图 14-6。

(2) 结账。在"月末结账"对话框中，双击"四月"结账标志栏，出现"Y"字样，然后单击"下一步"按钮，在系统弹出的对话框中单击"完成"按钮，系统弹出"4月份结账成功"提示框，表示系统已经自动结账完成。

(3) 退出。单击提示框中的"确定"按钮，再单击"月末结账"对话框中的"退出"按钮，退出该对话框。

提示：

- 只有在采购管理系统结账后，才能对应付系统进行结账处理。
- 因为本账套设置的审核日期为单据日期，所以本月的单据(发票和应付单)在结账前需要全部审核。但若设置的审核日期为业务日期，则截止到本月末还有未审核单据(发票和应付单)，照样可以进行月结处理。
- 如果本月的付款单还有未审核的，不能结账。

【财务部会计张兰做固定资产模块的月末结账】

(1) 打开"月末结账"对话框。在"企业运用平台"的"业务工作"页签中，依次单击"财务会计/固定资产/处理/月末结账"菜单项，系统打开"月末结账"对话框，结果参见图 14-7。

(2) 结账。在"月末结账"对话框中，单击"开始结账"按钮，系统弹出"与账务对账结果"信息提示框，结果参见图 14-8。

(3) 确认。单击信息提示框中的"确定"按钮，系统弹出"月末结账完毕！"提示框，表示系统已经自动结账完成。

(4) 退出。单击提示框中的"确定"按钮，再单击"月末结账"对话框中的"退出"按钮，退出该对话框。

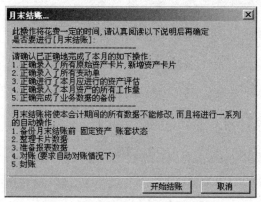

图 14-7　固定资产系统月末结账

图 14-8　固定资产与账务对账结果

【财务部主管曾志伟做总账系统的月末对账与试算】

(1) 打开"对账"对话框。在"企业运用平台"的"业务工作"页签中，依次单击"财务会计/总账/期末/对账"菜单项，系统打开"对账"对话框，结果参见图 14-9。

(2) 对账设置。在"对账"对话框中，将光标定位在"2016.04"所在行，然后单击工具栏中的"选择"按钮，"是否结账"栏出现"Y"字样，结果参见图 14-9。

(3) 对账。单击工具栏中的"对账"按钮，系统自动对账并显示对账结果，结果如图 14-9 所示。

图 14-9　总账系统月末对账示意图

(4) 试算。单击"试算"按钮，可以对各科目类别余额进行试算平衡，结果如图 14-10 所示。

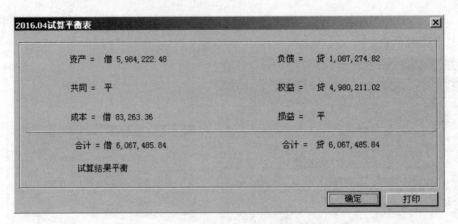

图 14-10　总账系统月末试算结果

（5）退出。单击试算结果对话框中的"确定"按钮返回"对账"对话框，再单击"对账"对话框中的"退出"按钮，退出该对话框。

提示：

- 若对账结果为账账相符，则对账月份的"对账结果"栏显示"正确"；若对账结果为账账不符，则对账月份的"对账结果"栏显示"错误"，单击工具栏中的"错误"按钮，可查看引起账账不符的原因。
- 若需要恢复记账前状态，其操作步骤如下：
  > 在"企业运用平台"的"业务工作"页签中，依次单击"财务会计/总账/期末/对账"菜单项，系统打开"对账"对话框；
  > 在期末对账界面，按下"Ctrl+H"键，则在"凭证"菜单中的增加"恢复记账前状态"菜单项(如再次按下"Ctrl+H"键则隐藏此菜单项)；
  > 选择恢复方式："最近一次记账前状态"，这种方式一般用于记账时系统造成的数据错误的恢复；"上个月初状态"，恢复到上个月初未记账时的状态，例如，如果登录时间为2016.4，则系统提示可恢复到2016.3初状态；
  > 选择是否恢复"往来两清标志"和选择恢复两清标志的月份，系统根据选择在恢复时清除恢复月份的两清标志；
  > 系统提供灵活的恢复方式，可以根据需要不必恢复所有的会计科目，将需要恢复的科目从"不恢复的科目"选入"恢复的科目"，即可只恢复需要恢复的科目。

【财务部主管曾志伟做总账系统的月末对账】

（1）打开"结账"对话框。在"总账"子系统中，依次单击"期末/结账"菜单项，系统打开"结账"对话框。

（2）对账。在"结账"对话框中，单击要结账月份"2016.04"，然后单击"下一步"按钮，再单击"对账"按钮，系统对要结账的月份进行账账核对。

（3）结账。单击"下一步"按钮，系统显示"4月工作报告"，结果如图14-11所示。

(4) 查看"4 月工作报告"后,再单击"下一步"按钮,若符合结账要求,则系统自动进行结账,否则不予结账。

(5) 结账并退出。单击"结账"对话框中的"结账"按钮,系统结账并退出该对话框。

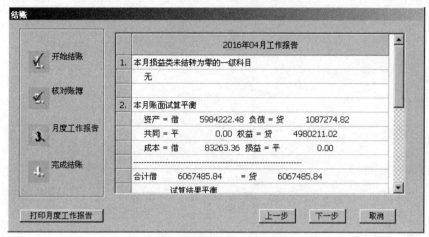

图 14-11 总账系统月末结账对话框

提示:

- 结账只能由有结账权的人进行。
- 结账必须按月连续进行,若上月未结账,则本月不能结账。
- 如本月还有未记账凭证(包括作废凭证)时,则本月不能结账。
- 若总账与明细账对账不符,则不能结账。
- 已结账月份不能再填制凭证。
- 反结账操作只能由账套主管执行,操作步骤如下:
  ➢ 在"企业运用平台"的"业务工作"页签中,依次单击"财务会计/总账/期末/ 结账"菜单项,系统打开"结账"对话框;
  ➢ 选择要取消结账的月份"2016.04";
  ➢ 按下"Ctrl+Shift+F6"键,激活"取消结账"功能;
  ➢ 单击"确认"按钮,取消结账标志。

第15章

企业会计报表编制

企业会计报表是企业根据日常会计核算资料定期编制的、综合反映企业某一特定日期财务状况和某一会计期间经营成果、现金流量的总结性书面文件。它是企业财务报告的主要部分，是企业向外传递会计信息的主要手段。现在的会计报表是企业的会计人员，根据一定时期(例如月、季、年)的会计记录，按照既定的格式和种类编制的报告文件。

UFO报表系统是报表处理的工具，在UFO报表中可以设计报告的格式和编制公式，从总账系统或其他子系统中读取有关的财务信息，自动编制各种会计报表(包括资产负债表、利润表、现金流量表等)，对报表进行审核、汇总，生成各种分析图表(如企业财务指标分析表)，并按预定格式输出各种会计报表。在UFO报表系统中，有以下专业术语和功能内容：

- 格式状态：此状态下仅显示报表的格式，报表的数据全部隐藏。在此状态下所做的操作，对本报表所有的表页都有其作用，但不能进行数据的录入、计算等操作。
- 数据状态：此状态下显示报表的全部内容，包括格式和数据。在此状态下，可管理报表的数据，如输入关键字、计算表页等，但不能修改报表的格式。
- 格式设置：利用报表模板提供的丰富的格式设计功能，可根据实际需要设置表格的格式，如定义组合单元、画表格线、调整行高和列宽等。
- 公式设置：UFO报表系统提供了绝对单元和相对单元计算公式的定义等功能。在格式状态下可以定义各种计算公式，在数据状态下进行单元格式的计算。
- 表页：一个UFO报表最多可容纳99,999张表页，每一张表页是由许多单元组成的，一个报表中的所有表页具有相同的格式，但其中的数据不同。
- 关键字：关键字是特殊的数据单元，可以唯一标识一个表页，可方便快捷地选择表页。关键字的显示位置在格式状态下设置，其值在数据状态下录入。每个报表可以定义多个关键字。

本章设计的业务，有利于读者系统学习使用报表模板生成报表的方法，学习使用自定义方式绘制报表样式、设置单元公式并生成报表数据的方法。

本章的操作，请按照业务描述中的系统日期(如4月30日)和操作员(如财务部主管曾志伟),在第 14 章完成的基础上进行。

如果读者没有完成第 14 章的各个子系统月末处理的操作,可以到百度网盘空间(网盘地址:http://pan.baidu.com/s/1nuTA0WD,密码:ozr2)的"实验账套数据"文件夹中,将"14 月末处理.rar"下载到实验用机上,然后"引入"(操作步骤详见 2.2.5 节)到 ERP-U8 系统中。另外,本章已经完成的资产负债表、利润表和财务分析表文件,压缩存放在网盘的"15 会计报表.rar"文件中。

需要注意的是,因网盘中的账套备份文件均为"压缩"文件,所以下载完成后引入前,需要用解压缩工具进行解压(建议用 WinRAR 3.42 或以上版本),得到相应可以引入的账套数据文件。

本章的所有业务实验操作,都有配套的微视频,读者可以通过扫描二维码,或者到指定的网页去观看。本教程配套的微视频,均存放在北京神州明灯教育科技有限公司和合一集团的网站上,相应的访问说明请参见网盘中的"微视频访问说明.doc"。

15.1 利用 UFO 报表模板制作资产负债表

资产负债表是将企业的资产、负债、股东权益科目,根据"资金运用=资金来源"的会计恒等式,分为"资产"和"负债及股东权益"两大区块,在经过分录、过账、试算、调整等会计程序后,以特定日期的静态企业财务状况为基准,浓缩成的一张报表。

15.1.1 业务概述与分析

4 月 30 日,利用"2007 年新会计制度科目"报表模板,生成"915"账套的 2016 年 3 月份和 4 月份的"资产负债表",并输出(文件名为"资产负债表.rep")。

本笔业务是月末对资产负债表进行编制的业务,需要调用"资产负债表"报表模板、调整报表格式、生成资产负债表数据并保存。

需要说明的是,因为在编制 4 月份企业"财务指标分析表"时,需要使用到 3 月份和 4 月份资产负债表的数据,所以在本节需要做 3 月份和 4 月份的资产负债表。

15.1.2 操作指导

请确认系统日期和业务日期为 2016 年 4 月 30 号。

本业务的操作步骤

任务说明:财务部主管曾志伟调用"资产负债表"报表模板、调整报表格式、生成资产负债表数据并保存。

【财务部主管曾志伟调用"资产负债表"报表模板】

（1）打开"UFO 报表"窗口。在"企业运用平台"的"业务工作"页签中，依次单击"财务会计/UFO 报表"菜单项，系统打开"UFO 报表"窗口；单击菜单栏中的"文件/新建"菜单项，系统新建一个报表，默认报表名为 report1。

（2）调用"资产负债表"模板格式。

① 单击菜单栏中的"格式/报表模板"菜单项，系统打开"报表模板"对话框。

② 在"报表模板"对话框中，选择"您所在的行业"为"2007 年新会计制度科目"，"财务报表"为"资产负债表"，然后单击"确认"按钮，系统弹出"模板格式将覆盖本表格式！是否继续？"提示框。

③ 单击提示框中的"确定"按钮，即可打开"资产负债表"模板，系统返回"report1"窗口，此时处于格式状态(该窗口的左下角有"格式"字样)，结果可参见图 15-1。

图 15-1 "资产负债表"模板

【财务部主管曾志伟调整报表模板格式并保存】

（1）删除"编制单位："。在"report1"窗口(此时处于格式状态)中，选中 A3 单元格，按 Delete 键将"编制单位："删除。

（2）打开"设置关键字"对话框。单击菜单栏中的"数据/关键字/设置"菜单项，系统打开"设置关键字"对话框，如图 15-2 所示。

（3）设置关键字"单位名称"。在"设置关键字"对话框中，选中"单位名称"单选项(系统已默认选中)，然后单击"确定"按钮，系统返回"report1"窗口，此时A3 单元格的内容已经改为"单位名称："。

(4) 保存报表模板。在"report1"窗口，单击菜单栏中的"文件/保存"菜单项，如果是第一次保存，则系统打开"另存为"对话框；在"另存为"对话框中，选择要"保存在"的文件夹，并输入报表的"文件名"为"资产负债表"，选择"文件类型"为"*.rep"，然后单击"另存为"按钮，保存报表格式，此时"report1"窗口的标题变为"资产负债表"，即现在"report1"窗口已经变为"资产负债表"窗口了。

提示：

- 报表格式设置过程中，切记要随时"保存"，以防电脑故障导致编辑结果丢失，也便于以后随时调用。
- 如果没有保存就退出，系统会提示"是否保存报表？"，以防止误操作。
- 报表文件的输出格式，除了".rep"(用友报表文件专用扩展名)，还包括".xls"、".mdb"、".txt"和".wk4"。

【财务部主管曾志伟生成资产负债表数据并保存】

(1) 切换状态为"数据"状态。在"资产负债表"窗口中，单击其左下角的"格式"按钮，则该按钮切换为"数据"，表明当前状态是"数据"状态。

(2) 设置提示选择账套。单击菜单栏中的"数据/计算时提示选择账套"菜单项，设置在进行报表的数据计算时，提示选择账套。

(3) 打开"录入关键字"对话框。单击菜单栏中的"数据/关键字/录入"菜单项，系统打开"录入关键字"对话框(参见图15-3)。

(4) 录入关键字。在"录入关键字"对话框中，输入关键字"单位名称"为"北京亮康眼镜有限公司"、"年"为"2016"，"月"为"3"，"日"为"31"，结果如图15-3所示。

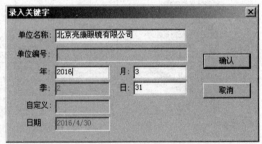

图15-2 "设置关键字"对话框　　　　图15-3 "录入关键字"对话框

(5) 打开选择账套窗口。在"录入关键字"对话框中，单击"确认"按钮，系统弹出"是否重算第1页？"提示框，单击"是"按钮，系统弹出企业应用平台的"登录"界面。

(6) 选择账套。在"操作员"和"密码"编辑栏中，输入"曾志伟"和"1"，选择账套"[915]…"，然后单击"登录"按钮，系统会自动根据单元公式计算3月份的数据，结果如图15-4所示。

图 15-4 3月份资产负债表数据

演示数据 会企01表

单位名称：北京亮康眼镜有限公司　　2016年　3月　31日　　　　单位：元

资　产	行次	期末余额	年初余额	负债和所有者权益（或股东权益）	行次	期末余额	年初余额
流动资产：				**流动负债：**			
货币资金	1	477,315.14	477,315.14	短期借款	32		
交易性金融资产	2			交易性金融负债	33		
应收票据	3			应付票据	34		
应收账款	4	3,241,386.72	3,241,386.72	应付账款	35	2,841,000.00	2,841,000.00
预付款项	5			预收款项	36		
应收利息	6			应付职工薪酬	37	159,659.60	159,659.60
应收股利	7			应交税费	38	149,530.96	149,530.96
其他应收款	8			应付利息	39		
存货	9	3,349,412.50	3,349,412.50	应付股利	40		
一年内到期的非流动资产	10			其他应付款	41	24,064.80	24,064.80
其他流动资产	11			一年内到期的非流动负债	42		
流动资产合计	12	7,068,114.36	7,068,114.36	其他流动负债	43		
非流动资产：				流动负债合计	44	3,174,255.36	3,174,255.36
可供出售金融资产	13			**非流动负债：**			
持有至到期投资	14			长期借款	45		

图 15-4　3月份资产负债表数据

(7) 保存3月份的资产负债表数据。单击菜单栏中的"文件/保存"菜单项或工具栏中的"保存"按钮，保存该文件。

(8) 追加4月份的表页，并计算和保存。

① 新增表页。单击菜单栏中的"编辑/追加/表页"菜单项，系统打开"追加表页"对话框，输入追加表页的数量为"1"，单击"确认"按钮，新增一张表页。

② 选中"第2页"表页。在"资产负债表"窗口中，单击其底部的"第2页"以选中该表页，结果可参见图15-5。

③ 录入第2页的关键字。单击窗口菜单栏中的"数据/关键字/录入"菜单项，系统打开"录入关键字"对话框，输入关键字"单位名称"为"北京亮康眼镜有限公司"、"年"为"2016"，"月"为"4"，"日"为"30"，单击"确认"按钮，系统弹出"是否重算第2页？"提示框，单击"是"按钮，系统弹出企业应用平台的"登录"界面。

④ 选择账套。在"操作员"和"密码"编辑栏中，输入"曾志伟"和"1"，选择账套"[915]..."，然后单击"登录"按钮，系统会自动根据单元公式计算4月份的数据，结果如图15-5所示。

资产负债表

会企01表

单位名称：北京亮康眼镜有限公司　　2016年　4月　30日　　　　单位：元

资　产	行次	期末余额	年初余额	负债和所有者权益（或股东权益）	行次	期末余额	年初余额
流动资产：				**流动负债：**			
货币资金	1	620,073.48	477,315.14	短期借款	32		
交易性金融资产	2			交易性金融负债	33		
应收票据	3	3,695,840.00		应付票据	34	10,530.00	
应收账款	4	463,320.00	3,241,386.72	应付账款	35	204,750.00	2,841,000.00
预付款项	5			预收款项	36		
应收利息	6			应付职工薪酬	37	59,724.25	159,659.60
应收股利	7			应交税费	38	787,573.07	149,530.96
其他应收款	8			应付利息	39		
存货	9	656,560.36	3,349,412.50	应付股利	40		
一年内到期的非流动资产	10			其他应付款	41	24,697.50	24,064.80
其他流动资产	11			一年内到期的非流动负债	42		
流动资产合计	12	5,435,793.84	7,068,114.36	其他流动负债	43		
非流动资产：				流动负债合计	44	1,087,274.82	3,174,255.36
可供出售金融资产	13			**非流动负债：**			
持有至到期投资	14			长期借款	45		

图 15-5　4月份资产负债表数据

⑤ 保存 4 月份的资产负债表数据。单击菜单栏中的"文件/保存"菜单项或工具栏中的"保存"按钮,保存该文件。

(9) 退出。单击菜单栏中的"文件/退出"菜单项,关闭并退出该窗口。

15.2 利用 UFO 报表模板制作利润表

利润表是反映企业在一定会计期间经营成果的报表。利润表一般有表首、正表两部分。表首部分说明报表名称、编制单位、编制日期、报表编号、货币名称、计量单位等;正表是利润表的主体,反映形成经营成果的各个项目和计算过程。

利润表正表的格式一般有两种:单步式利润表和多步式利润表。单步式利润表是将当期所有的收入列在一起,然后将所有的费用列在一起,两者相减得出当期净损益。多步式利润表是通过对当期的收入、费用、支出项目按性质加以归类,按利润形成的主要环节列示一些中间性利润指标,如主营业务利润、营业利润、利润总额、净利润,分步计算当期净损益。

15.2.1 业务概述与分析

4 月 30 日,利用"2007 年新会计制度科目"报表模板,生成"915"账套的 2016 年 4 月份的"利润表",并输出(文件名为"利润表.rep")。

本笔业务是月末对利润表进行编制的业务,需要调用"利润表"报表模板、调整报表格式、生成利润表数据并保存。

15.2.2 操作指导

请确认系统日期和业务日期为 2016 年 4 月 30 号。

本业务的操作步骤

任务说明:财务部主管曾志伟调用"利润表"报表模板、调整报表格式、生成利润表数据并保存。

【财务部主管曾志伟调用"利润表"报表模板】

(1) 打开"UFO 报表"窗口。在"财务会计"子系统中,双击"UFO 报表"菜单项,系统打开"UFO 报表"窗口;单击菜单栏中的"文件/新建"菜单项,系统新建一个报表,报表名默认为"report1"。

(2) 调用"利润表"模板格式。

① 单击菜单栏中的"格式/报表模板"菜单项,系统打开"报表模板"对话框。

② 在"报表模板"对话框中,选择"您所在的行业"为"2007 年新会计制度科目",

"财务报表"为"利润表",然后单击"确认"按钮,系统弹出"模板格式将覆盖本表格式!是否继续?"提示框。

③ 单击提示框中的"确认"按钮,即可打开"利润表"模板,系统返回"report1"窗口,此时处于格式状态(该窗口的左下角有"格式"字样),结果参见图15-6。

	A	B	C	D
1	利润表			
2				会企02表
3	编制单位:	xxxx 年	xx 月	单位:元
4	项 目	行数	本期金额	上期金额
5	一、营业收入	1	公式单元	公式单元
6	减:营业成本	2	公式单元	公式单元
7	营业税金及附加	3	公式单元	公式单元
8	销售费用	4	公式单元	公式单元
9	管理费用	5	公式单元	公式单元
10	财务费用	6	公式单元	公式单元
11	资产减值损失	7	演示数据	公式单元
12	加:公允价值变动收益(损失以"-"号填列)	8	公式单元	公式单元
13	投资收益(损失以"-"号填列)	9	公式单元	公式单元
14	其中:对联营企业和合营企业的投资收益	10		
15	二、营业利润(亏损以"-"号填列)	11	公式单元	公式单元
16	加:营业外收入	12	公式单元	公式单元
17	减:营业外支出	13	公式单元	公式单元
18	其中:非流动资产处置损失	14		
19	三、利润总额(亏损总额以"-"号填列)	15	公式单元	公式单元
20	减:所得税费用	16	公式单元	公式单元
21	四、净利润(净亏损以"-"号填列)	17	公式单元	公式单元
22	五、每股收益:	18		
23	(一)基本每股收益	19		
24	(二)稀释每股收益	20		

图15-6 "利润表"模板

【财务部主管曾志伟调整报表模板格式并保存】

(1) 删除"编制单位:"。在"report1"窗口(此时处于格式状态)中,选中A3单元格,按Delete键将"编制单位:"删除。

(2) 打开"设置关键字"对话框。单击窗口菜单栏中的"数据/关键字/设置"菜单项,系统打开"设置关键字"对话框,结果可参见图15-2。

(3) 设置关键字"单位名称"。在"设置关键字"对话框中,系统已默认选中"单位名称"单选项,直接单击"确定"按钮,系统返回"report1"窗口,此时A3单元格的内容已经改为"单位名称:"。

(4) 保存报表模板。单击菜单栏中的"文件/保存"菜单项或工具栏中的"保存"按钮,如果是第一次保存,则系统打开"另存为"对话框;在"另存为"对话框中,选择要"保存在"的文件夹,并输入报表的"文件名"为利润表,选择"文件类型"为"*.rep",然后单击"另存为"按钮,保存报表格式,此时"report1"窗口的标题变为"利润表"。

【财务部主管曾志伟生成利润表数据并保存】

(1) 切换状态为"数据"状态。在"利润表"窗口中,单击其左下角的"格式"按钮,则该按钮切换为"数据",表明当前状态是"数据"状态。

(2) 设置提示选择账套。单击菜单栏中的"数据/计算时提示选择账套"菜单项，设置在进行报表的数据计算时，提示选择账套。

(3) 打开"录入关键字"对话框。单击窗口菜单栏中的"数据/关键字/录入"菜单项，系统打开"录入关键字"对话框(可参见图15-3)。

(4) 录入关键字。在"录入关键字"对话框中，输入关键字"单位名称"为"北京亮康眼镜有限公司"、"年"为"2016"，"月"为"4"。

(5) 打开选择账套窗口。在"录入关键字"对话框中，单击"确认"按钮，系统弹出"是否重算第1页？"提示框，单击"是"按钮，系统弹出企业应用平台的"登录"界面。

(6) 选择账套。在"操作员"和"密码"编辑栏中，输入"曾志伟"和"1"，选择账套"[915]..."，然后单击"登录"按钮，系统会自动根据单元公式计算4月份的数据，结果如图15-7所示。

单位名称：北京亮康眼镜有限公司	2016 年	4 月	会企02表 单位:元
项目	行数	本期金额	上期金额
一、营业收入	1	4,409,181.20	
减：营业成本	2	3,569,219.00	
营业税金及附加	3	57,718.06	
销售费用	4	33,536.68	
管理费用	5	119,730.04	
财务费用	6	23,320.00	
资产减值损失	7	-5,597.28	
加：公允价值变动收益（损失以"-"号填列）	8		
投资收益（损失以"-"号填列）	9		
其中：对联营企业和合营企业的投资收益	10		
二、营业利润（亏损以"-"号填列）	11	611254.70	
加：营业外收入	12	180.00	
减：营业外支出	13	5,096.00	
其中：非流动资产处置损失	14		
三、利润总额（亏损总额以"-"号填列）	15	606338.70	
减：所得税费用	16	151,584.68	
四、净利润（净亏损以"-"号填列）	17	454754.02	

图15-7 4月份利润表数据

(7) 保存4月份的利润表数据。单击工具栏中的"保存"按钮，保存该文件。

(8) 退出。单击窗口菜单栏中的"文件/退出"菜单项，退出该窗口。

15.3 利用自定义报表功能编制企业财务指标分析表

企业的财务指标，是对企业经营结果进行分析的指标，一般包括偿债能力分析指标(如流动比率、速动比率、资产负债率)，营运能力分析指标(如应收账款周转率、总资产周转率)和盈利能力分析指标(如资产利润率、销售净利率)。表15-1是一般企业常用的企业主要财务指标分析表。

15.3.1 业务概述与分析

4月30日,编制企业2016年4月份的企业主要财务指标分析表(文件名为"财务指标分析表.rep"),格式如表15-1所示。

表15-1 企业主要财务指标分析表格式

企业主要财务指标分析表

单位名称:北京亮康眼镜有限公司　　　　　　　　　　　2016年4月

能力	指标	数值
偿债能力分析	流动比率	
偿债能力分析	速动比率	
偿债能力分析	资产负债率	
营运能力分析	应收账款周转率	
营运能力分析	总资产周转率	
盈利能力分析	资产利润率	
盈利能力分析	销售净利率	

本笔业务是月末对企业财务指标分析表进行编制,首先需要进行格式编制,然后定义关键字和单元计算公式,最后做报告数据计算。

在UFO报表系统中,通过自定义方式做表15-1的格式编辑时,需要分为以下7步:即新建报表、定义组合单元、画表格线、输入报表项目、定义报表行高和列宽、设置单元风格和定义单元属性。

针对本业务的需求,结合UFO报表系统的特点,需要进行如表15-2所示的公式定义。

表15-2 财务指标分析表中单元格的公式定义

指标	公式	单元格公式	单元格位置
流动比率	流动资产/流动负债	"资产负债表"->C18@2/"资产负债表"->G19@2	C4
速动比率	(流动资产-存货-预付款项)/流动负债	("资产负债表"->C18@2-"资产负债表"->C15@2-"资产负债表"->C11@2)/"资产负债表"->G19@2	C5
资产负债率	负债总额/资产总额	"资产负债表"->G29@2/"资产负债表"->C38@2	C6
应收账款周转率	营业收入/(期初应收账款+期末应收账款)/2	2*"利润表"->C5@1/("资产负债表"->C10@1+"资产负债表"->C10@2)	C7
总资产周转率	营业收入/(期初资产总额+期末资产总额)/2	2*"利润表"->C5@1/("资产负债表"->C38@1+"资产负债表"->C38@2)	C8

(续表)

指标	公式	单元格公式	单元格位置
资产利润率	利润总额/(期初资产总额+期末资产总额)/2	2*"利润表"->C19@1/("资产负债表"->C38@1+"资产负债表"->C38@2)	C9
销售净利率	净利润/营业收入	"利润表"->C21@1/"利润表"->C5@1	C10

15.3.2 操作指导

请确认系统日期和业务日期为 2016 年 4 月 30 号。

本业务的操作步骤

任务说明：财务部主管曾志伟进行企业财务指标分析表的格式编制、定义关键字和单元计算公式，以及报告数据计算。

【财务部主管曾志伟进行企业财务指标分析表的格式编制】

(1) 新建报表。

① 打开"UFO 报表"窗口。在"财务会计"子系统中，双击"UFO 报表"菜单项，系统打开"UFO 报表"窗口；单击菜单栏中的"文件/新建"菜单项，系统新建一个报表，默认报表名为"report1"。

② 保存为"财务指标分析表"报表。在"UFO 报表"窗口中，单击菜单栏中的"文件/另存为"菜单项，系统打开"另存为"对话框；在对话框中，选择要"保存在"的文件夹，并输入报表的"文件名"为"财务指标分析表"，选择"文件类型"为"*.rep"，然后单击"另存为"按钮，保存该报表格式，此时"report1"窗口的标题变为"财务指标分析表"，且其左下角为"格式"，表明当前状态是"格式"状态。

③ 定义行列数。单击菜单栏中的"格式/表尺寸"菜单项，打开"表尺寸"对话框，输入"行数"为"10"、"列数"为"3"，然后单击"确认"按钮，退出对话框返回"财务指标分析表"窗口，结果可参见图 15-8。

(2) 定义组合单元。

① 打开"组合单元"对话框。首先，选中 A1:C1 区域(从 A1 拖曳鼠标到 C1 单元)，然后单击菜单栏中的"格式/组合单元"菜单项，系统打开"组合单元"对话框。

② 组合 A1:C1 单元(即合并单元格)。在"组合单元"对话框中，单击"整体组合"或"按行组合"按钮，系统退出对话框返回窗口，此时可见 A1:C1 区域合并为一个单元格。

③ 参照步骤①和②，组合 A2:C2、A4:A6、A7:A8 和 A9:A10。

(3) 画表格线。首先，选中 A3:C10 区域，然后单击菜单栏中的"格式/区域画线"菜单项，系统打开"区域画线"窗口，默认"画线类型"为"网线"，单击"确认"按钮，系统返回窗口并完成画线，结果如图 15-8 所示。

(4) 输入报表项目。

依据表 15-1，在图 15-8 所示表的对应单元格或组合单元格中，输入报表项目文字内容，结果如图 15-9 所示。

提示：

- 报表项目是指报表的文字内容，主要包括表头内容、表体项目、表尾项目等，但不包括关键字。
- 报表的编制日期、单位名称，是关键字，不能作为文字内容输入。

图 15-8　画表格线结果示意图

图 15-9　报表项目示意图

(5) 定义报表行高和列宽。

① 设置 A1 单元格的行高为 10。首先单击 A1 单元格以选中该单元格，然后单击菜单栏的"格式/行高"菜单项，打开"行高"对话框，输入"行高"为"10"，单击"确认"按钮，系统退出对话框返回"财务指标分析表"窗口。

② 设置 A2:C10 区域中单元格的行高为 7。首先选中 A2:C10 区域，然后打开"行高"对话框，输入"行高"为"7"，单击"确认"按钮。

③ 设置 A 列的列宽为 35。首先单击表的列名"A"以选中 A 列，然后单击菜单栏中的"格式/列宽"菜单项，打开"列宽"对话框，输入"列宽"为"35"，单击"确认"按钮。

④ 重复步骤③，设置 B 列的列宽为 40、C 列的列宽为 30。

(6) 设置单元风格。

① 设置标题单元格 A1 的字体字号。

- 选中 A1 单元格，单击菜单栏中的"格式/单元属性"菜单项，打开"单元格属性"对话框。
- 单击其"字体图案"选项卡，设置"字体"为"黑体"、"字号"为"14"。
- 单击其"对齐"选项卡，设置"水平方向"和"垂直方向"的对齐方式为"居中"。
- 单击其"确定"按钮，系统退出对话框，结果可参见图 15-10。

② 重复步骤①，设置单元格 A2 的字体字号为"粗体"、"12"，其"水平方向"和"垂直方向"的对齐方式为"居中"；设置区域 A3:C3 的字体为"宋体"、"字型"为"粗体"、

"字号"为"12";"水平方向"和"垂直方向"的对齐方式为"居中";设置区域 A4:C10 的字体字号为"宋体"、"12";"水平方向"和"垂直方向"的对齐方式为"居中",结果如图 15-10 所示。

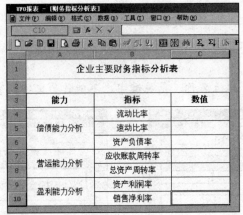

图 15-10　风格设置结果

(7) 定义单元属性。设置单元格数值的显示方式。选中 C4:C10 区域,单击菜单栏中的"格式/单元属性"菜单项,打开"单元格属性"对话框,在其"单元类型"选项卡中,在其左侧的"单元类型"列表框中,选择"数值"选项,并勾选右侧的"百分号",设置"小数位数"为"2",然后单击其"确定"按钮,系统退出对话框。

(8) 保存报表格式。单击工具栏中的"保存"按钮,保存编辑结果。

(9) 关闭报表。单击菜单栏中的"文件/关闭"菜单项,关闭该报表。

提示:

- 因为系统不自动保存,故请注意随时"保存"报表的编辑结果,而不是完成之后才保存,以免因电脑故障等原因导致编辑成果丢失。
- 格式状态下输入内容的单元均默认为表样单元,未输入内容的单元均默认为数值单元(在数据状态下可输入数值)。若希望在数据状态下输入字符,则应将其定义为字符单元。
- 表样单元输入后对所有表页有效,而数值单元和字符单元输入后仅对本表页有效。

【财务部主管曾志伟定义关键字和单元计算公式】

(1) 打开"财务指标分析表.rep"。在 UFO 报表系统中,单击菜单栏中的"文件/打开"菜单项,打开已保存样式的"财务指标分析表.rep"文件,系统打开"财务指标分析表"窗口,默认处于"数据"状态,单击其左下角的"数据"按钮,使其处于"格式"状态。

(2) 设置关键字及其位置。

① 打开"设置关键字"对话框。首先选中 A2 组合单元(需要输入关键字的位置),然后单击菜单栏中的"数据/关键字/设置"菜单项,系统打开"设置关键字"对话框。

② 设置关键字"单位名称"。在"设置关键字"对话框中,选中"单位名称"单选项,

然后单击"确定"按钮，系统返回窗口，此时 A2 单元的内容已经改为"单位名称：XXXX"。

③ 重复步骤②，在 A2 单元中设置"年"、"月"关键字。

提示：
- 每个报表可以同时定义多个关键字。
- 如果要取消关键字，可单击"数据/关键字/设置"菜单项。

(3) 调整关键字的位置。单击菜单栏中的"数据/关键字/偏移"菜单项，在系统打开的"定义关键字偏移"对话框中，输入"单位名称"的偏移量为"10"，"年"的偏移量为"-60"，"月"的偏移量为"-20"，然后单击对话框中的"确定"按钮，返回"财务指标分析表"窗口，结果如图 15-11 所示。

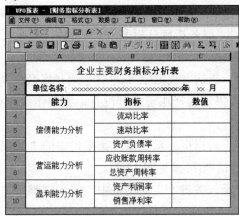

图 15-11 设置关键字位置的结果

提示：
关键字偏移量单位为像素，负数表示向左移、正数表示向右移。

(4) 报表公式定义。

① 打开"定义公式"对话框。首先选中 C4 单元(即准备显示"流动比率"数值的位置)，然后单击菜单栏中的"数据/编辑公式/单元公式"菜单项，系统打开"定义公式"对话框。

② 定义 C4 的单元公式。在"定义公式"对话框中，直接输入公式："资产负债表"->C18@2/"资产负债表"->G19@2，结果如图 15-12 所示。请注意：所有符号必须为半角。

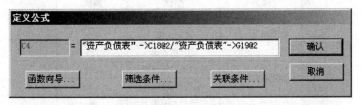

图 15-12 "财务指标分析表" C4 的公式定义

③ 单击对话框中的"确认"按钮，系统返回窗口，此时 C4 单元显示为"公式单元"，

结果请参见图15-13。

④ 重复步骤①~③，依据表15-2，完成C5~C10各个单元格计算公式的录入。

提示：
- 单元公式中涉及的符号，均为英文半角字符。
- 单击"fx"按钮，或者双击某公式单元，或按"="键，都可以打开"定义公式"对话框。

(5) 保存报表格式。单击菜单栏中的"文件/保存"菜单项，保存编辑结果。

(6) 关闭报表。单击菜单栏中的"文件/关闭"菜单项，关闭该报表。

【财务部主管曾志伟进行报表数据计算】

(1) 打开"财务指标分析表.rep"。在UFO报表系统中，单击菜单栏中的"文件/打开"菜单项，打开已保存样式的"财务指标分析表.rep"文件，系统打开"财务指标分析表"窗口，默认处于"数据"状态。

(2) 设置提示选择账套。确认"数据/计算时提示选择账套"菜单项有对勾，表示在进行报表的数据计算时，系统提示选择账套。若没有，则单击菜单栏中的"数据/计算时提示选择账套"菜单项以设置。

(3) 打开"录入关键字"对话框。单击窗口菜单栏中的"数据/关键字/录入"菜单项，系统打开"录入关键字"对话框(可参见图15-3)。

(4) 录入关键字。在"录入关键字"对话框中，输入关键字"单位名称"为"北京亮康眼镜有限公司"、"年"为"2016"，"月"为"4"。

(5) 打开选择账套窗口。在"录入关键字"对话框中，单击"确认"按钮，系统弹出"是否重算第1页？"提示框，单击"是"按钮，系统弹出企业应用平台的"登录"界面。

(6) 选择账套。在"操作员"和"密码"编辑栏中，输入"曾志伟"和"1"，选择账套"[915]..."，然后单击"登录"按钮，系统会自动根据单元公式计算4月份的数据，结果如图15-13所示。

(7) 保存。单击工具栏中的"保存"按钮，保存该文件。

(8) 退出。单击菜单栏中的"文件/退出"菜单项，退出该窗口。

	A	B	C
1	企业主要财务指标分析表		
2	单位名称 北京亮康眼镜有限公司		2016年 4月
3	能力	指标	数值
4	偿债能力分析	流动比率	500%
5		速动比率	440%
6		资产负债率	18%
7	运营能力分析	应收账款周转率	238%
8		总资产周转率	65%
9	盈利能力分析	资产利润率	9%
10		销售净利率	10%

图15-13 4月份财务报表分析表数据

参考文献

[1] 张莉莉，李吉梅等.《企业财务业务一体化实训教程(用友 ERP-U8.72 版)》[M]. 北京：清华大学出版社，2013.07.

[2] 张莉莉.《企业财务业务一体化实训教程(用友 ERP-U10.1 版)》[M]. 北京：清华大学出版社，2014.03.

[3] 王成.《财务与供应链综合实践教程(用友 ERP-U8 v10.1)》[M]. 北京：机械工业出版社，20143.01.

[4] 牛永芹，刘大斌等.《ERP 供应链管理系统实训教程(用友-U8V10.1 版)》[M]. 北京：高等教育出版社，2015.08.

[5] 王新玲.《财务业务一体化实战演练(用友 ERP-U8.72 版)》[M]. 北京：清华大学出版社，2013.07.

[6] 龚中华，何平等.《用友 ERP-U8 完全使用详解》[M]. 北京：人民邮电出版社，2013.07.

[7] 龚中华，何平等.《用友 ERP-U8(V8.72)模拟实战——财务、供应链和生产制造》[M]. 北京：人民邮电出版社，2012.06.

[8] 何平，龚中华等.《用友培训教程——财务核算/供应链管理/物料需求计划》(第 2 版) [M]. 北京：人民邮电出版社，2010.11.

[9] 李爱红.《用友 ERP-U8.72 财务业务一体化实训教程》[M]. 郑州：郑州大学出版社，2013.01.